一段未知的旅程

從江淮水災到共產中國，樂勒脫修女眼中的動盪年代

Venture Into the Unknown

Loretto in China

1923 - 1998

派翠西亞·珍·馬尼恩【著】
Patricia Jean Manion

冉瑩【譯】

謹以此書獻給

依撒伯修女——中國的樂勒脫——黃英華

她一生的故事有待敘說

目錄

導讀

二十世紀中國天主教與樂勒脫修女會

王政文／東海大學歷史學系主任

二十世紀中國天主教

基督宗教入華，大體可分為四個時期：唐代景教、元代也里可溫教、明末清初天主教以及清末基督新教。天主教自明代後期入華後，雖歷經雍正禁教，但仍於民間流傳，時有屢禁不止的習教活動。鴉片戰爭後清朝與英、美、法陸續簽訂條約，一八四四年清法簽訂《黃埔條約》，條約中約定法國可在通商口岸傳教，並宣布天主教弛禁。在一般人眼中，戰爭、不平等條約、開港、外國商人及傳教士的到來，是一件前後相因的事，繼而反教言論及教案在各地接連出現。甲午戰爭後，進而發展成為義和團武裝的排外運動。庚子事件對天主教造成了直接的傷害，多位主教、傳教士、修女遭殺害，信徒死傷更是慘重。

天主教在義和團事件後採取了一些應變措施，例如：限制傳教士的活動，避免捲入訴訟爭端，以免激發公憤；轉而鼓勵拓展文化教育和慈善事業。例如：一九〇三年馬相伯創辦震旦大學，一九二二年耶穌會在天津開辦工商學院，一九二六年美國本篤會創辦輔仁大學，一九三三年由聖言會接管。另外，天主教在各地開辦許多的中小學、孤兒院、育嬰堂、養老院等，更辦理印書館，發行大量書刊。

樂勒脫修女會

一八一二年四月，樂勒脫修女會（Sisters of Loretto）由瑪麗・羅德斯（Mary Rhodes）、安・哈文（Ann Havern）以及克里斯蒂娜・斯圖亞特（Christina Stuart）三位修女，在比利時神父查爾斯・內瑞克斯（Charles Nerinckx）的指導下，在美國肯塔基州（Nerinx, Kentucky）成立「十字架下的樂勒脫修女會」（Sisters of Loretto at the Foot of the Cross）。該機構的目的在於「將上帝醫治的靈帶到我們的世界」（to bring the healing Spirit of God into our world），其工作致力於慈善事業，並透過教育改善貧窮。早期修女會與耶穌會士合作，向邊緣的貧困兒童、黑人團體等進行事工，也向美洲原住民傳教。修女會的工作在一八七〇年代傳播到美國西南部，並在新墨西哥州聖達菲（Santa Fe, New Mexico）開設了樂勒脫學院（Loretto Academy）。一八七三年在阿拉巴馬州蒙哥馬利（Montgomery, Alabama）開辦了樂勒脫女子學校。一八九〇年代，修女會在堪薩斯州聖保羅（St. Paul, Kansas）設立女子學校，並於一八九九年到密蘇里州堪薩斯城（Kansas City, Missouri）

的教區學校進行教學，後於一九〇一年也開設了樂勒脫學院。

樂勒脫修女會前往中國的重要推手，是愛德華・高爾文（Edward J. Galvin）神父。一九一〇年時他在美國紐約州布魯克林教區玫瑰堂（diocese of Brooklyn, New York）服務。一九一二年高爾文開始在浙江學習中文並傳教，一九一六年返回愛爾蘭成立聖高隆龐外方傳教會（The Missionary Society of St. Columban）。一九二〇年高爾文率領聖高隆龐外方傳教會十五位傳教士，前往湖北省漢陽傳教。高爾文認為在湖北的事工需要有女性加入，他邀請樂勒脫修女會到湖北進行婦女傳教工作。

一九二三年十月，樂勒脫修女會帶著教會宣教的呼召前往中國。首批於一九二三年抵達漢陽的修女，包括：尼可拉・埃金（Nicholas Egging）、茱斯塔・賈斯汀（Justa Justyn）、瑪麗・珍・麥克唐納（Mary Jane McDonald）、莫琳・歐康諾（Maureen O'Connell）、史黛拉・湯普金斯（Stella Thompkins）和派翠西亞・休斯（Patricia Hughe）等人。她們努力學習中文，認識當地環境，適應在中國的生活。

一段未知的旅程

《一段未知的旅程：從江淮水災到共產中國，樂勒脫修女眼中的動盪年代》（*Venture Into the Unknown: Loretto in China 1923-1998*）的作者派翠西亞・珍・馬尼恩（Patrica Jean Manion）本身就是樂勒脫修女會的修女，她能夠接觸到修女會在中國活動所留存的大量紀錄，並運用修女會的信件、回憶錄及檔案，再加上親自採訪的口述資料，以抒情的筆法，細緻地描述一九二三年到一九五二年樂勒脫修女會在中國的經歷與工作。書中記錄北伐、清黨、井岡山、國共關係變遷等政治事件，使我們可以觀察到天主教在政治事件中所受的影響及其反應，這些較不為人知的面向，都可以透過本書了解。作者馬尼恩利用高爾文的書信，還原教區及修女會在面臨政治變動時的態度及採取措施。對於一九三一年武漢洪水、一九三八年日軍占領武漢，以及在日本統治下的生活，書中均有鉅細靡遺的描述。對於武漢轟炸、日軍投降、戰前戰後的過渡期，也都詳細交代。戰後的國共關係，虎去狼來，及至新政權的建立，書中都由天主教武漢教區、高爾文、樂勒脫修女會的角度加以書寫，這些難得的視角，提供我們重新認識中國近現代史。

我們可以從書中發現到，修女們詳細地描述湖北的地理、氣候環境等面向，豐富地記載大時代中發生的政治事件，並真實地記錄修女會在其中的遭遇與回應。我們在書中所看到的樂勒脫修女會之傳教及工作內容，不僅是近代天主教會在華的傳教歷史，更展現在中國的樂勒脫修女會，對於整個時代變遷的回應。觀察這些思想上的回應及行動上的因應，不僅可以細緻的發現修女會在宗教信仰上的態度與堅持，亦能了解外籍人士對於中國時局變遷的想法與採取的行動。這讓現在的我們，對於深究二十世紀的中國變遷，將有更多面向的認識與思考。

這本書的中譯本能由臺灣商務印書館出版，實在是一件非常難得的事。譯者冉瑩恰到好處的翻譯，傳神地表達了作者馬尼恩在文句中流露出來的感情色彩。非常值得讀者細讀感受，並透過此書理解二十世紀的動盪年代，思考依舊不安的現在，以及世界的未來。

謝辭

完成此書得助於諸多同事、朋友和萍水相逢的人——在美國、中國和愛爾蘭。你們之中的有些人了解我的感激，但其他人可能永遠都會不知道我深懷的感激之情。對此書貢獻最大的莫過於那些用信件和回憶錄分享了她們在中國經歷的人，以及認識到這些資料的價值，並用心保管的愛爾蘭、香港和美國檔案館管理員。

著書九年中，我的樂勒脫姐妹以極大的耐心傾聽我在做這項心愛的工作時，遇到的喜樂悲哀。你們都在我心裡。要列出所有人的姓名，唯恐會落下誰，恕我在此一併謝了。不過，有些人確實出現在書中註釋和參考書目裡，甚至（在原文版）封面上。還有一個特殊的群體，那就是在上海樂勒脫學校就讀過的女士們：感謝你們以書面和電話方式與我分享你們的回憶。雖然只有少數被直接引用，但你們的回應證明了這是一個非講述不可的故事。

在這裡，我要感謝樂勒脫會長瑪麗・安・科伊爾（Mary Ann Coyle）和瑪麗・凱薩琳・拉比特（Mary Catherine Rabbitt）。她們使我訪問中國得以成真。感謝我親愛的兄弟湯瑪斯在二〇〇四年陪我到中國，用相機記錄了書中所述的地點。還有，總會療養院姐妹們的祈禱。對你們的大力鼓勵與支持，我深表感謝！

最後是肯塔基婦女基金會（The Kentucky Foundation for Women）不可缺少的贊助。基金會在一九九三年為「道出真相：樂勒脫修女的故事」捐款。本書最早便從這裡開始。一九九九年一月下旬，基金會為收集資料再次提供了資助。

願讀過這本書的人對本書的貢獻者表示感謝。也許有一天，你會遇到等待聽到這個故事的中國人。

派翠西亞・珍・馬尼恩，樂勒脫修女

新墨西哥州聖達菲

二〇〇六年九月二十一日

導言

與另一個現實相遇：樂勒脫修女在中國，一九二三年到一九五二年

任何關注中西方文明交流的人都可以從這本書中受益匪淺。此外，此書為二十世紀上半葉中國民生狀況提供了鮮活的一瞥。

樂勒脫修女是一群勇氣非凡的女性。在二十世紀上半葉的三十年中，她們在長江下游地區濟弱扶貧，奉獻精神從未動搖。這是她們堅定的信仰所致，也是她們隸屬宗教團體的主旨。雖然最終她們的使命（隨同舊中國）被以共產主義為指導思想、一九四九年成立的中華人民共和國取代，此書講的並不是一個前功盡棄的故事，而是為彰顯她們的決心和信仰提供了生動的見證。

作者馬尼恩本人就是樂勒脫的修女。為了了解從一九二三年初來到中國，直到一九五二年被驅逐出境，將近三十年傳教生活的真相，她一絲不苟地認真閱讀、研究、重建了傳教工作中倖存下來的大量檔案。

她們勇敢而堅強，將旺盛精力獻給了一般的中國民眾。從最初負責繡花堂，到在漢陽和上海

建立能與美國樂勒脫學校比肩的女子學校，她們不忘初心，忠於教育職責。中國女孩在繡花堂學到了一技之長，出口的天主教服飾成品也為傳教工作提供了一定的收入。在整個傳教過程中，修女會得以依靠愛爾蘭籍愛德華・高爾文（Edward Galvin）主教的指導。

修女的工作曾經受到長江沿岸特有地理條件的威脅。她們遭遇過嚴重洪災。日軍侵華期間，上海的修女和神父則被關進集中營。

最終，共產黨對待宗教團體所採取的措施，是對在華宗教團體最具災難性的打擊。在漢陽，修女學校被政府接收，當局指使學生騷擾修女會和修女。修女們申請離境，不但久久不得獲准，還被起訴。在上海，肯塔基總會電報指示：「全部離開。」但修女們堅持認為，美國人一如既往地不了解中國，實際情況並不像美國媒體報導的那樣混亂和危險。然而，由於共產黨對她們的指控與日俱增，上海學校被迫關閉，修女遭到驅逐。

修女回到美國之後的五十年來，試圖理解中國仍是困難重重。本書通過引用修女的信件、日記和報告，為理解當時發生的事情提供了確切的證據。記載顯示，中國民眾樸實善良。偶有匪徒或綁架（神父，而不是修女）的威脅，但民眾通常是誠實、忠誠的。他們生活在重重災難之中，對修女們能夠提供的任何幫助心懷感恩。

她們的學生，例如：依撒伯・黃（Isobel Huang，黃英華），自願成為樂勒脫修女。學生們到美國肯塔基總會接受培訓後返回中國。當共產黨將要驅逐外國修女時，修女問依撒伯是否願意回美國，但她選擇了留在中國。在這之後，雖然她與其他本土修女一樣解除了誓約，不復再有履行宗教職責的義務，她始終守護了自己的宗教誓約。

從歷史上看，在華基督教傳教人員所面臨的基本問題是，中國文明的基本取向未能輕易適應西方文明的核心——基督教信仰。例如：中國傳統過去沒有，現在也沒有、包括對生活的形而上傾向。中國人沒有西方哲學或神學思想的特別需求，不認為宇宙是「被創造的」。他們認為宇宙是自發存在的。中文的「自然」一詞直譯成英文就是「自我產生」。過去沒有、現在也沒有可以比作西方宗教意識中「罪孽」、「人類墮落」或「救贖」這類的本土概念。中國傳統上的永生不朽是指一個家庭永無止盡地、一代又一代地延續下去。

自十九世紀以來，隨著天主教傳教活動的增多，中國的天主教事業有起有落。受到西方在中國的軍事和經濟帝國主義牽連，尤其是一八六〇年第二次鴉片戰爭，英法聯軍的入侵，他們燒毀了北京慈禧太后的宮殿，引起國民的同仇敵愾。另外，還有西方國家堅持通過治外法權條約，建立不受中國法律約束的條約港。起初，修女對這些歷史一無所知，但從街上被人辱罵便可見一斑。

十九世紀後期，基督教傳教活動，包括新教和天主教，在中國廣為人知。建造新教堂的同時，許多之前被摧毀的教堂也得到重建。但是，傳教工作整體的成功受到某些因素的限制。最主要的一點是，本土主義者對一系列西方信念的敵視。西方信仰不僅被視為是外來意識，而且被視為與中國人認為的「不平等條約」和帝國主義政策息息相關。

眾所周知，中華人民共和國成立初期，中國基督徒受到迫害。但是，現在中國基督教的情形如何呢？目前，很難有可靠的統計數據，因此缺乏自認是基督徒人數的統計。還有一些地下教堂在官方體制之外活動。政府嚴格禁止公開的宗教活動。所有宗教活動都由政府資助。中國政府用一種以不鼓勵傳播宗教活動的方式，聲稱支持「良心自由」。官方天主教從未認同教皇的權威，主教皆由政府任命。根據合理猜測，中國可能有大約三千萬公認的基督徒，其中大約有三分之一是天主教徒。根據最近的人口普查，中國人口為十三億。因此當中約有百分之二的人是基督徒。

儘管如此，基督徒的人數有望增加。隨著中華人民共和國繼續奉行促進民族主義和經濟繁榮的政策，愈來愈多的中國人嚮往精神信仰，以取代日漸臭名昭著的共產主義意識形態和空虛的物質主義所留下的空白。相當多的中國人正在求助於基督教。[1]政府宣布了一項在北京建造兩座新教堂的計畫。儘管無法直接追溯到樂勒脫修女會對之後事態發展的影響，但事實證明了，民眾能在最難的困境中保持信仰的活力。

即便修女當年所為早已了無痕跡，但她們的影響滲透在民眾生活之中，尤其是在受過良好教育的群體內。一位現年九十歲的女性曾在上海的一所教會學校讀書。之後，她成為山東省一所大學的英語教師。雖然官方意識形態譴責所有西方文化為頹廢或反革命，她組織學生上演了莎士比亞的戲劇。她的女兒在北京大學擔任英語教師，並且對美國文化和價值觀抱持開放態度。這樣的人雖然是少數，但倘若沒有樂勒脫和那些傳教團體之前的努力，連這些少數的人也是無法想像的。隨著世代相傳的漣漪不斷，它們成為中國樂勒脫修女和其他勇敢女性的隱形標誌。

約翰・布萊爾（John G. Blair），北京外國語大學中西方文明比較客座教授

二〇〇六年七月九日

序

我們的風雨如磐之旅始於一九二三年十月十九日下午。地點是位於華中的武漢。孫中山領導的一九一二年革命終結了「兩千年來的朝代統治模式」。滿清王朝已然覆滅，但中國尚未成為一個真正意義上的國家。中國革命之父孫中山和他的追隨者仍然面臨著許多難題：要建立一個名副其實的政府機構、組織一支軍隊，和統一這個尚由各自擁有武裝部隊的強大地方軍閥所統治、幅員遼闊的國家。

此外，他們還要對抗西歐各國，特別是英國和法國，以及日本和美國。這些國家通過對中國不利的不平等條約控制了中國與世界其他地區的貿易。

華人留學生在法國求學期間，受到社會主義思潮的影響後回到中國。年輕的蔣中正則在莫斯科學習了俄羅斯最新的治軍經驗，回國後開辦了屬於中國自己的軍事學院。

在我們故事中的女主人翁赴華之前的幾年裡，這些重要因素將對她們在中國的經歷產生重大的影響。

即便是在當下，我們也很難理解在中國生活的複雜性，更不要說是一九二〇年代！考慮到這一點，我決定不去嘗試將歷史學家在毛澤東出現之前，對中國歷史的了解納入本書，而是聽從布萊爾教授的建議，在文字之間插入馬克林（Colin Patrick Mackerras）所著的《現代中國：一份從一八四二年到當代的年表》（*Modern China : A Chronology From 1842 to The Present*）以及其他來源的引文，以饗當代讀者。

我們故事中的女性心甘情願赴華，學習華中地區方言，並熱切希望為湖北農村的女孩提供基礎教育。她們抵達武漢時，由愛爾蘭神父創立的梅努斯中國傳教團（Maynooth Mission to China）成立僅僅三年。在接下來的三十年裡，修女和神父同心協力，面對洪水、飢荒和被占領等等意想不到的現實。

這是一本用她們的信件、回憶錄和採訪材料編織成的歷史。通過這些敘述，我們能夠體驗歷史時段中的一個極為不尋常的時期，一次驚心動魄的風雨如磐之旅。

一九二三年到漢陽的第一批樂勒脫修女

尼可拉・艾金
（Nicholas Egging）

茱斯塔・賈斯汀
（Justa Justyn）

瑪麗・珍・麥克唐納
（Mary Jane McDonald）

莫琳・歐康諾
（Maureen O'Connell）

史黛拉・湯普金斯
（Stella Thompkins）

派翠西亞・休斯
（Patricia Hughes）

漢陽聖高隆龐外方傳教會（The Missionary Society of St. Columban）高爾文主教

本書相關地理位置圖

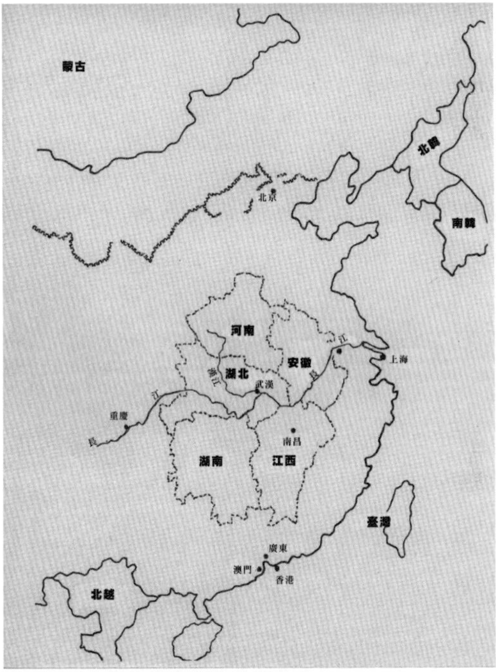
蒙古
北韓
北京
南韓
河南
安徽
上海
湖北
漢江
武漢
長江
重慶
南昌
湖南
江西
臺灣
廣東
澳門
香港
北越

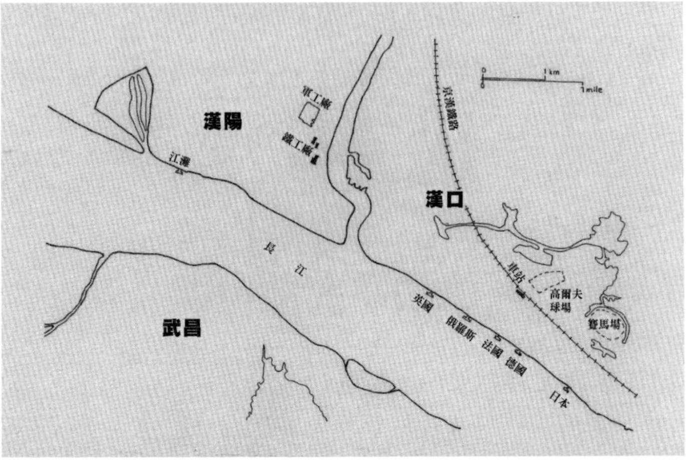
漢陽
軍工廠
鐵工廠
江灘
京漢鐵路
0 1 km
0 1 mile
漢口
長江
車站
高爾夫
球場
賽馬場
武昌
英國
俄羅斯
法國
德國
日本

手繪漢陽主要據點方位

1 繡花堂（樂勒脫修女會） 4 伯牙台 7 高隆龐修女醫院
2 聖瑪麗修女會 5 漢口碼頭 8 高爾文大教堂
3 男孩孤兒院 6 高隆龐總部 9 軍工廠
上方：漢口、漢江；右：長江、武昌；介於6與9之間的山丘為龜山。
（出處："Days of Danger," St. Columban's Mission, Nebraska）

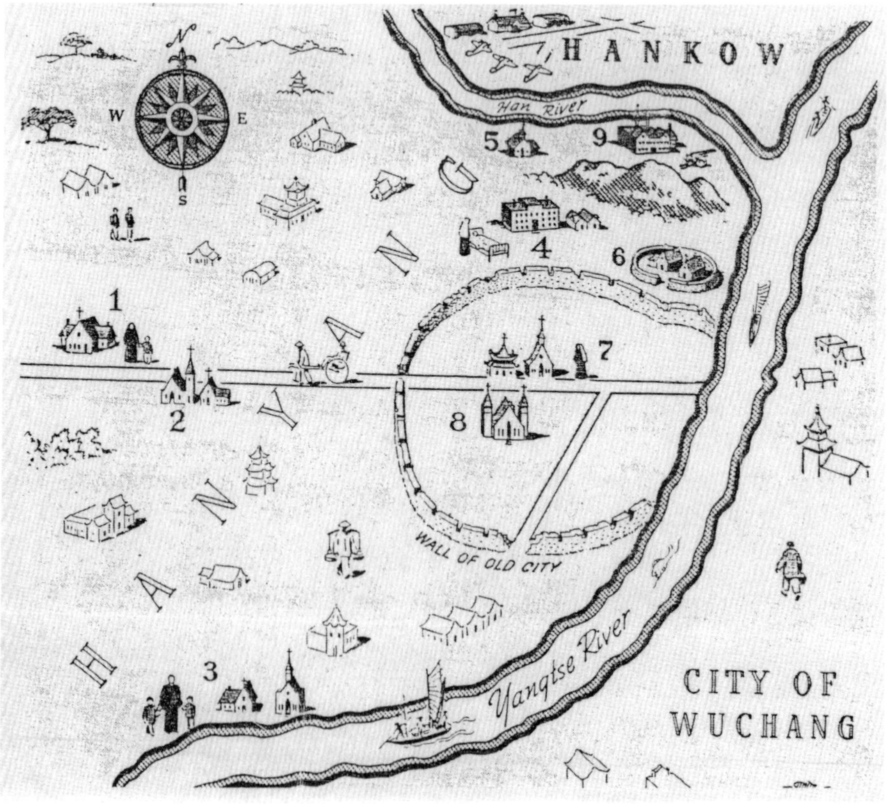

一
到達武漢，一九二三年

武漢由三鎮組成——長江右岸的武昌，左岸的漢陽，以及地處長江支流漢江的漢口。此時，我們乘坐的汽船正駛向漢口港。[1]

英國作家西蒙・溫徹斯特（Simon Winchester）在《世界中心的河流》（*The River at the Center of the World*）一書中為我們描述了故事開始的地點。

一九二三年十月十九日，瑪麗・珍・麥克唐納乘船抵達此地後寫道，這是「五天以來飽享長江壯麗景觀之後的高潮，我們到達了美麗的小城漢口。碼頭一帶，人稱『江灘』的清一色灰石建築，頗具英式風格。」[2]

此時此刻，日本「諏訪丸」號遠洋客輪正在漢口碼頭下錨。加拿大出生的瑪麗・珍和同來參加聖高隆龐傳教工作的五名修女站在甲板上觀望。不為她們所知的是，這座「美麗的小城」是個

「通商口岸」。在中國，通商口岸既是中國與外界保持聯繫的管道，亦承載著中國人對外國列強的悠悠怨恨。

之後的許多年裡，六位修女與武漢切膚相關。而這武漢三鎮將遭受重創，如同六位外國修女一般，經歷難以想像的重大變化。

溫徹斯特在一九九六年寫道：「當乘船到達那裡時，你絲毫看不出武漢有著舉足輕重的地位。」對於一九二三年到達這裡的修女們來說，接下來的三十年證明了溫徹斯特所言準確無誤。

漢陽

天空烏雲密布，頂多再過一個鐘頭，雨就要傾盆而下了。

甲板上，修女身著黑衣，長長的頭紗在午後的江風中起伏飄動。[3]碼頭上，上身裸露的苦力七手八腳地栓船，[*]碼頭建築物後面擁擠的街道清晰可見。

這六位美國天主教修女，自願參加由愛爾蘭神父在三年前發起的傳教活動，到達了位於長江與漢江交匯處的漢口。

這群修女暫時忘記了太平洋上的險風惡浪，和停靠日本時看到橫濱被地震夷平的慘狀。她們急切的目光在碼頭上的人群中搜索，期望聖高隆龐的神父會來接船。從上海沿長江逆流而上將近一千公里的旅程，令她們感到寬慰：儘管沿途城市和鄉村看上去出乎意料地貧窮和骯髒，但中國是個美麗寧靜的國度。

引擎停止了轟鳴。在船舷右側，沿著齊整的江灘，修女們看到的建築物是外國租界的國際貿易中心，屬於遠離武漢的五個國家。[4]後來她們了解到，這個口岸曾經是，並且多年以來一直都是爭議所在。

碼頭上三個站在一起的男人中，有兩個顯然是神父。修女中最年輕的莫琳・歐康諾朝他們揮手。負責這個教區的愛德華・高爾文神父是其中之一嗎？雖然看過高爾文的照片，但這時的距離還遠得使她們無法辨認出來。那三個男人也向她們揮手。

一年前，高爾文曾到美國，與樂勒脫修女會會長普拉謝德斯・卡蒂（Praxedes Carty）修女取得聯繫。一九二二年五月的某一天，他原本是準時坐車從路易維爾（Louisville）出發前往樂勒脫。可是列車長在到達樂勒脫站前沒有及時通報站名，令他多坐了一站。下車後，一位當地農民自告奮勇開車送他到了樂勒脫這座小鎮。

他從山坡下徒步向上，前往樂勒脫修女會總會。走在農田之間，高爾文神父感覺周邊景色與他在愛爾蘭的家鄉不無相似之處。走到山坡頂，只見一座頗具氣勢的三層教學大樓、一座教堂和其他零星的建築物。哪邊是會長辦公室呢？遲疑之間，一位在修道院裡散步的修女問他是不是迷路了。是的，他說。聽出他的口音，修女知道這位就是遲到了的愛爾蘭神父。她說會長辦公室很

＊ 譯註：修女們按當時的習慣把所有從事繁重體力勞動的人統稱為「苦力」。

容易找，便帶領他前去。

高爾文向普拉謝德斯會長和理事會成員說明，此行的目的意在邀請樂勒脫修女會志願者到中國湖北省的天主教宣教教區進行婦女傳教工作。他們迫切需要修女加入，因為中國人不看好男性神職人員能在婦女中傳教。然而，宗教在中國的未來取決於婦女以及她們後代的信仰。高爾文認為如果有修女加入傳教活動，便可解決這個難題。為此，他曾專程返回愛爾蘭。但是由於他隸屬的聖高隆龐外方傳教會才剛剛起步，聖高隆龐修女至少得花上三年的時間來學習和準備，才能具備到中國傳教的水平。通過他的朋友兼同事，聖高隆龐在美國內布拉斯加州奧馬哈（Omaha）總部的主任，E・J・麥卡錫（E. J. McCarthy）神父，高爾文得知了普拉謝德斯修女和樂勒脫修女會。

一九二一年十二月二十八日，麥克（高爾文對麥卡錫的稱呼）在信中向他推薦了樂勒脫修女，認為她們具備到中國傳教所需的素質與精神。他寫道：

> 七十五年前，[5]一位聖徒般的比利時神父內瑞克斯（Nerinckx）在肯塔基州樂勒脫鎮成立了一個教派，叫作十字架下的樂勒脫修女會（Sisters of Loretto at the Foot of the Cross），通常被稱為樂勒脫修女會。她們在美國的發展極為出色，是中西部名聲享譽的女教育家。……樂勒脫修女會對我們非常友好，不但完成了指定籌款額，還額外為學校和教堂募集了一千美元。她們是具有傳教精神的。

高爾文專程來到肯塔基鄉下的重要原因之一，是要將漢陽地區的現實狀況和物質生活條件坦誠相告：「漢陽的街道狹窄骯髒、房屋矮小、造價低廉。夏天，小男孩基本上是赤身裸體（高爾文特地說明了這一點），小女孩則只穿褲子。半裸的男人穿著棉布褲子，女人倒是衣褲俱全。但是，那裡的民眾樸實、隨和。在漢陽，修女們會像待在美國任何城市一樣安全。」[6]

他坦白地說，漢陽是個人口不詳的城市，可能有兩百萬人處於極度貧困之中。一九二〇年到達漢陽後，在聖高隆龐的贊助下，美努斯中國傳教團建造了一座簡樸的小教堂，這是漢陽第一座，也是唯一一座教堂。[7]他們還負責早先由義大利方濟各會建立的幾個鄉村宣教所。

相比之下，武漢的另外兩座城市漢口和武昌則更現代化，教堂、學校和醫院一應俱全。漢口是國際商務中心，武昌則被視為政治中心。而漢陽城依然保持原始的狀態，唯一出名的是一座小有名氣的佛教寺院，從根本上說是個儒家的據點。

普拉謝德斯會長對高爾文的描述沒有表示錯愕。她答應在定於該年七月舉行的會員代表大會上，將他召集志願者的請求列入提案。這次會員代表大會將結束普拉謝德斯會長長達二十六年的會長生涯。依照最新制定的《教會法規》，會長任期為六年，可連任一屆。她表示在會員代表大會上提出這項提案，有助於將樂勒脫修女會的傳教工作擴展到新的領域。

代表大會投票結果是四十三票贊成，十八票反對。愛爾蘭的聖高隆龐總部和此時已回到漢陽的高爾文神父都收到了通知。很快，甚至在邀請志願者到中國服務的號召尚未正式發出之前，新理事會已經收到修女們懇求去中國服務的申請。新當選的會長克拉拉西娜・沃爾許（Clarasine

Walsh）修女和理事會在九十多名志願者中選出了六名，並決定於一九二三年秋天派她們前往中國。

一九二二年十月，高爾文在來信中明確表示，希望志願者具有語言天分，年齡在「二十五歲到三十五歲」之間，能夠盡快掌握中文。[8]高爾文的意願雖然在克拉拉西娜會長和理事會的考慮之中，但她們認為年齡不應該是主要的考量。因此，在第一批志願者中，只有二十九歲的莫琳修女不到三十五歲。她出生於紐約市布魯克林區，當時在德州艾爾帕索（El Paso）教區的一所小學任教。最年長的志願者派翠西亞・休斯修女已經五十九歲。她二十歲時從愛爾蘭戈爾韋（Galway）的鄉下來到美國。在加入樂勒脫修女會之前，派翠西亞曾當過家庭傭人。在她志願去中國時，於總會負責被叫作「黑衣櫥櫃」的縫紉室。修女們所穿的黑嗶嘰布套裝都是在這裡量身訂做的。

報名加入志願者時，史黛拉・湯普金斯在新墨西哥州聖達菲（Santa Fe）的聖母光學院（Our Lady of Light Academy）任教。她出生於新墨西哥，是西班牙後裔。她出生時，新墨西哥尚未成為美國的一個州。她在申請書中寫道：「我身強體壯（有五馬力）。我渴望去中國。雖然說不出個所以然，但我知道，我一個人可以承擔三人份三十五歲以下的人要負責的工作。如果因為年紀太大而有語言學習障礙，那麼我很情願為大家做家務、打雜。」史黛拉那年四十歲。

高爾文還需要經驗豐富、能夠管理繡花堂的教師。繡花堂的學生都是來自農村、目不識丁的女孩，她們在這裡學習縫製宗教祭衣，並接受天主教信仰的教誨。三十六歲的茱斯塔・賈斯汀修女和四十二歲的瑪麗・珍修女都是密蘇里州聖路易樂勒脫學院（Loretto Academy, St. Louis）的教師。瑪麗・珍出生在加拿大，曾立志當位醫生。她接受過護士培訓，但加入修女會後，她成長為一名出色的教師。在擔任校長的同時，她還教法語和英語。教歷史的茱斯塔從波希米亞來到美國內布拉斯加州。她住在一位親戚家的農場時，曾跟樂勒脫修女學過英語。第一次世界大戰之後，波希米亞成為捷克斯洛伐克的一部分。

尼可拉・艾金是在一九〇三年從荷蘭來到美國。那時候，十九歲的她還只會講荷蘭語。她是最後報名的人之一。樂勒脫高原學院（Loretto Heights College）位於科羅拉多州丹佛市，可將洛磯山脈一覽無餘。她在那裡如魚得水。在漢陽找到她的「家」之前，樂勒脫高原學院一直是她的「歸宿」。六位修女中，尼可拉和茱斯塔的中文講得最好，她們甚至還學會了如何書寫中文。

實際上，這是個由六位修女組成的微型國際團隊，莫琳是其中唯一一個土生土長的美國人。理事會的人選在樂勒脫修女中得到一致認同。許多人表示，如果需要更多修女的話，她們將樂於加入這個團隊。

瑪麗・珍如此描寫一九二三年十月抵達漢口的情景：「這是我們第一次見到聖高隆龐中國傳教會的創始人愛德華・高爾文神父。他和耶利米・皮戈特（Jeremiah Pigott）神父以及幾個美國朋友一同來迎接我們，帶我們坐上了美孚石油的交通艇。我們向漢陽順流而下時，景致頗有變化——江中皮膚黝黑的船夫駕著奇怪的小船，兩岸滿目汙垢與貧窮。」

對在新墨西哥沙漠裡長大的史黛拉來說，大江滾滾令她恐懼萬分。在穿越太平洋的艱難日子裡，她就說過真希望這艘船能返回美國，哪裡都不想去了。看到眼前江上滿布的各式船隻，修女姐妹們警告史黛拉必須適應那些舢舨和笨拙的帆船。

由於岸邊水淺，交通艇無法停靠在環抱漢陽的古城牆東門外，那些寬闊的石階旁。修女們必須從交通艇轉乘到舢舨上才能上岸。在船夫和神父的幫助下，修女們從相對平穩的交通艇下到舢舨，不啻是一項莫大的挑戰。史黛拉甚至宣布今後絕不再搭乘舢舨。

瑪麗・珍繼續寫道：「我們很快就到達上岸地點。之前我讀過一些關於傳教士生活的書籍，讀到他們如何跪倒在地，親吻即將傳教的土地。熱情所致，到達之前我曾決心效法這些前輩。但當我看到面前有十五級之多骯髒泥濘的臺階時，之前的勇氣一掃而空。可是我的天使並沒有憐憫我，還沒等到爬到最高一級，我就腳下一滑撲倒在地。嘴唇雖然沒磕到石階，但鼻尖和長頭紗扎扎實實碰到了。我在心裡默念：『感謝祢，我的守護天使，我承認自己是個膽小鬼。』」[9]

瑪麗・珍沒提到是否有人注意到她跌倒，抑或是爬臺階的挑戰使人無暇他顧。一行人走進寬大的石城門，進入漢陽小城。高爾文為六位修女每人租了一輛人力車。他和皮戈特則共乘一輛。

每位修女獨自一人坐在人力車上，矯健的人力車夫拉著車，奔跑在狹窄的小巷裡，兩邊的露天攤販與行人熙熙攘攘。瑪麗・珍仰靠在人力車裡，用手帕捂住鼻子和嘴巴。人的排洩物加上垃圾的惡臭令她難以忍受。儘管下著雨，還是有人扛著大捆貨物，在堆滿農產品的手推車之間穿梭前行。她們很快得知這條街是漢陽的主要街道，而她們的住處就在這條街上。

那時，不為修女所知的是，中國的領導人新近決定展開一場運動，終將改變數百萬中國人的命運。

以民族主義之父孫中山為首的國民黨接受中國共產黨加入國民革命。孫中山的軍事首領蔣中正花了三個月之久在俄羅斯研究蘇聯的軍事體系。[10]

修女們很快便了解到為什麼漢陽在武漢三鎮中處於劣勢。寬一公里半、深度可泊海輪的長江割開了武昌和漢陽。流入長江的漢水又將漢陽與漢口分隔開來。兩條江上都沒有通向漢陽的橋梁，這使得漢陽在經濟上和地理位置上均與武昌和漢口隔絕。

在漢陽，除了她們以外，會講英語的人只有幾位愛爾蘭神父和為數有限的基督教兄弟會（Christian Brothers）神父。大多數神父都在農村傳教，留在漢陽的人則在城外伯牙台開設了一所男校。大多數漢陽人沒接受過正規教育，但他們對周圍的一切都萬分好奇。

到達漢陽的第一個晚上，修女們就領教了中國人好奇心的影響力。為在漢陽的第一餐起立感恩祈禱時，餐桌中央的奶油金字塔實在讓她們分心（神父的廚師佩德洛〔Pedlo〕把足夠吃一個月的奶油全部擺在餐桌上了）。她們坐下來吃飯時，敞開的窗戶外傳來女人們咯咯的笑聲。這使得修女們忍俊不禁。她們時不時地瞄一眼窗外，看一看彼此，再瞥一眼餐桌中央的奶油塔，好歹打發了這頓飯。

修女們第一次上街，好奇的人更多了。老人和小孩簇擁著她們，尤其是那些年長的婦人。她們快步走到修女身後，試圖撩起她們的長裙，顯然是要確定她們是否和中國人一樣穿著長褲。

在漢陽的第一年，她們的主要任務是學中文。起初，高爾文的中文秘書每天來為她們上課。秘書似乎沒有什麼教學經驗，但她們勤奮地練習背誦他所教的內容。不久，這位秘書被聖高隆龐總部派去做其他工作，修女們於是僱了兩位年輕婦女來輔導她們學中文。

由最初的幾個字和一連串的笑聲，修女們慢慢學會了足夠的中文與家傭交流。高爾文執意要求她們僱用僕人，既表示她們是有「身分地位」的人，又展現了作為外國人，她們有責任為當地人提供就業機會。

一九二四年九月一日，孫中山發表聲明譴責英國領事館八月二十七日的威脅（如果孫中山政府向廣州商隊的私人武器運輸船發起攻擊，英國海軍將會介入）並宣布自己反對帝國主義干預中國的決心。[11]

直到一九二五年冬末，修女的作息習慣與在美國時大致相同。按照典型的修女會生活，她們早早起床，祈禱、舉行彌撒、用餐、工作，以及從事一些休閒活動。可是漸漸地，生活中出現了一些之前沒有經歷過的干擾。在美國，修女會的日程時不時會有所變動，但通常是發生在白天。在中國，生活運轉的節奏與在美國相去甚遠。晝夜的區隔有時變得模糊不清。現在，她們常會基於各種不同的原因，在早上五點的起床鐘聲尚未敲響時被人喚醒。

一天，一陣震耳欲聾的捶門聲驚醒了熟睡中的人們。瑪麗・珍睜開眼睛在昏暗的煤油燈下看了一眼鬧鐘，時間是四點四十五分。夜間還點著油燈是為了防止老鼠的肆無忌憚。睡在同一間寢室的莫琳第一時間沒有醒來。[12]

「送牛奶的孩子簡直瘋了，來得愈來愈早，」瑪麗・珍朝著莫琳床的方向嘟囔著說。「我得去告訴他，再這麼下去，我就不跟他買牛奶了。」

捶門聲還在繼續，忠誠的羅莎（Rosa）出去打開修女院的大門。

只聽羅莎喊了一聲：「梅勵儉，[*]高神父來了。」

一定是有嚴重情況，不然高爾文是不會這麼早就從總部過來的。

「你們醒來了沒有？」外面傳來一個熟悉的聲音。瑪麗・珍迅速披上袍子、戴上頭紗，匆匆走到大門口。莫琳緊隨其後。

跟他一起來的還有羅伯特・史泰博（Robert Staples）神父和約翰・歐萊瑞（John O'Leary）神父。高爾文神色鎮定地說，昨晚漢口發生了騷亂。據說，死了一些中國人。有些外國人到英國租界尋求庇護。[**]如果修女們也想避一避，他可以送她們到漢口的教會醫院去。

瑪麗・珍後來寫道：「他問我的意見。」

---

* 譯註：瑪麗・珍的中文名字。

** 譯註：指一九二五年六月十一日的漢口慘案。

暴動的消息來得並不突然。自三月下旬孫中山去世以來，各城市的罷工和抗議活動頻繁。最近一次發生在上海，抗議一家日本棉紡廠低薪的罷工，升級成暴力事件。

五月底，近三千名學生抗議英日士兵對待上次罷工工人的手段時，一些人被殺，五十多人被捕。

漢口的情況很可能與之有關。

「我告訴他，如果是我，會選擇待在原地不動。」

這時候，史黛拉、派翠西亞、尼古拉和茱斯塔也都聚集到大門口。「他並沒有催促我們動身，而是就地開始討論。他問了我的想法，我回答他，你知道我的想法了。但在這種情況下，每個人必須各抒己見。」

討論的焦點是哪裡最安全，留在漢陽，還是過河到英國租界去。但修女們都不願意去漢口，認為英國租界並不見得像人們想像的那麼安全。

這時候，一個穿戴整齊的人突然走進院子，遞給高爾文一張名片。原來，他是漢陽警察局局長。想到修女們可能會擔憂自己的人身安全，因此他來向她們保證不用擔心，會派兩名警察把守院門，以確保她們不受打擾。來去匆匆，他很快就告辭了。

所有人都鬆了一口氣，尤其是高爾文。事實上，帶著幾名修女在天色未明的碼頭，尋找願意送她們過江的舢舨，談何容易。也許，正如修女們所說，英國租界並不見得那麼可靠。孫中山去世前就宣布希望擺脫「所有英國帝國主義對中國的干預」。眾所周知，外國對商業的控制以及地方軍閥的勢力，都被視為統一中國的障礙。

拂曉的天空染成了淡紫色，高爾文建議在她們的禮拜堂做彌撒。高爾文準備聖祭禮的同時，修女們各自回到房間整理儀容。彌撒之後，大家共進早餐。臨走之前，高爾文問了瑪麗・珍什麼時候有空，有些事情要與她商量。

瑪麗・珍知道撤離的問題尚未解決，正好相反，時局很可能變得更加緊張。由於修女們已經計畫要到去年去過的牯嶺避暑，所以她們乾脆提前離開漢陽。

其實，撤離和牯嶺避暑都不是高爾文要講的事情。他是想告訴瑪麗・珍，在自己最近一次回愛爾蘭參加教會選舉後，將要發生的變化。

他不無尷尬地說：「我竟然被封了個新頭銜。」在返回中國的輪船上，他接到羅馬教廷的任命：一個主教頭銜和一個貧窮的教區。這一道任命將改變他與聖高隆龐傳教會的關係。

事實上變化已經立竿見影。新當選的愛爾蘭聖高隆龐會長麥克・歐德懷爾（Michael O'Dwyer）業已任命歐萊瑞神父為中國傳教負責人。自從一九二〇年聖高隆龐傳教會到達中國以來，這一職務一直由高爾文擔任。

樂勒脫修女會在中國的合約，是與聖高隆龐的前身梅努斯中國傳教團簽署的。從現在起，負責在中國傳教事宜的歐萊瑞將繼續為樂勒脫修女建造新的房舍。這是她們離開美國前，聖高隆龐方面許下的承諾。而繡花堂因為是要向鄉村傳教服務，則繼續由高爾文負責。這種變化使事情看起來有些複雜。

一九二三年春天，在高爾文安排下，每個鄉村宣教所送了十個女孩到漢陽來學習刺繡。他的打算是在美國修女安頓下來之後，由她們接管繡花堂。鄉下來的女孩在繡花堂學刺繡、做祭衣。祭衣成品可銷往美國和澳洲，賺得的收入則作為繡花堂的經濟來源。兩年後，女孩們就成為教徒回到家鄉。

高爾文對瑪麗・珍說，最近的人事變化使繡花堂的經濟來源更缺乏穩定，沒有傳教會的撥款，全部經濟來源都得靠本身的營收，而目前的銷售額不敷維持繡花堂經營所需。如果繡花堂不能自負盈虧就得關門。

高爾文承認，打從一開始繡花堂能否在經濟上自立就是個冒險。他開辦繡花堂的主要目的，是為了給鄉村教區的女孩提供兩年的學習機會。如果瑪麗・珍願意接手繡花堂，她將如何做到讓繡花堂自力更生，並成為一所真正的學校？

繡花堂的運作是高爾文和瑪麗・珍一直以來的話題。她認為比起學校，稱呼繡花堂為工廠更為貼切。高爾文則認為其主要價值是為女孩們提供宗教訓導。瑪麗・珍認為繡花堂確實充滿潛力，但到目前為止，神父們給予的培訓實在有限。高爾文則認為瑪麗・珍主張為女孩們提供文化教育的願望，是因為對她們回鄉後將面臨的處境一無所知。這些女孩大多數將在短時間內結婚，她們必須具有基督教信仰，才能把孩子培養成為天主教徒。而且，她們學到的縫紉技術肯定能夠派上用場。不過，他也想聽聽瑪麗・珍打算怎麼改變繡花堂？

她傾向於將繡花堂辦成一所免費的學校，就像莫琳創辦來面向鄰里孩童的小學一樣。如果學生不需要寄宿，她認為用很少的資金，就可以在當地辦一所可以容納三百名學生的學校。她會增加學習的時間，這樣孩子們就可以得到更多在刺繡和教理方面的指導。如果可以辦成一所真正的學校的話，修女們很樂意將蓋新房子的資金用來辦學。

高爾文表示，這也許在將來是有可能的，但就目前而言，他希望繡花堂繼續為鄉村教區的女孩服務。遵循這一主旨，高爾文問她是否仍然願意接管繡花堂，然後做些調整，繼續用銷售祭衣的收入來辦學？

高爾文鬆了一口氣。之前，因為必須解釋一個從未嘗試過的新方向，他有些發怵。不過，他也意識到，這次的人事變動給了他和瑪麗・珍更大的自由去冒險，因為繡花堂還在他的管轄之下，並且沒有了為傳教會籌措經費的壓力。他相信修女們將會設法使繡花堂在經濟上達到自立。

那天，瑪麗・珍寫信給肯塔基總會，認為繡花堂以教育為主的未來似乎過於樂觀：

> 今天，我們擬定了一個計畫，將以宗教和文化教育為主，營銷為次。這樣一來，我們沒理由不去接管繡花堂。

接著，她向克拉拉西娜會長保證，無須為當前的政治局勢擔憂：

中國總是在醞釀某種麻煩事。只不過，目前的形勢看似比之前任何時候都嚴重一點罷了。

她最後補充說，如果「沒有變故」，她們將於七月四日前往牯嶺。若是形勢不允許旅行，那麼就待在家，過一個慵懶的夏天。漢陽的酷暑不適合工作，原定計畫是在暑假期間讓所有女孩回到鄉下。「米的價格上漲得很兇，如果兩個月沒有任何工作成果，傳教會就無法負擔這麼多人的生活所需。」

隔天晚上五點十五分，高爾文在兩位神父的陪同下又來了，問道：「你們能準備好今晚九點就去牯嶺嗎？」

瑪麗・珍後來寫道：「我知道我們可以準備好個人用品，但是還需要收拾寢具和其他日常用品。不過我只想了一秒鐘就說：『如果需要的話，可以辦到。』」

「你們要麼是去牯嶺，要麼是去漢口的租界。」

「去牯嶺！」瑪麗・珍毫不猶豫地回答。

還沒來得及收拾行李，我們就注意到西北方的天空迅速變得像墨水一樣黑。暴風雨通常沿大江而來，極少從這個方向過來。很快雨就來了。我們冒著滂沱大雨去高隆龐總部，到了那裡都被淋得濕透，但是我們都覺得這個過程非常有趣，大家充滿了幽

> 默。……就在一切進展順利的時候，忽然刮起了大風，雨下得更猛了。我們把油布裹在身上，神父叫人去找舢舨……他們很快就回來了，說船家拒絕在這樣的天氣出船。[13]

於是歐萊瑞和麥考利（MacAuley）兩位神父把修女們送回家。

六月十五日週日，高爾文帶來了一份英語報紙。暴風雨發生的那天晚上如果成行，她們將在九江下船前往牯嶺。然而就在那天，九江發生了動亂。英國領事館和其他幾座建築物遭人搗毀。[*14]

她們依然整裝待發，終於在七月六日開始了從漢口到九江，長達十二小時的順流之旅。到了九江後，她們搭乘人力車到達龍華洞的一家茶館。那裡，有苦力等著接客，用滑竿將客人抬到海拔一千公尺的牯嶺。

雖然前一年夏天修女們來過牯嶺，但是看著這些又小又瘦的人把一個又一個坐著人的滑竿抬起來來，還是令她們頗為躊躇。尼古拉決定第一個上。滑竿高高抬起的時候，她的心狂跳不已。史黛拉坐的滑竿抬起時，則發出了一聲尖叫。最後，每個人各就各位，滑竿隊在苦力「嗨囉、嗨囉、嗨囉」充滿節奏的號子中拾階而上。對於沒有懼高症的人來說，一路上的天空、植被、陡坡、深谷都盡收眼底，如夢似幻。

---

* 譯註：一九二五年六月十三日九江的群眾在全國性的五卅運動中，發起對英租界的攻擊行動。

滑竿隊一行人在一個名叫千梯子的茶館小憩半個鐘頭，吃了些茶點，換了一批苦力繼續向上。接著，她們又在名為豁口*的地方停下來歇息。這是一座小村莊，山巒環繞成一個碗狀。從這裡，她們終於穿過燦爛的夏日雲層，到達了涼爽的目的地。

為這些度假的人所不知的是，國民政府於七月一日在中國南方最大的國際都會廣州成立。**由孫中山的門徒蔣中正為首的軍隊，計畫向中國中部和北部進行遠征，北伐北洋軍閥政府。**

修女們住的別墅是向一個名叫彼得羅夫（Petroff）的俄羅斯家庭租來的。房子坐落在牯嶺上方，有一座美麗的花園，可以輕鬆地步行到牯嶺，離高隆龐傳教會在豁口的宣教所只有大約三公里遠。

尼古拉寫道：「派翠西亞喜歡外出散步、採花。一個涼爽的早晨，我們兩人決定走得遠一點。我們從彼得羅夫家往山下走，到了豁口，準備繞著山腳轉一大圈。走到一半便看見蜿蜒的長江穿過山丘和稻田，像一條纖細的白絲帶在陽光下閃閃發光。想像得到那裡一定是酷熱難耐，我們不免為有涼爽的山風拂面感到十分慶幸。」

突然間，電閃雷鳴。幸好，她們找到一處空房，躲在門廊下避雨。一小時後雨停了，她們才意識到時間已經過了中午。途經一處有人的住房時，她們向一位好心的女人要了一杯水喝。

「我們走了整整一個下午，夕陽西下時才回到住處。」[15]

由於中西方的文化差異，神父和修女在漢陽盡量避免社交來往。每年在聖高隆龐總部只有在一項重要活動，就是聖誕節隔天的聖斯德望日（St. Stephen's Day）**下午茶的時候，高爾文才會招待神父和修女。在牯嶺，他有了招待修女和基督教兄弟會神父的機會。

那個夏天，高爾文來牯嶺待了幾天，組織了一場難得的音樂會。樂勒脫修女應邀出席，看到「內德」（Ned，高爾文的家人和好友對他的稱呼）不為她們所知的一面。之前，修女們偶爾聽說過高爾文頗具講故事和唱歌的才能，但這是她們第一次看到他如此放鬆。

神父們帶來了樂器：錫口笛、鼓和小提琴。高爾文高歌愛爾蘭進行曲和古老的民謠。那晚的高潮是他演唱一九二〇年代的美國歌曲。他曾從家鄉科克（Cork）教區借調到紐約布魯克林教區。在那三年中，他學會了這些美國歌曲。為了向修女們致敬，他加入樂隊的演奏，表演了小提琴版的《我的肯塔基故鄉》（My Old Kentucky Home）。

從那以後，每有派對，這首帶著「愛爾蘭」色彩的美國歌曲，總是修女們最大的期待與樂趣。因為從十九世紀以來，她們的命運便與肯塔基息息相關了。

---

* 譯註：原文為 The Gap，此處為意譯。
** 譯註：斯德望是基督教首位殉道者，紀念日是十二月二十六日。

漢陽為漢江與長江所環繞，是修女們往後將近三十年歲月裡的家。

正在為教會織品繡上圖案的學生

一九二九年新繡花堂的樣貌

史黛拉修女與維護繡花堂的團隊

二 牯嶺與黃甲山，一九二六年

三月二十日，蔣中正開始反對中國共產黨的活動。三月二十四日，蔣中正命令蘇聯顧問離開廣州返回蘇聯。[1]

一九二六年夏天，中國遭逢嚴重高溫。修女們又到牯嶺避暑。自從七月二十七日以來，蔣中正領導下的國民革命軍向北直搗武漢地區。此外，中國中部遭遇人們記憶中最大的洪災。霍亂流行，預計冬天將發生飢荒。

八月九日，蔣中正為進攻武漢做準備。

因為計畫在一週內返回漢陽，瑪麗・珍於八月二十四日致函克拉拉西娜會長：

漢陽遭受了沉重的打擊。除了新教堂和神父的住房，其他所有一切都被大水沖走了。神父們實在是照料不過來那麼多基督徒婦女和兒童。我告訴他們，繡花堂將竭盡全力助他們一臂之力，但我們最多只能接受一百七十個人。如果他們需要我們到北部鄉下去幫忙，我們之中會有人願意效勞。

信中沒提到國民革命軍正在向北挺進。實際上，當地人大都不太知道蘇聯為蔣中正的革命軍（包括共產黨）提供了物質援助。九萬多人的部隊從廣州出發，目的是攻打河南、湖南兩省的地方軍閥。這就意味著他們將直接穿過武漢地區。

由於急於回到漢陽，茱斯塔、莫琳和管家瑪麗亞（Maria），於八月二十五日離開牯嶺北上漢陽。三人打算在下個禮拜大隊人馬返回之前，把一切打掃、收拾妥當。茱斯塔還準備在女孩們從鄉下回到繡花堂時，在那裡迎接她們。

可是到了漢陽，看到的街景不是以往擁擠的攤位和稠密的行人，而是人們成群結隊打算逃離漢陽。婦女背著巨大的包袱，男人的手推車上堆著生活用品、坐著孩子和老人。有人停下來告訴她們：「紅軍*馬上就到了。」

要打仗了，人們顯然感覺離開城市到鄉下避難是唯一的選擇。他們並不知道，湖北軍閥吳佩孚已到漢口坐陣，指揮武漢地區抵抗北伐軍。

---

* 編按：指革命軍。

三人回到家，開始懷疑這時候回來是否是明智之舉，但也只能既來之則安之了。

八月二十九日，瑪麗・珍從牯嶺寫信給肯塔基：「就目前而言，我們或多或少都對戰事感到震驚。布爾什維克已經從廣州打過來，到達我們所在的湖北省，距武昌不遠了。這個威脅與之前我們經歷的任何爭鬥都不一樣。我們將優先處理洪水、飢荒和霍亂的事情。大家對我們的吳佩孚元帥充滿信任……我們對勝利充滿信心。」[2]

兩天後，回到漢陽的茱斯塔走出大院，穿過幾近闃無人聲的街道，來到繡花堂。聽到裡面孩子們的喧鬧聲才使她重新振作起來。過了好一會，她忽然意識到遠處有雷聲。隨著連續不斷的轟鳴，她開始懷疑雷聲是否是人為的，最終意識到實際上那是炮彈聲——長江對岸的什麼地方在打仗。她不知道是武昌還是漢口，但絕對是開戰了。

修女會裡，莫琳在教神父的新廚師保羅・王（Paul Wang）烤麵包。她決定同時也教教他怎麼做餅乾。兩人專心得連隆隆炮聲都沒聽見。

麵包出爐後，保羅把兩個麵包和一些餅乾放進籃子，道了別，返回總部。莫琳和瑪麗亞開始打掃廚房時，才注意到長江對岸的隆隆炮聲。她們繼續做家務，直到茱斯塔從繡花堂回來，帶來武昌遭到攻擊的消息。

翌日，莫琳和茱斯塔正準備要吃午餐，高爾文前來並說道：「你們必須離開。據說革命軍距離武昌只有五公里了。這三座城市很快就會遭到包圍。」

對於仍待在漢陽的人來說，主要的危險是位於江邊的軍工廠。如果革命軍打過江來，地方軍也許會炸毀軍工廠，那麼整個漢陽就會被大火吞沒。

高爾文說：「你們必須離開。去九江的船還在通行，你們可以回去牯嶺。或是，我派個神父陪同你們去黃甲山宣教所，那裡有許多避難的婦女。」

顯然，如果猶豫不決，她們很有可能會被困在漢陽，因為她們面臨的不是短暫的衝突，而是內戰。

高爾文還要去安排在繡花堂工作的婦女和孩子撤離。茱斯塔建議他先坐下跟她們一起吃點東西。他才坐下來吃了幾口，就站起身說：「我待會再來聽你們的決定。」然後就離開了。

時間刻不容緩，茱斯塔、莫琳和瑪麗亞決定設法回到牯嶺。又傳來一陣敲門聲，基督教兄弟會的負責人哈蒂（Harty）神父來了。他在街上碰見高爾文，過來看看是否能幫上什麼忙。他留下來，等她們收拾行李，好把她們送上船。出門前的最後一分鐘，莫琳決定帶上瑪麗•珍的攜帶式打字機。也許能派上用場呢。

走出院子，她們為短短幾個小時內街上的變化大吃一驚。四面八方人潮洶湧，到處是丟掉的箱子和包袱。江上秩序混亂，她們很幸運地上了一條正要擺渡去漢口的舢舨。就在她們的舢舨向漢口岸邊靠攏時，一艘滿是難民的帆船撞到一條小船。小船上的一個小男孩被甩到水中，消失在黑暗的江水裡。

到了漢口，哈蒂在去九江的船上安頓好三人，囑咐她們告訴沿途碰到的神父暫且留在牯嶺。午夜時分，船長拔錨，駛向九江。

這艘夜間航行的船隔天就到達九江。準備上牯嶺的當口，茱斯塔看見兩名基督教兄弟會的神父，正往九江碼頭方向走過來。於是她揮手叫住他們，兩位神父看到她們頗為驚訝。

「不要回漢陽。昨天晚上是哈蒂神父送我們上船的。武昌開戰了。」

這天一早在牯嶺，約瑟夫（Joseph）整裝待發，其他人也在為回漢陽收拾最後的行李。計畫是由約瑟夫帶著寵物狗傑夫先行一步，其他人隔日才出發。到了準備出發的時候，平時總是跟在約瑟夫身邊的傑夫，不知什麼原因，一直跑回瑪麗・珍跟前。最後她勸牠說：「傑夫乖，跟約瑟夫去。明天我們也回家。」

可是就在約瑟夫走後，信差給待在牯嶺的修女們送來一份高爾文發來的電報，叫她們不要離開牯嶺，電報上沒提到茱斯塔和莫琳的事情。

到了牯嶺鎮，莫琳三人決定沿山坡步行最後一段路程。還沒走到房子前面，裡面的人就奪門而出。她們受到了相當熱烈的歡迎：寬慰、擁抱、歡笑！之後是無數的問題：女孩們還好嗎？修女會裡還有人嗎？親眼看見打仗了嗎？看見約瑟夫了嗎？

一提到約瑟夫，大家都開始為他擔憂。當瑪麗亞得知同一天早上他出發回漢陽了，就變得歇斯底里。茱斯塔一再向她保證，約瑟夫不會出事，哈蒂和其他神父會保護他的。但要是他沒到漢陽，在途中就碰上抓人當兵的人怎麼辦？她還能再見到他嗎？她們所能做的只有祈禱他安全抵達，確信高爾文和神父們一定會保護他。

瑪麗・珍很高興她們帶來了打字機。九月五日週日，她又寫了一封信給肯塔基，表示在牯嶺，郵件依然正常收發。她寫道：

> 武昌已經開戰。為了保護軍工廠，地方軍正在向漢陽調兵。革命軍占領了武昌後面的高地，炮火對準漢陽。漢陽後面的山是座堡壘，也就是說，總部、伯牙台和修女會都在射程之內，我們覺得修女會能夠倖存下來的希望不大……戰事在某種程度上妨礙了我們到鄉下參加救災的計畫。待戰事一有緩解，我們就出發。就目前而言，我們要去的地方正好處於交戰區。

相互矛盾且無法證實真偽的消息不斷傳來。一個神父帶來消息，說「紅軍」被擊退了，另一個則報告說北伐軍已經攻下武昌。剛到牯嶺沒幾天的湯姆・昆蘭（Tom Quinlan）[3]神父決定回去漢陽親眼看看，如果有可能的話，還能助高爾文一臂之力。

九月六日週一，約瑟夫回來了，全然不知他的生死引起過許多人的擔憂。他把女兒瑪莎（Martha）和傑夫都帶來了。想到夜晚將會開始變涼，他還帶來了十二條毯子。本來確信已經與他死別的瑪麗亞欣喜若狂。傑夫從瑪麗・珍身邊跑到茱斯塔面前，再回去找瑪麗・珍，從此以後再也沒有人會叫牠「討人厭」了。

九月九日，有消息確認蔣中正部隊已經拿下漢陽。次日收到的高爾文來信，信裡提到繡花堂的三十名學生險些落入死神的魔掌。她們打算從漢陽搭乘渡輪渡過漢水，經過蔡店，到黃甲山的難民營去。來到江邊時，渡輪已經駛入航道，但由於船上超載開始下沉，幾分鐘之內便沒入水中，得以生還的只有幾個會游泳的人。後來才得知蔡店那時候已經被北伐軍占領，路經那裡去難民營，誰知道會發生什麼事。好在她們都平安無事，暫時被安置在樂勒脫修女會的教堂裡。

待在教堂的第一個晚上，從晚上十點直到午夜過後，周圍槍炮聲不斷，孩子們一直在祈禱，反復吟詠〈苦路十四處祈禱文〉（Stations of the Cross）。*兩位神父輪流值夜，夜不成寐。到目前為止，仍然待在總部和樂勒脫修女會的人尚且安然無恙。

九月十一日，漢陽和漢口新聞：吳佩孚已離開漢口，但武昌仍在堅守。

九月十三日，昆蘭從漢陽來信報告，他已經安全回到漢陽，住在修女會。女孩們都搬到樓上，因為士兵現在住在教堂裡。軍官在修女會的客廳裡辦公。昆蘭的信裡寫道，告訴尼古拉，回來以後得重新做一批果醬。目前為止，這是修女會裡唯一被士兵們吃掉的東西。

地方軍還在固守武昌。死傷的士兵像垃圾一樣被丟在城牆外。有報告說，飲用水受到汙染，糧食供應枯竭。情況愈來愈糟，絕望的民眾開始冒著生命危險過江到漢口或漢陽去。由於營養不良，游泳的人無法克服江水的阻力。一些載滿難民的舢舨由於過重而沉沒江中。

謠言開始在牯嶺傳開，九江被北伐軍占領了。雖然按照常理，一支軍隊要爬到海拔一千公尺的盡頭無異於自殺，牯嶺仍然組織了防衛的志願者。不久，謠言就不攻自破。

九月三十日，消息傳來，漢陽局勢已趨近穩定。修女一行人就立刻離開牯嶺，返回漢陽。到了九江，約瑟夫和他的女兒去買食物。這段期間，修女聽說有一艘日本輪船晚上十點啟航，想去漢口的旅客需要立刻登船。瑪麗・珍、史黛拉、派翠西亞和尼古拉急忙從駐軍那裡領到通行證。茱斯塔、莫琳和瑪麗亞原本就持有搭乘凌晨三點起航的英國輪船回程票，便留下等約瑟夫和瑪莎回來以後再一起走。

通常，從九江到漢口路程約十二個小時。可是那天晚上才航行四十多公里，日本輪船便陷入兩岸交叉炮火之中。船長決定不冒險，就地下錨。等到射擊停止後，船長下令開船。尼古拉到甲板上轉了一圈。回到船艙，發現史黛拉把床墊翻起來靠在牆上，整個人縮在地板上。

「我的上帝，你做什麼呢？」

「你沒聽見他們又開打了嗎？」

尼古拉回到甲板去確認。一個人跑了過來，朝著她喊：「想活命就回船艙裡去。」兩岸的機關槍把輪船兩側打成了蜂窩。為了確保安全，船長叫所有乘客都躲到輪機艙裡去。

離漢口不到十公里了，尼古拉和史黛拉以為夠安全可以回船艙了。正當她們從輪機艙盤梯往上走時，一顆子彈從舷窗外射進來，與尼古拉擦身而過，離她不過幾毫米而已，嵌在瑪麗・珍身邊的一塊木板裡。

幸運的是，一行四人終於在十月二日週六晚上回到漢陽。[4]

---

*譯註：羅馬天主教在耶穌受難像前的十四種祈禱。

其他從牯嶺回來的人也經歷了類似的遭遇。整個週六晚上和週日早晨，這艘掛著讓人痛恨的英國國旗的輪船，被迫在離漢口不遠的另一個碼頭下錨。士兵登上船，花了一個半小時，把整艘船徹底搜查了一遍，才允許旅客上岸。週日清晨，一行人在漢口天主教教會醫院做了彌撒，然後找舢舨過江。到漢陽以後，又找了人力車，才終於回到家。

瑪麗・珍在十月五日週二寫給克拉拉西娜會長的信中寫道：

> 真高興，我們終於到家了。這場戰事會拖上很長時間，地方軍肯定是要還擊的，不過可能得等到春天，因為中國人不喜歡在冬天打仗。我們的男僕佩德洛最近三週一直被困在武昌。……他說很多人死於飢餓，還有許多人是死於夜間襲擊。由於棺材緊缺，人們把屍體抬到山上神父住的院子後面。

十月九日，蔣中正的部隊占領了武昌。兩位基督教兄弟會的神父試圖進入武昌，去看望被困在那裡的歐唐納修（O'Donohue）神父。第一次他們沒能進去。據說市裡的情形相當慘重。兩人帶著食物和衣物再次前往武昌。三天後，他們和歐唐納修一起回到了漢陽。他瘦得皮包骨，但是為還活著感到欣慰。他說成千上萬的人死於飢餓，活著的人則像是行屍走肉。

人們吃著樹葉，市裡一條狗也沒有了。街上到處是腐爛的屍體，惡臭令人作嘔。流行病將會是新的危機。

整個武漢河谷都被蔣中正的軍隊占領，一種令人不安的平靜籠罩著三鎮。隨著冬天來臨，吳佩孚不太可能發動進攻。兩軍都沒有越冬裝備來持續作戰。戰鬥停止了，但戰爭並未結束。在百姓的視線之外，政治爭鬥愈演愈烈。各個反對派系豢養的猛虎即將出閘。

漢陽的生活逐漸恢復正常。莫琳的小學復校了。可是幾天後課堂間的休息時間，一個送信的人來說，關閉城門的時間提早了。她告訴住在城牆外的六個女孩馬上回家，以免出不了城。過了幾天，她終於下了決定，讓孩子們待在家裡更安全。

目前除了從武昌來的難民外，還有從水災地區逃出來的難民。最緊急的需求是為數百名無家可歸的婦女和兒童提供住處和食物。

兩位年輕的神父帕迪・馬奎爾（Paddy Maguire）和約翰・科威格（John Cowhig），人在武漢以北的老宣教所黃甲山。他們的任務是建立一個難民營，以便難民在那裡過冬。史黛拉和莫琳提出說要去黃甲山協助修建食堂。

十月二十三日，她們和瑪麗・珍及本地宣教員羅莎動身去黃甲山，路途艱辛。在皮戈特神父的護送下，她們搭乘舢舨沿水路行船四小時之後，連人帶著隨身給難民營送去的物資，騎上了驢子。試想，修女們毫無對付這些蹄腿靈活、邊走邊點頭的小小坐騎的經驗，徒步走路其實還更容易一點。還好，驢子在物資的重負下步伐緩慢，但對於側身坐在驢子上的修女來說實在很難熬。瑪麗・珍心裡暗想，回來的時候她寧可選擇走路。

瑪麗・珍和羅莎待了十天，幫忙煮飯和照顧一些患病的孩子。瑪麗・珍想多待一會，可是從愛爾蘭聖高隆龐教區來的修女們將在十一月中旬抵達漢陽，她得回去為她們準備住處。正在繡花堂隔壁建造的樂勒脫修女會尚未完工，她們還不能搬家，因此瑪麗・珍計畫讓樂勒脫的修女們擠一擠，把院子裡兩棟大一點的房子讓給愛爾蘭修女。但等新房子竣工，這個大院就都歸高隆龐修女所有了。

瑪麗・珍和羅莎回到漢陽時發現，神父已經做了其他安排。駐紮在伯牙台的北伐部隊就要開拔了，年輕的歐萊瑞神父已經為愛爾蘭修女租下基督教兄弟會隔壁的一棟房子。他把伯牙台基督教兄弟會神父住所的警報裝置延伸過來，好讓新來的修女們獲得些許安全感。

儘管部隊開拔前，士兵盡力做了打掃，尼古拉在日記中寫道：「房子老舊，特別需要荷蘭清潔劑和荷蘭清潔工。」早晨，她去打掃愛爾蘭修女將要入住的房子；下午，她到繡花堂當班的時候，則由瑪麗・珍來盡可能地把房子收拾得適合居住。

同時，樂勒脫修女會的院子經過幾個月來的糟蹋，也急需掃除與修整，而這項任務也落在瑪麗・珍和尼古拉的肩上。由於正在修建新的修道院，繡花堂四周到處是泥漿。儘管如此，茱斯塔和派翠西亞還是決定恢復上課。

想到幾年前初來漢陽時的尷尬，樂勒脫修女盡可能地為將要到來的愛爾蘭修女，設想所需的一切。瑪麗・珍跟尼古拉商量後決定，借給愛爾蘭修女一個廚師，一個不會在桌子中間擺上一座奶油塔的廚師。

十一月十五日中午，從上海起航的「聯合」號在漢口海關碼頭停靠。船上有六位聖高隆龐修女。這是樂勒脫修女首次向新人介紹中國教區，大家都異常興奮。而派翠西亞是其中之最，因為這群修女是她的愛爾蘭同胞。

瑪麗・珍則感受到邁出了將繡花堂轉交出手的第一步。她以為高隆龐修女會（Columban sisters）的成立是為了協助高隆龐神父在中國的傳教工作，因此管理繡花堂的工作對她們來說再適合不過了（她不知道其實大多數人是來負責護理的工作）。

瑪麗・珍希望樂勒脫修女會能擴大莫琳開辦的小學，朝著她、茱斯塔和莫琳專長的教育方向來發展。她知道真正完成交接繡花堂的工作，還需要一段時間，因為新人必須先通過語言這道關卡。不過，她打算等她們一安頓下來，就向她們介紹繡花堂的一切。瑪麗・珍也為高隆龐修女的住處比她第一眼看到時大有進步，而感到欣慰。

瑪麗・珍和派翠西亞跟幾個神父一起登上了「聯合」號，但是高爾文卻沒來。由於職務的升遷，他待在漢陽的時間愈來愈少。幾天前他離開漢陽時曾表示春天之前都不會回來。瑪麗・珍心想，他這樣做可能是為了向新來的修女們清楚地表明，是由歐萊瑞神父（而不是他）來負責她們的工作。承擔新教區的工作使高爾文脫離了漢陽地區的日常。

初次見面寒暄時，瑪麗・珍發現，除了她們的負責人芬巴・柯林斯（Finbarr Collins）修女，她很難把其他人的名字和長相給對起來。

她回想起一九二三年十月那天，為了盡快到達漢陽，神父向美孚石油公司的主管借了一艘交通艇。幸運的是，與三年前不同，新來的修女不必像樂勒脫修女那樣轉乘到舢板上。瑪麗・珍再怎麼也忘不了那天史黛拉的恐懼！

然而，如同那天一樣，天又在下著雨。她們同樣得一步一步爬上泥濘濕滑的階梯。放眼看去，漢陽古老的城牆一如既往地聳立在她們面前。穿過拱形大門，人力車車夫（也許還是那些那天拉過她們的同一群人）正在等著載客。

瑪麗・珍已經對從東門到樂勒脫修女會所在地的路線熟之又熟了。她想起對這條如同小巷一般的主要街道的第一印象。現在新來的修女一定正在經歷她第一天到達時感受到的震驚。從那以後，瑪麗・珍不止一次聽到第一次來漢陽的人稱這條大街為「我們經過的那條小巷！」

每日往返其間，瑪麗・珍發現這條仄仄小街和兩旁簡陋的攤位，具有一種獨特的古樸魅力。現在再用初來乍到的眼光去審視這條街，她意識到自己對漢陽市貌的各種瑕疵已視而不見，甚至也習慣了對曾經幾乎不能忍受的氣味。她想讓新來的修女們看到自己所喜愛的漢陽，但她知道這需要花一段時間。眼前最重要的是讓她們感覺賓至如歸。

一個小孩喊了一聲「洋鬼子」。瑪麗・珍早已見怪不怪，把這當作是一種純真的問候，但她暗自慶幸新來的修女不知道這其實是句罵人的話。她想起幾天前有一個小男孩叫她「洋雞蛋」後不禁啞然失笑。這是她被渺視至極的「雅稱」。

人力車的第一站是樂勒脫修女會。有人喊了一聲「修女來了！」一群聚在院子裡的中國天主教徒點燃了震耳欲聾的鞭炮。

三年前，也是這些人首先來到教堂、演唱讚美詩，感恩姐妹們安全到達漢陽。

瑪麗・珍和派翠西亞把愛爾蘭修女們介紹給茱斯塔和尼古拉。路上，瑪麗・珍已經告訴她們，莫琳和史黛拉在黃甲山的難民營為婦女和兒童服務。從黃甲山到這裡需要一天的時間。漸漸地，名字和長相對上了。芬巴要返回愛爾蘭；狄奧芬尼・福瓊（Theophane Fortune）是留下來的修女中的負責人；艾格妮絲（Agnes）的英語有澳洲口音；還有萊莉亞（Lelia）和菲洛梅娜（Philomena）。其中，唯一明顯超過三十歲的是派翠克・莫洛尼（Patrick Moloney）。樂勒脫修女們後來才知道，她是這個新教派的創始人之一。

瑪麗・珍意識到這是愛爾蘭修女宗教生涯中，接受到的第一個傳教任務。她有一種很想好好呵護她們的特殊感受，因為將會有太多挑戰橫亙在她們面前。

共進下午茶之後，愛爾蘭修女應邀參觀了樂勒脫修女的住處，因為這兩棟房子最終將要歸她們所有。每個臥室的鐵床架旁邊的桌上，都有一盞煤油燈和一個十字架。其他家具包括五斗櫃、盥洗台和椅子。[5]

「艾格妮絲問起老鼠的事，因為高爾文在信中說：『牠們已經在中國人身上跑了無數個世紀。』」她被告知這就是為什麼那些煤油燈會放在床邊的原因：燈光可以嚇阻老鼠。「夜裡點著燈就好多了。老鼠會從磚牆上的洞裡鑽出來，有好多好多。如果房間全黑的話，牠們就會從地上跑到床上去。」

雷恩（Lane）神父和昆蘭神父來了。雖然距離並不是很遠，他們還是僱了人力車把風塵僕僕的修女送到西城門外的伯牙台。她們再次受到傳統鞭炮和當地天主教信女的歡迎。

十一月二十八日，國民政府決定將首都從廣州遷到武漢。6

幾天過後，史黛拉從黃甲山送信給瑪麗・珍：莫琳生了重病。第二天早上七點，瑪麗・珍和羅莎便跟隨嚮導出發去黃甲山。漢江水位異常低，行進速度極其緩慢。苦力用繩索綁住舢舨，和另一個人一起拉著船前進。突然間，大約三十多公尺的河岸發生塌陷。

瑪麗・珍搖醒了熟睡的羅莎，用怪裡怪氣的中文比劃著說：「羅莎，如果舢舨開始傾斜，就跳到另一邊的水裡。」羅莎立刻就明白了。這時，岸上的苦力放開繩索，往後一跳，免得被拖入河中。幸而，正當舢舨在塌陷泥土的壓力下開始翻覆的時候，一條較大的舢板朝她們駛來，頂住了她們這艘舢舨。奇蹟般地，大舢舨牢牢地頂住了船，還使它從泥漿裡脫困，回到深水中。

快到黃昏時，她們才上岸，開始徒步向差不多十公里遠的難民營走去。儘管可能得在黑夜裡趕路，但別無選擇。

兩個疲憊不堪的女人和嚮導終於到達了黃甲山，能看見方濟各傳教士之前建造、現已廢棄的建築物。很快，又看見正等著她們的史黛拉。到了莫琳的住所，瑪麗・珍一眼就看出莫琳已經嚴重脫水。那天晚上和第二天，瑪麗・珍一直給她喝水和清湯。可是，這樣做的效果微乎其微，瑪麗・珍決定帶她回漢陽，不然可能會有生命危險。

雖然很不情願把史黛拉一人留在難民營，第三天凌晨時分，瑪麗・珍和羅莎不得不展開長達十公里的跋涉回到河邊。兩個男人用擔架抬著莫琳。她們在河邊找到一隻舢舨，莫琳躺在船底。

順著水流，回程比來時快得多。

瑪麗・珍一路上都在祈禱，一定要把莫琳帶回家，直到看到漢陽碼頭的時候，瑪麗・珍才如釋重負。週一，瑪麗・珍將莫琳轉送到漢口的國際醫院（International Hospital），以得到適當的醫療照護。

瑪麗・珍知道如果沒有其他修女去難民營跟史黛拉作伴，她會產生不安的情緒。但這時候，從愛爾蘭和澳洲發來的祭衣訂單堆積如山，茱斯塔和派翠西亞正拼命爭取在聖誕節前盡可能多完成一點。尼古拉也根本走不開，因為為絲線染色的工作全部要靠她。最後，瑪麗・珍決定自己回黃甲山去。

十二月十日，北京的外國使節團討論了承認國民政府的可能性，遂派代表前往武漢進行調查。[7]

十二月十日早上，瑪麗・珍認為在黃甲山的工作進展順利，她該回漢陽了。也許尼古拉能來接替她，因為繡花堂要等到聖誕節之後才會再需要她。（之前，史黛拉總是有些缺乏自信，需要依賴她的修女夥伴。與兩位年輕神父一起工作的經歷，不知怎麼地使她有了新的自信。難民營的孩子也非常喜愛她。）瑪麗・珍向史黛拉保證，尼古拉很快會來跟她作伴，然後她們兩人可以一起回漢陽過聖誕節。

尼古拉痛快地答應到難民營去！十二月十三日她隨一名本地宣教員前往黃甲山。正巧，歐萊瑞神父正準備經難民營到北邊的教區去。他一向樂於支援修女的工作，因此護送尼古拉和她的同伴安全到達難民營便責無旁貸。此外，難民營也在他的職責之內，正好去評估那裡的情況。

三人在蔡店下船後，乘驢越野跋涉。尼古拉一路樂不可支。最後一段路，一行人在一個湖邊上了一位老婦人的渡船。尼古拉把她叫作「湖中女士」。船還在離岸邊很遠的地方，她就看見史黛拉在那邊向她揮手。史黛拉！一整天，史黛拉不停地張望，看尼古拉究竟到了沒有，後來她就走了一段十分鐘的路程，來到那位老婦人將會停靠的地點。

喜出望外的史黛拉歡快地擁抱了尼古拉，喋喋不休、迫不及待地向尼古拉講述所有關於難民營的事情。

史黛拉首先帶尼古拉去教堂。這座跟任何歐洲教堂都相差無幾的教堂，給尼古拉留下了深刻的印象。同樣讓她留下深刻印象的還有這裡的婦女和兒童看起來有多麼快樂。

宣教員把孩子們分成小組，一排排地坐在長凳上。誦經時他們搖擺著身體，每個人似乎都在吟誦不同的禱文，卻又不會相互干擾。尼古拉還很賞識婦女的創造性——用長桿做支撐來搭成洗衣棚，看上去像是在這個大院子裡的遊牧村莊。最讓她為之動容的是她們的快樂——這些無家可歸的婦女很少表現出因為落難而感到悲哀，反之，她們能夠開懷大笑。黃甲山的氣氛是尼古拉來到中國以來前所未見的。

整個十二月天寒地凍。每天，史黛拉和尼古拉要花很長時間為難民準備食物。她們有米和蔬菜，但是火爐太過簡陋。水牛肉煮好幾個小時也煮不爛。難民營的運作遠遠超過原先預計難民度過危機後返回家園的時間。他們家鄉的房屋已遭到匪徒的搶劫和破壞，人人無處可去。這裡至少有庇護所和食物，比其他任何地方都安全。

由於聖誕節快到了，瑪麗·珍託人傳話，叫史黛拉和尼古拉回漢陽好好休息。史黛拉打定主意不回漢陽。她和尼古拉要在難民營過聖誕節。於是，漢陽的姐妹為她們慶祝聖誕，準備了包裹和用品。茱斯塔送來兩大束紅宣紙做的花。[8]

教堂太大了，尼古拉擔心大家看不見紅花，便把花固定在竹竿上，放在高高的祭壇上。漢陽送來的包裹裡充滿了驚喜，包括兩個熱水袋，但其中最好的禮物是兩個新鮮出爐的麵包。難民們吃飽之後，尼古拉向史黛拉和兩位年輕神父提議，舉行了一個小型聖誕節慶祝活動。四個人擠在煤油爐旁，吃著剩下的米飯，每個人分享了在愛爾蘭、荷蘭和新墨西哥的聖誕節回憶，並慶幸有這樣一個特殊的聖誕節——身在他們親愛的中國人之間。

尼古拉無意間說道：「當你餓極了的時候，沒有比荷蘭鬆餅更好吃的東西了。」

歐萊瑞神父則說自己沒聽說過荷蘭鬆餅這種東西。

「荷蘭鬆餅和煎鍋一樣大。先和一碗上好的麵糊，炸幾片培根（如果有的話），最後把麵糊倒在上面。」

歐萊瑞悶不作聲。於是尼古拉說，如果能弄來雞蛋，就替他煎一個鬆餅，也許等到新年吧。她說：「吃了就等於見到我的荷蘭祖先了。」

莫琳修女為附近孩童創辦的小學
照片中的兩位修女為瑪麗・珍（左）和莫琳（右）。

牯嶺的天主教教堂

史黛拉修女與附近的小孩

前往牯嶺的路途

在修女們來到漢陽的最初幾年裡，牯嶺成為她們的避暑勝地，都會待上好幾週的時間。

三 艱難前行，一九二七年

國民黨於一九二六年六月開始從廣州北上，從那時起一直到一九二七年七月，俄羅斯和中國共產黨……不斷在革命軍內部活動。革命軍直搗長江、席捲漢口地區後，在湖北留下了共產黨組織，開始了「紅色」工農聯盟。[1]

仇外情緒繼續增長。愛爾蘭修女隔壁的空地變成了占領軍的練兵場。十二月二十六日，她們看見有人在空地的另一端搭了一座舞臺，眾人聚集而來。儘管她們聽不懂擴音器裡在吶喊什麼，同仇敵愾的情緒不譯自明。當天稍晚的時候，在她們的大門上、基督教兄弟會和樂勒脫修女會的院門上都貼上了標語，顯然是國民黨左派分子和共產黨組織的反帝國主義示威活動。

一九二七年一月一日，幾百名學生在足球場集合，高呼口號，準備遊行慶祝蔣中正的南方軍取得勝利。不知何故，遊行被取消了。後來才得知，位於廣州的國民政府總部已經遷到武漢。

一月三日，漢口外國人的財產遭到哄搶。為了保護人身安全，英國當局將所有婦女和兒童從英租界撤離到停在港邊的船上。三天後的一月六日，暴民襲擊了租界，英國被迫將租界權交還給中國，市政府大樓上立刻飄起了革命軍的旗幟。這個一直以來都是外國人尋求庇護的避風港不復存在了。

一月七日，美國領事伯克（Burke）先生召見瑪麗・珍，要求三名美國籍修女，瑪麗・珍、史黛拉和莫琳離開漢陽去上海。瑪麗・珍說，如果真有危險，為什麼其他三名修女就可以留下？伯克說，她們當然也應該撤離漢陽，但自己僅對美國公民擁有管轄權。茱斯塔、尼古拉和派翠西亞沒有美國護照，不是美國公民！

瑪麗・珍拒絕離開漢陽。她說，一九二五年她們留在漢陽毫髮未損，這次也沒有必要逃離。但伯克堅持她們必須撤離，於是她提出一個折衷方案：如果義大利、德國和中國修女都撤離了漢陽，那麼樂勒脫修女也會一起離開。

此時，史黛拉和尼古拉仍待在黃甲山的難民營。莫琳已經完全康復，正準備返回黃甲山去接替尼古拉，因為繡花堂需要她。瑪麗・珍已經傳話給尼古拉，叫她回到漢陽，而莫琳則會過去陪伴史黛拉。

一月十日，科威格神父的助手王先生陪同尼古拉回到漢陽。王先生馬不停蹄地與莫琳和一名宣教員返回黃甲山。下午三點半，他們在蔡店下船，正準備騎驢子或坐轎子走最後一段路。宣教所的看門人告訴莫琳，革命軍一再在威脅要破壞教堂，這樣的話做彌撒用的聖器該怎麼辦？

儘管知道一旦被人攔下來，任何有價值的東西都會被搶走，莫琳還是說，把它們交給她帶到黃甲山去。看門人把聖杯和聖盤包好交給她。她們叫來轎子，離開了蔡店。所幸一路上平安無事，在當晚七點半到達難民營。

在漢陽，有人在繡花堂鼓動學生加入共產黨的青年團。昆蘭神父在學生中經過一輪盤問下得知，在繡花堂工作的其中一名寡婦和繡花堂新近接收住宿的一個婦女在號召學生罷工。那位寡婦在受到質問時，不但提出辭職，還威脅要繡花堂走著瞧。過了幾天，另外那個煽動罷工的婦女也走了。很顯然，她們受到了外界的影響。

武漢的狀況繼續惡化。「工會」代表從漢口來繡花堂，談判持續了數小時還僵持不下。對於昆蘭來說，這代表他必須定期去漢口向中國外交部長陳友仁匯報。儘管陳友仁同情他，但自識無能為力，因為這種鼓動是政府高層所為。「武漢政府在史達林派駐中國的代表米凱爾·鮑羅廷（Mikhail Borodin）和國民黨左派分子掌控下，勞工和農政這兩個重要部門都在共產黨控制之下。」[2]

瑪麗·珍和昆蘭甚感兩面為難。一方面，如果學校要繼續運作，她們別無選擇，只能加入工會。如此一來，工會將控制學生生活的所有事務。因為繡花堂尚未達到收支平衡，只有提供在這裡工作的婦女和女孩食宿，並沒有給予工資。另一方面，政府正在向武漢調遣兵力，如果關閉繡花堂，這個地點極有可能被徵收當作兵營。

一月中旬傳來消息，福州的外國人遭到襲擊，財產被毀。每天殺死洋人的報導加劇了各地的緊張氣氛。

一月二十一日，一位維和會代表來到繡花堂（確保平安無事）。雖然修女會大門上張貼了國民黨簽署的保護外國人告示，然而煽動者就在馬路對面的基督教兄弟會學校臺階上，高呼反對洋人和外國宗教人士的口號。

幾個女孩好奇地擠進人群看熱鬧。瑪麗・珍發現她們在嘲笑看熱鬧的人，立刻跑過馬路把她們拉回來。怎麼可以如此無禮？再說了，若是圍觀的人向她們發難，那將是一場災難。可是她在心裡則暗暗讚許她們。

到了下個週中，由於擔心遭到嚴重破壞，昆蘭到警察局請求保護，於是兩名警察被派到大門口站崗。時至一月二十七日，雙方仍然沒有達成協議，昆蘭同瑪麗・珍協商後決定關閉學校。雖有一百多個女孩仍然待在繡花堂，但課程和工作都暫停了。

隔天，漢口報紙刊登了一則評論，譴責神父不願給工人支付合理工資。報紙上卻三緘其口，沒有提到這只是一所培訓學校，而非盈利性事業。

還有一件讓瑪麗・珍感到失望的事情。自從她們到漢陽以來，廚師佩德洛一直在修女會工作。可是他開始挑動眾人對修女和神父的不滿。很明顯，他決定加入自己認為是勝者的行列。儘管瑪麗・珍意識到他很可能是因為受到了巨大的壓力，但還是感覺自己遭到背叛，因為她一直以為佩德洛完全值得信賴。一月三十一日，瑪麗・珍付給他三個月的工資，將他打發走了。同時提高了其他傭人的工資。

一千兩百名士兵即將出發去中國水域

華盛頓特區，二月二日。美聯社（頭版頭條）

政府採取措施保護美國公民；駐天津步兵隊徵募新兵；

東亞共和國比以往時候都遠離和平；麻煩起源於英格蘭。[3]

美國正在採取措施，確保美國公民人身安全，會盡快疏散在中國中部的美國公民，並等待向各交戰派系提出談判的答覆。

一千兩百名海軍陸戰隊士兵（其中多人曾在法國、尼加拉瓜和菲律賓作戰）整裝，將於本週從聖地亞哥乘「沙爾蒂蒙特」號（Chartimont）運輸艦赴遠東執行任務。同時，駐紮在天津的第十五步兵營需要補充兩百五十名新兵。

二月二日農曆新年，歐萊瑞通知說，派特．歐康諾（Pat O'Connell）和法蘭克．麥克唐納（Frank McDonald）二位神父被工會會員綁架。幾天前，暴民才洗劫並摧毀了他們在郭家嘴的宣教所。歐萊瑞不知道他們現在人在什麼地方。有當地人說他們遭到毆打。

瑪麗．珍於二月四日派約瑟夫的兄弟約翰．舒（John Shu）*到黃甲山，把莫琳和史黛拉接回漢陽。儘管新蓋的修女會尚未裝修完畢，她決定立即入住，因為閒置的房舍將被軍隊或工會視為歡迎使用的邀請。此外，她以為一旦搬了家，她們可能會被允許留在漢陽。與之相反，美國領事還是苦口婆心地說服她們撤離。

昆蘭決定支付建築工人工錢，然後讓他們回家。他自己找來幾位年輕神父幫助完成修女會最後的裝修。由於動亂，漢陽的傳教工作無法開展，神父們很高興有點事情做。昆蘭還叫來幾個原來在繡花堂學繡花的女孩幫忙。兩個大女孩（來繡花堂已經兩年的依撒伯・黃** 和她的好友瑪莎・舒）帶領著其他孩子，在昆蘭的指揮下鋪磚、砌人行道。同時，麥克・法倫（Michael Fallon）、哈蒂和昆蘭則為教堂裡面的地板鋪了瓷磚。

這段期間還發生了其他不愉快的事情：派翠西亞和莫琳在街上被遊行隊伍攔住，人們在她們的面前大吼大叫，同時揮舞槍支和標語。

莫琳說：「我們兩人沒有停下來，並盡量裝作自己不害怕。要是我們嚇得跑起來，可能就沒命了。」

當天稍晚的時候，獲釋的派特・歐康諾和法蘭克・麥克唐納回到了高隆龐總部。他們遭到毒打，還受到斬首的威脅。[4] 得知他們被抓的消息後，高爾文迅速採取行動向一位地方長官求助，將他們營救出來。但是，營救任務並沒有就此停止。不久之後，另一幫土匪則劫持了彼得・法倫神父（Peter Fallon），[5] 高爾文最信賴的馬先生與一名軍官一同前往宋河，為釋放他去談判。

---

* 譯註：Shu為音譯。
** 譯註：Isobel這個名字通常翻譯為伊莎貝爾。本書尊重她自己在通信中的署名，譯為依撒伯。

二月十五日，歐萊瑞來到城裡的樂勒脫修女會，安排修女們搬到繡花堂旁邊的新修女會，距離城區有一·六公里遠。儘管新房子的牆壁尚未乾透，還有一些其他細節有待完善，但他和瑪麗·珍都認為不能讓新房子空著。此外，她們需要把這個院子空出來，留給愛爾蘭修女。

幾天後，原定計畫搬家的那天早晨，一場突如其然的暴風雨延後了搬家的行動，歪打正著地給瑪麗·珍和莫琳足夠的時間，在瑪莎·舒的幫助下把最後兩間大房子裡的東西打包完畢。同時，派翠西亞和史黛拉把其他房子裡的行李都收拾妥當。茱斯塔和尼古拉的任務是在約瑟夫的幫助下，將食材收進廚房。隔天，歐萊瑞帶著一隊苦力到達時，一切都準備就緒。

儘管房子裡到處留下了泥濘的腳印，但苦力將家具、箱子、行李箱、包裹等大型物件平衡地扛在他們瘦小肩膀上的功夫實在讓人讚嘆。幾小時內，大隊人馬完成了搬遷。苦力得到了應有的報酬，而修女們到達漢陽後一直以來的家，不再是她們的了。

新修女會是棟三層樓高的建築，每層有六個房間，圍繞一個中央樓梯。跟先以前的住處比起來，新居寬敞得近乎奢華。住處與旁邊的小教堂只一牆之隔，還有一道專用門，出入方便。教堂還有另一扇大門供其他人從外面進出。她們不再需要穿過大院去做彌撒或禱告。按照中國人的習慣，廚房也是一棟獨立的建築。

她們簡直不敢相信的是，這棟房子裡竟然還有一個有浴缸和淋浴間的浴室。抽水裝置可以將水抽到三樓。每層樓正面都有一個陽臺。夏天，穿堂風能使室內涼爽許多。這棟房子可以住十二個人，她們不知道自己小小的團隊會不會增加到那麼多人。

不久，瑪麗・珍寫道：「我們搬到新家一個月了。無論從任何意義上來說，這裡都是我們的家，有我們渴望的一切。唯一可惜的是其他修女姐妹不能來同我們分享。高隆龐修女會已經進駐我們在城裡的老房子。我希望她們像我們住在那裡的時候一樣快樂，並熱愛它。入住那天吃晚餐的時候，我們個個感到語塞，不禁流下淚來。我們確實很喜歡那個老地方，好像搬到這裡之後我們就不再是傳教者了。我們也發現這個新家比起老地方更有讓人擔心之處。好在，現在我們跟繡花堂的女孩們在一起了，這對我們來說意味著一切。」[6]

在準備搬家期間，兩位基督教兄弟會的神父哈蒂和漢彌爾（Hamil）來訪。哈蒂剛從上海回來。他聽到謠言說英國和日本要向中國宣戰，顯然是既擔心又苦惱。他來向修女們問好，對她們打算留下來不無質疑。言談之中可以聽出，他正在考慮基督教兄弟會是否應當撤出漢陽。

二月二十二日，基督教兄弟會所有的神父突然不辭而別，去向不明，事先沒有跟任何人打招呼。最令人驚訝的是，甚至沒有通知他們的鄰居高隆龐修女。此舉實在令人費解，而他們的離去則讓愛爾蘭修女孤零零地留在了城外的伯牙台。

歐萊瑞原本是計畫先翻修好樂勒脫修女之前的住處，然後再讓愛爾蘭修女搬過去。但是，與其讓她們獨自留在伯牙台，不如趕快搬進城裡。至於裝修則可以延後。歐萊瑞派了威廉・沃爾許（William Walsh）神父幫忙愛爾蘭修女搬家。那天，在一九二三年跟樂勒脫修女差不多時候來到漢陽的沃爾許僱了一批苦力。

「修女們急急忙忙地拆了床，收拾了器皿，把衣服捆成一團。」她們把桌子翻過來搬運廚具。幾個苦力把東西掛在長長的桿子上，一路小跑步穿過了城門。[7]

愛爾蘭修女搬家的那天，馬先生在一名軍官的陪同下，與彼得・法倫一起回到漢陽。因為沒有得到兩千美元的營救費用，那名軍官大為光火，然而實際上冒著生命危險交付贖金的人是馬先生。

昆蘭一再為彼得・法倫的贖金困擾。有一次，一名自稱基督徒的軍官來到總部，威脅說要是不給他贖金，後果自負。昆蘭將他請進室內。看出這個人不過是狐假虎威，就說手頭沒有現金，他不妨就地用槍殺了自己。沒想到那個人就屈膝跪下，磕了三個響頭，請求神父的寬恕。昆蘭給了他一只便宜的手錶，軍官就滿意地走了。

工會代表不斷來訪，要求昆蘭重新開放繡花堂。二月二十三日，一個六人代表團來訪，成員有漢口的劉先生、武昌的焦先生，以及維和會與北方局的工作人員、代表和一個青年團的女孩。但昆蘭仍然堅持繡花堂不加入工會，雙方僵持不下。

三月六日，週日，一位中國神父來到樂勒脫修女會。根據他的情報，有人在組織暴徒鬧事，要將他和所有為修女和神父工作的（中國）基督徒遊街示眾。

得到消息之後，昆蘭立即到武昌去詢問虛實。儘管被告知消息並不屬實，他認為在這種謠言像鼴鼠一樣到處探頭探腦的時候，不能掉以輕心。他決定暫時留在樂勒脫修女會。

有關暴徒要來砸繡花堂的謠言，瑪麗・珍如此寫道：「他們並不打算把我們怎麼樣，但是要把一些女孩當『洋奴』來遊街示眾。謝天謝地，這件事沒發生。上天幫了我們的忙，下了一天的雨。從週日到週三，昆蘭一直待在這裡，以防萬一。女孩們都害怕極了，但願一切都會過去。總之，幾乎每天都會出現需要跪禱的新狀況。」

翌日，一個穿軍服的男人出現在修女會大門口，自報是政治局官員。可是他一開口讓莫琳吃了一驚，他不是中國人！此人如此面熟，是不是之前見過？她很快意識到：是基督教兄弟會的人化裝回漢陽來了。這個人是來告訴修女們，哈蒂神父他們還待在漢口，預計當晚去上海。他說，他們可能會返回愛爾蘭，但是不敢肯定，並且答應有確切消息後會通知她們，然後便離開了。

三月十五日，漢口和九江的英國租界正式移交給中國。

高爾文仍然待在湖北北部。他從一個宣教所轉移到另一個宣教所，鼓勵尚未受到威脅的幾位神父留在民眾之間。三月十七日，他從埡口寫信給肯塔基樂勒脫總會會長：

整個中國局勢混亂，我們身處權力中心，至少是靠近權力中心，因此必須付出代價……。中國其他地區傳教士的境遇之苦遠遠超過我們。沒錯，我們有兩名神父被像罪犯一樣帶走，我們還不得不從五個宣教所撤離，但是我們的工作並沒有遭受任何損失，自己也都平安無事。這是一個充滿憂慮的時期，但這種憂慮總是會以各種形式出現的。

很明顯，中國人要在家裡做自己的主人，住在她的疆界之內需得遵守她的規則。作為一個愛爾蘭人，我完全贊同。我堅信，在一個獨立的中國，教會工作能夠進一步開展，直至在這片土地上扎根。因為，儘管中國人有很多缺點，但他們是和平且寬容的。

高爾文認為，歐洲人和日本人在中國城市擁有管轄權是種對當地民眾的侮辱。他補充說：「作為一名神父，我更願意看到教會團體是置身於獨立自主的中國，而不是像現在這樣，由外國勢力簽訂的條約來保證教會的存在。」

在武漢，昆蘭一面繼續與工會談判，一面監督著把設備和家具，包括煤炭在內，從基督教兄弟會和高隆龐修女的舊址搬出來。但進展相當緩慢，有時他能僱到苦力。但當示威群眾封鎖街道時，搬運的行動就必須暫停。他還要與各種不同的工會打交道，那些人威脅要接管基督教兄弟會學校閒置的教學大樓。

一九二七年三月二十一日。美聯社：「中國上海。今晨上海淪陷，被廣東人占領。[*]今晚上海混亂。上海工人開始武裝革命：舉行大罷工，與警察發生衝突並襲擊盟軍。」

漢口的日本租界遭到襲擊。留下來的外國居民開始想盡辦法逃亡。

三月二十二日在上海，由於共產黨奉史達林「放下武器」和「避免與蔣部隊發生任何衝突」的指示，蔣中正部隊得以暢行無阻地進入城市。[8]

樂勒脫修女會的《漢陽日誌》（*Hanyang Annals*）寫道：

> 三月二十五日，週五。歐萊瑞路過這裡，說為我們擔心。南京騷亂。有美國人被殺。所有留在漢口的美國婦女和兒童受命到軍艦上躲避。
>
> 三月二十六日，週六。眾多神父，昆蘭、歐萊瑞、莫瑞（Murray）、麥克・法倫和洛夫圖斯（Lofus）打電話來。個個興奮異常。他們在漢口聽到太多傳言。
>
> 三月二十七日，週日。下午六點四十五分，歐萊瑞帶來領事館的撤離通知。他和德夫林（Devlin）來等昆蘭從漢口回來。昆蘭九點才到。經過一番努力，他見到陳友仁。陳下令為我們提供特別保護。我們無論如何也要留在這裡。[9]

瑪麗・珍在接到通知說美國公民必須離開武漢時，仍然認為不會有那麼大的危險。即便會很危險，她也不會離開茱斯塔。茱斯塔已經從法國領事那裡收到撤離的命令，但不知道法國人是否會提供交通工具。瑪麗・珍知道英國領事一直在敦促歐萊瑞將愛爾蘭神父和修女撤出漢陽，包括派翠西亞在內。可是還有尼古拉和她的舊荷蘭護照呢！在高爾文不在場的情況下，歐萊瑞決定再等一等。

---

* 譯註：由於革命軍是從廣東出發，故稱他們為「廣東人」。

一九二七年三月下旬發生了南京事件（外國人被殺，外國領事館受到中國士兵搶劫）之後，蔣中正與被共產黨控制的武漢政府決裂。

儘管瑪麗・珍頑固抵抗，向上海撤離已是必然。三月三十日，領事伯克又一次召見她。莫琳陪她來到伯克在漢口的辦公室。伯克堅持所有美國人必須離開武漢地區。他試圖說服瑪麗・珍去上海，然後回家。他說，她們其中任何一個人受到傷害都將造成國際間的影響。瑪麗・珍還是重申她早先提出的條件——其他教區修女都撤離，樂勒脫修女就撤。

那天，莫琳寫道：「我們當然知道他必須得這麼說。遇見了幾個神經緊張的美國神父，勸我們撤離。拜訪了（嘉諾撒仁愛修女會〔Canossians〕的）國際醫院，這些親愛的修女很勇敢，將一切交給了上帝。真為她們感到驕傲。如果不得不離開漢陽去漢口，她們會接待我們。見到希賢（Massi）*主教，他也建議我們不要撤離。」[10]

希賢主教認為他管轄下的義大利和法國修女有安全保證。如果瑪麗・珍她們離開漢陽，他可以在漢口為她們提供落腳處。此外，中國當局向昆蘭保證能夠保護這些修女，所以昆蘭也一直抱持著希望，他們都會平安度過目前的動亂。很多時候，一些局部動盪往往會像迅速失去勢頭的風暴一般煙消雲散。

幕後的政治鬥爭仍在繼續。蔣中正將南京定為臨時政府所在地的提議沒有通過。相反，四月

三日他承認了以漢口為政治中心的武漢政府。

同一天，也就是四月三日，伯克再度派人傳話要召見瑪麗・珍。她回信復述了之前的話，只有在其他修女都撤離時，樂勒脫修女才會離開。

翌日，昆蘭給樂勒脫修女帶來了伯克先生的信：「漢口發生了嚴重的騷亂，日本租界有人喪生。漢口全瘋了。」

莫琳在四月四日的日誌中補充說明：「看來我們很快就要拖著行李走人了。昆蘭去漢口查看形勢，還沒有回來，但願『沒有消息或許就是好消息。』」

昆蘭告訴瑪麗・珍，她們隔天就必須走。伯克下了通牒，如果再勸不動，他就叫海軍陸戰隊來「把修女們抬出去」。麥克・法倫將陪同高隆龐和樂勒脫修女前往上海。

之前，她們已經有了計畫，兩組修女都不要事先通知任何人，只有等到最後一刻才能告訴傭人們。瑪麗・珍建議，每個修女只帶一個小箱子，準備一些換洗衣服。然後，把箱子藏在避人耳目的地方，免得走漏風聲。她們將會照常活動，直到最後一分鐘。

---

* 譯註：希賢主教，全名是Eugenio Massi，一八七五年八月十三日生於義大利阿斯科利皮切諾省（Ascoli Piceno）的蒙特普蘭多內（Monteprandone）一個貧苦的農民家庭。一九〇三年來華，一九四四年十二月十日晚間，在美國空軍空襲漢口市區時遇難而死。

在四月六日出發的計畫已經定案。前一天四月五日晚上，瑪麗・珍把瑪麗亞、約瑟夫和約翰，這三個工作人員中的骨幹，叫進修女的活動室。六位修女都在，其中三個人已經眼淚汪汪。瑪麗・珍用中文簡短地告訴他們，「漢口那裡一個重要的美國人」命令修女們離開漢陽。中文更好的茱斯塔則告訴三人，她們心裡都非常難過，並承諾一定不會拋棄他們。還說，修女們很快就會像夏天結束時回家一樣回到這裡。至於昆蘭將留在修女會，所以他們不會感到孤單。

瑪麗亞哭了，約瑟夫和約翰也流下淚來。修女們感覺自己正拋棄這些忠誠的朋友，任憑他們自己去面對未知的危險。他們會平安無事嗎？雖然知道昆蘭會竭盡全力保護他們，但沒人能確定事態會如何發展。最讓她們擔心的是，到達上海後，她們很有可能會被召回肯塔基。

昆蘭曾經央求瑪麗・珍不要離開中國。她向他保證，只有肯塔基的直接命令才能迫使她們離開。而她可以肯定，只有當自己提出請求，肯塔基才可能下達這樣的命令。但她絕不會這樣做！她補充說：「我不會主動要求離開中國的，除非有人把我給抬出去。」

按約定撤離的那天，高隆龐修女先走，到河邊碼頭。為了避免遭人懷疑，她們按照平常的生活作息來活動，包括上中文課。

高隆龐修女出發得很倉促，茶飯無心。收拾好餐具，歐萊瑞就急著把修女們送走，因為她們並不知道苦力隨時都有罷工的可能。

人力車來到大院門口。先是門衛不讓這些人進來，然後歐萊瑞多塞了點小錢，車夫才答應把愛爾蘭修女送到碼頭。到了碼頭，舢舨都不願意過江。因此，他又多花了些錢才找到一個船家送她們過江。

樂勒脫修女會的院子裡則亂成一團。女孩們抱在一起，哭成一片。修女們將要撤離已經不再是秘密。直到最後一刻，瑪麗・珍做出決定，必須告訴學生，這群孩子們有權知道她們並不想走。她告訴女孩們，外國修女不在她們會更安全。

如果是偷偷溜走，從某種程度上對修女們來說，會更容易一點，但是她們對留下來的人應該有個說法：孩子們需要知道她們是不會一去不復返的。

是時候該走了。修女們默默地點頭告別，淚如泉湧。女孩們雙手合十向她們致敬，修女們向她們鞠躬。傑夫發狂似的吠叫聲加劇了離別的痛苦。

由於擔心重蹈一小時前高隆龐修女過江時的麻煩，昆蘭決定帶樂勒脫修女去另一個碼頭來渡過漢江。他立刻就找到了一個願意把她們直接送到軍艦停靠處的舢舨。

漢口港擠滿了船隻，大多是戰艦。有幾艘懸掛著英國國旗，其他則是德國和法國的船隻。

正在等著買票的當下，領事伯克來了。沒等他開口，瑪麗・珍調侃地打招呼說：「拉法葉，我們來了！」*他笑了。瑪麗・珍決定好來好往，沒有必要心懷芥蒂。保證美國公民的人身安全是伯克的工作，這一時期他肩負重擔，但一直很有耐心。

---

* 譯註：「拉法葉，我們來了！」（Lafayette, we are here!）是一名美國軍官在法國愛國者拉法葉侯爵墓前說的話。瑪麗・珍用這句話來開個玩笑，緩和她與伯克之間的緊張關係。

六位樂勒脫修女在年輕的英國海軍陸戰隊的幫助下，登上了「恭和」號，與已經上了船的愛爾蘭修女和其他外國人一同前往上海。這是美國領事館包下的最後一艘船，擠滿了來自若干西方國家的婦女、兒童、傳教士和被各自團體組織或政府命令撤離的人。

麥克・法倫把十多位漢陽修女安頓在頭等艙的中國區。對於瑪麗・珍、茱斯塔、莫琳、史黛拉、尼古拉和派翠西亞來說，雖然撤離漢陽不是她們的選擇，但也只能隨波逐流了。

莫琳記錄了當時的經過，提到伯克的「女祕書」也在同一艘船上：

九點開往上海。船上有三位西班牙耶穌會神父，一位義大利方濟各會神父和兩位義大利奧思定派（Augustinian）神父——都是被逐出宣教所的。其中有幾個人在舢舨上漂流了一段時間後被一艘英國炮艦搭救。

四月八日，船到蕪湖。這裡充滿仇外情緒，船上有操愛爾蘭口音的英國海軍陸戰隊士兵站崗。幾位耶穌會神父從一艘炮艦轉到與我們一同航行的「鄱陽」號上。還有人昨晚在九江就上了「鄱陽」號，因為九江的教堂和學校已經被共產黨及親共派控制。

四月九日，週六。整夜停航。英國戰列艦一前一後為我們乘坐的兩艘船護航，很安全。晚上聽到槍聲。據說北方軍重新占領了浙江。在吳淞港停泊一晚。

她們於四月十日上午七點三十分抵達上海。早餐過後，比利時神父韋海格（Verhaeghe）為修女們找到住處，護送她們到位於上海國際租界的聖心臨終關懷醫院（Sacred Heart Hospice）。她們在那裡受到了歡迎。

四月十一日在白色方濟各會（White Franciscans）修女開辦的招待所安頓下來後，瑪麗・珍寫道：

> 我們在這裡盡量幫忙做些什麼。茱斯塔、莫琳和高隆龐的萊莉亞和艾格妮絲輪流守著電話和門鈴，其他人幫著做家務。狄奧芬妮或我將為（非英語國家的）修女們上英語課。梅爾・聖吉爾斯（Mere St. Giles）急切地希望她手下的姐妹學點英語。但很可能是由我來給她們上課。狄奧芬妮想利用這個時間來學習中文。但在這位倫敦大學文學碩士面前，我真自愧不如。
>
> 中國正處於一個可怕的狀態。人們都害怕因局勢下滑如此之快將會導致的後果。不用為我們擔心。請轉達我們對大家的愛，上帝保佑。
>
> 瑪麗・珍修女敬上[11]

莫琳談到（聖心臨終關懷的）院長正在為從內地來的修女準備另外一棟房子，可以容納五十人。「我們聽說所有的外國人都必須離開（內地），否則他們將被殺害。我們很替（高爾文）主教和昆蘭擔心。」

修女們很快得知，此時租界區外的上海正在經歷一場殘酷的政變，毫無安全可言。這場政變導致了國民革命的殘酷分裂。

四月十二日，蔣中正在上海發動反共政變，大規模清洗東南各省的共產黨。[12]

對共產黨員的大清洗首先在上海開刀，然後延燒到南京、杭州、福州、廣州和其他地區。國民黨軍隊、警察和特工突襲共產主義小組，就地槍斃嫌疑者，並且解除工人糾察隊的武裝，關閉工會。這場大清洗對中國的無產階級先鋒隊帶來了毀滅性打擊。[13]

得知事態的發展和嚴重性，人在聖心臨終關懷醫院的修女，包括漢陽的十二個人，在教堂裡安排了恆朝聖體（perpetual adoration）。修女們每天（有時甚至是晚上）都為上海的局勢，以及整個中國的混亂來祈禱，那些仍然留在武漢的人的安危也一直掛在她們心上。

現在，樂勒脫修女置身在一個龐大的修女社群中，既熟悉又舒適。在這裡，她們能安排正常的日常工作和宗教活動，這與幾週前和幾個月以來，在漢陽時心神不定的情況形成了讓人愉悅的對比。除了每天晚上一小時的娛樂活動外，每個人忠心耿耿地各司其職，只有在必要的情況時才互相交談。

原本在漢陽，她們也盡可能地遵循這一常規，但由於訪客不斷，每天的情況各有不同。解決突發情況早已成為在那裡生活的日常規則。

來到中國之前，瑪麗・珍和茱斯塔在聖路易的樂勒脫學院任教與生活。那裡與所有修女社群一樣：每天淩晨五點起床，接著是晨禱、默思和早餐前的彌撒。一天的工作結束後，整個社群聚集在一起聊天、修補衣物，做針線活或製作卡片和書籤。現在待在上海，她們輕鬆地恢復了那時的生活規律。

史黛拉從學生時代起，就住在新墨西哥州聖達菲的聖母光大型社群裡；派翠西亞在一個更大的樂勒脫總部生活了多年；尼古拉在丹佛郊外的樂勒脫高原學院度過了許多年的歲月；莫琳則來自德州艾爾帕索的一個較小的社群，但她在初學院時也曾身處一個大型社群。*

樂勒脫和高隆龐修女還有了意外的收穫：這是兩個小團體第一次近距離接觸，增進了彼此的了解。這是過去待在漢陽時的形勢所不允許的。此外，她們還結識了在中國其他地區工作、來自不同國家的修女。大家共同用餐，分享娛樂和處理家務，提供了建立友情不可多得的機會。

這時，在上海的人並不知道武漢政府也發生了變故。四月十七日，蔣中正被國民黨開除，他與（武漢）政府徹底分道揚鑣。自認為是國民黨領袖的蔣中正，到長江下游更靠近上海的南京，成立了自己的國民政府。

四月二十日，高爾文在漢陽致信在奧馬哈的麥卡錫：

---

* 譯註：成為修女，必須在修女會的初學院度過為期三年的修道期。

我是受難節（Good Friday）*那天從教區回來的。最近幾週，我走遍了每個教區，發現情形還算平和。最近兩個月來，最受困擾的是動亂地區裡天主教徒受到反目的壓力，但整體而言，他們表現不錯，我用盡了全力支持和鼓勵他們。

這裡連空氣都帶著火花，所有人似乎都感覺到會發生嚴重事端，但卻沒人能說出會發生什麼事，或是在什麼時候。現在的危險是中國與列強（英、法、德、日）之間開戰，亦或是共產黨與反共勢力的衝突。好在修女們都安全。今天還有十二位神父下行前往上海。

當一個人需要做出涉及寶貴生命的決定時，真是太艱難了。約翰・歐萊瑞（現已回到武漢）、湯姆・昆蘭和我一致認同我們不能拋棄我們的教民。所以在請求志願者留下時，我毫無保留地把生死問題擺在每一個人面前。我們決定撐住。當那一刻來到時，我們也許會無法面對，但願上帝賜予我們勇氣。

你的朋友，
E・J・高爾文[14]

此後不久，湖北發生了一系列襲擊事件，包括湯姆・萊恩（Tom Ryan）[15]遭到嚴重毆打，而他的宣教所被搗毀。高爾文決定將最近從愛爾蘭抵達的神父們都送到上海去。

在上海，隨著愈來愈多的難民到達聖心臨終關懷醫院（包括樂勒脫修女的好朋友，從漢口來的嘉諾撒仁愛會修女），愈來愈多的人能夠分擔日常工作，這為其他活動空下了時間。許多修女都定下心來上中文課。茱斯塔為剛開始學中文的人開設了基礎課程；在法語為母語的修女中有想學英語的人，瑪麗・珍則為她們開設了英語課。

五月一日，莫琳寫道：「我們仍住在同一個地方。漢陽有九位神父到來，還有其他人隨後就來。（高爾文）主教住在我們的房子裡。昆蘭待在高隆龐修女會的住處，所有神父都將留在他們的鄉村教區。法蘭克・莫瑞神父將與下一批人一起到達。」

五月十三日，南京國民政府宣布將對武漢發動全面進攻，消滅國民政府的競爭對手。[16]

五月一五日，宗教使團代表康斯坦丁尼（Constantini）致信指示傳教士不要離開中國。在此之前，瑪麗・珍一直擔心不能實現向昆蘭保證會留在中國的諾言。（不過，她曾經計畫實在逼不得已，她們就去香港或馬尼拉，而不回美國。）收到康斯坦丁尼的通知，她鬆了一口氣。

當幾位方濟各會修女被允許返回漢口時，瑪麗・珍有了一線希望。但經過了解後才得知，那是由於那裡亟需護士。未經各自國家領事館的明確許可，其他外國修女不允許購買船票。美國和英國領事館的立場最為堅定，其轄下所有女性都不得離開上海。

---

* 譯註：受難節是基督教紀念耶穌受難的日子。

陪同愛爾蘭修女來中國的芬巴修女決定，她該回愛爾蘭了，遂於七月二日動身，途經美國再回到愛爾蘭。

兩週後，從羅馬傳來官方正式的消息，將為先前授予蒙席（Monsignor）*頭銜的高爾文神父，舉行升遷至漢陽主教的祝聖儀式。儘管這個消息並不突然，但是也說明了無論形勢如何，十二月都將在漢陽舉行祝聖儀式。瑪麗・珍猜想她們一定能在十二月之前回到漢陽。

七月十五日，武漢的國民黨中央執行委員會命令國民黨內所有共產黨員宣布退出共產黨。這是武漢政府與共產黨的最後決裂，也是鎮壓湖北共產黨的開始。

七月二十七日，鮑羅廷和其他蘇聯顧問離開武漢，返回蘇聯。

讓人非常難以置信的震驚消息通過電報傳來：歐萊瑞去世了！電報中只說他得了流感，於八月十三日在宋河突然離開人世。

過去的一年裡，所有在漢陽的修女都很了解他。高隆龐修女們雖然到達漢陽不久，但他給予她們的幫助最大。他是個精力充沛的年輕人，只有三十七歲。在他監督下，樂勒脫修女會建造完工；在他安排下，愛爾蘭修女搬入安全的住處。高爾文的來信悲痛欲絕：「（歐萊瑞的死）發生在這可怕的一年，幾乎把我們全都擊倒了。」

一週後，昆蘭認為修女們在冬天返回漢陽的可能性不大，於是寫信給瑪麗・珍和狄奧芬妮，建議她們一起租一棟房子。瑪麗・珍堅持冬天會回到漢陽的想法，決定不照辦。租房子只會讓她們覺得返回漢陽參加高爾文祝聖的可能性更加渺茫。只要聖心臨終關懷醫院的院長不趕她們走，樂勒脫修女們就不搬家。高隆龐修女則按照昆蘭的建議，搬到新租的房子。

高爾文主教祝聖日期最終確定，不是在先前預想的十二月舉行，而是十一月六日。

九月八日，二十六歲的毛澤東和工農革命軍在湘東發動了秋收起義。**

麥克・法倫於九月十七日從漢陽寫信給瑪麗・珍。他在信中告知，高爾文又一次去漢口試圖說服美國領事准許她們回家，但無濟於事。為她們返回漢陽的渺茫希望上更添一層憂慮。

在十月中旬的一段極為短暫的時間裡，有上海媒體報導英國有意收回漢口的租界。瑪麗・珍重燃了希望：如果該地區情況不穩定，英國肯定不會採取這一行動。但是，後續消息並未表明武漢方面的形勢有所改善。

十月，毛澤東上井岡山，建立了第一個革命根據地。

---

* 譯註：蒙席是由羅馬教皇頒布給有傑出貢獻天主教神職人員的頭銜。

** 譯註：原文如此，實際上毛澤東出生於一八九三年，一九二七年他三十三歲。

這時候，修女們返回漢陽的問題，也成為高爾文與高隆龐在愛爾蘭的負責人麥克・歐德懷爾（Michael O'Dwyer）博士之間的話題。十月十五日，高爾文寫道：

> 現在的問題是，愛爾蘭修女很聽話，安於所處的現狀。樂勒脫修女則不然，她們太有主見。有上海來的神父暗示，如果我不想辦法幫她們回來（漢陽），她們會離開中國。……我個人的看法是上帝教我謹慎行事，如果我違反兩位領事的命令和所有神父的一致意見，那麼我就是違反上帝的旨意。[17]

但其實離開中國才是瑪麗・珍最不願意的。只有受到中國當局的驅逐，或來自肯塔基上級的命令才能迫使她離開。但是高爾文為什麼會有這樣的擔心？其實大可不必。

最後他說，等祝聖結束後他將會去上海與她們溝通。他還補充說：「我理解她們的焦急，但這是沒有辦法的事情。」

一週後，高爾文寫信告訴瑪麗・珍，美國和英國領事還是反對她們返回漢陽，但在信中沒提到他仍在努力嘗試。瑪麗・珍反而是透過一位在上海收到高爾文來信的耶穌會朋友，才得知了這件事情。耶穌會朋友告訴瑪麗・珍，高爾文說他已經寫信給上海教區的韋海格神父（他在修女最初來到上海時曾安排了她們的住處），請他與宗教使團代表磋商如何幫助她們。

修女們決定依靠祈禱的力量，開始了九日敬禮（novena），*向絕望者的主保聖猶達（St.

Jude）祈禱恩典。聖猶達一定會讓伯克和英國領事大發慈悲。瑪麗・珍還祈禱，希望得到與即將去漢陽主持高爾文祝聖的宗教使團代表面談的機會。她要說的話都想好了。

十月二十六日，聖猶達節的前一天，瑪麗・珍前去臨終關懷教堂，看見修女們在祭壇周圍忙著，顯然是在做什麼特殊準備。聖心會院長興奮地小聲告訴瑪麗・珍，她剛剛得到消息，宗教使團代表明天早晨要來，他要去漢口舉行祝聖的船隔天啟航。

瑪麗・珍此前就是希望有這麼一個機會，直接去見宗教使團代表。康斯坦丁尼主持的彌撒結束後，有人輕輕拍了一下瑪麗・珍的肩頭，是教徒陸先生，示意跟著他走。陸先生被許多人稱為「上海的聖法蘭西斯」（St. Francis of Shanghai），因為他雖然很富有，但會向窮苦人家慷慨解囊。她們也曾為了返回漢陽而向他求助。

他輕聲說道：「去見代表，別忘了你要說的話。」

幾分鐘後，六位樂勒脫「難民」和幾位同樣流亡上海的仁愛會修女（Sisters of Charity）被引入一個大客廳，康斯坦丁尼主教閣下和幾位神父在場。介紹完畢後，仁愛修女便告辭了。然後，康士坦丁尼邀請瑪麗・珍她們就座，用英語詢問了每個人在漢陽的工作情況。

仔細聽完修女們的敘述，他提起她們想回漢陽的話題。瑪麗・珍讀了高爾文最近寫給她的信，並說她們急切地希望去漢陽參加高爾文的祝聖。康斯坦丁尼說他擔心漢陽的情形也許比她們

＊　譯註：九日敬禮是種為了得到特別恩寵的祈禱。人們在失望的時候會希望能藉著這種祈禱來扭轉運勢、得到恩寵。

了解的更加危險。

雖然有一位神父和聖心院長在一旁補充道，許多返回內地的傳教士其實都平安無事，但瑪麗・珍感覺康斯坦丁尼傾向於拒絕。她跪了下來，其他五人緊隨其後。茱斯塔輕推了一下莫琳，小聲地說：「哭。」

瑪麗・珍淚流滿面，向康斯坦丁尼主教閣下祈求。房間裡的空氣凝重而寂靜，大家都保持著沉默。最後，康斯坦丁尼提出以下意見：如果她們願意冒險，在沒有領事允許的情況下回去，他本人將不會妨礙她們。還說，他還會設法幫助包括派翠西亞在內的愛爾蘭修女回去漢陽。但他補充說：「要想得到英國領事的批准可能會十分困難。」

瑪麗・珍得到了她需要的准許。她們要回去了！以後還得跟伯克打交道，但最起碼她們能及時趕回漢陽！能不能留在漢陽就再說了。

對任何事情都不輕易放棄的瑪麗・珍，開始想辦法讓派翠西亞跟她們一起回去。她想起，高隆龐的瑪麗・派翠克（Mary Patrick）是英國公民，她曾說自己認識泊港的英國海軍上將。也許她會願意問她的朋友是否可以發給派翠西亞一張通行證，讓派翠西亞和其他樂勒脫修女一起過關。

第二天，海軍上將派了一艘交通艇把瑪麗・珍和派翠西亞接到軍艦上。他很同情她們，給她們一份文件，請她們轉交給上海的英國領事。如此，他希望上海的英國領事便可以與漢口的領事取得聯繫。她們向他致了謝。

十月三十日，瑪麗・珍在信中寫道：「跟我們一起歡呼吧，我們要回家了！姐妹們東奔西跑地收拾行李。我實在是太累了，就不仔細寫了。我們也無心再與美國領事館周旋。」

伯克之前曾說，如果她們堅持要回來，自己沒辦法阻止她們。瑪麗・珍所需要的東西都有了。她們要回家了。她們還得到其他來到中國許多年的傳教士的鼓勵。

隔天，瑪麗・珍在「諏訪丸號」上繼續寫道：

終於坐在回去的船上，這就是第一次把我們送到漢口的那艘船。週日沒有將信寫完是因為太多干擾，而週一忙得根本坐不下來。茱斯塔和我到領事館（法、英）、海關和銀行，差不多到四點鐘才把所有的事情辦完。我們五點半上了船，可是派翠西亞沒能與我們同行。（英國）領事根本不理會海軍上將幫我們申請通行證的要求。

我希望她能和方濟各會的人一起回漢陽。她可以作為方濟各會的一分子，如果對誰什麼也不說，應該不會有事。今天跟我們一起來的人中間就有方濟各會的人，是愛爾蘭人，領事都不知道她在。

一旦擺脫他們的控制，我們躲著他們就好了。我這個人先天就不是跟主教、教皇、國王和總統的代表打交道的料。真不是開玩笑的。

瑪麗・珍修女

正當輪船到達她們夏天去牯嶺時下船的九江，船長收到消息：九江以北到漢口之間的水域戰鬥激烈。一顆炮彈在輪船停靠時從頭頂飛過。船長接受警示，向後退了一段距離才下錨過夜，因此耽擱到抵達的時間，五個人在晚上八點以後才到漢口，心裡想著這下不會有人來迎接了。[18]但她們驚訝地看到昆蘭和麥克·法倫搭一艘小型交通艇來接她們，後者描述了當時的情景：

> 她們必須跨過兩艘船的中間才能上到交通艇上。小艇很低，江裡浪大。我告訴你，幫她們上船可真是太不容易了。只因上帝保佑才沒有人掉進江裡。我是個遇到事情頗有膽量的人，但我必須承認那天晚上真是很危險。我們的交通艇與一艘汽船交通艇並排停著……湯姆·昆蘭得把每個修女抬起來抱住，等待一個好時機。我呢，一隻腳踩在汽船交通艇下部外緣，另一隻腳踏在差不多一公尺低的小交通艇上，呈現一個劈腿的姿勢。兩艘船差不多平衡時，才是抱著修女跳上小艇的最好時機。好不容易克服了那麼多困難，等我們到達了漢陽，士兵卻說什麼都不讓我們上岸。只能再返回漢口，後來又經歷了類似的過程之後，在小艇上過了夜。

無論如何，她們總算及時到達，能夠為高爾文主教的祝聖儀式來裝飾祭壇。在眾目睽睽之下，穿著不合身主教長袍的新主教似乎有些不知所措。高爾文在中國日日夜夜感受的所有激情和痛苦，都在最後那首讚美詩中體現出來。他的神父兄弟們用鄉音，愛爾蘭蓋爾語詠嘆高隆龐讚美詩，使得從科克來的高爾文感動不已。「因為這是夢想……承擔萬國……讓他們獲得自由的真理。」對於高爾文來說，成為主教只有一個優點，就是給了他為自己所愛和欽佩的人做得更多的期望。

隔天清晨，高爾文早早來到樂勒脫修女會，做了身為主教的第一個彌撒。用過早餐後，他和修女們交換了分別數個月的時間裡所遭遇到的種種經歷。

高爾文說，總而言之，漢陽高隆龐宣教所的處境不算太壞。一些在衝突初期遭到搶劫的新教使團離開了中國。最困難的時期是歐萊瑞的溘逝，至今仍然令人難以置信。

高爾文給她們講述武漢地區目前的形勢，說反蔣部隊在撤離時搶掠並燒毀漢口的中國區。現在有傳聞說蔣中正逮捕了在漢口曾與他的同僚一起工作的蘇聯顧問。武昌遭到重大破壞。儘管漢陽目前有宵禁令，但由於衝突集中在漢口和武昌，因此免於破壞。

祝聖結束後，神父將返回他們在鄉下的宣教所，高爾文對此憂心忡忡。據說在鄉下流竄的潰敗士兵認為西方傳教士有錢有槍，因此把他們視為搶劫的主要目標。

果然在一個月後，路克・穆蘭尼（Luke Mullaney）神父和他的廚師就遭到綁架，要求一萬美元的贖金。兩人被關押在家中。有消息說，如果兩週之內不付錢，就把他們殺了。高爾文立即要求軍隊出面，最後士兵出其不意地壓制住綁匪，安全救出了穆蘭尼神父和他的廚師。

四 漢陽，一九二八年

一月四日，蔣中正抵達南京，繼續擔任總司令。[1]

被打散的共產黨部隊流散到湖北北部和河南農村。這裡原本就是土匪神出鬼沒之地，現在加上敗戰之兵急於尋找現金和食物，使得高隆龐傳教士處於極度危險的境地。有一次，麥克・法倫在從他的教區到其他村莊的途中遭到伏擊。搜身的時候，不知何故，襲擊者沒有檢查他背後的袋子就放過他。他和袋子裡銀製器皿都有驚無險。

由於湖北局勢的不穩定，繡花堂關閉了一年多。隨著共產黨對漢陽控制的減弱，修女們決定為城裡的女孩和可以安全到達漢陽的農村女孩重新開學。消息傳開以後，渴望團聚的學生陸續返回繡花堂。

二月十六日，莫琳在寫信給肯塔基時，在抬頭寫下「OSJ！OSM！」。這是修女們最短也是最常說的祈禱詞「痛苦的耶穌，悲哀的瑪麗」（O Suffering Jesus, O Sorrowful Mary）的縮寫：

OSJ！OSM！[2]

中國樂勒脫
漢陽一九二八年二月十六日

我親愛的會長，

昨天在這裡舉行了一場婚宴，您不會因此而責備我們吧？女孩中的雅拉・秦（Yala Tsin）昨天早晨在教堂舉行了婚禮，與另外兩個前一天結婚的女孩舉行了豐盛的婚宴，可是雅拉的丈夫很窮，還是昆蘭出錢，他才給雅拉買了禮物。新郎過去是個和尚，現在是虔誠的天主教徒。他給新娘的禮物是四雙長襪——綠色、藍色、粉紅色和黑色；三塊肥皂和一頂蚊帳。

他們來到我們這裡。大家到齊之後，他們跪下來給我們磕了三個頭。我們覺得應該留他們吃晚餐，所以瑪麗・珍姐妹叫廚房裡的人幫忙準備婚宴，包括酒和肉等等，才比平時的晚餐多花兩美元。除此之外，我們放了鞭炮，還為新娘裝飾了頭髮。

吃飯的時候，新娘們在一間屋子，新郎們在另一間——哦，我忘了告訴您，我們把另外兩對新婚夫婦也請來了。女孩們高興極了，說這是我們為她們所做最開心的事。可憐的孩子，我們才做了這麼一點點就讓她們如此感恩。我們還給了雅拉和她的丈夫一枚聖心徽章，保佑她們的船免遭土匪襲擊。

漢陽的局勢整體來說是很和平，但仇外的情緒仍然陰魂不散。莫琳提到有一天她和尼古拉出門，身後跟了一群男孩在喊著那些專罵外國人的話，但她們沒有理會。去碼頭搭舢舨過江時，男孩們開始向她們扔土塊，擊中了尼古拉的頭。「那要是一塊石頭！」尼古拉帶著半開玩笑的荷蘭口音大叫一聲。尼古拉說「石頭」這兩個字的時候發音古怪，把莫琳逗笑了。也許是太過緊張，亦或僅僅是出於可笑，兩人都大笑起來。岸上的男孩們困惑地看著她們，把手裡的土塊扔了。男孩和修女都沒有想到，這件令人不快的事竟會在笑聲中收場。

另外，莫琳補充道：「在高隆龐修女的監督下，總部神父的晚餐有所改進，所有的神父看上去都健康多了。」

在戰鬥最激烈的時候，打水井的工作停止了。這口井對於為繡花堂和修女會提供清潔飲用水這件事情至關重要。最初，昆蘭被告知在十二公尺處左右就能看見水。但是實際開工以後，打到十八公尺深還沒有水。現在，他收到了向傳教中心申請來的打井款項，加上戰事稍歇，於是打井重新開工，期待下一秒就看到水。

可是，挖了好幾天仍然沒有水，工人無不氣餒。修女和女孩們覺得應該盡她們的所能，幫助打井工作，於是開始虔誠地向兩位她們最喜愛的三月聖人，聖約瑟夫（St. Joseph）和聖派翠克（St. Patrick）祈禱。

三月十七日，聖派翠克節，樂勒脫修女收到密爾瓦基天主教婦女傳教協會（Missionary Association of Catholic Women in Milwaukee）寄來的五百美元打井專款。隔天早晨，瑪麗・珍聽到一片歡呼聲，不用問就知道發生了什麼事。她望向窗外，看見工人們圍在井邊打水。

這口水井大約二十五公尺深，進一步挖掘將有塌方的危險。目前必須保持井壁乾燥，直到給井壁砌上磚牆後才可以使用。雖然知道還需要好幾個月才能啟用這口井，工人們還是欣喜若狂。現在她們需要更多的祈禱和資金。給如此深的井砌磚牆需要相當的技術和嚴密的監督。最困難的階段就在眼前。

從一九二八年開始，無人知曉也無歷史記載何時修建、圍繞漢陽的城墻被拆除。這發生在樂勒脫修女從城裡搬到城外後的最初幾年間。[3]

昆蘭每天都來值班，負責監督砌井工作。課間與課餘時間，孩子們在院子裡玩躲避球、比賽誰丟得遠等遊戲。有時候，年紀大一點的女孩們在比賽時，他也會加入。有一天，一場躲避球結束以後，也許那天昆蘭監工到閒得發慌，提出了另一個比賽。

他提議誰能抽完一支雪茄就有一塊銀圓的獎勵！幾個女孩試了試，有的咳嗽，有的感覺不適，最後都放棄了。依撒伯看著她們，最後悄悄地說她來試試。幾分鐘後，她毫不費力地抽完雪茄，女孩們都鼓掌喝彩。*

瑪麗・珍和茱斯塔在昆蘭的協助下所安排的教學計畫進展順利。學生們每天早上繡花，中午用完餐和午休後，有兩個小時的學習時間。幾位高隆龐神父向瑪麗・珍表示，女孩們的刺繡技巧回到鄉下後就沒用了：大多數人將馬上結婚生子。這些神父認為她們更需要是對天主教的理解。正如高爾文經常說的那樣，中國的未來取決於母親如何以自己的信仰去培養基督徒後代。

與繡花堂女孩的關係最為密切的茱斯塔也認為她們應該學習一些刺繡以外的技能。從最一開始，史黛拉就著手改善孩子們的衛生習慣，強調換洗衣服的重要性，認為她們更需要的是基礎的知識。

瑪麗・珍支持茱斯塔的想法，決定購買一批用來織襪子和毛巾的小型手動紡織機器。這是一項實用的技能，女孩們回到鄉下之後也許可以用它來賺錢養家。

瑪麗・珍希望更多的樂勒脫修女來漢陽，以便開辦一所正規的女子中學。與此同時，一些有才華和希望接受更多教育的女孩也不急著返回鄉下。她便聯繫漢口和武昌其他宗教社群的修女，希望為這些女孩提供學習機會。

四月，共產黨軍隊離開湖南南部，上井岡山與毛澤東匯合。

四月二十日，日本海軍在山東登陸。

四月二十六日，國民政府外交部抗議日本出兵山東。

瑪麗・珍在四月十一日寫信給肯塔基的會長：

高爾文主教最近的命令真叫我心碎。事情是這樣的：我們必須停止每天下午的教理課，回到全天的刺繡。從上海回來以後，工作進展順利，昆蘭（這裡高隆龐的負責人）很支持我們。我們安排了半天的工作、半天的基督教理和祈禱課程。女孩們的學習進度很理想，神父和所有人都很高興……有不少女孩並不適合做刺繡，我原本想弄幾台織襪子和毛巾的小型機器。這樣她們可以學一些更實用的手藝，同時也能為繡花堂增加些收入。

瑪麗・珍說：「莫琳每天早上從一個繡花架到下一個繡花架，為女孩們講授教理，但實在是事倍功半。而且即便是全天刺繡，也沒有增加產量。現在來的大多數孩子都是受過洗的基督徒。但她們對信仰一無所知，幾乎連上帝都沒聽說過，神父們指望我們來教她們。」[4]

---

* 譯註：一九九八年，依撒伯說昆蘭按照事先約定給了她銀圓。但當時瑪麗・珍也在場，立刻把銀圓沒收了。

此前，高爾文曾與美國班辛格兄弟公司（Benzinger Brothers）交涉，簽署販售祭衣的合約。但學校受到戰事所逼無法正常運轉，因此不能按規定時間交貨。更重要的是，該公司不願為如此精美的絲綢和刺繡支付合理價格，最終雙方關係破裂。

高爾文既沒跟昆蘭神父商量，也沒向修女們打聲招呼，便開始實行一個新計畫。他不想再與任何公司簽訂合約，而是打算請一位神父攜帶樣品，像旅行推銷員一樣在加拿大和美國遊說，藉此取得訂單。儘管與奧馬哈的麥卡錫神父聯繫，但沒有取得任何進展，高爾文就要昆蘭和瑪麗・珍做出一批樣品，準備寄往美國，希望能獲得訂單。

瑪麗・珍對此感到不滿。她在同一封信中還說，高爾文說這只需要一段時間，但「我們知道這其實意味著幾年的時間」。

這一變化還將導致她們必須放棄購買小型紡織機器的計畫。此外，最令她感到遺憾的是，高爾文在沒有商量的情況下私自做出這樣的決定。他一直都考量周全，從沒有忘記過她們到達漢陽的紀念日。實際上在瑪麗・珍眼裡，他對修女們的關心幾近過分殷勤。但是他現在經常不在漢陽，反倒做出與在漢陽的人意見相悖的決定。他肯定有很多更重要的問題要去解決，那麼為什麼不把學校交給昆蘭和她去管理？她感覺自己受到傷害，認為這樣一來辦學無異於是在倒退。

隨著對高爾文突發奇想有了更多的了解，修女們私下開玩笑，把他的奇想能力戲稱為「孵化臭蟲」——新主意層出不窮，但很快又會像臭蟲一樣迅速被消滅。

這時，瑪麗・珍還急切地在等待肯塔基新的人事任命。到一九二九年秋天，她作為院長已經六年了。在上海期間，她得知高隆龐修女不會像她希望的那樣來接管繡花堂。除非樂勒脫修女會在美國的學校能挪出一些教師，否則她們在漢陽不太可能建立一所真正學校。她希望能有自由的時間來開辦一所她認為中國女孩需要的學校。她們需要學會讀、寫自己的語言。一直以來，在她的心目中，管理繡花堂只是暫時的。

上海的耶穌會神父曾請求瑪麗・珍去上海辦一所學校。她的回答是，除非肯塔基再派來幾位修女才有可能。此外，她還想負責培訓那些想成為修女的學生，這是她一直想做的另一件事情。但就目前而言，她決定放棄把繡花堂辦成一所真正學校的想法。如果昆蘭認為高爾文的期望不切實際，那就讓他自己去想辦法應付吧。

同時，高爾文主教還面臨其他棘手的麻煩。流寇盯上了在鄉下傳教的神父。五月初，高爾文得知郭口宣教所的約翰・拉洛爾（John Lalor）被綁架。三天之內不交出兩萬美元的贖金，就會殺了他。最後，拉洛爾被關了十二天。

拉洛爾獲釋後到修女會來訪。他告訴修女們，綁匪在關押期間幾乎沒給他任何食物，卻把鴉片硬塞進他的喉嚨。後來，綁匪用一塊濕墊子把他裹起來，丟到玉米田裡。天黑以後，一個男人和兩個男孩把他救出來，送到泰林廟宣教所的麥克・法倫那裡。在麥克・法倫的照顧下，拉洛爾才活了下來。

那年夏天，麥克・法倫在酷暑時分砌磚時暈倒。別人都去休息的時候，他卻繼續工作。最後在半昏迷狀態下彌留了一週，於六月七日去世。這對整個高隆龐教會是一個沉重的打擊。大家都很喜歡這位三十四歲的年輕人，尤其是樂勒脫和高隆龐修女。是他護送修女們去上海，也是他把派翠西亞和愛爾蘭修女接回漢陽。麥克．法倫在神學院就讀的學費，就是由以樂勒脫修女會創始人內瑞克斯神父的名義設立的特別基金會所贊助。

派翠西亞對麥克．法倫的猝死尤感悲傷。他初到漢陽時，派翠西亞注意到他和其他一些年輕神父的襪子，在腳後跟的地方都磨出了破洞。她說服了不好意思的麥克．法倫讓她把襪子補好。從那時候開始，派翠西亞就開始了一個修補計畫：她為那些年輕神父每個人製作了單獨的袋子，監督刺繡的同時，縫補神父們送到漢陽來的衣物。麥克．法倫就像她很多年前留在愛爾蘭的弟弟。

五月底，日本人威脅占領中國東北。

六月三日，樂勒脫修女會的《漢陽日誌》提到：「近來，大批的士兵進駐漢陽。有一天來過七批人，說要占領我們院子……瑪麗．珍以茶煙款待，他們開心地走了。」

整個夏天，高爾文還在跟麥卡錫神父商量經銷祭衣的事宜。八月四日，他終於承認：「鑒於中國目前的動盪局勢和不久將來的不確定性，很難著手進行如此大規模的計畫。」

他其實也明白，實際上繡花堂一個月連二十套祭衣都做不出來。一有戰爭的風吹草動，鄉下來的孩子就得立刻疏散回家。當然，商品運輸也必然會受到長江沿岸戰亂的阻礙。鐵路則有盜匪猖獗，根本無從得知貨物能否安全運到目的地。現實情況是：今天沒有衝突，不代表明天就有和平可言。

瑪麗・珍跟繡花堂的婦女們商議，嘗試做一些絲質服裝，由（在美國的）修女賣給商店。她確信這類物品在路易維爾和聖路易等城市會有銷路。十月，她寄了一包睡衣、襯裙和圍巾樣品給克拉拉西娜會長，請克萊門蒂婭（Clementia）修女到聖路易的商店去打聽看看。

十一月十二日，幾位最近才到武漢的俄亥俄州辛辛那提仁愛會修女拜訪了漢陽。蘿絲・阿嘉莎・貝瑞（Rose Agatha Berry）寫道：

上週六，我們聽說高隆龐神父在出售基督教兄弟會神父用過的爐灶。羅伯塔・卡希爾（Roberta Cahill）買了四個。我們還需要手術室器械。找到了一些玻璃器皿、兩個研磨缽和一個古老得像是凱撒大帝的母親做手術時用的手術台……。

但是那天，我們在樂勒脫修女會待的時間最長。她們有一棟與一座可愛小教堂毗鄰的漂亮新房子。房子的地板是水磨石，教堂裡是瓷磚。她們有一口二十五公尺深新挖的水井，通到房子裡的管線已經鋪好。現在暫時由苦力用手動泵浦把水抽到水箱裡。瑪麗・珍修女對我們很友好，給我們講了許多她們這些年的經驗……。

樂勒脫修女會有一所女子寄宿學校。除了教授教理和刺繡之外，她們主要是縫製祭衣，還有五顏六色的女性內衣。您要是能看見那些睡衣和連身衣就好了。五十個女孩在一間大屋子裡繡花，繡得真是好看極了。花樣掛在前面，不能摸，但她們能複製出最完美的圖案。瑪麗・珍修女說她正努力在美國找一家能銷售這些東西的藝品商店。她們還做一些披肩大小、設計精美的絲質圍巾。[5]

隨著愈來愈接近到達漢陽六週年的紀念日，瑪麗・珍急切地希望自己作為院長的日子趕快結束。她的任期在一九二九年秋天期滿，她真想要有人能接替她。每當修女之間的意見出現分歧時，她都感到很難做出最後決定，而且她們六個人在重要問題上很少有相同看法。比如，光是在夏天改穿輕便服裝的決定就很複雜。從一九二四年春天第一個暖和的日子開始，一個又一個神父就敦促或提出建議，覺得修女們在夏天應該換成穿戴白色的頭紗。

六個人一致同意在「這個骯髒的國家」裡，頭紗無法保持白色。但是談到頭紗的材質、長度、種類和顏色時，分歧接踵而來。最初，似乎大多數人願意維持黑色。她們能忍受肯塔基和密蘇里潮濕炎熱的夏天，漢陽難道會更濕更熱嗎？

到了一九二五年，她們總算領教了中國每個季節的氣候都比她們所經歷過的還要極端。一九二六年夏天，大家一致同意換成輕便的頭紗。

全體人員最後同意在米色和淺灰色中擇一。有一天高爾文來訪，瑪麗・珍出於好奇去詢問他的意見。他毫不猶豫地就表態說自己最不喜歡灰色。史黛拉立即指出他身上的長袍就是灰色的。高爾文就笑了起來。

下一個問題是，頭紗和衣服的顏色是否應該要一致。為什麼不把黑頭紗鑲上一個白邊？然後就是換成夏裝的具體時間。總之，只要意見不統一，瑪麗・珍就必須做最後的決定。

但是最困難的決定還是關於是否撤離這件事情。這五年半中有過無數次土匪和戰事的威脅，每一次都需要做出是去是留的決定！她既沒有耐心也不具外交天分，希望再也不用因為要做出任何決定而深受困擾。

一旦卸任院長之職，她將有時間幫助四位表達過想成為修女的女孩們，實現她們的願望。這四個人中有依撒伯，與瑪麗亞和約瑟夫的女兒瑪莎。這首先必須得到肯塔基的批准，然後瑪麗・珍或是另一個修女便得開始引導她們。

所幸，依撒伯和瑪莎都沒有像許多鄉下女孩那樣，從小就被許婚。因為解除婚約是一個漫長，有時甚至是危險的過程。瑪麗・珍知道好幾個陷入這種困境的例子，報復的形式通常是綁架和訴諸懲罰的威脅。瑪麗・珍很樂意幫助像依撒伯和瑪莎這樣渴望宗教生活的少女。繡花堂也有幾個學生已經加入了武漢地區的其他宗教社群。

五 漢陽，一九二九年

漢陽城牆的西門和兩側的一部分牆保留下來。[1]

三月下旬，瑪麗・珍提醒另外五位修女，她作為院長的任期將在一九二九年秋天期滿。她鼓勵她們寫信給新會長奧莉薇特（Olivette）修女，提出每個人認為適合接替她的最佳人選。瑪麗・珍為自己很快就要再次成為修女中的普通一員，感到寬慰和些許放鬆。

可是沒過幾天，她又背上了精神負擔。奧莉薇特會長來函通知瑪麗・珍，她和理事會決定請求羅馬允許瑪麗・珍再連任一次。

各個天主教修女會的任免都要按照天主教法規執行。法規明確規定，一位修女擔任兩次三年的任期過後，就不可再繼續。她已經任職六年，完全沒有想到樂勒脫總會會申請特例。

瑪麗・珍一廂情願地希望總會的申請尚未上呈，或是即使呈上也不會被批准，而自己對其他人什麼也沒說。她將這封信擱置在一旁，以便梳理心緒，思考如何回覆。

她寫信給在鄉下巡訪各宣教所神父的高爾文，想了解他的想法，因為他將與下一任院長攜手合作。由於高爾文是個熱衷於寫信的人，也許他會願意與肯塔基總會分享自己的觀點。瑪麗・珍認為肯塔基方面應該理解她因為遠離總會而感覺無比孤立。在美國，不同社群的樂勒脫修女總有辦法保持聯繫，相互諮詢和徵求意見。但她在過去五年半裡沒有任何人可以依靠。她不願讓其他修女被自己的憂慮困擾，也沒有選擇她們其中任何一個人作為知己。

在漢陽，高爾文是她的上級，但自己從未跟他談過對其他修女的看法，也沒提過自己的孤立感。但是，瑪麗・珍現在想知道他的意見，因為確信他非常了解修女會的一切情況。瑪麗・珍也深知他有時候認為自己在工作上不好相處，希望高爾文能藉這個機會讓肯塔基總會知道這點。

到目前為止，瑪麗・珍寫給肯塔基的信中很少暗示內部有著分歧。只在極少數情況下，她會在寫給奧莉薇特會長的信上標註「French」，意思是「私人信件，請勿分享」。她從未對任何人說過有位修女，因為時而與瑪麗・珍有意見分歧，而感到壓力甚大，曾威脅要求調回美國。類似這樣危機發生之後，她總是選擇不再與任何人提起。

瑪麗・珍本來預計只剩下幾個月的任期了，所以精神為之振作。她還一直指望著肯塔基派其他修女來漢陽。可是現在事情居然這樣發展！她萬萬沒想到還要繼續扮演這個「角色」。

等了十天還是沒有收到高爾文的回信。瑪麗・珍不能再等下去了，她需要回信給奧莉薇特會長。為了阻止總會申請特例，她必須立刻採取行動：

尊敬的會長，

自從十天前收到您那封令人沮喪的信以來，我一直處在極度不安之中。情緒所致無法提筆回信給您。另外，我寫了封信給主教，一直在等待他的回覆。他正在教區巡視，也許那封信還沒跟上他的腳步，所以我不能再等下去了。

我還沒有告訴姐妹們您的打算。我只是說，我的任期在九或十月到期。她們認為新來的修女將是院長，都很高興。

我不能再負責下去了，實在是太難了！我曾感覺第一個三年永無休止，但這第二個三年簡直就是永恆。哪怕能讓我卸任來喘口氣，重新調整自己，之後我都願意（如果必須服從的話）再次上任。但要這樣繼續下去，我完全沒有勇氣。無論是精神上還是能力上，我都無法勝任。

這裡因情況多變，需要快速地做出影響深遠的決定，去解決那些在基督教國家從來不會出現的問題。儘管我總是會先在修女會內部諮詢、徵求意見，每當產生不同意見，我就必須做最後決定。我這個人在責任面前從來都不為別人對我的看法所動，「我跟你說過」這種話對我來說毫無意義。我不是怕別人對我有意見，而只是想從必須做最後的決定中解脫出來。

其次是主教。我總覺得換一個人當院長他會很高興的。他是個敏銳的觀察者，對我們的運作方式知之甚多。我覺得他對我們的了解超乎我們自己願意承認的程度。儘管他在這個問題上沒有發言權，但我認為以修女會為重，您不妨參考一下他的意見。為此，我已寫信告訴他您的打算，請他坦率地告訴我，他是否認為更換院長為好。我不能再等他了，收到他的回覆後，我會立刻向您報告。

將我繼續強加給別的姐妹近乎殘忍。您在信中寫的「願你的意旨成全」*並沒有給我帶來平靜。心境的平和不是機械的字句所能帶來的。我有好幾次差點要跟姐妹們商議，請她們開誠布公地寫信給您，向您坦承她們的意願。

如果以上所言能使您動心，但為時已晚，特例的申請已經寄出，倘若獲准，可否置於一旁？我真想為特例不被批准而祈禱，但不敢太過任性。

您在十字架下虔誠而順服的孩子，

瑪麗・珍修女[2]

四月五日，蔣中正隨北伐軍抵達武漢。四月底，北伐軍在湖南和湖北取得勝利。

* 譯註：「願你的意旨成全」（Thy Will be done）是一句禱文。

回信寄出幾天後，終於收到高爾文的來信。他表示毫無意願干涉，只是說會長的決定就是上帝的旨意。他倒是建議：「你不妨向會長提議在向羅馬發出申請特例之前，參考一下每位修女的意見，她們認為是否有需要更換院長？」瑪麗・珍心想，這件事情如果有需要的話，早就應該在幾個月前做了。她不知道其他修女中是否有人接受了之前的建議，寫信到肯塔基提出自己認為合適的候選人。

六月十一日，瑪麗・珍又寫了一封信，分享了高爾文的意見。她最後寫道：「會長，願上帝保佑您，並幫助您了解我是個傻瓜，這樣您就將改變對於這一懸而未決事情的看法。我跟姐妹們什麼也沒說，因為我害怕它會成為現實。」

她也就奧莉薇特會長擔心她們在戰事中危險的處境作了答覆，因為美國媒體報導了四名神父遭到槍殺和分屍的事件。瑪麗・珍向她保證：「我們待在港口城市附近，既無遭遇匪徒的危險，也無戰事。不管漢口落到哪一方之手都將不會有任何抵抗。」

七月，高隆龐的提摩西・雷納德（Timothy Leonard）在七屋台被拖出教堂，在三名年紀不超過二十歲的共產黨分子面前受審。罪名是他代表了對中國人民懷有敵意，並且支持國民政府的教堂。據目擊者宣稱，他立刻就被砍死。他是第一個在中國遭到暴力襲擊而死亡的高隆龐神父。

雷納德的慘死使瑪麗・珍重新審視自我，當其他人因竭盡全力幫助中國民眾而喪生的時候，她怎麼能為自己的事情耿耿於懷。

前一陣子，隨著天氣變暖，樂勒脫修女決定不像往年一樣去牯嶺避暑，而是待在漢陽的新房子度過夏天，這是個試一試新採用的夏裝是否適於漢陽最潮濕悶熱季節的機會。

戰事的停歇使農民能繼續耕作，並為城市的居民提供新鮮水果和蔬菜。尼古拉特別想在七、八月女孩們離校期間，嘗試一下能否在早晨熱浪襲來之前，醃一些杏子、桃子和黃瓜。夏天也是聘請當地老師幫助她們繼續學習中文的好時機。

七月十八日，中國駐莫斯科辦事處收到通知，宣布蘇聯與中國斷絕所有外交關係，同時中止兩國之間的所有鐵路交通。

到七月底，修女們醃製了綠番茄、辣椒和水梨。她們滿意地看著成排為過冬做好準備的五顏六色產品，覺得花費的時間和精力非常值得。這幾年來她們很少看到自己所花費的巨大努力有如此直接的結果。

出乎意料的是，茱斯塔之前得過的瘧疾又復發了。如果她不能盡快痊癒，繡花堂復校時，她將無法工作。繡花堂的圖案設計大都出自茱斯塔之手。沒有她，刺繡流程就會停止，出不了成品。瑪麗・珍向奧莉薇特會長求助，希望總會派一位具有藝術才能的新院長來，幫助設計繡花圖案。好在茱斯塔及時康復，擔憂隨之消失。

另一個對繡花堂來說至關重要的人是尼古拉，她已經成為染絲專家。一位住在漢口的德國人曾教會瑪麗・珍和尼古拉這門手藝。最初，他捐贈了八、九種基本顏料。尼古拉就用這些顏料調出她們買不到的中間色，以及其他深深淺淺的色調。[3]

在九月十七日寫給奧莉薇特會長的長信中，瑪麗・珍報告說繡花堂有八十三個女孩。「由於人數增加，為了留下她們，我們只能讓兩個女孩睡在同一張床上。她們當中許多人都很瘦小，所以不成問題。但她們不習慣睡外國人的彈簧床。前幾天早上，一個小女孩哭著央求史黛拉讓她自己睡一張床，因為她半夜從床上掉下來了。」

史黛拉問誰睡在地板上了。個頭比較小的女孩回答說是自己睡地板。史黛拉說：「好吧，今天晚上你睡床上，讓她睡在地板上。」她們先是愣了一下，然後同意這是個好主意。[4]

瑪麗・珍還補充道：

> 最近，兩個出色的女孩離開了我們，一個參加了方濟各修女會，另一位去了嘉諾撒仁愛修女會。我們修女會也有不少人了。現在我們有四個非常好的女孩。有兩個是我們到中國以來見過最優秀的，其中之一的依撒伯跟我們待在一起已經五年了……如果要留在中國，我們必須有中國修女。高爾文主教總是叫我們說服您在中國多建立些修女會。但就我們目前的人數來說，這是不可能的。可是每當我談到在當地培養修女時，他又不鼓勵我的想法。
>
> 我現在想向您提交一個計畫。對此，姐妹們一致認同。選出四到六個我們看好的女孩，開始教會她們必須掌握的英語和中文。學習時間為三年左右。學習結束後，如果我

們對她們的成績感到滿意，而她們自己也希望繼續的話，就接收她們為望會生。*如果無法在當地建立初學院，就送她們去美國初學院學習修道。這個培養本地人修女的想法在我心裡醞釀已久。一直沒有對您提起，是因為那時這個想法尚未成形，但我一直在祈禱它成為現實。

在這封用打字機寫的信的結尾，瑪麗・珍寫到九月十五日一年一度的慶祝活動。因為修女會全稱是「十字架下的樂勒脫修女會」，因此每年都會有一個紀念「痛苦聖母」（Our Lady of Sorrows）**的節日。「姐妹們為我安排了一個最愉快的節日。她們從骨子裡都是真誠和樂於助人的人。她們知道我對繼續擔任院長感到多麼沮喪，尼古拉寫了一首優美的詩。但她們知道我這人不善柔情，因此演成了一個有著手勢和道具的短劇。也許有朝一日我會將這首詩寄給您。」

十月四日，瑪麗・珍收到正式任命，她通知其他修女，羅馬批准了肯塔基樂勒脫總會的特例申請。令她驚訝的是，這五個人似乎由衷地高興。透過她們的反應，瑪麗・珍終於意識到，也許自己是唯一一個希望這份工作交給別人的人。信件中還告知，西緬・克洛特（Simeon Klodt）即將加入漢陽修女的行列。她們六人中有四個人都認識西緬。

---

* 譯註：望會生是指準備加入初學院，學習當修女的人。
** 譯註：痛苦聖母又稱七苦聖母。是天主教紀念聖母瑪麗亞於人世間所受苦難的節日。

儘管繼續挑大梁，瑪麗・珍萌生了另一種感覺：她發現自己比以前更放鬆了，也更放得開了。修女之間開始認真地討論樂勒脫修女會在中國的未來。雖然有很多樂勒脫修女想來到中國，但美國樂勒脫學校對修女的需求也在繼續增加，所以那裡的學校優先。漢陽的六位修女，不光是瑪麗・珍，似乎都在考慮如何吸收中國女青年來擴展她們的工作。

西緬修女於十月十二日抵達巴黎，與幾位那慕爾聖母會（Notre Dame de Namur）的修女一起前來中國。隨著她的到來，漢陽樂勒脫修女會和繡花堂就有了一位才華洋溢的藝術家。「您送給我們一位不可多得的姐妹，」瑪麗・珍在給奧莉薇特會長的信中寫道，「我相信她會很高興同我們在一起，就像我們對您的選擇感到非常高興一樣。她正處在這個國家對初來乍到者的衝擊之中，我們也透過她的新鮮目光重新審視這裡的一切……每隔兩三天，我們就帶她出去走走，讓她習慣周邊的環境和氣味，她的適應力很強。對我們來說，看到新來的樂勒脫修女真是太好了——她身著長裙，矯捷靈敏，光是看著她都是一種享受。我們已經在凹凸不平的石頭路上走了六年之久，步態與走在在打了蠟的地板上判若兩人。」

十月三十日，瑪麗・珍繼續寫前一陣子沒有完成的一封信，信中提到莫琳生病了，但「看上去有好一點了」。繡花堂現在有一百多個女孩，莫琳的負擔很重，因為有一個老師生病；而她的助手，這裡的其中一位「貞女」，* 即將離開繡花堂進入本土修女會。瑪麗・珍繼續寫道：

我們這裡在流行響應聖召。有的女孩去了方濟各修女會，有的去了嘉諾撒仁愛修女會，有的去了本土修女會……這就是這封信的主旨——初學院……在此之前，主教不贊成在這裡建立初學院，可是現在，他極力主張這個想法。以前，他總是催促我考慮在中國建立另一個樂勒脫修女會。這是遲早的事，因為長期維持一個單獨的修女會，我們太孤立了……今天早晨您發來的電報說，克拉拉西娜修女突然去世，我請今早來主持彌撒的神父通知主教。早餐過後，我和茱斯塔去漢口了。主教收到通知以後，立刻來我們這裡安排明天早上做安魂彌撒的事。他告訴其他姐妹：「我們要為這位聖徒做件大事，我有個主意要跟瑪麗・珍姐妹商量商量。」

高爾文的想法是贈送給樂勒脫修女會一千美元，以紀念克拉拉西娜修女。有了這份禮物，她們可以建立一個本土修女會。「我們中間的一兩位修女可以帶領當地修女，並開始為本土修女會建造會舍。我們可以購買鄰近的房產，但要把所需的房產全部買下需要花幾年時間。不過倘若大家都認同的話，我們情願就地擴大。這樣，我們這裡便可成為樂勒脫修女會在中國的中心……長久以來，我一直在心裡醞釀這個想法。現在親愛的克拉拉西娜修女幫助我將這件事情付諸實踐。」

---

* 譯註：修女把單身或守寡婦女統稱為「貞女」。

這封信在聖誕節到達肯塔基，早在十月二十五日，奧莉薇特會長就在丹佛寫了一封信：

> 我們認為你關於在中國接收望會生的想法很好。我會將你的信寄到肯塔基，好讓理事會對此發表意見。如此一來，我們可以決定是讓她們在中國的初學院見習，還是到美國來。

十二月二十二日，中國將釋放所有被捕的蘇聯公民。蘇聯駐滿洲領事館復館。十二月二十三日，蘇聯政府下令撤軍。

降臨節（Advent）過去了，*瑪麗・珍抽空寫了一九二九年寄給奧莉薇特會長的最後一封信。在這一年中，漢陽的城牆全部消失了。

中國漢陽

一九二九年十二月二十九日

尊敬的會長，

聖誕節來了又去了，這是個多麼快樂的聖誕節！我們在午夜做了詠唱彌撒，[**]隨後是兩個小禮彌撒。[***]之前，西緬姐妹把我們組成了一個唱詩班。我們十二月八日第一次亮相。我想以後每有大型慶典，唱詩班都會登場。音樂無疑有強心作用。西緬姐妹還教孩子們唱讚美詩和聖誕頌歌。現在她們幾乎每天早上都會唱歌，儘管她們唱得不是很準，但聽起來非常甜美。

我們還沒著手建立本土修女會，不過事情已經朝著預想的目標緩慢發展。在這個可怕的國度，一個女孩有可能受到一千種束縛，在她完全自由之前，我不能採取任何明確的措施。但是，事情已經著手進行，有一天我們會向您宣布我們開設了英語課。

西緬姐妹真是太好了。我們都遺憾她沒有從一開始就跟我們一起來到這裡。她具有真正的拓荒精神。她的中文進步很快，這是因為她敢大膽地跟女孩們交流。而在刺繡方面，她將很快成為第一流的。

我們經歷了到中國以來三週最寒冷天氣的來襲，差不多每天都在下雪。工人剛剛為蓋新的大樓挖了地基，天氣驟變，什麼也做不成了。人行道被破壞，院子裡搞得一塌糊

---

* 譯註：降臨節是指聖誕節前四週的這段時間。
** 譯註：詠唱彌撒是傳統拉丁彌撒的一種形式。
*** 譯註：小禮彌撒沒有詠唱。

塗。我們真是為裹小腳、穿布鞋的女孩得在這樣的情況下於院子裡往返心疼不已。大多數女孩手上和腳上都長了凍瘡。

寒流來得太突然了。因為在這個季節不常見，所以我們沒做好任何準備來保護管線。結果從水箱接到修女會的管線都破裂了。今天太陽拼命探出頭來，但願不久之後一切都會恢復正常。

願上帝保佑你們所有人，我最懇切的祈禱是一九三〇年的某一天，您能乘坐駛向東方的海輪到古老的中國來。我們將在上海熱烈地迎接您，就像我每晚都夢到的那樣。

十字架下親切而虔誠地，

瑪麗・珍修女

十二月三十日。國民黨政府頒布《工廠法》；除了有關工廠工作條件的規定外，該法律還規定不得僱用十四歲以下的兒童，並且「成人的正常工作日為八小時」。該法生效日期是一九三一年二月一日。

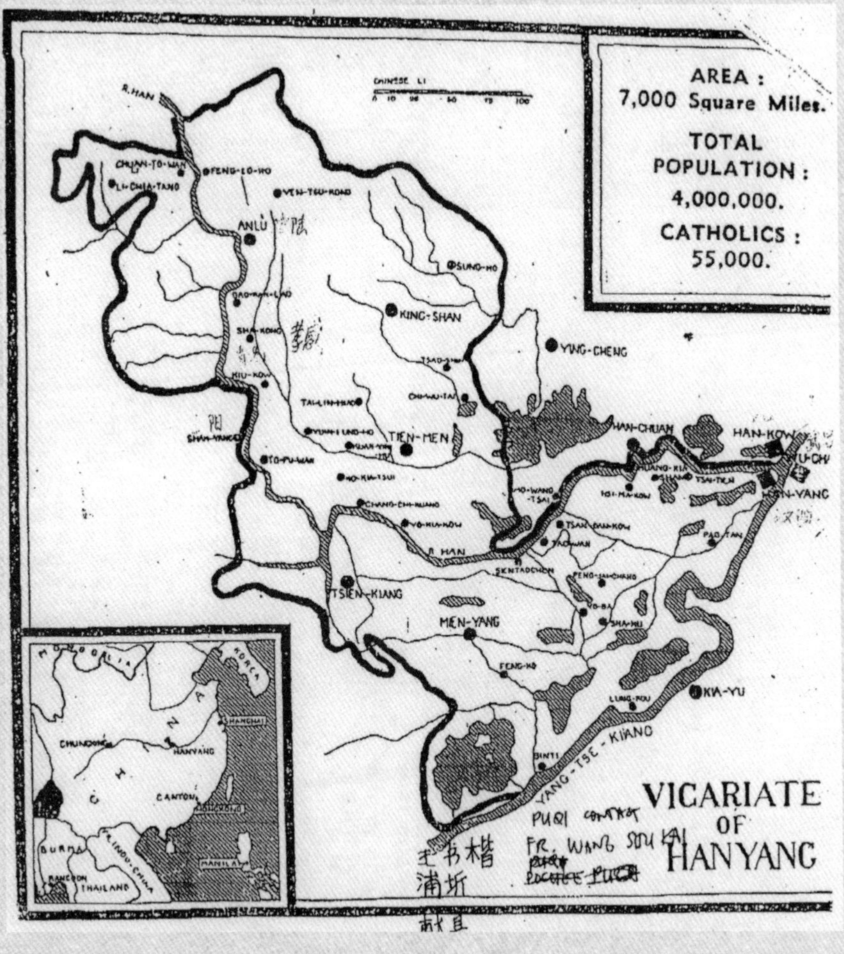

漢陽代牧區地圖（範圍：一萬八千多平方公里；總人口：四百萬人；教徒人數：五萬五千人）。漢陽、漢口與武昌，就是俗稱的「武漢三鎮」，受長江跟漢江的影響深遠。漢江是往來這個代牧區的主要交通管道。

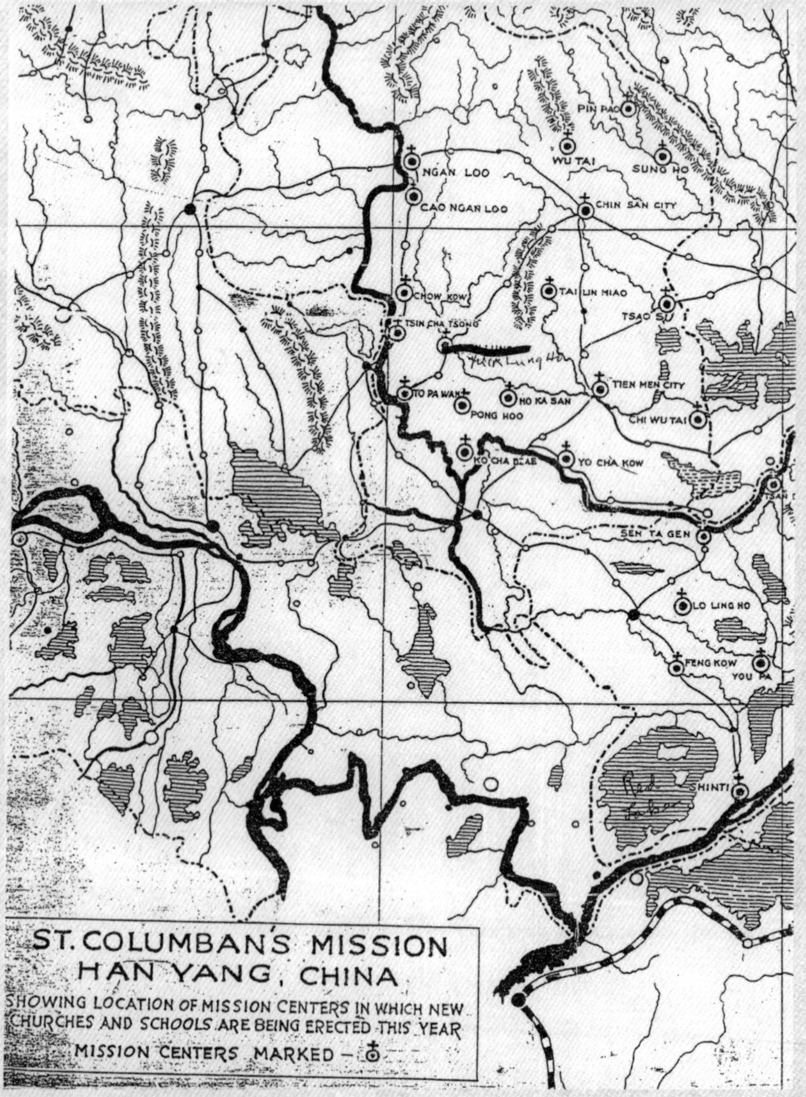

漢陽的聖高隆龐宣教所。地圖中顯示的為該年正在建立新教堂和學校的傳教中心。傳教中心的標誌為♁。

六 湖北省，一九三〇年

二月二十六日，中共中央發出通知，要求組織工人罷工、地方起義和兵變，並要求紅軍向中心城市發展，與工人鬥爭匯合。

高爾文靠著小小的火爐坐著，小屋薄薄的牆壁完全不足以抵禦凜冽的嚴寒。這是一九三〇年的第一天，一個異常寒冷的早晨。他於去年十一月到達保山巢，*意在此地建立一個宣教所。頻繁出沒的土匪、厚重的層層積雪使他的一切努力付之東流。疲憊和失望像陰影一般籠罩著他。現在唯一的安慰是，土匪不會冒著在冰天雪地裡迷路的風險出來打劫。獨自一人，暫時沒有被擄掠的危險，他開始寫信。

* 譯註：原文為BaoShanChou，此處採音譯。

「新的一年開始了，長了一歲，離墳墓又近了一步。」高爾文並沒有因為被大雪包圍和與世隔絕而感到憂傷，他能夠獨處的時候少之又少。積雪會融化，春天會再來，但是幾年來的努力化為烏有，是再多的時間都無法挽回的。

過去一年來，高爾文巡查的宣教所除了沈家山外，都被摧毀或圍困。原本打算把剛從愛爾蘭來的修女安排在永龍河宣教所，但十一月二十一日，就在愛爾蘭修女們抵達香港的同一天，那裡被燒得片瓦不留，只有教堂倖免於難。[1]

高爾文繼續寫道：「天氣冷極了，大雪把樹枝都壓彎了。要是能『建』一個教堂或是宣教所就好了，可是眼前，什麼都不能做，只有望著門外，猜想這積雪何時融化。」

雖然他收到了一筆救濟飢荒的款項，但無法安全地向需要援助的民眾提供食材。他的神父兄弟都遇到麻煩：歐卡羅（O'Carroll）[2]在岳口東躲西藏逃離共匪；人在京山的科威格不能隨意外出；[3]他連法蘭克・麥克唐納躲到哪去了都不知道。[4]

最糟糕的是，失去雷納德對高爾文在中國的傳教工作來說是個沉重的打擊。雷納德是在一九二〇年隨第一批神父來到漢陽。剛到江西南城的宣教所不久後，就遭到匪徒綁架而喪命，死時才三十二歲。失去一個宣教所與失去一個活生生的生命相比，根本不值得一提！

一月底，氣溫回升。隨後，位於漢陽南北兩地的共產黨也恢復活動了。占領了北京的國民黨仍然控制著武漢。但湖北鄉村大多留給了當地的共產黨和流竄的土匪。他們的活動造成了又一波難民潮，其中大多數是倉皇受驚的婦女，跑到漢陽來尋求庇護。樂勒脫修女會接受了她們能力所及能接納的所有人，高隆龐修女利用基督教兄弟會廢棄的學校，開設了一個專為婦女和兒童服務的難民營。

此時，高爾文仍住在保山巢的小屋。三月十七日他寫信給可以信賴和傾訴心情的朋友麥卡錫神父，信中不乏幽默：

> 必須承認，我既擔心又灰心。我們這個國家愈來愈糟糕了，似乎沒有安全的立足之地。將近一半的神父在亡命中。這一帶簡直就是土匪的天下，我們都像是把命捧在手裡度日。尤拔的宣教所被洗劫一空，他們威脅要槍斃馮西（Fonsey，法蘭克・麥克唐納的暱稱）。好在他已經從尤拔逃出來了。現在他們到每個宣教所去威嚇天主教徒……洛夫圖斯所在的高岸腦也是一樣。他疲於奔命，身上所有的東西都被搶走了。永龍河宣教所被燒毀，我原本要把修女們送到仙桃鎮的。眼前真可謂一籌莫展，唯一剩下的希望只有他們會封我為樞機主教了。*5

三月十八日，毛澤東的部隊占領贛州。

三月二十三日，毛澤東的部隊占領南康。

* 譯註：這是一種調侃——實際上是完全沒有希望被封為樞機主教。

三月後半，瑪麗・珍和高隆龐修女忙著管理繡花堂的一百一十七個女孩，而其他樂勒脫修女則在修女會裡進行每年為期八天的靜修。

瑪麗・珍在三月二十五日寫道：

修建新宿舍的進展頗為理想。每天有二、三十個工人，如果是運送建築材料的日子，會多達五十個工人。昆蘭神父在這裡監工，意味著要照顧兩名神父每日三餐。當然了，約瑟夫負責所有伙食，但還是得有人來安排一切和招待他們。

這是「建」，下面要說的是「毀」。為了替新的大樓騰出地方，昆蘭神父賣掉了剩下兩間宿舍。我們把繡花架全部搬到繡花堂的樓上，把所有的床從兩間賣掉的宿舍搬到原來的工作室，大約有七十個女孩在那裡睡覺。

買下那兩棟舊房子的業主把房子推平了，因此每一吋沒有被建築材料覆蓋的地面現在都堆滿了瓦礫。

瑪麗・珍在信中建議奧莉薇特會長與辛辛那提的仁愛會會長取得聯繫，因為武昌的仁愛會在慫恿該會負責人訪問中國。瑪麗・珍也一直請求奧莉薇特會長考慮此行。也許兩位負責人能一起來華。她還說：「主教回家來待了幾天，但他打算很快就回去鄉下。鄉下到處是共產黨，情況很糟。」

有八個女孩沒有事先通知，就從鄉下的教區來到繡花堂，但不能將她們拒之於門外。修女們不知道要是更多的女孩從鄉下回來的話該怎麼辦，只知道萬一事到臨頭，必須從無中生有想出辦法。瑪麗・珍說，冬天過去了並沒有出現天花。「願上帝抵禦霍亂——這是春天和夏天的威脅。」

到了四月，高爾文認為派五名高隆龐修女到仙桃鎮應該足夠安全。愛爾蘭修女已經耐心地等待了很長一段時間，她們要去訓練婦女做護理工作。瑪麗・派翠克急於開設一個有迫切需要的藥房。現在該地區看起來很平靜，高爾文派年輕的神父派翠克・拉凡（Patrick Laffan）[6]到漢陽，陪同修女們前往離漢陽約一百公里、位於漢江岸邊的新宣教所。四月十六日，拉凡帶著高爾文的信抵達漢陽：「仙桃鎮在當地民兵的保護下是安全的。」

四天後，「週二凌晨三點三十分，拉凡神父在我們的小教堂裡做了彌撒。拂曉前不久，他與昆蘭和萊恩一起，陪同五位修女一起返回漢陽。」[7]

復活節過後幾天，昆蘭神父返回漢陽向瑪麗・珍描繪了一個非常理想的新宣教社群。拉凡和吉姆・萊恩漢（Jim Linehan）[8]把自己的住處讓給了修女們。（昆蘭神父沒說兩位神父搬到一個並不適合居住的小屋裡。）復活節週一，高爾文到達仙桃鎮宣教所，打算滯留幾日。一切似乎都很順利。

但是在接下來的週六，昆蘭得知事態不變。紅六軍在前一天包圍了仙桃鎮。黎明時，士兵闖入宣教所，洗劫了新教堂，並搜刮了住處。

如果當時有人驚慌失措，一切就有可能在最初兩小時內以大屠殺告終。持槍的士兵在大院內外虎視眈眈，局勢十分緊張。起初，他們並不知道士兵的目的是逮捕兩位年輕的神父。高爾文一面讓大家保持鎮定，一面告訴士兵他是這裡的負責人。不一會，一名軍官來了，問道：「誰姓拉？」

拉凡立刻站出來，就被抓走了。他被帶走沒多久，又有士兵來問誰是「林」，萊恩漢神父*便出聲，結果也被帶走。

當紅軍點名要找拉凡和萊恩漢時，高爾文意識到挽救其他人的唯一方法是交出這兩個年輕人，與士兵對峙只會導致一場災難。他最擔憂的是不能洩露這裡有外國修女。高爾文認為，拉凡和萊恩漢不會立刻受到傷害，因為他們是被捉去當人質。這是紅軍獲取資金的管道之一。

拉凡和萊恩漢被帶走後，高爾文發現後門無人看守。他派麥克•歐科林斯（Michael O'Collins）去把跟沃爾許神父一起躲在聖器室裡的修女們叫出來。高爾文又派跟隨他出行的馬先生和宣教所的郭先生到外面查看道路是否安全。當他們發出安全信號時，一組人先跑出宣教所藏到附近的麥田裡，然後另一組人再衝出去。她們躺在小麥田裡，收到下一個信號後，彎著腰跑進了周邊的樹林。在樹林裡，她們聽得見士兵們搜尋她們的吆喝聲。馬先生和郭先生繼續偵察，等到認為安全時，再返回帶領大家移動。他們不得不時進時退，以免被人發現。直到下午，兩組人馬迂迴到了河邊。高爾文找到了一艘願意把修女、沃爾許和歐科林斯送回漢陽的舢舨。

修女和護送人員安全上了船，高爾文、馬先生和郭先生轉頭返回仙桃鎮。那裡會有人知道兩位年輕神父被帶到哪裡去了。

高隆龐修女索菲娜後來寫道：[9]

> 夜幕降臨後，船夫拒絕繼續前進，除了下錨過夜別無選擇。我們仍處在搜捕範圍內，一夜擔心受怕。但是早晨終於到來了，船繼續前行。中午到達黃甲山，受到馬奎爾、皮戈特和德夫林神父的熱烈歡迎。他們對仙桃鎮發生的事情大為震驚，因為我們到達之前，他們根本不知道那裡出事了。[10]
>
> 晚上九點三十分，經過三十六小時的艱辛，逃生者滿身泥土、蓬頭垢面，但安全地回到了漢陽。
>
> 樂勒脫姐妹們已經聽說仙桃鎮宣教所出事了，可想而知她們有多麼擔憂。而在看到我們的時候，她們又是多麼高興。

接下來的幾天，高隆龐修女陸續講出了更多細節。高爾文的鎮定和果敢使局勢不至於惡化這一點，在場的人都有目共睹。當洗劫的人在搜查神父的住處時，面對持槍的兵士，高爾文跟他們一起翻箱倒櫃來表示合作。

---

* 譯註：萊恩漢的英文是Linehan，因此教徒們稱他為林神父。

在回仙桃鎮的路上，高爾文判斷兩位神父可能已經被帶到新堤和洪湖附近的共產黨根據地。於是，他派馬先生扮裝成農民，到洪湖一帶打探消息。那裡是一個被湖水包圍的千島迷宮。高爾文的直覺準確無誤。馬先生打聽到了他們被關押的地方。但在做出了無法在該地區展開營救的評估之後，他和高爾文一起回漢陽等待要求贖金的訊息。很快，有人送來兩位神父寫的紙條，表示他們有得到良好照顧的同時，也註明綁匪要求的槍支數量和贖金。高爾文想要討價還價，但是立刻就被拒絕。高爾文還得知兩人非但沒有得到適當的照顧，而且都遭到毆打。

五月十六日，瑪麗・珍寫信給肯塔基：

> 可惜沒有什麼可以報告的。兩位神父還在囚禁中，到今天已經是第二十二天了。談判進展極其緩慢，哪一方都不肯鬆口……他們被帶到了洪湖。那裡實際上是一片有很多小島的沼澤地，只有一個入口，一個出口，易守難攻。夏暑已經襲來，蚊蠅猖狂不已。沼澤裡的狀況簡直不可想像！
>
> ……國軍兵力必須全力以赴對付北方，無力保護鄉村，情況愈來愈糟。愈來愈多的神父被迫離開鄉間宣教所回到漢陽。上週六，黃甲山的兩位神父和二十個學生在田野裡躲了一晚。雖然共產黨並沒去黃甲山，但是離那裡只幾公里的村子遭到掠奪，有人被殺。

五月二十日，中共中央在上海附近舉行蘇區全國代表大會，並決定成立中央蘇區政府。

瑪麗・珍還寫道，出現了共產黨正前往漢陽的傳聞，把繡花堂的女孩們拋進了恐慌的漩渦裡。「每天晚上，史黛拉搖響熄燈鈴的時候，她們都先跑到自己的箱子前面，拿出一小捆準備好了的衣服，以及剛好有的幾枚銅板，一起放在床上。」儘管繡花堂是個相對安全的地方，她們還是準備隨時逃跑。

經過三個月交涉無果，高爾文得知拉凡和萊恩漢都生病了。根據消息，看守士兵對他們很不耐煩。七月二十五日，昆蘭和湯姆・歐洛克（Tom O'Rourke）前往指定的談判地點新堤，想用自己來交換人質，救出拉凡和萊恩漢。[11]

過了六天，新堤方面消息全無。七月三十一日，高爾文還是沒有收到任何有關人質的消息，可是他卻接到漢口方面的消息，說紅軍已經來到離武漢地區十五公里以內的地方了。由於第二天是共產黨領導的南昌起義紀念日，漢口開始為保護外國人做必要的準備。高爾文立刻派克羅森（Crossan）神父到城裡，雷恩到鸚鵡洲，把住在那兩個地方的高隆龐修女帶回總部。

接著，高爾文和新來的澳洲神父歐科林斯來到了樂勒脫修女會。[12]

高爾文告訴修女們，紅軍距離漢口只有十五公里左右了，漢陽也可能在紅軍的占領計畫當中。修女們還來得及到總部集合，從那裡過河前往漢口的嘉諾撒仁愛會修女的住處。漢口當局正在準備抵抗，紅軍預計將於黎明時分發動攻擊。

為了應對這類緊急情況，莫琳已經在花園的角落挖好了一個洞。她立刻到教堂裡，把祭壇上的聖器收起來，高爾文協助她把東西埋好。其他人收拾了隨身需要的物品。

瑪麗・珍告訴年紀比較大的瑪莎和依撒伯，因為只有外國人處於危險之中，女孩們跟約瑟夫和瑪麗亞待在一起是安全的。她把全部的鑰匙交給約瑟夫，叫他跟所有人說待在修道院裡不要出去，並說：「我明天就回來。」

幾分鐘之後，由高爾文打頭陣，歐科林斯殿後，修女們從後門出發，繞道走向總部。為了避免碰上執行宵禁的哨兵，高爾文帶著她們穿過小巷走過窄街。一行人偶爾會聽到狗叫，但沒碰上任何人。到達總部時，高隆龐修女還沒到。晚上十點，歐科林斯自告奮勇去查看出了什麼問題，但是過沒多久他就回來了。他在西門被持槍的哨兵攔住，說任何人都不准進出。江上交通封鎖，誰也不准去漢口。

到達總部的人想不出來愛爾蘭修女會被困在哪裡了。大家喝了一些檸檬水，就回去睡覺了。瑪麗・珍覺得很懊惱：其實並沒有什麼大事，她們是可以留在修女會的。茱斯塔指出仙桃鎮事件、拉凡和萊恩漢被綁架，加上後來前去新堤的昆蘭神父也音訊全無，這一切不免讓人更加小心，大家最好都不要冒險。

茱斯塔還說：「我知道主教並不會為他自己擔心，但他一定不願冒他人安危的風險。」瑪麗・珍雖然認同在總部睡上一晚很容易讓人就此放心，可是她不免為留下的女孩和其他人擔心。她們真的安全嗎？

等到大家上樓休息了，高爾文決定派人守夜。他站第一哨，反正自己也不準備睡覺。凌晨三點，他把守夜任務交給侄子鮑勃・高爾文（Bob Galvin）神父。鮑勃・高爾文是個差不多一百公斤重的大塊頭，他提著燈籠在院子裡走來走去，用燈籠照亮每一個黑暗的角落。沉重的腳步和映照在窗戶上的亮光讓最貪睡的人也難以入眠。

隔天清晨，彌撒剛結束，鸚鵡洲的愛爾蘭修女和雷恩就來了。高爾文邀請她們和大家共進早餐，可是她們說在繡花堂吃過了。原來，昨天晚上她們坐著人力車，「到了西門，站哨的人衝過去攔住她們。雷恩跟士兵交涉，可是他們威脅說要開槍……一名士兵還用槍托砸向桃樂絲（Dolores）修女的人力車。」於是，她們就去了樂勒脫修女會。大門鎖著，門外很暗。雷恩翻牆進到院子去打開後門。她們徑直上樓，在那裡過了夜。

瑪麗・珍心裡琢磨：高隆龐修女「入侵」的時候，瑪麗亞和約瑟夫到哪裡去了？怎麼會有這樣的管家！

顯然，這幾個「入侵者」特別輕手輕腳，連燈也沒點上。桃樂絲後來寫道：「我們上了樓，穿著衣服躺在床上。雷恩則守了一夜沒睡。」早上，他做了彌撒，然後跟修女和學生一起吃了早餐。

住在城裡修女會的四個高隆龐修女到達西門時，哨兵不聽任何解釋，用槍對準修女叫她們回到住處。「那天晚上他們緊張極了，幾乎不需要挑釁就會動武」。修女們只好掉頭往回走，經過克羅森神父家的小巷，回到她們剛剛離開的房子，從後門走進去。

「入侵」樂勒脫修女會的高隆龐修女剛講完她們的故事，約瑟夫就帶著女兒瑪莎和依撒伯來到總部。他們是來接樂勒脫修女回修女會的。瑪麗・珍高興極了。實際上，大家都為不用撤離到漢口——至少目前不用——而感到高興。

回家的路上，依撒伯和瑪莎興奮地告訴她們，昨天晚上女孩們是如何起勁地聊了一整夜。她們都在猜想要是共產黨來了，會把自己怎麼樣。顯然大家都沒睡覺，聊著聊著就變成了一場講恐怖故事的比賽。

當天，高爾文前去漢口了解情況。晚上返回漢陽時，他已經確信修女們必須離開漢陽。

瑪麗・珍說，其他人可以走，可是她一定要跟婦女和女孩們一起留在繡花堂。她最後悔的是前一天晚上離開了她們，自己不能再這樣做了。高爾文對於一旦發生騷亂，事態可能失控的擔憂並沒有讓她擔心害怕。

莫琳八月五日在漢口寫信說，五個樂勒脫修女待在漢口的嘉諾撒仁愛修女會。瑪麗・珍和史黛拉還在漢陽。「當然了，又是紅軍來了。之前我們一直開玩笑，假設他們進了漢陽我們應該如何如何，但是主教不給我們接待他們的機會。」

莫琳記錄了高隆龐修女是如何分兩組離開漢陽。除了瑪麗・珍和史黛拉，所有人都在神父的陪同下離開了漢陽。她們被巡邏兵和哨兵盤問過六次。最後一次，士兵命令她們打開口袋，把裡面的東西全部倒出來檢查。之後，她們才到達漢江岸邊。

高隆龐修女會的日誌中記錄：「外國戰艦停泊在漢口。」此外，「漢陽和漢口逮捕了大量共產黨嫌疑分子，處決名單與日俱增。許多人在大街上就被斬首，漢口賽馬場裡數百人被處決，其中有不少婦女和女孩。」[13]

八月一日到二日，紅軍攻打南昌失敗。

八月七日晚，「大教堂和嘉諾撒仁愛修女會學校周圍的街道嚴陣以待，架起了槍炮。」瑪麗．珍和史黛拉已經把年紀較大的女孩接到嘉諾撒仁愛修女會的學校。義大利修女把她們安置在八月底才會需要使用的教學大樓裡。白天，瑪麗．珍過江到漢陽，好讓年長的婦女放心，並確認年紀小一點的孩子們都平安。晚上，高爾文就在修女會坐鎮。

八月十八日週一，史黛拉和茱斯塔代替瑪麗．珍回漢陽探望。準備回到漢口時，高爾文說可以告訴瑪麗．珍，準備開始把女孩們送回來了。隔天上午，瑪麗．珍和派翠西亞帶著第一批的十二人回漢陽。後天，西緬和莫琳則帶了另一批人回來。到八月二十一日，所有人都回到漢陽。

在八月二十八日寫給肯塔基的信中，瑪麗．珍說：「事實上，共產黨在這個地區的周邊聚集了大量人員，大約一半是武裝部隊。我認為從他們在這個地區取得的成功看來，只有上帝的特殊干預才能阻止他們進攻武漢。」此時，蔣中正的部隊已經成功地結束了對北部地區的控制，返回南方來對付武漢地區的共產黨。

釋放萊恩漢和拉凡神父的談判僵持不下，昆蘭為此全力以赴，因而繡花堂新宿舍的修建進度極為緩慢。

還有其他事情占據了瑪麗・珍的思緒。依撒伯和露西・胡（Lucy Hu）都十七歲了。正式確定她們成為樂勒脫修女的程序應當起動了。瑪麗・珍選擇了九月十五日「痛苦聖母」日正式接受她們為望會生。十一月中旬，瑪莎決定加入露西和依撒伯。瑪麗・珍開始用英語教她們有關祈禱的知識和禱告詞；史黛拉負責教英語和數學；茱斯塔則教她們英語寫作。由於未來將要成為修女，她們需要學習的正規教育比現有的要多很多。

三位望會生在慶祝新宿舍竣工時扮演了特殊的角色：露西在隊伍中背負十字架，依撒伯和瑪莎則手持火把走在她兩旁，首次向其他學生公開表明三人準備成為修女。

幾天後有消息傳來：兩名年輕神父獲釋有望。以洪湖為根據地的共產黨受到蔣中正部隊攻擊的威脅，離開洪湖之前，他們不是選擇殺死囚犯，要不就是接受任何可以得到的贖金。昆蘭得到消息：紅軍可以接受每人一萬五千美元的贖金。於是他立刻向高爾文發出送來現金的請求！[14]

得知三天之內不會開船，高爾文向英國領事求助。英國領事安排了炮艦「螳螂」號（Mantis）送高爾文帶著贖金與昆蘭和馬先生會合。起初，高爾文準備自己把這筆錢帶到共產黨指定的地點來交換萊恩漢和拉凡，但昆蘭大力主張派馬先生去送贖金。如果是高爾文去的話，共產黨會抓他當作人質，因為教會將不惜代價贖回高爾文。

忠誠的馬先生再度出發，接著便是一連串的等待。一天、兩天、然後是一場風暴。終於在第三天，河上駛來一艘帆船。馬先生揮舞著隨身攜帶的白旗，跟他在一起的是兩位被囚禁了七個月之久的神父。雖然瘦得皮包骨，但兩人都奇跡般地倖存下來。

當晚，「螳螂」號船長設宴招待高爾文、馬先生、昆蘭和兩位被救出來的神父。他們還玩了一個名叫「通過港口」（Pass the Port）的英國海軍遊戲。[15]

不料，喜悅只是短暫的。有消息傳到漢陽說，土匪襲擊了江西牯嶺的宣教所，哥尼流・蒂爾尼（Cornelius Tierney）受人劫持。昆蘭神父和馬先生立刻動身去牯嶺尋找關押他的地方。所有的人都為他的安危擔憂不已。五十九歲的蒂爾尼神父是所有高隆龐傳教神父中最年長的一位。

昆蘭神父和馬先生都無功而返。他們在江西沒有像在湖北那樣的聯絡網。接下來的三個月裡，高爾文做出了一連串的努力，但毫無結果。

就在這令人揪心的等待期間，高爾文告訴瑪麗・珍，上海耶穌會請求樂勒脫修女會考慮接管那裡的一所男校。十二月十一日，瑪麗・珍在寫給肯塔基奧莉薇特會長的信中提道：

好幾年了，我一直跟主教說我們應該在上海建會。這真像是上帝送來的機會。我懇切請求您，親愛的會長，若是耶穌會向您求助，請竭盡全力派至少四位修女來上海。

這是美國耶穌會士。失去這機會，我們也許就再也不會有與美國神父合作的機會了。我們幾個與愛爾蘭神父合作甚佳純屬意外，美國修女總感覺與歐洲神父合作充滿許多阻力。

瑪麗・珍在信中經常提到她與在中國運作的其他宗教團體成員有所交流，但從沒分享過從美國修女那裡聽到的種種與歐洲神父合作的困難。她不知道是不是由於文化差異，歐洲神父與女性打交道時頗不自在。她只知道高隆龐神父一直都是以尊重和體諒的態度對待她，從未強加要求，高爾文主教和昆蘭尤為如此。即使她和高爾文在管理繡花堂的細節上有所分歧，也總是能夠達到令人滿意的結局，相互間不存芥蒂。瑪麗・珍繼續寫道：

> 蒂爾尼神父被土匪抓走。江西宣教所只剩下經驗不足的年輕神父了。上帝已經把經驗豐富的雷納德神父和威廉・歐弗林（William O'Flynn）神父都召回去了。[16]這次，也許他又要把哥尼流・蒂爾尼神父召回去了。
>
> 昆蘭神父不顧個人安危南下，去看他能做點什麼。在這個土匪到處流竄的國家，這是一個為時十天、既危險又孤獨的旅程。要是能找到活著的蒂爾尼神父，那昆蘭神父還有可能及時返回愛爾蘭參加總會普選。但這一點希望並不大，因為最後的消息是，蒂爾尼神父經常被毆打，身體非常虛弱。如果他被殺，一致的看法是昆蘭神父將被任命為（江西）那裡的負責人。無論如何，昆蘭神父在繡花堂的工作已經結束，中國樂勒脫修女會永遠為他一直以來的幫助與支持不勝感激。他是個非常難得的好朋友，為了保護我們和修女會，不只一次將自己的生死置之度外。如果他去愛爾蘭時在美國停留，希望您對他善待有加。

同一天，高爾文就樂勒脫修女會受邀去上海辦學一事，寫信給奧莉薇特會長：「我之所以向您提出這個請求，不是因為這對我個人或漢陽教區有益，而是因為這樣做，樂勒脫修女會能夠為上帝做更多的工作。」

一月底，肯塔基批准了耶穌會提出在上海經營男校的請求。這是一個漫長的等待，但瑪麗・珍對此感到滿意。

七
武漢洪水，一九三一年到一九三二年

山上的流水和無數支流注入長江形成長江主流。雨季時節，雨水與山上流水和支流匯集而成不可阻擋之勢，常常導致災難性的嚴重後果。[1]

一九三一年一月六日，瑪麗・珍寫信給奧莉薇特會長：

親愛的蒂爾尼神父仍杳無音訊。我們都非常想念昆蘭神父。自從他去了江西，新宿舍修建進度簡直像蝸牛爬行。現在由我負責監工。可是首先，我對建築一竅不通；其次，中國男性本就不把女人放在眼裡，更何況聽從女人的指揮。你說話，他們就只是在那邊聽，但絕不照辦。[2]

蒂爾尼神父是一九二〇年第一批來到中國的高隆龐神父之一。他年輕時做過腎臟手術，只有一個腎，因此只從這個角度來看，他就不是一個健全的人。十一月十三日，「黎明時分，紅軍在教堂敲響做彌撒的鐘時襲擊了上湯，兩個共產黨分子在教堂門口抓住蒂爾尼神父。其中一個人將神父的手臂固定在背後，說：『你是我們的頭號敵人。』」[3]

約翰・柯爾（John Kerr）聽說之後，就跟馬先生一起喬裝成苦力，住在距離蒂爾尼神父被關押五公里遠的地方。馬先生每天去鎮上打聽消息。他得知綁匪剝光了蒂爾尼的衣服，用竹子毆打他，然後給了他一件士兵的衣服。其他的囚犯給了他一條被子，還有茶和米飯。

有人對此表示憤慨，並公開表示不應該如此對待他。綁匪說道，這個洋人是代表帝國主義來到中國打前哨戰，因此對他不能有任何憐憫之心。

有一天，馬先生假裝成木匠混入共產黨的根據地，看見蒂爾尼和其他犯人正在聽紅軍領導人長篇大論的演講。蒂爾尼也認出馬先生，他悄悄塞給馬先生一張用拉丁文寫的字條，說紅軍索要一萬美元的贖金，並且說他在教堂門口旁的一塊石頭下面藏了一筆五百美元的現金。

接下來的三個月，漢陽的神父與柯爾保持聯繫，了解蒂爾尼的狀況。克爾住在山上，跟村民們一起灑掃樹葉來當作掩飾。有傳聞說蒂爾尼神父曾被釋放過一次，但是逃出來以後走了沒幾公里，又被另一夥人抓走了。

更有謠言說，他於一九三一年二月二十八日死亡。這個消息是三月下旬從一名自稱被俘的老嫗那裡傳到漢陽，有醫生告訴她，神父死於瘧疾。

有一種說法是蒂爾尼被埋在荒涼的山上，馬先生花錢找人把屍體從墓地裡挖出來；另一個說法則是馬先生在一條山溝裡發現了用草蓆包裹的蒂爾尼神父屍體。「幾個苦力用一塊寬木板抬著他的屍體，走了差不多六十五公里。」[4]

高爾文對於蒂爾尼居然如此喪生感到痛不欲生，整個宣教團體也悲慟不已。昆蘭和另一位神父為蒂爾尼的葬禮進行了大禮彌撒。[5]

一九三一年雨季開始於六月初，加上異常嚴寒的冬天過後，青藏高原大量積雪融化。到了七月初，長江變成了肆虐無忌的龐然怪物。洪水所到之處，一切都被摧毀。漢口、漢陽和武昌很快就變成三個漂浮在滿是垃圾的汪洋中的島嶼。

八月的第一週凌晨五點，漢口大堤潰堤，大約五千人頃刻斃命。

之前，儘管處境孤立，漢陽大部分地區尚未被淹沒。可是這個時候，大水灌入高爾文總部附近的低地。神父們迅速將自己能搬動的一切轉移到二樓。所幸，樂勒脫和高隆龐修女會的地勢較高，他們還將儲存在總部的床墊和醫療用品，拖到樂勒脫修女會的大院。

短短幾天，大水淹沒了總部一樓。樓上的陽臺改為臨時廚房。出入都使用小船，二樓的窗戶充作碼頭。遠遠看去，總部建築像是漂浮在水上的一個超大型船屋。

莫琳在八月十五日寫信給肯塔基：「我們正處於最可怕的洪水之中，好在到目前為止這裡尚未被淹沒。成群結隊的鄉下人到我們這裡來避難，人數愈來愈多。」

她還提到昆蘭神父被愛爾蘭總會調到江西去了，馬先生將與他一同前往。這對高爾文「又是個巨大的打擊。」不僅僅是因為許多神父都病倒了，還是因為昆蘭能夠鎮定地應對任何不測風雲。

莫琳繼續寫道：「馬奎爾神父昨晚從黃甲山來。一名共黨奸細找過他兩三次，所以他晚上便到一個基督徒的家裡去過夜。宣教所大院被三十個持槍的人突襲，想要搜捕他。但他及時得到消息，趁著夜深人靜溜出來了。……那些人帶走了兩個女孩，一個十二歲、一個十七歲。[6]紅軍仍在騷擾那些失去家園的基督徒。」

八月十六日，高爾文忙於為災民尋找和安排住處之際，接到另一位神父被抓的消息。兩天前的八月十五日「聖母升天節」（Assumption）的前一天，休・桑德斯（Hugh Sands）[7]神父在七屋台聽說大批「紅軍」到達距離他四公里的村子。他借到一條船，去了一個叫皂市的村子。在那裡講完道以後就留下來過夜。隔天清晨，村民們建議他到三十公里外的岳口。但他不聽勸告，認為紅軍已經離開七屋台地區。結果，到達七屋台不過一個小時，就被四個持槍的士兵帶走了。[8]

在馬先生找到蒂爾尼神父遺體的六個月後，高爾文再次向他求助——解救桑德斯神父。幸運的是，他還沒有跟昆蘭到江西去。桑德斯很年輕，但經不住飢餓和折磨的年輕人也大有人在。唯一的希望就是祈禱和依靠馬先生的談判能力——就像他解救拉凡和萊恩漢那樣。

此時此刻，大家都在全力以赴救災。樂勒脫修女會大院變成了補給站和難民收容所。每天，甚至有時候是每個小時，某位修女就得在成堆的箱子裡，搜尋所需的床墊或其他用品。無數人在院子裡來來去去，或到井邊打水，或去前院的臨時廚房。由於洪水的汙染，此時人們最需要的是純淨水。瑪麗・珍每天不知道嘮叨多少遍：「要是沒有這口井，我們要該怎麼辦呀？」她心裡充滿了對昆蘭神父的感激，多虧他不放棄，一直挖到二十五公尺深。

八月十九日，漢口的漢江水位高達十八・一五公尺，是一八六〇年以來的最高紀錄。八月二十六日的一份報告顯示，中國十七個省的受災人數在八千萬到一億人之間。[9]

高爾文在黑山一棟廢棄的房舍開辦了一個難民中心。這裡離漢陽市中心大約五公里，是這個地區最高的地方。許多老人、婦女和兒童湧上山來，因為他們之前所在的難民營又遭到大水淹沒了。過沒幾天，黑山變成了一個滿布臨時草棚的巨大方舟。後來高爾文寫道：「有五萬多難民擠在那座小山頭上。」

難民尋找高地的景象令人恐懼。婦女們踏著齊頸深的水，把嬰兒舉在頭頂上，大聲呼救；馬、牛、小動物和人的屍體一起漂浮在水面上。最終，光是在武漢河谷，估計由疾病和飢餓造成的死亡人數就達二十五萬。

第一批到達漢陽的難民是在繡花堂學習過的年輕婦女，她們隨身帶了一些從家裡搶救出來的物品。隨著人數增長，嬰兒和小孩子被轉移到愛爾蘭修女會。許多人因飢餓和長期露宿而染病。那裡很快就住了四百人，大多數是兒童。

樂勒脫修女會雖然沒有淹水，但是街上愈來愈多的水變成了一條愈來愈長的水渠。每天早晨，尼古拉和茱斯塔指揮一個水桶隊去舀乾院子裡的水、清除堆積在水溝周圍的垃圾。瑪莎和依撒伯幫助水桶隊有效率地運轉，把汙水和穢物裝在桶子裡，倒入院外的流水中。

每天，在紅十字會旗下，修女兩人一組划船去發送藥品給被困在水邊的民眾，並提供力所能及的幫助。通常會有一個老婆婆在船上帶路，由她對著壅塞的船隻叫喊「讓路、讓路」。依撒伯和瑪莎還陪同瑪麗・珍或尼古拉去幫助貧困的人們——幫助那些失去一切但仍然執著想活下去的人。

樂勒脫修女會大院的婦女人數逐漸超過了鋪在地板上的席子，後來的人們只要能有塊乾燥的地板就感到心滿意足了。繡花堂開課時吃飯用的十二張桌子全部搬到一旁，以便大家都能有一小塊空地輪流用餐。

每隔幾天就必須購買成袋的米和蔬菜。有時候，飯菜的分量會比較少，但是每天每人每餐都能領到一份。

與此同時，出現了人為的威脅：年輕的土匪（有的自稱是共產黨）開始趁機打家劫舍。他們划船進入災區，偷走逃難者留下的農作物和財產。難民也是打劫的對象，隨身帶出來的物品任何時候都可能被搶。

高爾文寄給人在奧馬哈的麥卡錫神父的信中寫道：「天哪，土匪恣意橫行——搶劫、殺戮無惡不作，搶人們的船，甚至搶走人們從洪水中帶出來的那麼一點點家當。」

隨著到黑山的難民人數增加，高爾文承認有時候他也為自己的安全擔心。有時他被人群團團圍住，有些人會緊緊抓住他不放手。八月二十九日：「我從來沒有遇到過如此絕望的人。……我們能做的太過微乎其微。據估計，長江流域有三千萬人無家可歸，其中大多數人都家破人亡。直到來到中國，我才理解了『一無所有』的真正含義。」[10]

黑山和其他避難所裡氛圍愈來愈緊張——救援人員和難民一樣疲倦，並且看不到希望。即使洪水退去，回到鄉下也只能是面對失望：簡陋的房舍已蕩然無存；有些地方甚至連家的位置都找不到了；路上還有遊蕩的盜匪等著搶劫回歸的難民。

水位開始下降，暴露出了殘缺的水壩和防洪堤。一夜之間江邊冒出無數個窩棚。人們以為夠安全了，不顧江上漂流的腐爛屍體造成的威脅，開始使用江水。幾小時之內，幾乎每個窩棚裡都出現了至少一個霍亂病人，造成霍亂開始流行。確認病患，並且為依然健康的人打預防針，成為了瑪麗・珍主要關注的重點。莫琳寫信給肯塔基：「我們現在即便有一百雙手也還是會忙得不可開交。」

健壯的年輕人似乎變成了最弱的一群人。症狀很可怕：腹部絞痛、劇烈嘔吐、很快便嚴重脫水。注意到霍亂病人死時兩眼呆滯、瞳孔擴大，死後四肢幾乎都變黑，尼古拉說，霍亂恐怕就是很久以前席捲歐洲的「黑死病」吧！[11]

修女和神父划船探視民眾時，經常看到正在造棺材的木匠。高爾文說，每當路過一個窩棚，看到有人在那裡做這件悲哀的事，自己就會不寒而慄。眼前的問題是這些人什麼時候才可以下葬？而腐屍的惡臭提醒我們，經過數百年的洪水災難，中國仍然沒有一個可以解決長江失控所造成嚴重災害的中央機構。

正當華中地區所有人的注意力集中在抗災救民，因而無暇顧及華北事態的發展；同時水災亦是全國上下的關注點，在中國的日本軍人將這個國家的命運操縱在了他們手中。

不顧洪水造成的重重障礙，九月，馬先生還是設法找到了桑德斯神父。他被關在漢陽西南，離洗馬口*大約三十多公里的南河渡**紅軍根據地。很多俘虜都被關押在那裡。起初，紅軍要求一萬美元的贖金。馬先生極盡其討價還價之能事，將贖金降到五千五百美元，但附加條件是，贖金必須由馬先生本人親自送到根據地。

馬先生很清楚，一旦進了根據地，就是紅軍說了算。即使拿到贖金，也不能保證他們就會釋放桑德斯神父，而他自己也很可能會像桑德斯神父一樣被俘虜。儘管心懷忐忑，馬先生還是再度前往根據地去談判。

紅軍十分氣憤馬先生居然膽敢分文不帶。被關押了三天之後，馬先生在十月十七日回到漢陽。

高爾文在一九三一年十一月十一日寫信給麥卡錫神父：

---

* 譯註：原文為ShiMaKow，此處採音譯。

** 譯註：原文為NanHoThou，此處採音譯。

這裡的情形簡直可以說是糟糕透頂。除了四個尚在逃亡中的神父，其餘人都在漢陽。鄉下的教區完全在紅軍掌控之下。派神父到鄉下無異於自投羅網。所有的教會皆被洗劫一空。沒被搶走的也被中國歷史上最駭人聽聞的洪水沖走了。我們收留了大約一千名婦女和兒童，還有一千多個人待在漢陽城周邊的難民據點。我身邊總是跟著一群食不果腹又無助的人。上帝在以一種奇特的方式挑戰我們。依我看來，沒有任何一個初建的傳教會，面對過我們在過去幾年裡所經歷的舉步維艱。我們實在是為上帝恩賜給我們的神父感到驕傲。

我逃離仙桃鎮的時候，那裡的民眾冒著生命危險保護了我。剅灣的一位婦女把她的床讓給我，她和丈夫為我守了整整一夜。今天她突然出現在我們這裡，臉上寫滿了飢餓。雖然人滿為患快要擠爆了，我還是把她留下了，真高興有這個報答她的機會。……黑山有五萬多位難民，神父和修女每天都去那裡照顧病人。……但是也許曙光快要到來。不管怎樣，但願如此。

你誠摯的，

E・J・高爾文

十一月二十二日晚上，馬先生第三次前往羈押桑德斯神父的地方，隨身攜帶了最終商定的四千美元現金。他必須萬分謹慎，絕不能透露贖金的來源。如果紅軍得知他是受主教之托，那麼他們會打起所有神父，甚至是修女的主意。

隔天早上，他得到允許去看望桑德斯神父。見到馬先生，桑德斯很高興，詢問獲釋的可能性如何。「比較大，」馬先生回答，並交給他一封高爾文寫的信。馬先生還帶了一封信給另一個人質——年紀比較大的義大利方濟各會拉澤里（Lazzeri）神父。拉澤里已經病了一週，幾乎什麼東西也沒吃，桑德斯很擔心他。

馬先生告訴兩位神父，桑德斯可望不久就被釋放，但他對義大利教會方面是否在努力解救拉澤里則是一無所知。馬先生又與紅軍領導人交談了好幾個小時後，說桑德斯可以走了。兩個神父都甚感不安，因為年長的義大利神父身體不好，並且暫且不會被釋放。交談了很長時間以後，桑德斯建議馬先生請求紅軍領導人放過拉澤里，讓他自己留下。馬先生雖然對這個提案抱持異議，但還是去交涉了。

過了一小時，馬先生回來說，紅軍同意釋放拉澤里。但條件是拉澤里必須向提供紅軍所需外國藥品來交換桑德斯。如此一來，桑德斯神父便留下了。

馬先生很快便啟程回來漢陽，與他同行的不是自己三度冒著生命危險去解救的桑德斯神父，而是一個素昧平生的陌生人。桑德斯則在紅軍根據地繼續接受這些嚴肅的馬克思主義者的審訊與教導。當被問到他進行的「帝國主義活動」及「宗教信仰」時，他表示自己的所作所為全部是出於對中國人民的愛；當他們勸導他放棄宗教信仰參加革命時，他堅持自己將為基督教奉獻一生；

當他們承諾只要他保證離開中國返回愛爾蘭就釋放他時，桑德斯神父則回答，他一旦獲釋就將繼續為中國民眾服務。

十一月二十三日是高爾文的四十九歲生日。雖然對桑德斯能否獲釋毫無把握，但令人可喜的是，他在鸚鵡洲開設的孤兒院進展順利。七十個無家可歸、食不果腹的男孩在彼得・加百利（Peter Gabriel）神父的照顧下健康成長。高爾文在給麥卡錫神父的信裡說道：「我們會盡最大努力讓每個孩子掌握一門手藝，成為木匠、裁縫或是銅匠。」

雖然上週又有三個宣教所被洗劫一空，可是這絲毫沒給高爾文神父對孤兒院的熱情投下陰影，他有不可思議的承受能力——他為孤兒們的未來向前邁出一步感到歡欣鼓舞，而不為其他方面倒退一步覺得悲嘆不已。

聖誕節那天，一個面無表情的軍官來到仍在關押中的桑德斯神父面前。桑德斯像往常一樣請這位看似與自己年齡相仿的軍官就坐交談。談話涉及到基督教、馬克思主義和共產主義的相對價值。多年以後桑德斯神父才知道，那位軍官就是後來統帥中國的毛澤東。[12]

隨著災情趨於穩定，一九三二年一月四日，瑪麗・珍開始為依撒伯、露西、瑪莎和德雷莎・蔡（Theresa Tse）[*]能夠有朝一日成為樂勒脫修女做出了第一步。她僱了蔣小姐教她們中文來提高閱讀與書寫能力；莫琳負責英語聽說；史黛拉教她們數學和英語寫作。瑪麗・珍只是遺憾自己沒有時間親自為她們上課。

課堂上時時泛起笑聲，尤其是每當某個女孩試著說出一個已經聽修女們說過無數遍，但從來不懂意思的單字時。對她們來說，書寫中文才是最大的挑戰。

一九三二年一月的第三週，又一批高隆龐傳教士從愛爾蘭抵達漢陽：其中有三個修女，保羅・歐萊瑞（Paul O'Leary）、葛楚（Gertrude）和阿特拉塔（Attracta），以及十個新近被任命的神父。四天後，新來的人還沒來得及看到洪災的慘狀，就先聽見了打仗的槍炮聲：紅軍襲擊了約三十五公里外的小鎮萬步市。** 戰鬥持續到第二天，高爾文為每個修女會和學校指派了兩名神父當作守衛。

週五下午，高爾文通知瑪麗・珍戰鬥已經結束，不再需要神父守夜。可是晚上大約八點半的時候，她正在寫信，外面傳來急促的敲門聲。心想可能是有人求藥，她按照平常的習慣把修女服套在睡衣外面，去門口等候。守門人已經打開大門。瑪麗・珍問是誰，得到的回答竟然是高爾文，還有皮戈特和馬先生。

與先前的情勢相反，高爾文說：「紅軍不但回到萬步市，還買通了國軍，攻打漢陽是遲早的事。我們來為你們守夜。」

睡在學生宿舍的莫琳聽到有人敲門，又聽見有人說話，所以也來到門口。高爾文說現在走不了了，等到天亮了才能去漢口。他叫莫琳先回去睡覺。如果瑪麗・珍不介意，可以在自己房間裡

* 編註：Tse為音譯。
** 譯註：原文為WanBuChi，此處採音譯。

守夜。他和皮戈特、馬先生則會輪流在屋頂上和院子裡巡邏。

由於這幾天以來已經有傳言，說黑山有些難民正在策畫到漢陽來搶房子，修女已經把小教堂裡所有的聖具和一些貴重物品埋在花園裡，準備好一有風吹草動就立刻走人。

瑪麗・珍回到房間穿好衣服後，去廚房為三個「哨兵」準備了宵夜。十一點，她把他們叫進屋裡。三人在廚房的桌邊坐下，立刻就把自己的盤子裝滿。原來，三個人從一大清早起到這時候，還什麼都沒吃呢。

吃完飯，高爾文建議皮戈特和馬先生先休息，由他站第一哨。他們兩人告訴高爾文保證要在兩、三個小時內叫醒他們以後，便去找可以舒展四肢的地方休息了。高爾文回到房子後，就爬到洗衣房的平坦屋頂上。看著他身穿克拉拉西娜修女幾年前送給他的黑色長袍在屋頂上來回走動，瑪麗・珍不禁笑了起來。

夜裡，瑪麗・珍去看了高爾文好幾次，他的精神一直都很好。最後一次，她問高爾文為什麼不叫醒另外兩個人來換哨。他回答說，那兩個人睡得那麼香，自己於心不忍；此外，他也知道自己肯定睡不著。

天一破曉，高爾文就從屋頂上下來去主持彌撒，瑪麗・珍跟著他進了教堂。可是，彌撒剛開始，瑪麗・珍就睡著了。等到她醒來，教堂裡只剩她一個人。蠟燭熄滅了，高爾文、馬先生和皮戈特都走了，其他修女也魚貫進來做晨禱了。

上午十一點，高爾文又來了，說戰鬥可能逼近。大家都覺得還是趁早去漢口吧，等仗打到家門口再急著找船就來不及了。

下午，修女們帶了一些必需品，兩人一組前往漢口。晚上，大家都安全到達了嘉諾撒仁愛會的學校。一九三二年二月三日，瑪麗．珍的信中寫道：

> ……紅軍撤退了，退得很遠。週六就是春節了，他們曾吹牛說將在武漢過春節。但是現在，要占領漢口和武昌是不可能的了。可是江那邊的漢陽還是很危險。此外，漢陽以北的三十萬難民形成了另一種威脅。救濟的組織工作已經停止，飢餓的人們很快會陷入絕望。這週是關鍵，如果平安無事，我感覺下週能回家。
>
> 修女姐妹們都很達觀，是真正超脫、順從和忍耐的楷模。此時此刻在我背後，有三個人在玩派克兄弟十字戲（Parcheesi），比一群猴子鬧得還厲害。

與預想的狀況相悖，紅軍和黑山的難民都沒有來騷亂漢陽，也許是因為難民中突然爆發了天花，或者真的只不過是謠言而已。二月十日，修女們回到漢陽，但都知道不會就此萬事太平——她們已經習慣了這種亂世生活。

她們決定給繡花堂復課。消息立即傳開，沒過幾天女孩們就回來了，學校恢復了正常運轉。除了趕上訂單，最重要是為將在愛爾蘭舉行的聖體大會（Eucharistic Congress）製作刺繡展示品。昆蘭現在不在了，瑪麗．珍擔任了運送展示品的主要負責人。她們希望更多的愛爾蘭神職人員看到展示品之後會向她們訂貨，並且吸引更多年輕男女加入傳教的使命。

三月中，高爾文決定暫時搬到靠近桑德斯神父的岳口。這樣，他和歐文・麥克波林（Owen MacPolin）可以更方便與馬先生保持聯繫，因為馬先生幾乎每天都去紅軍根據地進行談判。

談判過程是這樣的：馬先生會到根據地提出一個贖金金額，在紅軍領導人討論是否要接受的期間，他便像俘虜一樣被關著。有些時候，桑德斯神父會被傳喚，另外有些時候，馬先生和桑德斯都會被帶到他們討論的現場。然後，馬先生就會被釋放，帶著討價還價的金額回到高爾文神父那裡。就這樣持續了數週，情況似乎終於底定：下一次馬先生帶來三千美元，就放走桑德斯。

可是，當馬先生帶著約定好的贖金返回根據地時，情況發生了變化。根據地來了一個脾氣暴躁的新領導。他不但呵斥馬先生，還威脅要殺了他。他說他們不要錢，錢對他們來說毫無用處。他們需要的是能給三千名傷員療傷的藥品。他叫馬先生下次把所有的藥品全部帶來，否則就別再出現在他面前。他咆哮著說：「這是你的錢。滾！」然而只把一千兩百美元的錢扔給了他。

沮喪的馬先生回到岳口，感到前功盡棄而痛哭流涕。他不信任那個新來的領導人，那人充滿了對宗教和宗教人士的敵意。馬先生再也不願意去根據地了，因為即使他送去足夠的藥品，他們也未必不會殺了桑德斯神父。

高爾文知道馬先生已經做出了比最大的努力還多的努力，所以不能再讓他去冒險了，自己必須設法找出一個與國民黨通融獲得藥品的方法。而首先要做的是，找到一個在國民黨中有門路的聯絡人。這件事曠日廢時，但他必須找到解決辦法。

囚禁的日子一天一天拖下去，桑德斯漸漸失去希望。他想不到馬先生為什麼還沒回來，究竟是被俘虜了，還是被殺了？四月一天一天過去，藥品還沒送來。有一天，有人告訴桑德斯，他的朋友馬先生把他們都騙了。就只有這麼一句話，沒有細節。不久之後，桑德斯就被轉移到另一個地方。

新的囚禁地點給了桑德斯一個小小的驚喜，他竟然有了些許自由。五月八日，他看見兩名警衛向河邊走去，其中一個人回來的時候悄悄告訴他：藥送來了。次日，滿身泥土、風塵僕僕的馬先生來了。

桑德斯問他，怎麼這麼久都沒消息？顧不上回答他的問題，馬先生說他可以走了，叫他立刻上路。馬先生自己必須留下來，直到藥物檢查完畢，確定全部都按要求送到後才能離開。這也許需要一週的時間。急切離開的桑德斯頗為猶豫，但在馬先生的催促下，他擁抱了馬先生，無可奈何地踏上了滿是泥濘的回程——他還能再見到馬先生嗎？那天是五月三日。他是去年的八月十六日被捉去當人質。

所幸，紅軍確實履行了諾言，馬先生很快也回到了漢陽。

十天後，一臉倦容的桑德斯神父來看望樂勒脫修女。雖然看上去精神還有點緊繃，但他仍然不失幽默。他說，到了最後那個囚禁地以後，他用莫瑞神父曾經用過的紅漆便桶當籃子，偷過水果蔬菜。[13]

到了六月，大多數難民想方設法離開了武漢地區。儘管其中許多人無家可歸，但他們已在難民營待得筋疲力盡，繼續下去不是長久之計，他們得尋找遠離國共紛爭的地方去謀生。有人竟然真的找到了災害橫掃後無人認領的土地。

一年以來沒有間斷的救死扶傷使修女們疲憊不堪，尤其是瑪麗・珍。當發現去牯嶺的交通暢通時，她們立刻商議要安排休假。史黛拉立刻說瑪麗・珍最需要休息，瑪麗・珍也感覺到自己體力不支。大家一致決定她與尼古拉和茱斯塔在六月十日出發。

這次去比以前簡單多了。之前，她們是租房子，因此需要自己煮飯和料理家務。現在，嘉諾撒仁愛會修女在牯嶺買下一家飯店，[14]專門為她們自己和其他教派修女避暑和放鬆之用。

三人走後，史黛拉、派翠西亞、莫琳和西緬重新鼓足幹勁，開始醃製水果和蔬菜。幾個月來像條水渠的街道已恢復本來面貌：垃圾成堆、裸露的下水道泛著臭氣，而攤販則擺出新鮮的農產品。醃製蔬菜水果在某種程度上緩解了為難民服務所帶來的疲憊。眼前瓶瓶罐罐色彩鮮豔的水果和蔬菜，讓她們感到為下一個冬天做好了準備，也給了她們新的希望。

六月二十八日，蔣中正抵達漢口建立總指揮部，準備對鄂豫皖紅軍根據地發動第四次圍剿。[15]與此同時，日本人在滿洲採取進一步行動，最終將觸及武漢和中國大部分地區。[16]

高爾文手下的神父回到在大水中倖免於難的宣教所時發現，洪災期間修女和神父的奉獻精神使村民對教會刮目相看，他們對宗教信仰發生了新的興趣。

為什麼這些外國人不計回報地為難民提供食物和藥品？中國人罵他們「洋鬼子」，可是他們依然盡心盡力地挽救中國人的性命。什麼樣的宗教賦予了他們如此強大的力量？平民百姓也能成為基督徒嗎？還有一些受過洗禮但不信教的人，也表示希望回到教會。

之前救災的疲勞加上眼前重建宣教設施的壓力，使神父們必須依靠本土宣教員。當務之急是把虔誠的天主教徒訓練成宣教員，而愛爾蘭修女承擔了這一項任務。

在中國，現實生活中有許許多多的悲哀與無奈。其中之一就是當人們因自然災害和政治衝突逃離家園時，往往不能把奄奄一息的病人和老人帶走。自從一九二三年來到中國，樂勒脫修女經常發現遭到遺棄、瀕臨死亡的嬰兒和老人。她們無能為力來挽救這些人的生命，唯一能做的就是為他們祈禱、進行祝福洗禮。在洪水期間，高爾文教區的修女記錄了許多起為垂死的嬰兒、霍亂病人、受致命傷的士兵和被遺棄的老人做過的祝福洗禮。祝福洗禮不同於入教洗禮，是為他們死後的祝福。到漢陽將近九年的時間裡，修女記錄了將近一千人。

通常，神父才有權為受過指導、表示自願接受教會聖禮的人做洗禮。但是，任何有信仰的人都可以為垂死的人做洗禮。如果瀕臨死亡的人尚有意識，施洗者必須請求允許；但對無意識的人，則可以做有條件的洗禮。

一九三二年七月的天氣潮濕悶熱難當，市場周邊和路旁街角的猝死人數持續增加。修女們每天出門購物和辦事時，此情此景都歷歷在目，尤其是去黑山幫助剩餘的難民的時候。七月七日，西緬看到幾個顯然是徘迴在死亡邊緣的兒童和老人。在家人的允許下，那天她就為七個人做了祝福洗禮。

七月二十二號，有傳聞說紅軍將要包圍武漢。漢陽嚴陣以待，修女們也靜觀其變。三天過去了，沒有動靜。於是到了二十六號，派翠西亞和莫琳便去黑山探視那些過於虛弱而無法離開的難民。莫琳在那天的修女會日誌中記下派翠西亞做了第一千個祝福洗禮。

恢復了精神和體力的瑪麗・珍、尼古拉和茱斯塔在七月底回到漢陽。接替了史黛拉、派翠西亞、莫琳和西緬醃製果菜的工作。這四人則搭乘下一班輪船南下去了牯嶺。

八月十三日，蔣中正完成了在湖北洪湖圍剿共產黨的第二方面軍。幾天之內，蔣下令處死蘇區所有的共產黨並燒毀房屋。除了國民黨軍隊食用的穀物以外，所有穀物也都被銷毀。

等到其餘的修女從牯嶺回來，繡花堂便可全面恢復正常運作。復課之前，高爾文再次向瑪麗・珍提出全面接管繡花堂的問題。他認為，鑒於這幾年繡花堂已經做到了自給自足，時機業已成熟。

八月十九日瑪麗・珍寫信給肯塔基總會：[17]

主教急於要我們正式接管繡花堂。他說：「如果樂勒脫修女會打算留在中國，就應該有一個立足之地。」還說，現在的運作模式很理想，只要沒有人員變動，便不會出現大問題。可是，人員變動是不可避免的。一旦他被調任到其他地區，在另一位主教的領導下，我們可能會感到不順心。

瑪麗・珍補充說，接收繡花堂意味著接受連帶的所有物資。她個人是認為可行，但由於她的任期到明年夏天為止，屆時繡花堂的管理工作將由下一任負責人來承擔。

九月十二日，其餘四人從牯嶺回到漢陽，繡花堂準備復課。第一個任務是整理一個可以分發到愛爾蘭、美國和澳洲發行的商品目錄。五月時拍攝的照片早就準備好了。目錄裡面除了祭衣和壇布的照片外，還包括可以訂購的新產品，如內衣、和服、圍巾、嬰兒裙等。

一九三二年十月十二日，瑪麗・珍收到奧莉薇特會長的來信：「茲通知，董事會一致贊成你們按照尊敬的高爾文主教的提議，接管繡花堂。」

但是，對於樂勒脫修女在繡花堂管理問題上提出改善建議，高爾文根本無暇他顧。他的注意力全部集中在重建因洪災和掠劫而摧毀的宣教所上。

他在寄給麥卡錫神父的信中請求一筆一萬美元的款項，還寫道：

> 今天是十一月六日，我作為主教已經五年之久。在這倒楣的五年中，我幾乎每一天都無法預料下一天會發生什麼事情。但我依然一如既往地充滿希望。二十三號我就五十歲了。原以為我可以在克羅達（Clodha）過生日。想得美！可憐的派特還在尤拔宣教

所，可是那裡的教堂和住處只剩下屋頂和牆壁了。所有宣教所都面臨如此狀況，有些甚至連窗框都被拆下來燒了。我們必須重新白手起家。可是，還原每一座教堂、每一個祭壇、每一件聖器談何容易。這是一個艱難的世界，唯一的欣慰是，主似乎憐憫我們，給我們送來如此眾多的皈依者。提醒我們，祂仍在支持我們。請你的學生為我們祈禱吧。宣教所將繼續宣教，直到末日來臨。

他還提到：「共產黨被打散了，但他們是否會東山再起還是個大問題。」為高爾文所不知的是，儘管四散各地，共產黨的工農紅軍已經在重組之中。

洪水已經淹到二樓的高隆龐總部。這棟建築是由浸信會在多年前所建，後來被高爾文主教買了下來。

另外一個角度拍攝的高隆龐總部

在長達數個月的大洪水時間，人們住在由竹蓆搭起來的簡陋小屋裡。

茱斯塔和瑪麗・珍修女與學生一起出發去配送水和藥物。

救濟難民的一景

八
上海和漢陽，一九三三年到一九三四年

一九三三年二月七日，蔣中正召集軍事會議，決定在南昌籌設軍事行動委員會，再次圍剿共產黨。[1]

從來到中國伊始，瑪麗・珍最大的希望就是為中國的女孩建立一所學校，就像樂勒脫修女會在美國開辦的那樣。這個希望時不時會因為收到在中國其他地區的主教或神父的主動請求，而重新燃起。

她向肯塔基上報了那些與樂勒脫修女會的座右銘——信仰、道德與文化——合拍的請求；至於其它的請求，她則推辭說儘管樂勒脫修女會想到中國服務的志願者名單繼續增加，但要以美國本土樂勒脫學校的師資需求優先。

到漢陽十年了，瑪麗・珍終於意識到，將繡花堂發展成名副其實的女校，其前景日漸渺茫。

一九三一年初，她安排了希望接受更多文化教育、有意願成為修女的依撒伯、瑪莎、露西和德雷莎學習英語。一九三一年洪水期間，這四位女青年曾與樂勒脫修女並肩抗災、賑濟難民。瑪麗・珍還指導她們學習有關甘於貧窮、貞潔與順從的宗教誓言——這對於她們理解樂勒脫修女會的信仰是必不可少的。

當有消息傳來，奧莉薇特會長計畫在一九三三年秋天訪問漢陽時，瑪麗・珍希望能有機會幫她們做好準備，前往肯塔基度過初學期。[2]她和茱斯塔都希望奧莉薇特會長回國時，能一起將她們帶到美國。

二月二十七日，日本開始全面軍事攻勢，占領了北方熱河省。

一九三三年上半年，瑪麗・珍又收到一些辦學請求函。五月，有人請求她考慮到河南開封市去辦學。幾乎同一時間，還收到去宜昌辦學的來信。儘管這兩個地方對她來說都很有吸引力，但她沒有予以考慮。

不久之後，她收到之前認識的威廉・麥克高德里克（William McGoldrick）神父的來信。麥克高德里克曾是漢陽高隆龐宣教所的負責人，後來調往上海。信上說，上海拯亡會（The Helpers of the Holy Souls）教區的修女開辦了兩所學校——一所面向中國女孩，另一所面向講英語的非華裔女孩。惠濟良（Haouisee）主教正在為神聖家庭學院（Holy Family Institute）物色具有學校管理和教學經驗的英語教師來接手學校。惠濟良主教聯繫了麥克高德里克來徵求推薦人選。麥克高德里克又聯絡了高爾文商議此事。兩人決定詢問瑪麗・珍是否有興趣。麥克高德里克、瑪麗・珍和高爾文按照極為有限且更大程度上頗為誤導的資訊，草擬了一份提案，寄給奧莉薇特會長和樂勒脫理事會。

高爾文對這一舉措表示衷心支持，認為在上海建校對樂勒脫修女會在中國的未來利多弊少。與武漢相比，上海作為中國的國際中心，很可能不會因國共衝突而陷於危險；此外還有麥克高德里克這樣一個可靠的朋友，為樂勒脫修女會提供支援與幫助。

三月十二日，經過三天苦戰，日軍攻克了北京東北的戰略關隘古北口。

上海辦學提案寄出不久，漢陽接到奧莉薇特會長和理事會任命茱斯塔接替瑪麗・珍為樂勒脫修女會院長的通知。瑪麗・珍的九年任期終於結束了！不用繼續為管理修女會而操心費神，她決定前往上海，了解更多辦學細節，並且做些需要的安排。

大家都為任命茱斯塔而高興，而瑪麗・珍是其中之最。漢陽修女中，茱斯塔的中文講得最好，跟中國人相處得最融洽，對繡花堂也最為了解。她從一開始就負責設計刺繡在祭衣上的圖案。繡花堂的女孩和婦女一致公認茱斯塔雖然很嚴格，但也相當公平。不管從哪方面來看，瑪麗・珍都認為茱斯塔是理想的選擇。高爾文對此也極為滿意。瑪麗・珍感覺高爾文和茱斯塔從初到漢陽開始就一直很有默契，並彼此相互尊重。現在，新產品的目錄已送到印刷廠，繡花堂將會有一個新的未來。

瑪麗·珍的想法是到上海打好辦學基礎就回漢陽。這樣一來，她將有足夠的時間培養三名未來的樂勒脫修女：[3]依撒伯、露西和瑪莎。瑪麗·珍想像得出這會是件多麼愉快的工作。她滿懷希望，感到一切都在順利進行。

七月二十一日，肯塔基發來電報通知四名修女將在十月左右到達中國。瑪麗·珍猜想這四個人將是去上海學校的老師，感覺自己返回漢陽的希望更大了。[4]

七月二十三日，惠濟良主教給瑪麗·珍的一封信中詳細地介紹了上海的學校。當天稍晚的時候，麥克高德里克也寫信講述了更多細節。一切就緒，瑪麗·珍給上海發電報，確認她和莫琳明天會搭夜車前往上海。

在中國，迎賓和送行放鞭炮是必行之禮。因此七月二十四日傍晚，當瑪麗·珍和莫琳即將動身渡過漢江，到漢口去搭前往上海的夜車時，鞭炮早已準備好了。只是她們絲毫沒有意識到，兩人即將前去上海的消息早已悄悄傳開。大家推測既然茱斯塔是院長，那也就是說，瑪麗·珍和莫琳不會回來了。

因此，包括茱斯塔和其他修女在內，誰也沒做好那麼多學生、老師、廚師和朋友來送行的心理準備。有人哭了起來，離別的悲傷很快地渲染了一條街。一時之間，整個場面不像是個短暫的告別，倒像是場葬禮，彷彿整個漢陽都在沉痛哀悼。

瑪麗・珍和莫琳向大門口走去時，人群一擁而上跟在她們後面。老老少少爬進好多輛已在等候、顯然是早就訂好的人力車。人們擠進各種不同的車輛。拉人力車的小夥子們一路奔跑，大聲吆喝「讓路，讓路」，引得行人駐足圍觀這個突然形成的遊行隊伍。到了江邊，警察要逮捕聚眾鬧事的車夫，瑪麗・珍只得出面干預，解釋說他們並無惡意。

上船那一刻，兩個淚流滿面的婦女給瑪麗・珍和莫琳送來了柳丁和李子。就在這時，瑪麗亞上了渡輪。她來做什麼？突然，瑪麗・珍意識到瑪麗亞前一天鄭重其事地說，要跟去上海照顧兩位修女的話是真的。當時瑪麗・珍曾問她：「那約瑟夫怎麼辦？」瑪麗亞立刻回答，說「喔，他不重要。」

於是，瑪麗・珍建議約瑟夫和約翰也上船，跟她們一起過江。兩人毫不猶豫地跳上船。隨著黑夜的降臨，船開了。瑪麗亞端然正坐在約瑟夫旁邊。

在漢口分別時，瑪麗・珍一再向瑪麗亞保證，說她們會回來的。或許過一段時間，她能去上海看望她們，但是現在她必須和約瑟夫及約翰一起回去漢陽。

上海

從到達上海的第一天她們就遇到一連串的意外。瑪麗・珍於八月六日在崑山路神聖家庭學院給奧莉薇特會長的信中寫道：

我和莫琳八月二日（週三）就到上海了。一直沒寫信是因為協商出現了問題。事情的發展遠非令人滿意，但是大家都在為達到最佳結果而努力，一切都會好起來的。一般來說，如此交接出現誤會不可避免。主教原以為那些修女是想把兩所學校都轉讓給別人，我們只需接手並繼續管理即可。但是實際上，她們只有要轉讓英語學校。不但如此，她們還將保留英語學校的全部設施。原因是她們計畫擴大中文學校（學生人數已有七百人），需要占用英語學校的校舍。另外，如果我們留在這個大院裡，那就意味著要共同使用一個廚房、小禮拜堂等等，這對雙方來說都有諸多不便。

拯亡會教區的管理部門，已經通知其教會工作人員和神聖家庭學院，要停辦非華裔英語學校。這是因為這個教派成立的初衷僅僅是為中國女孩提供教育。因此，為非華裔學生尋找英語學校的任務便落在了惠濟良主教肩上。起初，他對樂勒脫修女會必須另闢校舍毫不知情。直到這個時候，他才了解到拯亡會計畫擴大中文學校的招生人數，所以無意將校舍移交給樂勒脫修女會。

瑪麗・珍在信中解釋說，主教願意為樂勒脫修女會另尋校址。他可以提供她們適合的土地，但建造校舍需要兩年之久。他在虹口區的日本租界擁有產業，興建學校期間，她們可以暫時在那裡辦學。

瑪麗・珍又說：「還有就是一些財務上的問題。但我告訴主教，我只是來為學生上課，而不是以正式身分來協商這件事情。他得等您或者是新任上級來了以後，再澄清那些問題。主教確實很支持我們，我感覺不會太過麻煩。」

她補充說：「主教的姓，開頭的H不發音。」信裡繼續提到：「目前，我們在法國耶穌會教會管轄之下，他們對我們很友善。美國耶穌會也很歡迎我們。麥格里爾（McGreal）是我們與主教之間的聯繫人。」

瑪麗・珍還說：「我的心留在了漢陽，有時真可謂心痛欲裂。」她對離開漢陽時沒見到正在鄉下巡查教區的高爾文深感遺憾。當時，她以為自己和莫琳很快就會回到漢陽，但從目前情形看來，希望不大。莫琳和瑪麗・珍查看了所有位於崑山路的房子。儘管作為學校遠非理想，但兩人認為可以暫時使用兩棟並排的四層樓房，將其中兩層樓的牆壁打通、裝上門。修女宿舍可以安排在頂樓。從各個方面來說，這是一個奇特的校舍，但這將是一所她們嚮往已久的真正學校。

八月三十一日，瑪麗・珍收到在崑山路一一六號開辦學校的許可證。神聖家庭學院的書桌和其他設備很快就運到了。一週後的九月八日，七十一個女孩前來報到，成為樂勒脫修女會聖瑪麗（St. Mary）中學的第一批學生。*

她們原本是希望接收高中生，但評估後得知這批學生的水準在六、七和八年級左右，有些學生很快可以升上九年級。對於教學經驗豐富的修女們來說，這不成問題，況且學生人數較少，易

* 譯註：樂勒脫修女會聖瑪麗中學又名「樂來道外僑女校」。

於教學安排。學生中母語有中文、英語、日語、葡萄牙語、俄語和菲律賓語。在瑪麗・珍看來，神聖家庭學院贈予了樂勒脫修女會第一個國際學生團體。

漢陽援助上海

茱斯塔早早就想到，在那四位修女從美國到達上海之前，瑪麗・珍和莫琳會人手不足。史黛拉和西緬表示，若是茱斯塔、尼古拉和派翠西亞能自己應付一段時間的話，她們願意去上海幫忙。茱斯塔認為，現在有了依撒伯、露西和瑪莎，繡花堂不成問題。不久，史黛拉和西緬修女便乘火車前往上海。她們兩人和瑪麗・珍和莫琳，以及瑪麗・珍招聘的兩位年輕非神職教師，一起組成了聖瑪麗中學開學後的第一批教師隊伍。

依撒伯、露西和瑪莎對繡花堂的運作瞭若指掌，迫不及待地擔當起管理學生的責任，包括帶領她們背誦教理。雖然一切得心應手，但西緬的唱詩班對她們來說卻是個莫大的挑戰，結果她們把西緬優美的唱詩班指揮成了中國民歌演唱隊。

茱斯塔繼續為三位將要前往美國的女青年做準備。她建議每人為中美雙方準備兩份出生證明。申請初學生的話，每人另外需要一份洗禮證明。

瑪莎的父親約瑟夫向茱斯塔保證，他可以在漢陽為女兒辦理出生和洗禮證明。露西・胡是本地人，要辦理證明也不是一件難事。

但是依撒伯必須回老家沙洋辦理這些證明。[5]她的父母弟妹與祖父同住。沙洋位於漢陽以西的漢江之濱，離漢陽大約半天路程。茱斯塔安排依撒伯於十月十三日前往沙洋。

黃家是當地的老基督徒，一九二〇年高隆龐傳教會到來之前許久，他們就皈依了耶穌會教派。依撒伯剛到漢陽時，教區神父介紹說她的祖父希望她成為教徒。後來依撒伯自己則是說，是母親怕她受村裡非基督徒的影響。

依撒伯在沙洋待了三天。她回來說神父找不到她受洗的紀錄。高爾文告訴茱斯塔說沒關係，離華赴美之前，他可以為依撒伯做帶附加條件的洗禮。

上海

十月十七日是具有歷史性意義的一天！多年以來，其他美國修女教派總會都派過代表到漢陽進行慰問。瑪麗・珍一直渴望有朝一日能歡迎樂勒脫修女總會會長或理事會成員來華。儘管瑪麗・珍將要向奧莉薇特會長介紹的不是漢陽，但她終於要到了。與她同行的還有四名教師志願者和助手雅遜塔（Assumpta）修女。

六位樂勒脫修女乘「傑佛遜總統」號（U.S.S. President Jefferson）抵達上海港時，瑪麗・珍和莫琳心花怒放，儘管兩人連那四位老師有誰都一無所知。

在接下來的幾週裡，再沒有比與她們分享中國的一切更快樂的事了。

四名教師中，多洛雷塔・瑪麗・歐康納（Doloretta Marie O'Connor）、[6]喬瑟拉・西蒙斯（Josella Simmons）[7]和瑪麗・史蒂芬・努爾（Mary Stephen Null）[8]將留在上海。瘦瘦高高的克萊門蒂婭・羅格納（Clementia Rogner）[9]則要西行前去漢陽（五天以後，史黛拉陪同克萊門蒂婭前往漢陽；西緬則留在上海幫助三個新來的教師熟悉學生和學校環境）。

奧莉薇特會長和雅遜塔參觀了上海，並與麥克高德里克會面。崑山路學校要上下樓梯，奧莉薇特會長感到此地作為校舍確實很不理想。然而很明顯，學生卻都很喜歡這個與眾不同的學校。瑪麗・珍打通兩棟樓房之間兩層樓的辦法，讓大家不用下到一棟樓的一樓之後，再進入另一棟樓。儘管如此，每天要在兩棟樓裡上上下下好幾次仍然是莫大的挑戰。尤其是一天下來，精疲力盡的修女還要爬到四樓上去睡覺，簡直像酷刑一般。[10]

十月二十五日，一位名叫伊麗莎白・蘭特麗（Elizabeth Lantry）的朋友帶著兩位來訪修女，參觀了一年多前日軍轟炸閘北區時造成的毀壞。[11]奧莉薇特會長在日記中寫道：拯亡會宗教機構被「摧毀」；修女、學生和該地區居民經歷了炸彈、機關槍、燃燒和搶劫的恐怖。

十一月二日，上海天主教慈善家陸先生拜訪了奧莉薇特會長。[12]她寫道：「我們與這位出色的先生相談甚歡。他的法語說得很流利，但實在不敢恭維他的英語。他告訴我們，陸氏家族皈依天主教已有三百五十年的歷史。兩百年前的一次迫害中，主教和神父就是在他家避難的。」

當晚八點，奧莉薇特會長和雅遜塔離開上海，乘船前往漢陽。莫琳和瑪麗・珍為她們送行。船上有四位高隆龐神父——其中三人要前往南昌；剩下那位名叫查爾斯・歐布萊恩（Charles

O'Brien）的美國人，將與奧莉薇特和雅遜塔一同前往漢口。

奧莉薇特會長在她的中國之行日記中觀察到：「江水含大量泥沙，但輪船行駛平穩。」十一月四日，週六：「五點三十分起床。上甲板，船正駛入南京港……碼頭離市中心——中國的首都——較遠，但可以望見遠處的建築。好幾艘軍艦停港，最引我們注目的是一艘飄著美國國旗的小船，很是賞心悅目。半小時後，我們繼續前進。」

「對我們來說，最新奇的景觀是『趕鴨子』。一個男人划著一隻小船，船上有很多訓練有素的鴨子，大約一百隻左右吧，全部擠在一起。男人只需要用一根桿子或繩子稍稍比劃一下，鴨子就會老老實實待著。傍晚時分，他將鴨子帶回岸邊，第二天再到江中。鴨子是用來作為食物出售的。」

她還看到許多野生鴨子「成群從北方飛來，到氣候相對暖和的南方過冬」。

在寫給瑪麗・珍和莫琳的信裡，奧莉薇特會長說，到達漢口的時候，茱斯塔和派翠西亞已經在碼頭等候，跟她們一同前來的還有約翰・舒和一個學生：

> 一個女孩跑去通知姐妹們說，我們馬上就到了。走進大院，我們看到的是怎樣一個美好的場面呀——學生列隊、手持彩旗。當我們走近時，她們舉起彩旗，在我們的頭頂上搭成一道彩色的通道。我們在預先準備好的椅子上坐下後，她們轉身，面對我們，為我們唱讚美歌和歡迎曲。而一個小女孩卻被這場面驚呆了。

接下來，我們去了教堂。在那裡，她們又為我們唱讚美詩。到處都是花環。哦，當然，還有那麼多為我們的到來燃放的鞭炮。另外，緊跟在姐妹們後面歡迎我們的是三個未來的修女。她們仿效著姐妹們的樣子迎接我們。當我見完姊妹們之後，將會找這些女孩們談談。[13]

這封信剩下的內容是給瑪麗・珍的建議：可以考慮把依撒伯，瑪莎和露西送到上海，讓她們協助管理課堂，以便更快地提高英語水準。「在我看來，如此作為過渡比較實際。」她補充說，也許依撒伯，瑪莎和露西還能承擔一些家務，這對修女們也是個幫助。她已經跟茱斯塔提到了這個想法，後者「向我保證她們幾乎可以在任何地方睡覺，即使臨時安排在教室裡也可以」。

奧莉薇特會長認為，與其在她和雅遜塔回肯塔基時，將三位女青年帶到美國，還不如等到開春以後。那時候，代表中國團隊回肯塔基參加社群代表大會的修女就可以帶她們同行。這個建議暗示三人在去肯塔基之前還需要到上海接受進一步的訓練。

對此，瑪麗・珍感到十分為難。由於她們從神聖家庭學院繼承來的國際學生還在拿新老師的教學能力，與她們之前老師做比較，如果得知三人是因為要成為樂勒脫修女而來，她們會怎麼看待這三個鄉下姑娘呢？

回信解釋三人還是不來為好的原因使瑪麗・珍感到痛心。從個人角度，她樂意繼續指導她們，但她現在正管理一所學校，必須顧全大局，分散精力與時間對雙方都不公平。另外，瑪麗・

珍不知道該怎樣解釋上海這座大都市的階級意識。大多數學生來自上流社會，幾乎家家都有沒受過教育的傭人服侍。在她們眼裡，武漢的女孩只會是僕人，絕不可能與自己平起平坐。這樣的社交關係對漢陽的女孩是否公平或有益？瑪麗・珍給奧莉薇特會長的回信直言不諱：

我們的初衷是培養這三個學生在「內地」為她們自己的社會階級服務。以此為目的，我們找不到比她們更合適的人選了。可是在上海，所有的學生都受過良好的中英雙語教育。她們很快就會發現我們漢陽的女孩所受教育有限。解釋原因毫無意義，她們只會以我們的人選來判斷我們作為教師的價值。當然，這很愚蠢，但現實就是如此。

奧莉薇特會長與三個女孩分別交談後，又與三人一起談話，鼓勵她們繼續努力學習。她把三人必須等到春天才能去肯塔基的消息留給茱斯塔來傳達。三人自然很失望，但茱斯塔解釋說，她們需要更多時間提高英語水準。這樣，到了肯塔基她們會更有「面子」。[14] 明白了這個道理，她們就毫無怨言。

漢陽的樂勒脫修女為兩位從美國總會來的上司而歡欣鼓舞，帶她們參觀了漢陽，介紹她們與高隆龐神父、那些僅在信中提到名字的人，以及偶爾一起合過影的人會面。這次來訪對客人來說意義重大，對茱斯塔、派翠西亞和尼古拉來說更是如此，她們等待「家鄉」的人來，已經等了十年，只可惜對每個人來說時間都太短了。最後，奧莉薇特會長和雅遜塔不得不啟程經由上海返回美國。

對於克萊門蒂婭來說，兩位上司的離去意味著她新生活的開始，但茱斯塔卻悵然若失。四人在船上的餐廳休息時，包括高爾文和其他幾位神父在內的一大群人前來告別。她們沒有機會分享臨別的感受。

終於，九點三十分，鐘聲響起，送行人下船的時間到了。兩位年老修女站在甲板上，其他人小心翼翼地踏著潮濕的跳板回到碼頭。跳板隨著金屬相刮的聲響斷開了。

一行人沿著黑暗的碼頭走著，身後的輪船有如一座高高聳起的要塞城堡。茱斯塔轉過身來問高爾文：「你有過成為孤兒的感覺嗎？」他毫不猶豫地回答說，初到中國尚未收到愛爾蘭來信的那些日子，他確實有過被拋棄了的感覺。[15]

之前，是熱情的亞瑟・班森（Arthur Benson）神父開車將兩位年老修女送到船上，現在又主動把兩位修女和高爾文送到渡口，讓他們搭舢舨回漢陽。車子穿過漢口狹窄無人的街道。整個城市夜深人靜，他們凝視著車外的黑暗。站在陡斜的堤壩上，茱斯塔遙望著漢陽——一盞滿是汙垢、氣味、粗聲大氣的苦力和被油煙熏黑的燈。

高爾文和皮戈特在修女會門口道了晚安，把兩位修女交給歡吠的小狗佛萊琳。茱斯塔在狗的頭上拍了拍，無言地關上大門，將黑暗擋在門外。她一言不發地在臺階上坐下，克萊門蒂婭也在她旁邊坐下。兩人沉默著。

茱斯塔期待已久的訪問結束了。坐在陰影裡，她幾乎還能看到十天前那興奮場面的每一幕——鞭炮聲中燃起的藍色煙霧、女孩的鼓掌、向會長獻上的金色菊花。不願讓回憶褪色，兩人在臺階上一直坐到時鐘敲響了十一下。這時，那艘沿長江駛向上海的輪船早已消失在黑暗中了。

茱斯塔站起身，說：「我們去教堂吧。」

幾天後，她給兩個尚在途中的旅行者寫信，道出分別時沒機會表達的寂寞。然後，她提到依撒伯、瑪莎和露西：「日子一天一天過得太快了，要是不注意，一轉眼她們就該赴美了。我真的為她們感到驕傲。她們從上帝手中接過十字架，拋開『面子』，勤奮地學習英語、努力地祈禱。她們用你們給她們的錢，買了肩衣吊墜。」

茱斯塔認為，既然要去美國，三人應該學習「真正的美式英語」。在丹佛出生成長的克萊門蒂婭是個「真正的美國人」。於是，每天早餐後由她為三個女青年進行一個小時的「美式英語」對話。

不知為什麼，說起話來手舞足蹈的克萊門蒂婭認為，為她們講述高山上的科羅拉多與平原上的肯塔基之間的區別很重要，可是三位學生卻愈聽愈糊塗。每當她偶爾停下來問她們聽懂了沒有，頻頻點頭和咯咯笑聲，足以讓自以為成功的克萊門蒂婭滔滔不絕地說下去——畢竟，講話是她的強項。

茱斯塔叫其他修女對這三個人說話時只用英語。派翠西亞的任務是在教她們縫製複雜花邊的同時，「訓練她們的聽力」。因為她是愛爾蘭人，說話帶著甜美的戈爾韋口音。尼古拉幾近完美的中文只略帶荷蘭口音，但她也必須只用英語與她們對話。

此時，一個長期以來不為修女所知的秘密突然曝光了：約瑟夫多年來一直養著一個小妾。在了解更多細節之前，茱斯塔問約瑟夫這個情況是否屬實，他承認是真的。瑪麗亞知道嗎？當然知道。那麼約翰呢，他知道嗎？知道。連約瑟夫的侄子，年輕的馬提亞（Matthias）都知道。

對中國人來說，一個有經濟能力的男人納妾「不足為奇」。但對修女們來說，這是一個嚴重的問題：一個故意不遵守教會一夫一妻婚姻制度的人是不能留在教會的。天主教對中國納妾的習俗絕不通融。

茱斯塔傷心欲絕。她知道必須開除約瑟夫。即使他和瑪麗亞搬出大院，約瑟夫也不能繼續在修女會工作下去。但她不知道瑪麗亞能不能繼續在這裡工作。當茱斯塔把情況告訴其他修女時，大家都大為震驚。約瑟夫和瑪麗亞來到這個修女家庭已經快十年了。夏天，他們和修們女一起去牯嶺；她們去漢口避難時，約瑟夫和瑪麗亞跟那些大女孩留在修女會，修女們把鑰匙和修女會全都交給了他們。現在，他們的女兒瑪莎正在準備前往肯塔基總會的大家庭。

茱斯塔認為：「必須告訴主教。這是他的教區。只有他才能決定怎樣處理這個問題。」

她立刻到總部去找高爾文。會面很簡短。高爾文知道修女們對約瑟夫和瑪麗亞的感情篤深，他幾乎和修女們一樣了解他們。但不幸的是，他說舒家人必須離開。茱斯塔問，那約翰呢，他也得走嗎？高爾文說，如果修女們希望約翰留下，那沒問題。但是正在跟約瑟夫學烹飪的侄子馬提亞又另當別論。

茱斯塔帶著艱鉅的任務回到修女會：通知約瑟夫和瑪麗亞必須離開，而且得把馬提亞一起帶走。約瑟夫不在，茱斯塔無法監督馬提亞。而一個年輕男孩待在繡花堂這麼多女孩中間，是萬萬不可的。

茱斯塔叫他們最好是盡快離開，任何耽擱只會使每個人都更加悲傷。她會盡量湊些錢給他們，之後再給他們多寄一些。

到哪裡去呢？約瑟夫難過地哭了，瑪麗亞也流下淚來。他們可以去約瑟夫母親家，可是生活會很困難。約瑟夫和瑪麗亞收拾了為數不多的家當之後，茱斯塔把修女們都叫來了。每個人都擁抱了他們，說會為他們祈禱。然後，夫妻倆沒入暮色之中。

這時，茱斯塔也流淚了。她唯一的安慰是瑪麗・珍不在。茱斯塔知道她會痛徹心扉。

第二天一早，約瑟夫年邁的母親來到修女會，懇求修女原諒她兒子，說他是個好人。他始終忠於瑪麗亞，而一家人的生計全都靠他，修女們能不能讓他回來？

茱斯塔向她保證她們一向完全信賴約瑟夫。但是如果現在把約瑟夫留下來，她們沒辦法向繡花堂的女孩傳授天主教一夫一妻的婚姻制度。儘管中國風俗允許男人納妾，但由於約瑟夫和瑪麗亞是天主教徒，即便他對兩個女人都忠貞不渝，教會也不能接受。而且瑪麗亞無法生育，不是瑪莎的生母這一事實不容忽視。既然約瑟夫的處境已經公開，茱斯塔說他們留在修女會是不可能的。

約瑟夫的母親哭了，茱斯塔陪著她流淚。在漢陽前後將近三十年裡，茱斯塔從來沒有過比此刻更痛苦的時候。她也理解，這位親愛的老太太心中的痛苦遠遠超過自己。

茱斯塔花了一個星期的時間才鼓起寫信給瑪麗・珍告知此事的勇氣。她還必須就瑪莎的問題寄信給奧莉薇特會長。瑪莎是約瑟夫的女兒，按照中國的習俗，被視為瑪麗亞的孩子。但從教會的角度來看，她是個私生子。茱斯塔知道在特殊情況下，私生子有可能獲得特別許可成為修女，但她也知道作為漢陽的第一批本土樂勒脫修女之一，這三位女青年成為修女回來後，在當地天主教徒中必須純潔無瑕才能受到尊重。的確，瑪莎當了修女以後，可以到一個自己的背景不為人知的地方去服務，但培養她們的初衷是為了來服務漢陽社區。

料想到會收到怎樣的答覆。茱斯塔事先告訴瑪莎，肯塔基總會必須了解這一情況，然後心情沉痛地寄出了這封信。瑪莎的反應不像茱斯塔預想的那麼強烈。她知道瑪麗亞不是她的母親嗎？茱斯塔沒有問。瑪莎是否意識到這一切意味著她也許不能去肯塔基了？茱斯塔不想讓她擔心，真心希望總會能想出個辦法接受瑪莎。

三月，漢陽和上海的修女推選出瑪麗・珍代表她們參加一年一度在肯塔基召開的社群代表大會。月底，茱斯塔收到電報：瑪莎不能同依撒伯和露西一起去美國。露西和依撒伯將跟隨瑪麗・珍一起前往美國。瑪麗・珍仍然為失去親愛的瑪麗亞和約瑟夫而心痛不已，更為真誠地想要成為修女的瑪莎感到萬分痛心與遺憾。

五月十日，茱斯塔寫信給奧莉薇特會長：

我們終於從過去這幾個月來的震驚和悲傷中平復過來了。感謝上帝，沒有發生比這更糟糕的事情。正因為非常看重約瑟夫和瑪麗亞，所以發生的這一切才使我們感到異常痛苦。可憐的瑪麗・珍姐妹，我們都慶幸她不在這裡。她對他們非常尊重，因此會比我們還要痛苦。我只告訴露西和依撒伯，瑪莎因家裡有事而不能與她們同行。我將送她們兩人去上海，五月十四號動身。瑪麗・珍修女說需要撣掉些鄉氣，沒說是給女孩撣鄉氣，還是給我撣鄉氣。她太可愛了，我們都非常想念她……露西和依撒伯迫不及待地等著出發。我們會想念她們兩人的，她們在各方面都幫了大忙。

露西和依撒伯在上海待了三週。一九三四年六月八日，瑪麗・珍帶她們登上「威爾遜總統」號（U.S.S. President Wilson）前往美國。六月十一日，茱斯塔獨自返回漢陽。

六月，總部的神父商議慶祝高爾文出任神父二十五週年。可是高爾文說，最好的慶祝是「和家鄉的人一起簡單吃一頓飯」。由於他的堅持，慶祝的事只好作罷，儘管那些第一批跟他一起到達漢陽的神父，一直期待著組織一場盛大的慶祝活動，但主教本人很高興沒有勞師動眾。

夏天的天氣愈來愈熱。

八月下旬的一個下午，高爾文在最近一期奧馬哈高隆龐教會出版的《遠東雜誌》（*The Far East*）中讀到，這年的八月十五日是茱斯塔成為樂勒脫修女的二十五週年紀念日。沒過多久，高爾文手裡緊握著雜誌，大步流星地走進樂勒脫修女會大院。他劈頭便問看見的第一個人，茱斯塔在哪裡？而不像平常那樣打招呼問好。

沒等到回答，高爾文就看見茱斯塔在洗衣房旁邊。他走過去打開雜誌，指著雜誌問說怎麼沒告訴他？他的語氣裡並無氣惱，只是好像錯過了一場重要的約會。

驚訝的茱斯塔沒有立刻回答他。她還沒看到那份雜誌，也沒想到雜誌竟然把她成為樂勒脫修女的銀禧之日刊登出來了。

他向茱斯塔發出邀請：「到我們那裡去一起吃晚餐。九月十五號，可以嗎？」之前，茱斯塔曾特意叫修女們不要對任何人提起她的紀念日，怕高爾文知道了會安排慶祝。她知道高爾文計畫在春天到美國進行一次籌款旅行，因此不希望他為自己花錢。

要是《遠東雜誌》沒有刊登，在漢陽不會有人知道茱斯塔的紀念日。對於熱衷慶祝所有人（除了他本人）一切事情的高爾文來說，錯過慶祝茱斯塔的紀念日是不可想像的。

事情就這麼決定了。茱斯塔參加過高爾文主持的其他慶祝活動，知道慶祝都會有些什麼內容——長得令人尷尬的祝詞、專為她準備的歌曲和愛爾蘭式調侃。結果那天，不但包括了上述這一切，整個武漢地區所有宗教團體的每一位神父和修女都應邀參加了宴會。

就在漢陽為茱斯塔舉行慶祝活動的前一天，瑪麗・珍從美國帶著三名樂勒脫修女回到上海。三十六歲的佛羅倫丁・格林威爾（Florentine Greenwell）和三十三歲的蘿絲・吉娜維芙・霍華德（Rose Genevieve Howard）分配到上海的學校，四十歲的葛蕾絲・克萊爾・尚利（Grace Clare Shanley）將去漢陽服務。隨著她們的到來，樂勒脫修女會修女在中國的人數達到十三人。

輪船抵達上海時，眼前是一幅初來乍到者意想不到的景象。她們在甲板上看著行乞的男女站在搖搖晃晃的小船上，把固定在竹竿上的罐子舉到與甲板平行的高度。對於乘客來說，將硬幣和鈔票精準扔進罐子裡，而不被幽暗的漩渦吞沒亦是種挑戰。

上岸後，修女們被領到海關。看著苦力把行李從船上扛下來的時候，她們不禁為那些瘦小男人的負重量感到吃驚：他們能夠扛起幾乎比他們身體還大的箱子和筒狀包袱。

佛羅倫丁後來寫道：「這些人一邊走一邊喊著號子。我想知道有多少人能經得起那樣的重負。」

已經在中國度過了第十個年頭的莫琳和另外兩位修女已經在海關等待。佛羅倫丁在同一封信中補充道：「看見我們，她們高興極了！」

來上海已經一年的瑪麗・史蒂芬陪新來的人乘汽車去學校。莫琳等瑪麗・珍辦理海關手續。多洛雷塔・瑪麗和喬塞拉坐人力車先走了。最後，不論是坐人力車或乘汽車，所有人都於早上九點到達崑山路學校。

一九三〇年代的街景。上圖為武漢的街頭娛樂；下圖為上海的市集。

漢口既是武漢的商業中心，也是通商口岸。上圖為漢口江灘；下圖為挑著貨物去市場販賣的平民百姓。

九 過渡時期，一九三四年到一九三六年

一九三四年八月三十日，瑪麗・珍乘美國軍艦「皮爾斯總統」號（U.S.S. President Pierce）從舊金山啟程返回上海。同行的樂勒脫修女有：佛羅倫丁、蘿絲・吉娜維芙和葛蕾絲。到達上海後不久，葛蕾絲修女繼續乘船上行漢陽，到派翠西亞負責的繡花堂工作。

瑪麗・珍很高興能回到中國。儘管依然懷念漢陽，樂勒脫上海學校師生展現出的熱情鼓舞了她。*

上海樂勒脫學校從建校第二年起，師資配套已經完備，一切進展順利。瑪麗・珍期望將學校辦得與美國的三所樂勒脫學校同樣成功。[1]

幾週後，前往澳洲墨爾本參加聖體大會的高爾文路經上海前來探訪。一年多沒見了，他想利用這個機會參觀麥克高德里克在信中描述過、由兩棟大樓改建的學校；[2]還希望與前一年秋天新來的幾位修女見個面。雖然上海不在他管轄之下，但他對樂勒脫修女懷有特殊的兄妹之情，歡迎

她們來中國乃興之所至。

建立上海樂勒脫學校意義重大。對修女們來說，故鄉不再是那麼遙遠；而高爾文的想法完全不同，他預計中國政治局勢將會動盪不安，意味著有朝一日，樂勒脫修女們會要到上海避難。高爾文和瑪麗・珍的話題涉及廣泛，其中包括繼續林林總總有關繡花堂未來的討論。瑪麗・珍離開漢陽前，高爾文曾表示轉手繡花堂的時機已經成熟。現在他解釋了至今都未付諸實行的原因所在。

梅努斯中國傳教團與樂勒脫修女會在一九二三年簽訂的原始合約早已過期。在隨後的幾年裡，在漢陽又購置和建造了一批產業，有些歸愛爾蘭的高隆龐中國傳教總部所有，有些則歸高爾文的教區所有。因此在將繡花堂轉交給樂勒脫修女會之前，他必須與愛爾蘭總部的管理部門釐清歸屬權。

高爾文走後，瑪麗・珍致信奧莉薇特會長：

> 之前我就很納悶，我和主教就要不是完全接管繡花堂，就是繼續這樣管理繡花堂的問題談過很多次，可是後來，他對此就隻字不提了。這次，主教說——請不要告訴任何人——漢陽的所有機構都應該由當地主教來掌管。另外，他似乎對什麼人感到不滿。他

---

* 譯註：在當時的上海，樂勒脫的中文翻譯是樂來道。為了閱讀方便起見，本書行文一律沿用樂勒脫。

說，自己對您送來的修女的「素質」非常滿意。因為，有些人喜歡把那些不能與他人和睦相處的麻煩人物送到國外去傳教，然而實際上，到國外傳教的應當是各方面都最出色的人。

她在信裡還說：「高爾文主教訪美時，將向您說清楚一些事情。我建議您與他仔細談談繡花堂的問題。」

國共兩黨關係繼續惡化。日軍占領了愈來愈多北方的領土。在南方，被國民黨軍隊包圍的毛澤東第一方面軍即將走上長征之路。[4]

葛蕾絲修女在九月二十二日到達漢陽。[5]在過去十年裡，美國大多數樂勒脫修女聽過許多有關漢陽情況的介紹。她知道漢陽是座小城。可是當輪船停靠在漢口時，她對眼前的城市規模驚訝不已。直到想起漢陽是在漢江對面，才意識到還沒到達目的地。

葛蕾絲修女穿過骯髒逼仄、氣味繚繞的漢陽街道。當她走進樂勒脫大院，最先看到的卻是一個盛開著白色和金黃色菊花的大花壇，這意想不到的美麗深深打動了她。她曾在洛杉磯當過六年的老師，繁茂的花草和攀緣的植被成為她生活中不可或缺的一環。在來到中國的前一年，她在德州艾爾帕索的沙漠和仙人掌之中待了一整年，曾經無比懷念洛杉磯鬱鬱蔥蔥的花草植被。這下太好了，花兒也在中國綻放！

另一個驚喜是修女會三層樓高的房子——寬敞的走道、拱形的門廊和俯瞰花園的陽臺。樂勒脫修女會是破敗不堪的漢陽城裡唯一一片綠洲。繡花堂的工作室也是那麼寬敞明亮。她之前在《遠東雜誌》上看到的繡花堂照片沒有充分展現這點。女孩們一邊繡花一邊高聲吟詠基督教理。遠遠聽來，尖細的音韻就像佛教寺院裡的誦經聲一樣飄然而來。

雖然，葛蕾絲修女作為教師的經驗豐富，但她能否勝任繡花堂的工作，取決於在她在家政方面的才能。繡花是慢工細活，不能有一點馬虎，但是哪怕是家庭縫紉，她都沒有絲毫的經驗。派翠西亞很快就要慶祝六十歲生日了，按照中國人的說法，她即將步入花甲。最近派翠西亞的手開始微顫，有時候頭也會不由自主地晃一下，似乎是表示「不」，所以需要一個能夠逐步接替她的助手。而葛蕾絲從一開始便意識到，這是一件自己永遠力有未逮的事情。

茱斯塔希望葛蕾絲跟派翠西亞學習所需的技能，藉此減輕派翠西亞多年來所承擔繁瑣又費時的工作量。葛蕾絲也學得很認真。下午則是她的休息時間，兩名年紀較大的女孩會為她上中文課，交替練習英語對話。

高爾文出席澳洲聖體大會與繡花堂也有關係。他穿越澳洲和美國時，隨身攜帶了繡花堂的樣品，並不斷寄回訂單。

在美國，重要的一站是去內布拉斯加州的奧馬哈看望老友麥卡錫。麥卡錫神父曾是高隆龐美國教區發展的支柱，但由於投資失誤而被解除職務。現在他的身體狀況不佳，故高爾文前去問候。另外，還要開拓新的籌錢管道。

在奧馬哈，高爾文得知自己的母親生病了。雖然尚無生命危險，但母親的年齡和病情，讓他在美國的旅行蒙上了厚厚的陰影。

高爾文在一九三五年的大部分時間裡都疲於奔波，回去愛爾蘭看望母親遙遙無期。他必須遵守的一個重要約定是去肯塔基，因為奧莉薇特會長邀請他到樂勒脫修女會稍事休息，並為包括依撒伯和露西在內的十四名初學生主持接納禮。

主教第一次也是唯一一次拜訪樂勒脫修女總會，還是在一九二二年春天。那次他來是為漢陽教區招募志願者。十三年後的今天，他回到肯塔基，兩位漢陽教區的女青年將接受她們的修女服，這標誌著她們作為十字架下的樂勒脫修女的開端。但奧莉薇特會長在沒有確定他是否能夠及時趕到之前，都沒有向依撒伯和露西透露半點消息。

接納禮的日子到了，主教也來了。對於這兩個在完全陌生的環境裡度過了將近一年時光的女青年來說，她們的成就比自己想像得大得多。她們在肯塔基受到不懂自己母語的女性社群歡迎，克服了不同口味飲食的挑戰，努力參加祈禱，學習說那些繞舌的字眼。現在，這個許多年前離開母國成為她們祖國一分子的人，前來護送她們走過通向新生活的橋梁。但是，再次看到祖國的容顏之前，她們還將經歷更多的挑戰。

當十四名初學生兩兩列隊進入教堂時，許多在座的修女回憶起自己從家鄉到修女會的歷程，目睹著新世代踏著她們的腳步走進來，都流下了喜悅的淚水。其中一定有人還記起了一九二三年六位修女動身前往中國的時刻。那一天，她們的眼裡也曾飽含熱淚。現在，她們還要用淚水祝福這些女青年，無論生命之旅將她們帶往何方。

各就各位後，高爾文從哥德式祭壇後面走進教堂。他身著露西和依撒伯再熟悉不過、由漢陽繡花堂製作的禮拜服，登上布道壇，開始用她們兩人曾經聽過無數次的拉丁語主持彌撒！這個時候，她們一定驚喜地以為看見了幻影。

彌撒和接納儀式結束，當其他初學生與家人待在一起時，依撒伯和露西則開心與同主教用她們的母語聊天。兩位中國初學生身穿嶄新的黑袍，頭戴堅硬的白頭紗，腰間束著念珠。那天，她們兩個都很有「面子」！

待在樂勒脫修女會總部的那幾天，高爾文和奧莉薇特會長討論了繡花堂的未來。如前所述，不澄清歸屬權的事宜，繡花堂的問題就無法得到解決。他保證回愛爾蘭時，會想辦法解決這個問題。

熱愛寫信的高爾文還抽出時間給在中國的每一位樂勒脫修女寫了信。[6]他從教堂旁邊長滿紫羅蘭的草坪上摘下花朵，夾在信中寄給每個人——沒有比這飽含肯塔基春天的花朵更好的禮物了！

高爾文離去後，奧莉薇特會長寫信到漢陽：「兩個初學生表現很好，制服很合身。因為個頭矮小，在人群中一眼就能看出她們兩人。主教離去時的場面很感人，他眼裡含著淚水，兩個小初學生一直看著漸行漸遠的汽車而不願離開。」

高爾文在美國從一個教區到另一個教區奔走期間，漢陽發生了一些變化。

六月，修女會和繡花堂裝配了電線。儘管可能還要等上好幾個月，電燈的光亮才能讓那些從沒見過電力照明的人感到震驚，但是新鮮事物的出現使大家感到無比興奮與好奇。什麼時候通電？電燈怎麼用？還要用火柴嗎？對用過電燈的人來說，這些猜測再熟悉不過了。是啊，誰能想像電是什麼東西呀？

七月初，長江中游發生了洪災，影響到湖北、江西等省。

七月十日，黃河氾濫，在山東決口，破壞了兩萬五千多平方公里土地與農田，沖毀了房屋與農作物，導致數百萬人流離失所。

七月中旬，漢江和長江同時氾濫。儘管預計洪水不會像一九三一年那樣猛烈，但就低窪地區而言，人們根據過往記憶來估計，在前幾週內將有十萬人喪生。

茱斯塔在信中寫道：

> 我們得知這次災害不會有像上次那麼多的難民。水災地區沒有紅軍，難民可以上山避難。
>
> 總部又被淹了。這裡地勢高倒沒事。可是到老城辦事得划船穿過街區。上週四，我

們下船後看見一個女人懷裡抱著個奄奄一息的嬰兒。克萊門蒂婭立刻用手帕沾著街上的水為嬰兒施洗。幾個被困在漢口的神父說，能說出名字來的一切都被高牆般的水勢沖走了——房屋、人、牛、木頭、豬……。

史泰博神父說，[7]洪水的巨響讓人感到末日來臨。剛從鄉下回來的麥克・歐科林斯估計，附近至少會有十萬人喪生。有些村莊整個被大水沖走。

難民在總部後面和這裡寺院後面的山上搭起帳篷。洪水已經夠糟了，但是跟上次洪災一樣，洪水退去之後才是最困難的時候。

八月二十四日，另一份報告說，河北、山東和河南的洪災破壞了四萬平方公里的土地，影響到五百五十萬人。土地及財產損失超過三億元。

洪災之前，派翠西亞和尼古拉去上海待了一個月。這段期間，多洛雷塔和蘿絲・吉娜維芙修女來到漢陽。一九二七年以後就沒去過上海的派翠西亞和尼古拉，第一次住在樂勒脫的上海學校。而兩位年輕的修女也是第一次體驗漢陽。她們沒有見到已經到牯嶺去避暑的史黛拉和西緬。

茱斯塔帶多洛雷塔和蘿絲・吉娜維芙搭乘舢舨查看水災地區。造訪華中地區為她們揭示了一個完全不同的中國——「原始」的漢陽。此前，她們眼裡的中國只有上海這個現代化的十里洋場。

茱斯塔希望她們能了解一些洪災難民的困苦。由於在這種情況下，陌生人通常是不受歡迎的，茱斯塔先到難民營打了招呼。之後，她一次只安排一個新來的修女，跟著克萊門蒂婭一起去難民營。如此一來，新來的修女能夠幫助克萊門蒂婭為難民服務，而不是去旁觀。

八月底，多洛雷塔和蘿絲·吉娜維芙回到上海，對另一個中國和漢陽樂勒脫修女的工作和生活有了些許了解，並親眼目睹了洪水消退後的災情。

九月下旬，茱斯塔和葛蕾絲到電力公司詢問通電進度，得知明天就會有電。隔天，她們邀請了兩位年輕神父喬·霍根（Joe Hogan）[8]和保羅·休斯（Paul Hughes），[9]讓繡花堂的孩子滿滿當當地擠進修女會的一樓，共同見證這歷史性的一刻。大家都安靜下來，茱斯塔按了一下牆上的開關，燈亮了。所有人齊聲驚呼，然後大人小孩就一起鼓起掌來，掌聲裡帶著放鞭炮時才有的歡樂和熱情。

茱斯塔在一封信中承認：「電燈其實很不理想，太暗了。但電力公司保證，等發電機修好了就會亮得多。您要能聽見那些鄉下來的孩子談論電燈就好了。她們無論如何也琢磨不透，為什麼不用火柴，只要按一下牆上的開關，燈就會亮了。」[10]

其他一些改變不像通電燈那麼令人興奮，但也都是小小的進步。

樂勒脫修女有了一個所謂的「冰盒」。一位方濟各會神父從美國運來一個特製的「冷卻球」。把這個「球」放進冰盒，點燃裡面的煤油燃燒器來讓氣體蒸發，產生冷氣。儘管溫度不會低到能夠結冰，但對防止食物變質還是能夠起到一定作用。

十月八日，茱斯塔成為漢陽第一個向美國投遞航空郵件的人。

十一月，修女們看了來到漢陽後的第一場電影——由總部的神父用家庭放映機播放的《基督受難記》（*The Passion Play*）。

整個秋天，仍在美國長途跋涉的高爾文不斷提供訂單給茱斯塔。他的每封信都對武漢地區民眾在洪災過後的安全與生活表示關切。

十月二十日，毛澤東的中央紅軍與紅十五軍在陝北會師，長征結束。

老城舊教堂對面的新教堂開工了。新教堂將是高爾文的大教堂，每個修女和繡花堂女孩都將為新教堂放上一塊磚。大家都很期待，但工程進展緩慢。

修女們最初準備買一口鐘獻給大教堂，但得知已經有人捐贈了。那她們能貢獻什麼呢？這時候聽說有人送給大教堂一塊大理石，便去打聽捐贈人是否指定了大理石的具體用途。回答是沒有。於是，她們用先前得到的一筆捐款，請人把大理石做成了聖高隆龐大教堂的主祭壇。

就在修女為繡花堂孩子準備聖誕節禮物的同時，高爾文回到了愛爾蘭。母親終於見到他了，可是起初她並不記得高爾文。在接下來的幾個月裡，神智清楚的時候，她為兒子在身邊而高興；狀況不好的時候，她又會問：「內德什麼時候回來？」儘管極其虛弱，但她一直堅持到新的一年。

一九三五年聖誕節前夕，茱斯塔培養的三位未來的樂勒脫修女，為繡花堂女孩和修女獻上了一個節目。她們把六張餐桌並在一起，蓋上布，搭了一個白色的舞臺並裝飾著閃亮的紙片。瑪麗・喻（Mary Yu）和瑪麗・朱（Mary Chu）扮裝成天使、露西・王（Lucy Wang）則扮成聖母。茱斯塔用淺顯的語言給大家講聖誕故事的同時，三個女孩擺出表示故事內容的姿勢，以便讓大家理解。最後，所有女孩齊唱聖誕節讚美詩。

早餐過後，修女給孩子們分發了禮物。每人得到一雙大女孩用織襪機織的長襪、一條毛巾、一塊肥皂、一把牙刷、一塊大銅牌、一個大安全別針、一些花生糖和橘子。

二十六日是聖史蒂芬節（St. Stephen's Day）。神父邀請修女到總部參加別具特色的愛爾蘭節日慶祝活動。神父們舉行了音樂會，修女們很享受霍根神父的小提琴和查爾斯・歐布萊恩的鋼琴演奏。歐布萊恩神父是美國人，幼時曾是芝加哥使徒保羅傳道會少年合唱團（Paulist Boys Choir）成員。他首先表演了獨唱，再來與其他幾個人一起合唱，其中包括嗓音頗佳的桑德斯神父。最後一個節目是《我的肯塔基故鄉》的大合唱，連愛爾蘭修女都一起加入。

一九三六年二月，茱斯塔不得不承認，自己先前對葛蕾絲的期望不切實際。葛蕾絲和藹可親、樂於助人，但她是教師出身，在縫紉和烹飪方面沒有受過任何訓練，不具備能夠減輕派翠西亞工作量的才能。派她給尼古拉當幫手去監督廚師也不合適。派翠西亞替服裝和祭壇布繡花邊的手藝，是需要鐵杵成繡花針的終生訓練。而監督廚師不但需要會烹飪，還得是會說中文的人——亦非一步登天的功夫。

二月底，茱斯塔寫信給肯塔基，請求總會物色在這兩方面具有長才的修女來華。派翠西亞和尼古拉已近垂暮，急需後援。

雖然茱斯塔實際上在這兩方面都能獨當一面，但如同瑪麗・珍當初一樣，她實在是分身乏術。「跟中國人打交道」占據了漢陽修女會院長絕大多數時間。每天，男男女女帶著各種要求來修女會。解決問題倒花不了多少時間，但是搞清楚出了什麼問題，需要什麼樣的幫助才是最費時的。

「他們的故事從亞當時代開始，一直敘述到中華民國。東方人的禮貌要求我耐心地坐在那裡，直到聽他們講完。實在是很難熬。尤其是還有更多的人在等著講他們的故事。但這就是中國！」

高爾文六月回到了漢陽。之前已經在三月二十三日的信中告知，他的母親於三月十八日逝世，二十日下葬。他寫道：「兩週前就有預兆死神將至。她平靜地走了，沒有絲毫痛苦。」

不久，肯塔基發來消息：露西・胡生病了，一旦有人赴華，將陪同她一起回到漢陽。茱斯塔的艱鉅任務是通知露西的母親。她的母親問露西要死了嗎？她要不要去看望露西？茱斯塔向她保證，露西不會死。但是，距離太遠了，她不能去。茱斯塔決定等到露西快回來的時候再告訴她的母親，露西無望當修女了。

原先跟露西和依撒伯一起想當修女的瑪莎來找茱斯塔，問能不能回修女會。茱斯塔不清楚她是不是還抱著有朝一日能做個修女的希望，但感覺自己沒有理由拒絕她。瑪莎的人品極佳，可以給繡花堂的年輕女孩提供很大的幫助。

七月初，瑪麗・珍和莫琳回漢陽住了一個月。大家都特別高興，尤其是第一批來漢陽的茱斯塔、尼古拉、史黛拉和派翠西亞。

瑪麗・珍寫道：「這裡仍是我的家。修女會比先前更漂亮了，但其他方面都一模一樣。經歷了這些年的風風雨雨，對於六位第一批來到這裡的姐妹而言，歲月還算是善待我們的。所有人都很好，也看得出來大家都很高興。」

七月十日，國民黨第二十九軍與日軍在湖北省大沽地區發生衝突。這雖是日軍占領武漢地區的前兆，但在漢陽的傳教團體並未對此表示擔憂。他們也沒有注意到，本月稍晚的時候毛澤東呼籲中國軍隊一同抗日的愛國行動。

葛蕾絲收到調動通知——從漢陽調到上海學校。李奧納達・雷蒙德（Leonarda Redmond）將來華接替葛蕾絲。一同來華的還有要去上海學校的蕾吉娜・瑪麗・霍蘭德（Regina Marie Holland）。露西將與李奧納達一起返回漢陽。

消息一傳出，人還待在漢陽的瑪麗・珍回覆說：「真高興葛蕾絲要去上海，她正是我們需要的教師。儘管她喜歡這裡的工作，但我相信跟我們在一起，她會更有成就感。」上海學校很快就要有十二年級的學生了，預計下一學年的學生人數將大幅增加。瑪麗・珍有望實現她一九二三年來到中國時的夢想。

八月，派翠西亞和尼古拉從上海回來之後，莫琳和瑪麗．珍則返回上海。茱斯塔和克萊門蒂娅得到空檔到牯嶺去休假。

她們住在嘉諾撒仁愛會修女用灰石建造的飯店裡。從科羅拉多山區來的克萊門蒂婭對大山有著與生俱來的眷戀。她讚美廬山牯嶺是「天堂」。她們兩人每天出門郊遊，不光是欣賞牯嶺周邊美麗的湖泊和瀑布，還坐著滑竿特別去尋找一些古老和新建的中國特色建築。克萊門蒂婭後來寫道：

十多個苦力抬著一塊懸掛在桿子下的巨石（這裡所有的房舍都是用牯嶺當地的石材建造的）喊著號子——這是一種沒有歌詞的奇特音樂。號子聲在山間迴響、身體有節奏地前進，整個畫面看上去很賞心悅目，甚至減少了些許對於他們被當做「馬力」來供人驅使而產生的憐憫。

……在中國，不存在沒有迷信的地方。了解這一點，自然而然給每次出遊增添了樂趣。碧龍潭寧靜如畫卻令人望而生畏。水潭的三面環繞三十多公尺高的岩石，兩面岩壁的頂端是交錯縱橫的茂密植被；洶湧的瀑布從另一面飛瀉而下、注入終年不見陽光的深淵。據那些異教徒說，幾年前，兩個美國傳教士曾下到冰冷的水潭裡游泳，惹惱了巨龍。牠轉了幾下五十多公尺長的尾巴就把他們兩人給淹死了！

我們最具歷史意義、也是最危險的一次遊歷是去尋找隱士洞。……到了天池寺，我們打聽到去哪裡找那個隱士洞。人們都極力勸阻我們，說那條路「幾乎不能走」，而且那天酷熱難當。可是這時候，有個一直在聽我們說話的年輕人自告奮勇給我們當嚮導。我曾爬過洛磯山無數次，可是從來沒遇見過這麼艱險的山路！經過大約一個小時的攀爬，我們終於站在了一塊巨大的岩石上，石頭上有字：周隱士之洞在此。

站在岩石上不過癮，我們繼續用之字形沿著幾乎垂直的岩壁往下走。終於到了一個陡峭的拐彎處，面前是奇峰突兀的超然美景，右邊一百公尺處有一個洞。繼續前進絕對是瘋了，我們只能遠遠望之。山洞處是大約八百公尺的懸崖！[11]

克萊門蒂婭說，她無法表達當時腦袋裡冒出的一些古怪念頭：比如，在「如此遠離塵世之地」，夏天採摘草藥、冬天大雪封洞，周隱士都會想些什麼？「他是以此來顯示創造這壯麗山河的天主之偉大嗎？上帝是否曾在這位孤獨中的聖賢面前現身？」不知為什麼，她和茱斯塔都希望有一天能在天堂見到這位周隱士。

九月二日，美國軍艦「傑克森」號（U.S.S. Jackson）到達上海，帶來了將要派去漢陽的李奧納達、要留在上海的蕾吉娜和小露西。

看到變得異常瘦弱的露西，瑪麗・珍大吃一驚。兩天後，李奧納達和露西出發前去漢陽。九月六日，茱斯塔和史黛拉到車站迎接她們。兩人的到來使她們悲喜參半。李奧納達到漢陽是大家的福氣，因為她能勝任許多工作，包括照護病人——受過護士訓練的瑪麗・珍去上海後，她們在這方面尤為缺乏。然而，露西的羸弱狀態又使大家無不擔憂。由於身體的狀況，她渴望成為修女的願望已不能實現。

儘管露西的母親想把她接回家，茱斯塔感覺露西還是暫時不要回家為好，因為家人對她的病情無能為力。她把露西留在修女會，請醫生給她看診。

可是，醫生查不出露西生了什麼病。慢慢地，露西出現嚴重的精神錯亂。把她交給家人不是辦法，因此，修女們繼續照料她，希望她了解她們對自己的關心，絲毫沒有責怪或認為她是個失敗者的意思，只希望她恢復健康，回復快樂的自己。[12]

三個希望成為樂勒脫修女的人只剩下依撒伯。明年夏天，依撒伯將作為修女中的一員返回漢陽。

十一月一日萬聖節，高爾文做完彌撒後與修女們交談，提出建立本土修女會的想法。這些年來，他偶爾會提到這個想法，但這一次，他似乎經過了深思熟慮。也許把女青年送到美國去接受培訓不是個辦法。如果漢陽有一個自己的社群，就沒有必要冒著風險把她們送到遠離祖國文化的地方去了。

一個禮拜之後，主教的秘書查爾斯・歐布萊恩突如其來地對茱斯塔說，鋼琴對樂勒脫修女會來說也許更重要，問她想不想借用自己的鋼琴。茱斯塔當然求之不得。

十二月十日，蔣中正在西安會議上制定計畫準備第六次反共圍剿。

十二月十二日，蔣中正在西安開會期間，被高級將領張學良和楊虎城軟禁。兩人試圖說服蔣中正採用停止內戰統一抗日的政策。

修女們和中國一般民眾一樣，對於導致蔣中正被捕的原因一無所知。她們根據自己的消息來源，以為蔣中正的部隊在抗日和反共的戰鬥中，都取得了節節勝利。她們擔心蔣中正被殺，熱切地為他祈禱。聖誕節當晚，她們正聚在鋼琴旁唱歌，聽見院牆外的街上有人大聲喧嘩，於是停止唱歌，出去查看發生了什麼事。

原來，人們在慶祝蔣中正獲釋。茱斯塔派看門的婦人買來一串鞭炮，修女們在寒冷的黑暗裡一直站到鞭炮發出嘶嘶聲後徹底熄滅為止。[13]

史黛拉寫道：「有場為蔣中正獲釋舉行的感恩彌撒。茱斯塔、西緬、克萊門蒂婭和李奧納達修女帶女孩們到市裡了。」[14]

十二月三十日，蔣中正的外交部長就早先兩起事件向日本人道歉，並為受傷或遇難者提供賠償。

隔天在南京，蔣中正將反對派領袖張學良送上法庭。張學良被判有期徒刑十年。儘管蔣中正表面上表示他將與共產黨合作，實際上逮捕張學良的作為體現了他的決定。

十 中日衝突，一九三七年

一九三七年二月十日，中共中央致電國民黨要求停止內戰，一致對外。國民黨未對中共做出回應，卻在十天後，通過了《關於根絕赤禍之決議案》。[1]

一九三七年的農曆新年是二月十一日。有鑒於惡劣天氣的影響和即將到來的假期，高爾文結束了鄉村教區的巡視，回到漢陽。

從高隆龐到中國伊始，一些貞女就開始負責在婦女中宣教。其中一些人在一九二三年樂勒脫修女尚未來到漢陽之前，曾負責繡花堂的工作。貞女是一個鬆散的群體，但她們是高隆龐漢陽傳教的重要組成。沒有她們，就無法向婦女宣教。因為習俗不允許家庭以外有男女之間的接觸。

二月十四日，高爾文來找茱斯塔。在肯塔基時，他曾與奧莉薇特會長談到在漢陽建立華人修女會的可能性，希望以樂勒脫修女會的信條為榜樣，建立一個以年輕貞女為主體的本土修女會。

他問茱斯塔能否考慮「為這些年輕婦女承擔些責任」，也就是說，指導她們如何獻身宗教；還請她探詢其他修女是否會支持這一舉措。

隔天，茱斯塔寫信給奧莉薇特會長，說她與主教就「樂勒脫修女會理念做了一次長談。希望本土修女會承繼樂勒脫修女會的精神」，像我們一樣，「召之即來，甘願承擔任何重擔」。茱斯塔在信中提出了一個問題，並自問自答——她對如此艱鉅責任的畏懼：

> 我絕對能力不及，因為沒人比我更了解自己的缺點。但我認為這是上帝的工作，如此，上帝自有安排。在漢陽，我們幾乎能清楚地看到上帝之手成就的那些事，哪怕是利用了最不適當的工具……。
>
> 我們已經開始祈禱「來吧，聖靈，創造者」。我們將在大齋節期間一直做這個祈禱。神的旨意定會實現。姐妹們都認為這是好主意，並為樂勒脫社群感到自豪。大家都認為那些「貞女」將為上帝和教會做出貢獻。她們能夠做許多我們外國修女做不到的事情。[2]

指導她們恪守甘於貧窮、貞潔和順從的誓言。在茱斯塔看來，「貧窮」沒有問題，她們深諳其意，因為有生以來面對的只有貧窮，可是教她們「服從」卻不是件容易的事。另外，這還意味著，在至少三年以內，甚至更長的時間裡，她將脫離樂勒脫修女會的工作與生活，不能與繡花堂的孩子們在一起。這個挑戰似乎太過嚴峻。

高爾文寫信給奧莉薇特會長說明他選擇茱斯塔的理由：「茱斯塔精通中文、經驗豐富，並且了解所有的貞女——她們都在繡花堂學習過；此外，她是個具有傳統美德的優秀女性。」[3]他還建議讓克萊門迪婭去當茱斯塔的助手，因為「冰雪聰明、心地善良的克萊門迪婭與貞女相處得十分融洽」。

二月二十七日，高爾文又找茱斯塔談了一次話。她寫道：「我們認真地談了很長時間。他問我克萊門蒂婭會不會願意和我一起去聖瑪麗修女會。我回答說不知道。他要求見她。克萊門蒂婭對他說自己很樂意。」[4]

茱斯塔想到自己和克萊門蒂婭去聖瑪麗修女會的話，將會增加留下來的人的工作量，於是就在二月二十八日再度寫信給肯塔基，要求增派兩名修女到漢陽：「如果可能的話，最好是擅長繪畫和縫紉的人。史黛拉和派翠西亞已經年事漸長，不應指望她們像十年前那樣不知疲倦。」

三月十二日，高爾文與所有樂勒脫修女進行了長達四個小時的對談，討論未來的聖瑪麗修女會。[5]

四月，依撒伯將結束初學期，返回漢陽。之前，茱斯塔一直希望陪同依撒伯來華的人能將兩個新望會生帶到肯塔基去。但是，覺得中國可能很快對日本全面開戰，

她寫道：「現在，我們認為兩個望會生最好還是暫時留在這裡，等到一九三八年再考慮赴美。屆時她們的英語會有更大的進步。這樣對所有人來說都比較好。我們試著不去考慮未來，因

為目前形勢不容樂觀。上帝的旨意會實現的。」[6]

從三月十五日開始，漢陽從傍晚到黎明實行宵禁。夜晚，日軍飛機飛越武漢，而中方探照燈的光柱則在夜空交錯。與此同時，漢陽後面的山上炮聲隆隆，徒勞地企圖阻止日軍飛機。所有教堂的鐘聲只能用來警告民眾做好防空準備。[7]

露西的母親託人給茱斯塔帶話說露西的病情加重。三月二十一日，茱斯塔和李奧納達去胡家看望露西。很明顯，露西需要住院治療。經過她的家人同意，兩位修女把露西送到武昌的仁愛修女醫院，希望她在醫生照料下能夠有所好轉。

一週後，茱斯塔去探望露西，她的病情毫無起色。醫生診斷出露西的精神狀況是由梅毒引起。雖然治療方法有限，但靜養一段時間，露西也許能恢復健康。露西懇求茱斯塔把她帶回修女會。茱斯塔找高爾文商量此事。就自己對此病的理解，高爾文認為露西的精神狀態是個棘手的問題，換個地方不見得能夠解決。他用了一句愛爾蘭老話：「同時坐兩個板凳也於事無補。」

茱斯塔知道自己最終要去聖瑪麗修女會，不能讓年長的修女承擔照護病人的重責大任。這是一個極其艱難的決定，因為自己太想幫助露西了，但留她在修女會確實不是個辦法。[8]

五月二日，茱斯塔收到消息，漢陽自己的修女依撒伯，將於五月十七日與兩位理事會成員瑪麗・林納斯（Mary Linus）和安・瑪麗塔（Ann Marita）起航來華。

上海

崑山路樂勒脫學校的學生增加到一百九十人，校舍、課堂十分擁擠。瑪麗・珍一直與惠濟良主教的代表維迪爾（Verdier）神父，商討在上海西側的膠州路修建新校舍的計畫。

維迪爾神父是個難纏的法國人，跟他談判需要既圓滑又堅持己見，瑪麗・珍很不耐煩，因為她知道維迪爾神父正在為南京政府沒收教會在南京購置的一些宣教所而氣惱，因此對一切都採取抵制的態度。出於這層理解，瑪麗・珍在寫給肯塔基的信中，沒有用「不講理」這個字眼，而是說這個人「不好說話」。

永遠樂觀的瑪麗・珍從四月開始，鼓勵全校每個班級開始存錢為修建新校舍購買磚頭。她打算在六月放暑假以後，親自走訪金融機構，籌集所需的資金。

六月二十日，學校慶祝了首批畢業生：艾西・卡利波（Elsie Calibo）、葛萊蒂絲・巴拉達斯（Gladys Barradas）、德雷莎・古特拉斯（Teresa Gutterras）和阿麗娜・塞奎拉（Alina Sequeira）。

德雷莎・古特拉斯有意願成為樂勒脫修女，已經向肯塔基提出了申請。早在四月三十日，在漢陽的李奧納達就開始為人在上海的德雷莎・古拉斯特縫製望會生的服裝。「她想在大家都知道之前做好一切準備。一旦確定她獲得批准，就必須立刻訂船票跟兩位來華慰問的修女一起赴美。今年預訂船票的人特別多。」

與此同時，瑪麗・珍得知自己打算用來建學校的地產產權，根本不歸惠濟良所有，那是耶穌會宣教所的物業。聖心會在那裡的建築是與耶穌會簽訂了地皮使用合約。瑪麗・珍現在正考慮可能也要與耶穌會簽一份土地使用的合約。

六月八日，樂勒脫修女會的第一位中國修女依撒伯抵達上海。依撒伯勇敢地離開祖國，前往大洋彼岸那個陌生的地方。現在，她回來了！

瑪麗・珍和莫琳為來到上海的兩位理事會修女感到高興，但依撒伯的歸來給了她們最大的喜悅：她標誌了樂勒脫修女會在中國的未來。錦上添花的是依撒伯能在上海待一段日子，認識那些她不在中國時到來的修女。

瑪麗・珍安排兩位理事會修女參觀了上海的主要景點之後，六月十六日，她們兩人和依撒伯乘船沿揚子江上行漢口。瑪麗・林納斯寫道：

> 這是我們一生所有旅行裡最愉快的一天。沿江風景綺麗壯觀，無以倫比。一路上，江面時寬時窄，兩岸的稻田和蓋著茅草的小房子清晰可見。[9]

週日上午，茱斯塔和尼古拉唯恐耽誤了接船，一大早就到了漢口。她們在碼頭上等了差不多一整天，還是沒有輪船何時到港的信息。由於宵禁，兩個人沮喪地搭乘舢舨回到漢陽。隔天清晨四點三十分，她們又去漢口，並帶上約翰幫忙搬運行李。大約七點，輪船終於靠岸。

瑪麗・林納斯後來寫道：

你絕對想像不出她們看見我們的時候，那無以言表的快樂。她們眼裡充滿了淚水，我的眼淚也打濕了長頭紗。約翰幫我們提著行李，大家急急忙忙坐上了人力車到江灘的另一頭，上了一條小船。到了著名的古城漢陽，我們又坐上人力車，穿過漢陽非比尋常的街道，很快就到了大院門口。門開了，我們從破爛骯髒的街上走進美麗的樂勒脫大院——我們漢陽的家！

雖然才早上八點三十分，前一天就準備好了的歡迎節目在爆竹聲中開始。林納斯後來說：「女孩們列隊，揮舞著旗幟和橫布條，佛萊琳的歡呔又增加了氣氛。」隨後女孩的隊伍進入教堂，在教堂裡唱讚美歌。之後，她們吃了美式早餐，包括烤麵包、咖啡、培根和雞蛋。

修女們熱情地歡迎兩位理事會修女到來，但最開心的莫過於與依撒伯重逢。大家一個接一個擁抱她，屋子裡充滿歡聲笑語。先是尼古拉，然後是史黛拉，把依撒伯轉過來轉過去，好讓每個人都能看見她穿修女服的樣子。傭人中有些從依撒伯剛到繡花堂就認識她，大家都看得出來修女們有多麼喜愛依撒伯。

高爾文派人送信歡迎三個剛剛來到的人。他說這兩天就不來了，因為修女們有權「霸占」她們。此外，三人風塵僕僕，需要好好休息。

林納斯立刻寫了一個答覆，說她們等不及兩天，很快就會過去看望他。中午之前，第二位信使來了：主教邀請她們下午四點去總部喝茶。紙條上寫著：「拒絕需要三思而後行。」

林納斯注意到漢陽的修女們已經穿上夏裝，便提議她、依撒伯和安・瑪麗塔也換上她們從肯塔基帶來的灰色夏裝。

不到四點鐘，茱斯塔、依撒伯和肯塔基的客人就來到總部。高爾文正在簡樸的教堂裡做禱告。他向她們致意後，就擁抱了依撒伯，她長頭紗的頂部剛好到他的胸部。高爾文接待室的桌上擺滿了糖果。高爾文快速地介紹了幾位在座的神父。

當依撒伯正在返回中國的途中，黃家通知茱斯塔說依撒伯的祖父去世了。修女們決定不能讓這不幸的消息沖走回家的喜悅。她們決定暫且保密，等茱斯塔選個適當的時候告訴依撒伯。

一週後，茱斯塔把依撒伯叫到一旁，告訴了她這個壞消息。實在是太突然，依撒伯先是一愣，接著哭了起來。茱斯塔擁抱著她，誰也想不出話來安慰她。茱斯塔明白，要是能看到她作為一位修女歸來，祖父會是多麼驕傲。是他把幼小的依撒伯送到漢陽，改變了她的命運。

肯塔基來的兩位年長修女在漢陽觀光的同時，[10]依撒伯也在開始適應自己的新生活。得知依撒伯在肯塔基時開始學鋼琴，茱斯塔建議她每天抽出時間來練習。茱斯塔還建議她和依撒伯學幾個二重奏給大家一個驚喜。因為，茱斯塔看得出來依撒伯因為回到先前老師們中間，並與她們平起平坐而頗感拘謹。

不久，七七事變爆發，日軍全面侵華開始，甚至影響到兩名來訪的修女。

日軍在盧溝橋附近進行夜間演習，襲擊了大橋南端的宛平。[11]

七月二十五日，茱斯塔在寫給肯塔基的信中沒有提及中國的戰況：

依撒伯姐妹適應得很好。她實在是個可愛的孩子，任勞任怨。西緬姐妹指導她學音樂；史黛拉姐妹將幫助她繼續提高英語水準；克萊門蒂婭姐妹指導她用英語做冥想。在樂勒脫這三年，這孩子整個換了另一個人，變得很有教養。主教和所有的人都為她高興。[12]

兩名樂勒脫理事會修女離開前，高爾文為樂勒脫修女和高隆龐修女，以及幾位望會生舉行了歡送會。用過午餐後，大家玩遊戲、唱歌。林納斯寫道，最後一首是《我的肯塔基故鄉》，「把我們親愛的依撒伯姐妹唱得眼淚汪汪。」

七月三十日，兩人從漢口動身。全體神父和修女陪同她們上船。她們上海之行的第一站是在牯嶺小憩幾日。渴望避暑的派翠西亞、克萊門蒂婭、西緬和史黛拉也陪她們到牯嶺。

安・瑪麗塔記錄了自己被抬到牯嶺的經歷：

四名苦力抬一乘滑竿，攀登一千三百多公尺的高山。我們在山間迂迴，上山下谷，俯瞰令人恐怖萬分的懸崖陡壁。有一段是一千節石階。滑竿輕輕地上下左右擺動。竿子有非同尋常的彈力，並且異常結實。儘管沿路風景美不勝收，但出於對交通工具是人而不是牲口的不適，我無法放鬆去享受美景。我發現自己在努力幫助他們，就好比是坐在後座來開車。如此這般，雖然一步路也沒走，到達目的地的時候，我竟累得雙腿發軟。[13]

瑪麗・林納斯和安・瑪麗塔在嘉諾撒仁愛修女會的飯店住了四天三夜。漢陽的兩位修女主動提出要陪她們下山。由於那天的大雨和強風，坐滑竿下山遠比上山危險得多。可是，瑪麗・珍已經安排好在南京與她們會合，一起搭火車回上海，她們不能錯過這班船。

兩個被大雨淋成落湯雞的修女，上船後第一次聽中日開戰的消息。每到一座港口，大人就帶著孩子，連同所有能夠隨身攜帶的行李，擠上船來。

會合的前一天，瑪麗・珍和莫琳搭乘火車去南京過夜，以便接船。隔天，二人到達港口，但見到成千上萬的人擠在一起等候已經誤點的船。瑪麗・珍大為震驚，當機立斷，通過船舶當局給林納斯留了個便條，叫兩個人留在船上，直接前往上海。莫琳和瑪麗・珍立刻返回火車站。

在火車站，只見政府官員攜家帶眷，不擇手段地爭奪座位。所幸，瑪麗・珍和莫琳已經買好了回程的火車票。

安・瑪麗塔寫道：

在首都南京，我們得知所有政府官員受命攜家屬撤退到安全地區，長江流域所有的日本人也在撤離。到處是混亂喧囂、推推擠擠。每張臉孔上的焦慮與悲傷讓我們清楚地看到戰亂的烏雲籠罩在人們心頭。船誤點了好幾個小時。

第二天八月五日，上海一片混亂。成千上萬的居民撤離閘北區。從白天到深夜，人力車、手推車以及任何可用的交通工具在崑山路川流不息。

儘管有關戰事的謠言漫天飛舞，瑪麗・珍對局勢的嚴重性表示質疑。她安慰兩位美國來客不用擔憂。人們普遍認為中日軍隊的比例是十比一，仗打不了多久就能收場。

但是，八月十三日晚，修女們從崑山路學校的屋頂上，清楚地看到煙霧在不遠處的閘北上空升起。她們並不知道，那是日軍為了修築機場在拆毀建築物。永遠樂觀的瑪麗・珍仍然確信上海的戰事會很快結束，她鼓勵所有人去教堂祈禱。

隔天早上十一點，警察的敲門聲震天價想，告訴所有人都應該撤離到安全的法租界去。中國軍隊已經開始轟炸日軍停泊在吳淞港和黃浦江上的船隻。修女們還是堅持己見，認為衝突不會長久，日軍肯定會被打退回到滿洲。隔天，日軍的第一顆炸彈就轟炸了上海。

週六，八月十五日上午約十點三十分，修女們被附近的爆炸聲嚇得驚恐萬分。距離她們只有兩條街的樓頂上，不知道是日本人還是中國人安裝的防空設備像火箭一樣騰空，繼而爆炸。這個時候她們才真正意識到仗已經打到家門口了。

大約三點鐘，附近聖心教堂的神父來了。他建議修女們撤離到法租界的呂班路。不到五分鐘，警察也來了。瑪麗・珍和莫琳迅速幫助其他九位修女攜帶隨身行李上了警車。「一名警官建議所有的人都應該離開。我們說要留兩個人看家。另一警官對前一名警官說：『咳，明天這個時候她們就會乖乖地都撤離了。』」[14]

後來，安・瑪麗塔描寫了乘坐警車穿過上海時的情景：

> 離開家不到兩分鐘，轟炸就開始了，而且是沿著我們的行車路線。我們親眼目睹了道路兩側的傷亡，若不是上帝的恩典，我們不可能倖免於難。那次沿著外灘的轟炸造成了最慘重的傷亡，其中絕大多數是平民百姓。之前已經通知了仁愛會總院的修女，因此，她們為我們的安危焦慮不安，幾乎整個社群都出來歡迎我們到達她們的安全之家。[15]

隔天下午四點左右，兩位耶穌會神父和警察一起來帶瑪麗・珍和莫琳去法租界。一夜之間，瑪麗・珍收留了大約五十名日本婦女及其子女。她們的居住區域被嚴重摧毀。直到此時，她才意識到日本僑民的安全問題。儘管如此，她和莫琳很高興回到在仁愛會總院的其他樂勒脫修女之中。

瑪麗・珍後來在仁愛會總院寫的一封信中說，林納斯和安・瑪麗塔回到上海那幾天真是倒楣。到了法租界以後，各個外國領事館立即開始建議本國公民撤離中國。儘管兩位修女不願把其他人留下，但她們必須走。回去美國的唯一路線是搭乘疏散船隻前往馬尼拉，然後再從那裡搭船回美國。「當載有九百多人的輪船離港時，轟炸又開始了。我們擔憂了好一陣子，直到看見她們的船駛到轟炸區以外。」[16]

現在，有些學生去了香港或馬尼拉，但仍有一百多人不管打仗與否都留在上海。瑪麗・珍必須找到一處可以用來辦學校的地方，但顧崑山路的課桌及用品沒有受到太多損傷，還可以使用。她還需要在法租界尋到一席之地，臨時復課。鑒於目前形勢，蓋一所新學校完全是無稽之談。她寫道：「這是我們迄今為止遭受的最大挫折。但上帝掌管一切，我們只能受之任之。」

漢陽

瑪麗・珍們在上海面臨全面開戰的同時，茱斯塔們基本恢復了正常生活。八月六日，依撒伯寫了自己平生的第一封英文信給奧莉薇特會長：

> 之前，我非常想念樂勒脫總會，可是現在沒有時間了。因為四位姐妹去牯嶺休假，我在盡最大的努力協助工作。
>
> 我和茱斯塔姐妹練習二重奏，還和西緬姐妹、尼古拉姐妹練習二重唱。我和李奧納

達姐妹也有一個二重唱。很有意思。在我回漢陽的路上，祖父去世了。請為他祈禱，也請告訴其他初學生為他祈禱。

戰爭離漢陽愈來愈近的唯一跡象出現在同一天，日本僑民得到其政府命令，全部倉皇離開武漢地區。漢口日租界由中國政府代管。

因為預計會遇到麻煩，還在下游牯嶺的嘉諾撒仁愛會修女決定關閉避暑飯店，與四位樂勒脫修女一起返回武漢。

九月十日，當地警察來修女會通知茱斯塔，「將所有的屋頂都漆成黑色，院牆漆成深灰色，房屋的上部漆成深色。我們必須備好沙子和水，禁止敲鐘，並且暫時不要招收新生。」[17]

高爾文來問茱斯塔有沒有關於上海修女的消息。他還想知道茱斯塔認為她們有沒有可能到漢陽來避難？亞伯・夏克頓（Abe Shackleton）神父正要去上海辦事，便主動提出去看望瑪麗・珍，然後陪同想來漢陽的人一起回來。參透瑪麗・珍的茱斯塔認為她本人肯定不會撤離，但也許有其他人樂見這個可能性。當然，如果夏克頓能去看望她們那就太好了。

夏克頓在九月五日到達上海。辦完事並得知修女們都決定留在上海後，他與科爾曼（Coleman）神父一起搭火車離開了上海。隔天，「報上大幅頭條報導：南京火車被炸，三百人喪生」。過了好幾天，大家才得知兩位神父乘坐的是另一輛火車，安全返回了漢陽。

九月十三日，夏克頓帶著很多消息回到武漢。首先，修女們都待在仁愛會總院，很安全。崑山路學校被日本憲兵占用，但瑪麗・珍申請了通行證，取回了一些東西。此外，她每天都在物色新校址，其他人則在為難民服務。

夏克頓帶來最好的消息是，四年前曾經想跟瑪麗・珍和莫琳一起去上海的瑪麗亞・舒居然在混亂中找到了她們，修女們把她安置在呂北克（Lubeck）家裡幫忙做事。

九月二十四日一個平靜的下午，茱斯塔和史黛拉乘渡輪到武昌購物。宵禁警報響起時，她們還沒回來。四點十五分，警報第二次響起。李奧納達在修女會的三樓收集水壺。這是她每天的任務：灌滿熱水，以便修女們睡覺前使用。聽到飛機可怕的嗡嗡聲，她跑到窗邊，正好看見一架轟炸機和四架護航戰鬥機朝不到兩公里遠的龜山方向飛去。這時候，轟炸機先是俯衝，然後斜向左旋回到飛行編隊。與此同時聽到一聲爆炸的巨響，她目睹了落在漢陽的第一枚炸彈。[18]

她嚇得渾身癱軟。過了一會，她回過神來，丟下手裡的水壺，跑下樓，進入教堂。克萊門蒂婭一邊匆忙地點燃祭壇上所有的蠟燭，一邊大聲祈禱。這時，派翠西亞跑了進來，隨後西緬和尼古拉帶著一群年長的女孩也來了。可是依撒伯呢？

聽到由遠而近的飛機聲時，依撒伯正和小女孩們待在院子裡。她趕快把孩子們帶進餐廳。擔心嚇到孩子們，她盡量保持鎮定，叫她們跪成一圈，開始祈禱。孩子們的熱情緩解了爆炸聲，但從膝蓋下的震顫，她知道炸彈就落在附近。

解除警報響起以後，依撒伯叫孩子們起身，帶著她們離開餐廳。這時，其他修女和大女孩也都從教堂出來了。過了幾分鐘，霍根和休斯神父趕了過來，問道：「大家還好嗎？」情緒過於激動的尼古拉用荷蘭語告訴神父，茱斯塔和史黛拉還沒回來。兩位神父一臉茫然。別人解釋說：「她們兩人去武昌了。」

「但願她們沒有待在船上，也還沒回到漢陽。」想著剛剛來時的路上看到的慘狀，兩位神父沒多說什麼，只能相信那兩人安然無事。

看到修女會沒事，兩位神父轉回街上去尋找茱斯塔和史黛拉。克萊門蒂婭和派翠西亞回教堂祈禱；尼古拉幫助依撒伯照顧小女孩們。

一個小時後，六點三十分，守門的老婆婆喊起來：「她們回來了！她們回來了！」兩個熟悉的黑衣人在布滿瓦礫的街上拾路而行。

氣喘吁吁的茱斯塔衝進院子，殘枝敗葉和破碎的玻璃把花園搞得一塌糊塗。「大家都好嗎？」

「都好！你們兩個人呢？」人們如釋重負，彼此互相擁抱和歡笑著。克萊門蒂婭跑到茱斯塔面前說：「感謝上帝！」

茱斯塔和史黛拉開始描述沿著江邊倒塌的房屋、傾覆的船，還有驚嚇得不知所措的人們。他們需要幫助。

「看見霍根神父了嗎？他和休斯神父去找你們了。」

茱斯塔回說：「看見了。他們現在正從廢墟裡把人往外拉呢。」害怕令她全身發抖。在此之前，茱斯塔更拒絕讓自己想像會在修女會看到怎樣的慘況。

高爾文很快也來了。由於道路受到破壞，他繞了一個大圈。知道大家都安好後，他問茱斯塔要不要他跟各個宣教所的神父聯繫，看他們是否能來把自己地區的孩子接回家？如果轟炸持續下去，不能讓孩子們遇難。

據漢口警方宣稱，日軍在漢陽投放了十枚炸彈（一枚約九十公斤）和四枚燃燒彈，摧毀和燒毀了兩百所民宅。漢口也有許多房屋被炸毀。最初估計武漢地區有五百人死傷，後來定為九百人。但是這個數字並不精確，因為還有許多人失蹤。

可以通過公路進入漢陽的人家把自家孩子都接走了；而那些需要搭船來漢陽的人則束手無策。因為兩條江上都漂滿了各種殘骸，包括大大小小傾覆的船隻。

十月二日，上海傳來驚人的消息：安・瑪麗塔到達洛杉磯後去世了！下船時她感到身體不適，被送往聖文森醫院（St. Vincent's Hospital）。隔天，即九月二十四日，她猝然離世，遺體正在從加利福尼亞前往肯塔基的火車上。

安・瑪麗塔修女的死因未知。有人猜測是在上海最後幾天的憂慮和艱難輾轉的回程，在某種程度上導致了這起不幸事件。高爾文聽說後，來到修女會表示悼念。他和其他認識安・瑪麗塔的神父為她做了彌撒。茱斯塔的任務是通知安・瑪麗塔在武昌的親屬蘿絲・阿德萊德（Rose Adelaide）修女。

難民兩面夾擊流入漢陽——北面是逃離河南地震災區的難民；南面是國軍敗兵和聽聞日軍暴

行離家躲避的平民百姓。起初，傷兵並不多，但到了十月三日，傷兵數量大增。

與紅十字會協商後，高爾文安排愛爾蘭修女將診所交給高隆龐醫生法蘭克•麥克唐納神父，她們做好準備去幫助中國紅十字會護士。樂勒脫修女會則騰出房間，用來安頓八名紅十字會護士和無法回鄉下的三十八個學生。一旦紅十字會需要幫助，高隆龐修女和樂勒脫修女必須隨傳隨到。

每天，國軍和日軍的飛機在空中纏鬥。一聽見飛機聲，人們就慌忙尋找隱蔽處。十月十三日，一千名傷兵被送到漢口的一個舊倉庫。

十八日，日軍飛機散發了傳單。飛機飛遠後，女孩們跑到街上去撿她們在院子裡看見從天上飄下來的紙片。傳單上有英文和中文：日軍保證大家不會餓肚子。

二十二日，國軍空軍停止與日軍空中交戰。不用多說，自此之後在武漢上空的所有飛機都是前來執行轟炸任務。十月二十四日淩晨兩點，李奧納達被熟悉的警報聲喚醒。她抓起睡袍，跑去叫醒史黛拉。史黛拉已經醒了，她又急忙跑到茱斯塔的房間。有人去宿舍叫女孩們了嗎？她在二樓看見克萊門蒂婭。

意識到轟炸可能持續數小時，李奧納達又跑回樓上拿了一件厚外套。她是最後一個到教堂的人，看見女孩和修女一起大聲用中文祈禱。祈禱持續了一個多小時。外面安靜下來以後，尼古拉把孩子們帶回宿舍。

剛回到宿舍，就聽見漢口和武昌方向的爆炸聲。她們都鑽到床下等待轟炸結束。

隔天清晨，茱斯塔得知日軍離漢陽只剩大約一百六十公里了。聽從當地警察的建議，她在院子裡升起了美國國旗。

十一月十二日，紅十字會通知茱斯塔，位於伯牙台的傷兵營人手不夠。史黛拉、李奧納達和聖瑪麗的四名貞女立刻前往。一九二三年修女們初到漢陽時，伯牙台的建築相當有模有樣。可是現在，漆暗的樓房破舊不堪、散發著黴味，許多窗戶破損、無法禦寒。「地上排滿了躺著傷員的木板，他們身上有著戰爭能夠給人帶來的各式各樣，甚至於令人難以想像的創傷。還有很多更加不幸的年輕人，躺在水泥地上鋪著的一點點稻草上，任憑十一月的寒風刺進他們的肌骨。」[19]

面對這樣的場面，李奧納達和史黛拉感到無以言表的悲哀。一千四百多傷兵擠在一個按常理來說只能容納這個數量十分之一傷員的空間。治療大多數創傷的唯一辦法通常是截肢，而大多數傷員實際上已經沒有希望存活。那天，李奧納達給五十個人包紮了傷口。

另外，伯牙台還有外在的危險——位於山那邊的軍工廠。倘若日軍轟炸軍工廠，傷兵營一定會與之同歸於盡。

後來，李奧納達在〈危險的日子〉（Days of Danger）中寫道：「如果將軍們能看到這樣的慘況，他們就不會要想打仗了。」

在李奧納達和史黛拉為傷員竭盡所能的時候，其餘的修女和女孩在家裡製作床單和繃帶。她們需要用神父不知從哪裡找來的布匹做出一千五百條床單。

一週後，依撒伯和克萊門蒂婭也跟著史黛拉、李奧納達到傷兵營服務。有一天，克萊門蒂婭驚喜地聽到有人叫了一聲她很熟悉的稱呼「嬤嬤」。這位年輕的傷員是上海人，知道她是個修女。愈來愈多說不同方言的傷員來到傷兵營。大多數情況下，志願者聽不懂北方話，因而無法與他們交流。這種時候，依撒伯通常能夠提供幫助。

多年的漢陽生活，將修女們訓練得把天之不測風雲當成例行公事。加上依撒伯，樂勒脫修女會的八名修女合理安排輪班：照顧傷員、進行集體祈禱、輪流尋找和購買食材。她們發現，依撒伯最會討價還價，還能買到令人意想不到的好東西。有一次，她居然帶回來一頭小豬。小豬立刻就被孩子們收養了。茱斯塔警告如果餵食成問題，則須做其他安排。依撒伯保證自己能把小豬養肥。後來，豬養肥了，卻沒有人願意吃掉大家的「寵物」了。還有一次，依撒伯帶回來一些小雞。只可惜，太多雙手撫摸牠們，小雞很快就都死了。

有八位紅十字會的護士搬進了繡花堂的一間宿舍，和仍然留在那裡的三十八名學生住在一起。形勢愈來愈緊張。看樣子，修女、學生和護士們都必須撤離漢陽去漢口，主要是因為漢陽的軍工廠是個最致命的目標。然而，江那一頭也不能保證就是安全的。到目前為止，轟炸目標大部分都集中在武漢的商業中心漢口。

整個武漢，霍亂和營養不良四處蔓延。傷兵營裡，醫生和護理人員在治療和護理傷員的同時，還要照料因營養不良患病的士兵和平民。茱斯塔沒時間為自己和修女們的安危擔憂，為傷員做床單和繃帶太重要了，大家必須竭盡全力，不能放棄。

壓力使志願者的健康受損，修女們也不例外。派翠西亞的身體出現問題，連續不斷的轟炸使她總是處於焦慮之中。她的頭開始不停地晃動，而且神情異常緊張。李奧納達的體重明顯下降。儘管如此，她仍然去傷兵營為傷員打針和包紮傷口，但劇烈的頭痛常常迫使她不得不臥床休息。在幾天沒見到她照護下最嚴重的一個傷兵後，十二月十四日，她寫道：「我今天去看他……實在是太慘了，傷口到現在還沒有包紮上。這些人只要稍加護理就能得救，而我們只能眼睜睜地看著這些優秀的年輕人死去。真是太恐怖了……我覺得，要能在戰時的傷兵營裡組織『觀光旅行』，人類就會減少屠殺。」

十一月十一日，瑪麗・珍寫信給肯塔基：「據我們所知，現在與內地所有聯繫都被切斷。」先是停止航運，然後是火車，最後是郵件。「他們說，有幾輛還在運行的卡車在公路上被炸毀，車上滿載郵件。」[20]

上海

十一月十二日，日軍全面占領上海。

占領上海後，日軍無意關押俘虜，看見中國士兵，無論投降不投降，一律立刻槍斃。法國警察讓一些沒帶武器的中國士兵躲進法租界，救了他們的性命。有些到中國人聚集區尋求庇護的士兵也倖存下來。法國耶穌會的饒家駒（Jacquinot de Besange）神父成功和日軍達成協議，讓這裡成為由中國民眾來管理的安全區。許多中國平民和士兵因此沒有受到傷害。

瑪麗・珍找到位於福開森路六十七號的一棟兩層樓磚房繼續辦學。十月十八日，她簽了租約，計畫在十一月二日遷入。

實際運作比預想複雜得多。首先必須申請通行許可證，到日軍控制的虹口區崑山路一一六號搬運家具，然後將所有物品搬走，臨時存放在法租界裡的庫房。

莫琳、佛羅倫丁、蕾吉娜、喬瑟拉和葛蕾絲攜帶著許可證，驅車駛向出入虹口區的唯一對外通道花園橋（外白渡橋），在日軍檢查站出示了許可證，最後到達崑山路。她們一直忙到下午五點宵禁前，才將要搬走的所有物品收拾妥當。

第二天，瑪麗・珍帶著另一批人：兩輛卡車和八名俄羅斯搬運工返回崑山路——中國人不准進入虹口區。搬運工往返了五趟，將所有物品搬至位於岡薩加學院（Gonzaga College）的高隆龐總部倉庫。

之後，她們在開學前又從倉庫把所需物品搬到學校。好在倉庫離學校不遠，較輕的東西不用裝車搬運。

上海郊區仍然受到連番轟炸。但開學的第一天，有五十五名學生註冊。十一月九日，蔣中正命令所有部隊撤離以後，學生人數反而上升到七十二名。

那些不住在法租界的學生，上學的時候必須通過日軍檢查站，因此心情沮喪。因為她們經常看見在十字路口站哨的日本兵，對沒有向他們鞠躬或出示通行證的老人發威，甚至毆打他們。

隨著學生數量增加，瑪麗・珍繼續物色合適的校址。離開法租界的人愈來愈多，她相信一定能找到合適地點。

十一月底，一批新難民——攜家帶眷從南京搭乘火車的政府官員——抵達漢口。這些人根據政府的命令撤離南京。據信，此時蔣中正仍在南京，保衛首都。但當日軍向南京發動全面進攻時，蔣中正很快也從南京撤離。

從南京乘美軍內河炮艦「彭內」號（Panay）撤離的美國大使館人員很不走運。靠近上海時，炮艦被日軍轟炸機擊中，全船覆沒。

「十二月十三日，松井部隊攻克中華門進入南京，進行了近代史上最恐怖的大屠殺。」儘管具體死亡人數不能確定，但駭人聽聞的傳言漸漸傳到武漢。

連日的屠殺在不為外界所知的情況下進行。除了很小一部分人躲在快速組織起來的國際社區裡，婦女、兒童甚至老年人都慘遭屠殺。日軍以南京人的下場警示其他城市：這就是頑固抵抗的代價。

「起初，許多人跳進江裡，試圖遊到對岸。但十二月帶著漩渦的江水幾近刺骨，游泳速度很慢，日軍用機槍掃射，數百人甚至數千人淹死。……六週裡，外國傳教士、醫生、商人和婦女萬分驚恐地目睹了日本兵如何用難以想像的野蠻，像屠戮動物般地殘殺中國平民百姓。」[21]

一九三七年夏天從美國歸來的依撒伯修女。
照片中人物由左至右分別為：（前排）李奧納達、依撒伯、西緬；（中排）安．瑪麗塔、瑪麗．林納斯、茱斯塔；（後排）派翠西亞、史黛拉、克萊門蒂婭、尼古拉。

從漢陽望去，冒著大量濃煙的漢口。

十一 占領武漢，一九三八年

一月十六日，日本政府發表聲明，如果國民政府不接受議和條件，日本將不再與其進行交涉，而另建「與日本提攜之新政府」。接下來的幾個月裡，日軍以內蒙古德王的名義，在察哈爾等省扶持地方傀儡政權。[1]

日軍一面採取鞏固措施、一面將槍口指向武漢的同時，高爾文參與了組織武漢地區的救濟工作。一月二十八日，他在一封信中寫道：

我們開始與紅十字會合作，組織救濟行動，捐助者日眾。愛爾蘭清潔公司向紅十字會捐贈五千英鎊。我們的朋友英國領事莫斯（Moss）先生提議將其中三分之二用於傷員和難民救濟。我們得到約五萬美元。兩百名傷兵住在對街的高隆龐醫院，由法蘭克・麥克唐納醫生負責，外加中國護士和高隆龐修女。樂勒脫修女和聖瑪麗貞女在伯牙台照顧一千多名傷兵。聖瑪麗還有一百六十個難民。[2]

二月惡劣的天氣使武漢免於轟炸。可是雪停了之後，日軍轟炸機又來了。隨著轟炸次數的增加，大家開始隨身攜帶護照，以便「緊急撤離」。一旦被捕或遇難，護照還可以用來識別身分——鑒於日軍在南京進行屠殺的傳言，恐怕日軍占領武漢時會慘劇重演。但眼前的死亡讓人焦頭爛額，大家無暇擔憂未來。

從前一年八月上海開戰的消息傳到漢陽時起，李奧納達就開始寫日記。三月，她寫道：

> 三月五日：茱斯塔去傷兵營詢問是否還需要幫手。醫生說至少需要兩個人，因為傷員都願意讓修女給自己換繃帶。
>
> 三月七日：早晨一起床就在下暴風雪，已經幾個小時了。多謝這場暴風雪阻止了日軍轟炸機。

雪一連下了六天，轟炸機都沒有來。三月十三日，聽說德軍入侵奧地利，她寫道：

> 這一年都帶來了些什麼——又一場世界大戰？但願美國有能夠保持頭腦清醒的人，

還沒忘記上次世界大戰的損失和死去的士兵，讓歐洲和亞洲自己解決他們的矛盾。

> 我們又被叫到傷兵營去幫忙，那裡需要做的實在太多了。史黛拉、克萊門蒂婭和我替傷員換繃帶，茉斯塔和依撒伯逐個慰問那些可憐的重傷士兵。[3]

四月二十九日，日軍轟炸機偷襲武漢，中日進行了激烈的空戰。下午兩點三十分警報響起。三點鐘，漢陽軍工廠周邊被炸，眾多平民遇難。

據估計，日軍投下二十枚炸彈。六百多所房屋被毀，約四百人死亡。四點鐘空襲解除後，李奧納達在繡花堂的診療所，剛要坐下來寫當天的日記，克萊門迪婭就衝進來說：「緊急通知，趕緊去醫院。」

李奧納達抓起圍裙和器械，跟著克萊門蒂婭和依撒伯跑了出去。

李奧納達寫道：「不到半小時，我們到了轟炸現場。兩個防空洞被炸毀，一個裡面有六十人，另外那個可能有二十人。」她們能做的只是把幾個倖存者從廢墟裡拉出來。[4]

在高隆龐修女醫院，修女和兩個助手在進行急救。大約五十名傷者被送往聖瑪麗。李奧納達在回憶錄中寫道：

> 我永遠不會忘記那天目睹的死亡，確切人數很可能永遠不為人知，因為還有好多載滿人的大小船隻沉沒。我在這幾個小時裡目睹的一切，根本無法用語言描述。尼古拉姐

妹說戰爭是魔鬼的屠宰場，但還是不足以道出戰爭的殘忍……人體殘骸還有呼吸，卻沒有了生存的可能。我們在人血裡淌了好幾個小時。牆壁上濺得到處都是血。

上半夜回到家，晚餐早就準備好了，可是誰也吃不下去。誰又能睡得著覺呢？手術花了三天時間才全部做完。[5]

很多傷員和病人被送到一個庫房，茱斯塔和史黛拉去評估那裡的狀況。這是一個裝棺材的倉庫，條件惡劣、惡臭難聞，連飼養家畜都不適合——似乎是承認醫治這些人反正是枉然。問題是，不安置在這裡，又能他們又能到哪裡去呢？

無暇悲哀與歎息，兩人只能盡其所能為那裡的人做些能做的事情。大家都在竭盡全力，指望多找幾個幫手都是痴心妄想。

修女們的精力都差不多消磨殆盡。李奧納達變得非常瘦弱，並患有頭痛。到中國以來，她的腸胃無論如何都無法適應中國料理。

日軍離漢陽愈來愈近了。由於無法擺脫對南京慘案的恐懼，傷兵營唯一的醫生張大夫覺得他和醫護團隊要想活下去、繼續為傷兵服務，就得在日軍到達之前離開漢陽。他告訴茱斯塔，如果有修女想和他們一起走，自己將盡到一切努力，確保她們的安全。

茱斯塔把大家召集在一起，對她們說，想和張醫生一起走的人都可以走。在日軍占領武漢之前，現在每個人是時候考慮去留了。如果跟張醫生一起走不可行的話，還來得及搭火車去香港。

前往上海的輪船也還在行駛。大家都沉默著。

每個人都感覺連考慮是否願意跟張醫生一起走的精力也沒有了。另外，這裡還有傷員需要照顧，沒有人想逃命。她們決定團結一致對付將要到來的災難。相信上帝，南京大屠殺不會再發生。

六月九日，蔣中正命令挖開黃河大堤，淹沒中國中部，以期阻止日軍南下。

六月十二日，日軍海陸部隊進攻安慶，國軍撤離該市。日軍意在占領蔣中正的中央所在武漢，爭奪武漢之戰拉開帷幕。[6]

人們以為日軍會從漢陽方面進入武漢，所以修女將所有貴重物品轉移到漢口，只要日軍逼近，她們也都要撤到漢口。六月二十三日茱斯塔寫道：「但願上帝保護我們。但如果必須終此一生，無論身在何處，無論什麼時候，我們都將從容而死。」

茱斯塔還提到，她聽說一輛載滿上海難民的火車被炸毀，無人倖免。另外，「在漢口，兩艘難民船傾覆，無一生還。」

然後，她又報告說每個人都打了霍亂疫苗，還提到儲存罐頭的問題——如果她們必須撤離，要怎樣防止罐頭破損。顯然，茱斯塔面臨著各個方面的不同挑戰。

漢口的兩位知名商人召集了一個國際代表委員會，[7]與會者包括當地的美、英、法、德、義和愛爾蘭代表。

他們計畫與中國當局和日本軍方談判，將武漢劃為安全區，「保護外國居民的生命和財產，並為中國難民提供住房和食宿」。[8] 漢口和武昌的主教、漢口的聖公會主教以及漢陽的高爾文均為委員會成員。

花了數個月時間在漢陽醫治傷兵的張醫生來修女會道別。他和醫護團隊將帶走那些還能行動的傷兵。由於知道南京發生的慘劇，張醫生感到十分困擾，決定將他的團隊轉移到武漢以南，保持一段安全距離，因為如果想要在未來幫助他人，首先必須活下來。

李奧納達的日記：

> 七月一日，除了兩個孩子，其他人都回家過暑假了。
>
> 七月二日，大院裡一片沉寂——沒有孩子的世界將會是什麼樣的！

七月七日至十五日，「包括毛澤東和其他共產黨領導人在內的，由所有（中國）政治派別成員組成的國民參政會在武漢地區舉行了會議……達成共識支持『抗日戰爭』，直到贏得最後的勝利」。[9]

七月十九日的樂勒脫《漢陽日誌》記錄：

武漢經歷了最嚴重的轟炸……五百多位難民被燒死在漢口一家劇院裡。漢陽一些街區連人帶房一併化為硝煙和塵土。

又過了幾天，茱斯塔在一封信中說：「警報一解除，我們四個立刻跑到轟炸區。到了大教堂附近，看見人們把那些可憐的人挖出來。我們便開始做條件施洗。」

漢陽消防隊戴著銅帽來了，但缺乏適當滅火設備，只能觀望正在燃燒的房屋。報導說遇難人數高達一千多人。

漢陽新架的電線遇火後銅芯暴露，很多人不知道裸露電線的危險，到處有人觸電。

茱斯塔在給肯塔基的信裡寫道：

> 每次寫信，我們都在做不同的服務，但這就是中國。我在高隆龐修女會的醫院上夜班。空襲之後，她們收留了受傷的人，然後霍亂又開始蔓延……高隆龐修女負責白天的工作，我們和貞女在晚上看護那些不能留他們獨自一人的霍亂患者。[11]

單是酷暑就足夠消耗體力，更別提緊張的情緒和冗長的工時。一夜好眠已經是個遙遠的記憶。每天晚上警報聲不斷，轟炸機就從頭頂飛過。七月二十九日，茱斯塔得知武昌的聖母會修女決定離開中國。

八月六日晚，依撒伯在醫院值夜班，其他人在修女會準備休息。在三樓同住一間的李奧納達和尼古拉剛躺下，突然，黑夜變成白晝：

我們趕緊跳起來，漢口方向的轟炸機清晰可見。我們兩人抓起衣服往樓下跑。沒到二樓，轟炸就開始了。我草草穿上衣服。窗外到處是火，漢口有如煉獄一般。我鼓起勇氣到二樓去找其他人。

西緬正從活動室爬向茱斯塔的房間。我從大廳跑到醫務室，在黑暗中找到躲在同一張床底下的史黛拉和派翠西亞。[12]

隔天清晨，高爾文看到大家都安全就鬆了口氣，接著談起為難民提供食宿的問題。在雅克諾特（Jacquinot）神父領導下，武漢準備建立兩百個大食堂，每個食堂將為一千個難民服務。下一步是要規劃向每個中心分發糧食的程序。

由於腸胃無法消化中國料理，李奧納達的健康狀況愈來愈令人擔憂。諮詢過醫生後，茱斯塔覺得如果繼續待在漢陽，李奧納達也許會有生命危險。

八月十一日正午又響起了警報。在三樓臥床休息的李奧納達起身打開窗戶——避免衝擊破震碎窗戶。然後記下：

> 飛機分三批，第二批的八顆炸彈落在貧民區。我實在是動不了，不然真該去幫著做點什麼……坐在這裡，我可以聽見院牆外抬著屍體的苦力喊著嘿喲嘿喲的號子去墳地。[13]

其他人立刻跑向被炸的街區。茱斯塔後來在信中寫道，史黛拉到了那裡之後不斷地說：「太慘了。死了這麼多人！這麼多！」

大多數屍體缺少四肢，許多人的衣服被爆炸氣浪沖走，還有人死於流血過多。街區變成了名副其實的血肉磨坊。除了祈禱和做條件施洗，根本無搶救可言。

走到大教堂旁邊的一條小巷時，她們看見四位醫生在盡力醫治被抬到那裡的人。有些婦女給尚有口氣的人喝水。實在是沒什麼可做的，高爾文建議她們到醫院去，至少她們能到床邊安慰那些倖存者。

這次轟炸的主要目標似乎是幾艘裝滿軍工廠機器設備的大帆船。但遇難的卻是街上的平民百姓、江上的小船和沿江而棲的難民。

茱斯塔的信裡寫道：

> 這裡和鸚鵡洲之間的大堤上到處都是人。他們總是喜歡去那裡躺著，以為大堤比自己家安全。可是這一次，最大的那顆炸彈不偏不倚正好落在大堤上，所有的人都被炸成

碎片。永遠也不會有人知曉那天到底有多少人遇難。14

當晚，史黛拉嚇得像是被恐懼扼住喉嚨，以至於茱斯塔一步也不能離開她。史黛拉認定那天晚上還會有轟炸，因為月亮快圓了。

茱斯塔寫信給上海說：「所有人都要去漢口為難民做飯。高爾文被任命為這個計畫的負責人，政府發給他大量的米……要在我們大院裡安置一千一百個難民、聖瑪麗一千、大教堂一千、高隆龐修女大院一千。」

八月十五日是西緬成為樂勒脫修女二十五週年紀念日。李奧納達留下的紀錄顯示，爆炸到下午五點才結束。那是她們所經歷的第三十次轟炸。

八月十六日，漢陽又遭到連續不斷的轟炸。修女會牆上的石灰像下冰雹一樣往下掉。一顆炸彈差點落在高爾文的大教堂。軍工廠遭到命中，總部的建築部分倒塌。

轟炸機飛走很久以後，軍工廠裡尚未轉移出去的手榴彈和彈藥發生連環爆炸，使得救護人員無法進去解救還活著的人。

八月十七日早晨，人們漫無目的地遊走，有些人被轟炸嚇瘋了，歇斯底里地狂笑。

史黛拉、派翠西亞和尼古拉搬到漢口嘉諾撒仁愛會的聖瑪麗學校。

茱斯塔、李奧納達、克萊門蒂婭、西緬和依撒伯在接下來的幾天裡把窗戶上釘上木板，將有價值的東西藏到閣樓上。佛萊琳似乎知道她們在準備離開，緊緊地靠著茱斯塔，瑟瑟發抖。茱斯塔安慰牠說霍根神父會照顧牠，但牠絲毫沒有理解的跡象。

想到日軍在南京對婦女的殘暴行為，茱斯塔專程去漢口請求嘉諾撒仁愛會收留聖瑪麗的貞女。毫不意外，她的請求得到應允。一如既往，義大利修女的大方慷慨無邊無際。

在第三十二次轟炸後，李奧納達於八月二十一日寫道：

> 不得不承認，我也迫不及待地想去漢口。整個上午都忙著收拾零碎的東西，唯恐警報宣布第三十三次轟炸。我和西緬大約六點鐘動身，七點多到漢口。有生以來從來沒鬆過這麼一大口氣。[15]

報導說日軍離武漢地區以北只有七十多公里了，還在漢陽的茱斯塔、克萊門蒂婭和依撒伯做好了去漢口的準備。霍根搬進了修女會，約翰·舒是修女會剩下的唯一傭人。佛萊琳感覺到修女們不準備帶自己一起走，所以當茱斯塔要和牠道別的時候，就躲在樓梯底下不肯出來。[16]

過了幾天，八月二十六日，霍根和約翰鎖上修女會和小教堂就到鄉下去了。大院裡靜謐異常，難民還沒來到，頗似暴風驟雨前的寧靜。

四天後，李奧納達住院了。兩位醫生都說她必須離開中國。這種時候出國可能性渺茫，但茱斯塔知道有能耐安排她回去美國的人非高爾文莫屬。

高爾文用盡渾身解數，終於安排到一張九月九日飛往香港的機票。不料，因為兩架中國航空郵件飛機被擊落，從那天起的航班停飛一週。下一個延誤是由於一架日軍飛機將一架中國飛機驅趕到了印度支那。

終於，九月二十日，茱斯塔接到電話通知，那天下午四點飛往香港的航班上有一個座位。下午兩點三十分，高爾文和另一位神父護送李奧納達、茱斯塔和史黛拉到航空公司辦事處等待起飛的消息。

五點三十分，通知來了，叫李奧納達去只有幾分鐘路程的飛機場。她在日記中寫道：「六點整，飛機起飛，飛向生死之莫測。」

回到嘉諾撒仁愛修女會，茱斯塔和史黛拉站在雨裡，直到看見李奧納達的飛機從她們頭頂上飛過。隔天上午，茱斯塔到航空公司詢問，得知李奧納達乘坐的班機已於昨晚十一點三十分安全抵達香港。十月五日，茱斯塔收到李奧納達的來信（郵戳顯示從上海寄出），她將途經日本回去美國。[17]

修女撤離到漢口的同時，中日當局就保護武漢地區進行了談判，並且作出承諾。但是定下的承諾卻將發生令人意料不到的改變。

租界區難民救濟委員會請修女們幫忙製作旗子和臂章，茱斯塔和克萊門迪婭主動提出回漢陽把兩台攜帶式縫紉機搬過來。她們帶著安全區通行證去江邊搭船。街上幾無人行，沿途經過的幾個中國士兵對她們的通行證不屑一顧。

她們找到一個願意載她們兩人去漢陽的年輕船家。過江花不了多少時間，兩人默默地看著停泊在江上的幾艘大型灰色軍艦，其中一艘掛著英國國旗。平時，江上總有數十艘大大小小的船隻來來往往，船夫們相互間大聲吆喝。可是今天，除了江水拍打船隻的聲響，全無以往的喧嘩。

船到碼頭，城門處兩名背著步槍的士兵好像專門在等她們。船家栓好船，伸出手扶修女下了船。茱斯塔問他能否等她們回來，得到了肯定的回答。走上陡峭的石階，進入城門時，兩個士兵只朝修女點了點頭。他們是否也因為日軍即將到來而忐忑不安？

才走了六週，漢陽完全變了。除了幾個站在商店門外看馬的國軍士兵，街道蕭條得近乎陌生。幾個形色匆匆的路人都低著頭，不像往常那樣左顧右盼。[18]平日的好奇被謹慎取代，更確切地說是被恐慌取代。

院門上的掛鎖依然忠實地守衛著院子。茱斯塔打開院門，花園裡沒有劫掠的跡象，秋天最後的花朵依然綻放。

開鎖進樓，一切跟她們離開時一模一樣。兩人很快找到那兩臺攜帶式縫紉機，一人抱一臺走出來，再鎖上門。克萊門蒂婭艱難地用右手提著縫紉機，騰出左手，彎腰摘下幾朵金黃的菊花。到了大門外面，茱斯塔放下箱子，把掛鎖扣緊、鎖好，兩人往江邊走去。這段期間，沒說過一句話。年輕的船家一看見她們兩人，立刻過來把縫紉機接過去。後來，茱斯塔曾說起看見她們時，船家如釋重負的樣子。抑或是看見他時，她自己懸著的心才放下來？

茱斯塔組織了一些人為安全區委員會製作旗子——做些具體的事情可以緩解焦慮。日軍占領漢口時，這些易於識別的旗子將標誌這裡是安全區。

十月十七日，所有中國公民的私家車都被政府徵收用來撤離。兩天後，在安全區人滿為患的情況下，漢口市長吳國楨又徵用了六千輛人力車和馬車，[19]為撤離到湖南北部之用。武昌和漢陽的民眾收到在三天之內撤離的通知：三天後，漢江和長江將實行交通管制。

委員會盡了一切努力讓留在漢口的人們，日常生活還過得下去。安全區每天限水限電。由於匆匆撤離，有些人把兒童和嬰兒留在嘉諾撒仁愛修女會，託付給外國傳教士保護，直到家人返回為止。

旗子做完了，茱斯塔們又開始為安全區工作人員製作三千副臂章，另外還應紅十字會的請求做繃帶。

二十三日，日軍飛機撒傳單通知民眾不要害怕。隔天，漢口市長和安全區委員會中國成員宣布，他們準備撤離武漢。耶穌會的雅克諾特、高隆龐的高爾文和安全區委員會的其他外國人將負責照顧大約四萬一千名無處可去的本地人和難民。

茱斯塔和史黛拉意識到，之前所有的艱難——洪水、流行病、土匪——沒把她們趕出中國，但這一次很可能代表著她們在中國的日子屈指可數了。誰知道接下來會發生什麼？雖然日軍承諾遵守武漢作為安全區的協議，但戰時的承諾能有幾分信譽可言？

有傳言說，即將撤離的國軍準備炸掉一些建築，尤其是日本租界的樓房。其他傳言稱「義大利人」暗地裡給日軍提供資訊，這讓一些天主教徒擔心國軍在撤離前會拿他們出氣。不但如此，將來國軍打回漢口，又會怎樣對待他們？此時，唯一一絲光明是有消息說蔣中正本人已到湖南，並且撥款七十萬美元來幫助照顧武漢的難民。

十月二十五日黎明時分，前日本租界方向傳來的爆炸聲震動了整個漢口。果然，國軍下手了——為了不讓日軍得到留在那裡的物資。那天一整天，日軍偵察機在城市上空盤旋。大家猜想，日軍會在確定國軍確實放棄漢口之後，再指揮地面部隊進入。

十月二十六日早晨，大火還在日租界燃燒，第一批日軍軍官上岸。雅克諾特率領的安全區委員會代表在碼頭與他們會面。日軍軍官向神父保證，當天稍晚才會到達的部隊將遵守協議，不會打擾安全區的民眾。

正午前，尼古拉、史黛拉和派翠西亞在江灘附近銀行大廈的頂樓上，看見江上駛來數百艘船隻。三個樂勒脫修女在那裡照顧四十六位中國本土會修女。[20] 日軍運輸艦、炮艦和水上軍用飛機到達漢口時，高爾文、茱斯塔和高隆龐修女負責人麥克（Michael）修女正在檢查大食堂設施。從他們所在的位置目睹這一歷史時刻，茱斯塔心痛欲碎；高爾文默默地轉過身去。雖然參與了和平占領武漢的談判，但是親眼目睹日軍占領漢口仍讓他悲從中來。

下午，步兵部隊進入漢口，無視安全區的標誌，占領了所有尚存的建築物，在每個旗桿上掛上日本的紅白旗——標誌著中國人被征服的屈辱。

翌日，日本憲兵隊後藤上尉通知雅克諾特，漢口已進入「和平狀態」，難民無需滯留在安全區。日本憲兵隊計畫從十一月一日開始，把難民集中到在漢口郊外武神廟建立的難民區。

幾個月以來，為建立大食堂的設施配備、為四十個大食堂招募志願者的一切努力，皆因日軍這一命令而功虧一簣。

安全區委員會有些人頗為灰心，欲撒手不管，看日軍到底能為成千上萬的難民做什麼。但飢餓的難民在等著大食堂開飯。委員會申請到臨時許可，大食堂冒著傾盆大雨，按原定計畫開飯。

然而，大雨倒是其次。那天下午，志願者發現日軍把婦女、老人和兒童趕到街上。他們蹚縮在一起，頭無片瓦，人們和隨身攜帶的一點點行李淋得透濕。高爾文的朋友，德國承包商薩奇（Sache）先生打開他的地下室倉庫，那裡儘管擁擠，但至少暫時可以避雨，並提供了一個可以放飯的地方。

日軍疏散難民計畫的最終目的是清理和整頓江灘。而難民的第一個反應則是恐懼。因為不信任日軍，他們拒絕服從，確信這是個騙局——將是一場死亡行軍。日軍宣布拒絕服從者格殺勿論。安全區委員會隨即出面協商：建議由漢口非軍事人員出面監督疏散，民眾可能較不會有抵觸的情緒。委員會毛遂自薦擔當這一項任務。

十一月一日一早，很多盆米飯被送到河邊的倉庫。用完飯後，尼古拉和西緬主動提出要陪同數千難民前往武神廟。接下來就是督促人們收拾好小包袱，四、五百人一組，搭帆船前往武神廟。

中午時分，五百位男女老少啟程了。西緬打頭陣，尼古拉負責殿後，人群中大多數是年老男女。年長的婦女大都是小腳，行走不便。加之不乏抱著嬰兒的母親，大隊人馬行走緩慢。

殿後的尼古拉不斷鼓勵落下的人不要放棄。一位中年婦女坐在地上，捶著自己的頭，哭著說她再也走不動了。尼古拉跑過去，懇求她起來。一個站在不遠處的士兵用清晰的英語問，怎麼回事？

尼古拉回答說：「這個可憐的人想自殺。」

那個士兵用日語喊叫起來，然後用槍托推那個女人。尼古拉把女人拉起來，安慰她就快到了。參差不齊的隊伍拉得很長，尼古拉扶著那女人遠遠地落在後面。

西緬和尼古拉與難民走了之後，克萊門蒂婭和高隆龐的基利安（Kilian）修女負責尋找和幫助那些掉隊的人。難民徒步行走的八公里多路程被炸彈破壞，無法正常行走。而為了幫助落下的人，她們兩人走了雙倍的距離。有些婦女實在是走不動，克萊門蒂婭或基利安便盡量幫她們背包袱或抱嬰兒，唯恐落下的人會遭遇暴力威脅。志願者最大的悲哀是在街上看到屍體。顯而易見，有些人是因絕望而自殺的。

茱斯塔和依撒伯的任務是動員那些堅決不走和無論如何走不動的婦女，勸她們說，走總比被日本人槍斃，或是被他們在地下室活活燒死來得好。與此同時，她們還看見健壯的中國男人被日軍拉走當炮灰，這在已經嚇得魂不附體的婦女中引起更大的恐慌。

薩奇先生再次伸出援助的手。他設法弄到了一艘交通艇和四艘輕駁船。在志願者的幫助下，剩下的難民都移動到駁船上。他和十名志願者陪同難民沿漢江到達武神廟。

難民撤離的同時，委員會還為保護庫存物資「奮戰」一場。之前，委員會在漢口的幾個倉庫裡存放了米、鹽、油、木材和煤炭。為申請轉移這些物資的許可，高爾文不得不與一連串日軍官員進行了長時間的談判。同時，每時每刻都有日軍士兵要燒毀倉庫的威脅。最後才終於得到許可。他們從英美菸草公司（British American Tobacco Company）和漢口國際賽馬俱樂部（Hankow International Race Club）借來幾輛卡車。高隆龐的休斯神父負責指揮把物資從陰冷的倉庫裝上卡車，其他三位神父科爾曼、湯瑪斯（Thomas）和達里奧（Dario）開著車在擁擠、遍布瓦礫的街道數次往返，把物資運到碼頭。

成功地將大部分儲存的物資運走之後，日軍炸掉了海關和碼頭之間的所有建築。熊熊大火連續不斷地燒了好幾天，直到江邊的一切被夷為平地。

為了更接近難民區，高爾文從漢口搬到武神廟衛理公會的辦公室。之後，衛理公會宣教團為他提供了一棟房子，供為難民服務的志願者使用。尼古拉、茱斯塔和三個高隆龐修女第一時間進駐。尼古拉斯提議第一週由她做飯，就此開啟了一個輪班模式。每天有幾個人負責做飯，其他人則負責採購。除了白天在各個難民營準備和分發食物外，晚上，修女輪流在附近一棟破爛不堪、四面透風的房子裡照顧霍亂患者。

很快，西緬、克萊門蒂婭和其他九名女性志願者也加入了她們的行列。十幾個人住在只適合三分之一的人數來住的地方。但她們很高興能在一起。起初，儘管日本守軍沒有打擾女性難民，有鑒於日軍在南京對中國婦女的姦戮凌虐，茱斯塔對依撒伯在此參與賑濟難民心懷隱憂。可是依撒伯在為難民分配食物時至關重要。幸而，她的憂心沒有成為現實。

到一九三八年十一月中旬，戰鬥已向南轉移，但中國飛機仍不時返回轟炸。十一月二十四日，史黛拉、麥克修女與高爾文一起前往漢陽，查看那裡的情況。漢陽像一座空墳。有的房屋門戶大開，其它的則被摧毀。史黛拉後來寫道：「我們只遇到三條瘦得皮包骨、長滿疥瘡的狗和兩隻在垃圾桶裡覓食的貓。」

三人先去繡花堂。大門仍然鎖著。翻過柵欄，他們看見樓門已然被撬，每個房間都被翻了個底朝天。她們儘管感到難過，但意識到相比自己目睹的死亡和摧殘，這根本不算什麼。修女會的門亦被撬開，通往走廊的磨砂玻璃門被砸得粉碎，禮拜堂的門也遭到破壞，臨走前史黛拉蓋在祭壇上的布被扔在地上。

從一個房間到另一個房間，抽屜和物品散落一地。有一扇門似乎是被斧頭砍成碎片。幸運的是，打劫的人沒注意到通往閣樓的那扇活動門。修女們把有價值的東西都放在那裡了。與樓內情形截然不同的是院子裡的花壇。儘管雜草叢生，卻長滿了盛開的菊花和水靈靈的綠番茄。史黛拉流下了淚水——所有人造的災難都不能戰勝大自然。高爾文拍了拍她的肩膀以示安慰，然後向麥克修女建議去看看高隆龐修女會這三個月來的狀況。可想而知，那裡也遭受了不速之客的「拜訪」。

十二月初，許多難民離開武神廟回鄉下了。仍然在那裡的人基本可以自助。茱斯塔認為可以回漢陽了。

十二月十三日，茱斯塔、尼古拉和西緬回到漢陽收拾房子，把蕨類植物和一些其他植物移到了室內，以免凍死。茱斯塔發現她放在陽臺溫室一側的聖母雕像不翼而飛。閣樓上的被褥和行李箱完好無損。其他遺失了的東西都關係不大，重要的是她們都還活著！

史黛拉、派翠西亞、西緬和尼古拉於十二月十七日從漢口搬回漢陽，順手帶回來一袋乾豌豆、一袋麵粉和一些罐頭食品。那天晚上，大家一致贊成史黛拉所說：「在家吃乾麵包皮都比在任何地方吃大餐更享受」。

霍根神父和約翰也回到漢陽。高爾文為約翰申請到一張通行證，任務是找到修女們存放在漢口各處的物品，然後搬回漢陽。街上沒了人力車，他自己一趟又一趟地把東西搬到江邊，等到過了江，再把東西搬到各個修女會。奇跡般地，他找到了所有的東西。就是沒找到也沒關係，她們回家了，其他的都不重要。

茱斯塔、克萊門蒂婭和依撒伯留在武神廟，每天早上和下午發米。家家戶戶有指定的日期和時間來領取每週的口糧。配給證上註明領米的日期和數量。這時，每天分發的稻米數量已降到兩百麻袋。

十二月二十日下雪了。第二天，依撒伯在石階上摔了一跤，暫時休克。孔德爾（Cundall）醫生給她做了檢查，宣布並無大礙。

十二月二十二日，日本首相發表「近衛三原則聲明」。

不到兩天，克萊門迪婭帶著聖誕節糖果回到漢陽，發現節日布置業已完成。在聖誕節前夕的下午五點半，茱斯塔和依撒伯回來了，依舊穿著沾滿麵粉的圍裙。

四個半月來，經歷了數百次大大小小的戰役，一九三八年十二月二十五日武漢終於淪陷。[21]

在這艱難的一年結束時，修女們收到一份非比尋常的珍貴禮物。即將離開中國的孔德爾醫生和太太送給她們一個鳥籠，裡面有十三隻愛唱歌的金絲雀！

西緬修女和依撒伯和高隆龐的保羅・歐萊瑞、達德・麥卡錫（Thaddaeus McCarthy）修女一起準備安全區的旗幟。

還沒有被中國軍官領養的佛萊琳

日軍占領前的漢口街景

在街上生活的難民

治療傷兵的史黛拉修女

十二 淪陷區的生活，一九三九年

上海

一九三八年的大部分時間，武漢民眾對日軍的到來提心吊膽。而在長江下游將近一千公里處，業已淪陷的國際都市上海，不同國籍的公民已經開始在占領下生存。

樂勒脫學校的學生來自世界各地。目前的主要問題是，法租界福開森路六十七號校址太過擁擠。儘管從辦學角度來講，這裡比之前崑山路的四層樓公寓更合適，但是規模不足以容納繼續增加的學生人數。瑪麗・珍又開始物色更理想的校址。

漸漸地，許多人回到上海，包括有女兒在崑山路就讀的日本家庭。二月，瑪麗・珍寫信給奧莉薇特會長：

去年學校裡有八個日本女孩，都是不錯的孩子。現在她們回來了，還想上我們的學校。幸好現在滿員了，我叫她們九月再來。但願九月之前形勢能發生變化。[1]

由於日軍占領，倘若日本學生入校，瑪麗・珍不知道是否會影響學生中的和諧氣氛。目前，學生中大多數是英國人，還有中歐混血和中國人。現在，學生經過交叉路口時必須向日本警察鞠躬，中國學生將如何看待同班的日本同學呢？

迄今為止，不同國籍和種族在這個國際學校同窗感覺理所當然。[2]修女和其他非基督徒教師都不希望有任何節外生枝，打破學校以往的融洽氣氛，希望秋季開學時，其他學生不會對返校的日本女孩抱有成見。

瑪麗・珍承認要做到百分之百公允十分困難：「中立是個難以行走的獨木橋。但對於傳教者來說，這是上帝的獨木橋。」

日軍當局命令那些在天主教男校教書的中國神父戴上臂章，表明他們是「二等公民」。瑪麗・珍聽說，上海某個修女會為了不使華裔修女受到如此侮辱，已將她們轉移到非占領區。她立刻想到漢陽的依撒伯。如果占領武漢的日軍如法炮製臂章的規定，對依撒伯會有怎樣的影響？其他修女又會怎麼做？

她寫道：

上海充滿了恐怖，幾乎每天都有一些可憐的人遇害。中國人若替日本人效勞，那他在同胞面前便是無恥之徒；但如果拒絕，就會被殺。大多數有地位的中國人紛紛離開了上海。

由於缺少有經驗的市政管理人員，日軍僱用了外籍人士。中國人對葡萄牙人，特別是說中文的葡萄牙人，接受日軍僱用深惡痛絕。瑪麗・珍不知道那些認為日軍是非法占領上海的學生會做何感想？

此時，瑪麗・珍十分想念回美國籌資的莫琳。她要是在上海就好了，瑪麗・珍就會感到有所依靠。她們一起生活和工作了十五年。在上海的頭幾年裡，尤其是在跟主教和神父打交道的時候，莫琳自然比瑪麗・珍更具外交風範，總是能夠緩解氣氛。上海的主教和神父對女性頗有成見，不像高隆龐神父，特別是高爾文主教那樣尊重她們的意見。

漸漸地，上海恢復常態，但是物價不斷上漲，給當地人，尤其是失業的人，帶來巨大的壓力。儘管如此，當瑪麗・珍終於在法租界找到了一個更適合作為校舍的大型住宅，房租卻比之前低。

暑假，她簽署了租賃合約。新校址位於寶慶路十號，有兩個車庫，可以用來當作圖書館和學生活動室。業主是個從未來過上海的猶太女人，她准許自己的兄弟簽訂兩年的合約，並可選擇續租第三年。瑪麗・珍希望租賃期滿時，她有足夠的資金將這份產業買下，從此一勞永逸。[3]

暑假，佛羅倫丁修女為兩組婦女上縫紉課，每組八人，每週兩次。其他人替各個學科的學生做輔導，收入足以負擔暑假期間的費用。

學校九月十二日開學，包括日本女孩在內的兩百〇八名學生註冊。瑪麗・珍聘用了應屆畢業生貝莎・呂北克（Bertha Lubeck），負責教三十個五年級學生。貝莎很高興有機會累積點教學經驗，她計畫在有機會的時候前往肯塔基，進入樂勒脫總會的初學院。[4]

第一屆畢業生德雷莎・古特拉斯已經在肯塔基初學院修道，發願*後取會名為安托內雅・瑪麗（Antonella Marie）。她的每封信都洋溢著喜悅，這使她父親非常開心。每當收到來信，他便立刻到學校去，與修女們分享德雷莎的近況。

日軍占領武漢之前，上海的樂勒脫修女便開始密切關注，對漢陽憂心忡忡。十月二十五日晚上九點，上海廣播電台宣告，日軍部隊於當天下午三點進入漢口。第二天，瑪麗・珍寫信給肯塔基：

> 我們一直關注著開往漢口的日軍，祈禱上帝不會讓預想的屠殺和恐怖成為現實……。
>
> 幾週沒有收到漢陽姐妹的來信之後，前幾天忽然收到一封，但是好久以前寫的。不

* 譯註：修女發願即發貞潔、樂貧、服從三聖願。

論如何，幸好有收音機，可以每天兩次收聽新聞……可是，廣播裡從來不提漢陽，所以我們得不到有關那裡的任何消息。從漢口撤退的部隊不經過漢陽，所以除非遭到搶劫或有火災發生，樂勒脫大院應該是安全的。軍隊撤離、軍工廠被炸，漢陽已無軍事價值。

漢陽

一九三九年一月上旬，漢口難民救濟委員會評估了在日軍占領過渡期間，為武漢三鎮居民提供安全區的初衷，認為委員會的使命業已完成。幾個委員決定辭職。高爾文辭去安全區管理人的職務，回到教區。[5]

一年多來，高爾文一直在為即將成立的漢陽聖瑪麗本土修女會擬定規章。現在他有時間專注於制定本土修女會職責細節。在這方面，他不僅諮詢了茱斯塔，還詢問了所有樂勒脫修女。[8]

茱斯塔已於一月一日決定讓尼古拉代替她到武神廟難民營服務。茱斯塔需要抽出時間造訪漢口地區另外兩個本土修女會，為三月底搬到聖瑪麗來了解一些情況，並做些準備。但是，計畫趕不上變化。

正常生活被疾病打亂：首先，茱斯塔患了痢疾，還長了疥瘡；她痊癒後，尼古拉患了同樣的病；下一個是之前就患有高血壓的派翠西亞病得臥床不起，命懸一線。

二月六日，修女們圍在她床邊，高爾文主教來為派翠西亞做臨終聖禮。他為派翠西亞做塗油聖事時，淚水潸然而下。

修女們開始唱起「耶穌聖母」，但每個人都因哽咽而無法繼續。高爾文閉著眼睛默默祈禱；大家都在等著派翠西亞停止呼吸。這時，高爾文用強而有力的聲音說：「派翠西亞修女，起來吧！」接著她就緩緩地睜開眼睛，然後幾乎是毫不費力地坐了起來。先是一驚，然後大家都意識到她回到她們中間了。聽說派翠西亞康復後，瑪麗・珍評論道：「這就是恩典，也表現了這兩個愛爾蘭人對上帝的虔誠。」

兩天後，高爾文通知安全區委員會，他管轄下的所有外籍人員將從武神廟撤出。二月二十一日晚上，為了感謝所有志願者的付出，他在武神廟辦公處請大家共進晚餐。每天仍在發米的茱斯塔、克萊門蒂婭和依撒伯也在其中。

三月十七日，高爾文邀請高隆龐和樂勒脫修女到總部參加一年一度的聖派翠克茶會。這時，本土修女會正式成立時間已定為三月二十五日。一年多來，修女們已經知道茱斯塔將負責培訓初學生。現在她們得知克萊門蒂婭將以代理院長的身分與茱斯塔一起搬到聖瑪麗修女會去。

三月二十四日晚上，茱斯塔和克萊門蒂婭把個人物品裝成中國式的包袱，走到聖瑪麗修女會。隔天早上八點整，教堂門外有十五名穿著簡樸的初學生在茱斯塔身後排成一隊。[7]每人一隻手拿著一支點燃的蠟燭，另一隻手拿著一本《自我犧牲手冊》。緊隨其後的是克萊門蒂婭修女，然後是霍根神父和歐康諾神父，最後是高爾文主教。

進入教堂後，霍根邀請初學生到祭壇的欄杆邊。茱斯塔站在她們的一側，克萊門蒂婭在另一側，高爾文主教用中文朗讀了啟動本土修女會的宣言，宣布上帝選擇了這十五人成為修女。彌撒時，西緬彈管風琴、霍根拉小提琴，修女、神父和其他貞女則是唱詩班。彌撒之後做塗油聖事，麥克修女把所有人帶到初學生的小教堂做賜福祈禱，唱讚美詩。儀式到此結束，大家到室外照了相。回到室內之前，大家擁抱道別，不少人熱淚盈眶。

樂勒脫修女之間也道了再見，好像茱斯塔和克萊門蒂婭要出門遠行。實際上，她們兩人離得很近，只不過不再參與樂勒脫修女會的日常活動而已。依撒伯尤為傷感，好像她們要去一個遙不可及的地方。

高爾文主教把十五個初學生、茱斯塔和克萊門蒂婭帶回到她們的住處。為她們祝福後，他回到在外面等候的人們那裡。令人大吃一驚的是，他在大門上釘了一塊牌子，上面註明「未經允許，任何人不得入內」。*幾天後，茱斯塔寫道：「敲釘子聽上去就好像是在釘我們的棺材。她們說外面所有人的眼睛都濕了……我們親愛的依撒伯姐妹哭成了淚人兒先回家了。」[8]

儀式結束後，霍根神父請大家到隔壁他家喝咖啡，給大家一個機會談一談她們對儀式的看法，分享自己對新修女會的期望。只有依撒伯沒有接受邀請。有人注意到她做彌撒時就在輕聲哭泣，還以為是莊嚴的儀式令她心有戚戚焉，抑或是使她想起不久前自己在樂勒脫初學院的日子。還有其他可能是她在為這些初學生感到開心而流下的淚水。

依撒伯獨自一人回到樂勒脫大院，遠非喜極而泣，她其實很難過。在她的成年之後的生活中，這是第二次與好朋友茱斯塔分離。從十三歲起，茱斯塔就像慈母親般關心和培育她。在肯塔基的三年，她感覺最煎熬的是身邊沒有可以吐露心聲的朋友。作為樂勒脫社群的一員，她還是個新手，時常感到不安，不確定自己的所有努力是否到位。茱斯塔是唯一一個她可以隨時與之溝通的人。茱斯塔姐妹什麼時候才能回來？此時此刻，依撒伯感覺像是被遺棄了一樣。

戰爭導致了通訊的延誤。高爾文和茱斯塔尚未收到奧莉薇特會長確認新修女會的成立日期。在之前批准茱斯塔和克萊門蒂婭調動的基礎上，他們覺得按照計畫行事沒有問題。為了避免誤會，高爾文立刻寫信給奧莉薇特會長：

> 就目前狀況而言，我們認為可以在您已經批准的情況下按計畫開始。十五名貞女被選為初學生。根據您一九三七年十一月四日的來信，在您和理事會的一致同意下，我已任命茱斯塔・賈斯汀修女為初學生負責人，克萊門蒂婭修女為教會院長。
>
> 聖瑪麗的望會實習期為六個月，初學期為一年。這一時期結束後，兩位修女還需要指導她們多長的時間目前還很難說。估計一年，也許不會那麼久……
>
> 衷心的感謝，
>
> 此致敬禮，
>
> E・J・高爾文[9]

* 譯註：初學生需要在初學院裡閉關修道。

他還說，目前漢陽不夠安全，鄉下的女孩還不能回到繡花堂。三十個就住在城裡，當天晚上就可以安全返家的本地女孩，很快就要回來繡花堂幫忙了。

復活節週二，繡花堂在西緬負責下開始運作，三名大女孩協助派翠西亞的工作。史黛拉寫道：「她們每早六點半做彌撒之前到。我們負責她們的三餐，下午五點鐘回家。」[10]

沒過幾天依撒伯就清楚了，她根本沒有必要擔心會與茱斯塔失聯。史黛拉邀請了主教和神父週日下午四點來喝茶。茱斯塔和克萊門蒂婭也來了，待了兩個小時（兩人都感覺到負責初學生的生活太過緊繃，有必要時不時地放鬆一下）。之前，賑濟難民時常變換工作時間，以及接待各式各樣的來賓都沒讓她們做好心理準備。在與十五位熱情洋溢的年輕女性一起過嚴格的封閉式生活時，她們非常想念樂勒脫的姐妹，尤其是共同祈禱和相互溝通。只有沒有與初學生待在一起的時候，她們才能用英語交談。克萊門蒂婭特別覺得每天只講中文讓她筋疲力盡。下午茶結束後，在道別回到聖瑪麗教會時，她還流下淚來。

起初，戰爭和占領軍似乎離她們有千里之遙。然後，幾名日兵時不時會突然到樂勒脫大院來四處查看一下，旋即就離開。四月十六日，史黛拉修女寫道：

> 若不注意，你會以為根本沒發生過戰爭——毛巾廠裡機器噪音不斷，小販吆喝生意，人群熙熙攘攘——跟過去一樣。街上有卡車和小汽車在行駛，商店裡不缺肥皂、火柴和香煙，只是沒有鞋帶。由於沒有棉製繫帶，我們只好用羊毛帶來繫夏季長筒襪。[11]

史黛拉又以她慣常的調侃語氣補充說：「別以為我們在吃苦頭。每天早餐都有可以給我們加足馬力的大麥吃。大家的生活都很開心。」

戰事已轉移到其他地區。四月二十二日，有消息稱牯嶺被占領，神父的房子跟許多其他建築一起被炸毀。南昌淪陷。

四月二十五日是依撒伯復願*的日子，茱斯塔回來了。不光是來做彌撒，她待了整整一天。茱斯塔找了一個機會，問依撒伯願意不願意協助她們在聖瑪麗的工作，向初學生解釋自己現在接受的培訓，跟她在肯塔基時一模一樣？另外，依撒伯還能為她們講解守時的重要性，因為許多人都缺乏這個觀念。

依撒伯對此求之不得：首先，茱斯塔認為她有寶貴經驗可以分享；最重要的是如此一來，她便又有了與茱斯塔溝通的機會。依撒伯擔心自己在修女會是否有盡到責任。茱斯塔可以給她提點一些建議。

從開始培訓初學生的幾個月前，茱斯塔和高爾文就有過三番兩次的討論，關於貧窮和服從對貧困中長大的女青年的重要性。而這些討論往往變成辯論。《自我犧牲手冊》的作者高爾文強調最多的是甘於貧窮。茱斯塔則認為如果她們遵守服從的誓言，那麼甘於貧窮不言而喻，因為這些貧窮的年輕婦女從來沒有體驗過豐衣足食的滋味。但主教的觀點是，她們必須從宗教的意義上理

---

* 譯註：依撒伯在肯塔基初學院時已發過初願。

解貧窮：各取所需、樂於分享、依靠上帝。

很多年以後的一次訪談時，茱斯塔說：「我們無論如何無法達成共識。他認為缺乏貧窮導致了歐洲宗教團體的衰落。可是我指出，耶穌會一向順從並且自律。他回答說：『一味服從只會使人精神不振。』後來，我明白了他說得對。」她笑了。[12]

她還記得自己意識到主教講得很有道理的一個實際例子。初學生剛來的時候，每人領到一個錫製針線盒和一些布料。剩下的布料集中在一個地方，大家可以根據需要補充。但是多餘的布料很快就消失了。最後，茱斯塔詢問初學生，布料都到哪裡去了。初學生說高爾文主教告訴她們，兩個樂勒脫姐妹以後會回到樂勒脫會，而她們將有自己的院長，所以現在必須積攢將來可能需要的東西。看來她們還得充實有關甘於貧窮這方面的知識。也許，貧窮的背景不見得自動就為發願貧窮做好了準備。

跨國文化不可避免地造成溝通的阻力。茱斯塔修女對一個年紀較大、受過教育的初學生說：「我發現姐妹們不說實話。」她有些吃驚，問茱斯塔怎麼回事。

「她們回答問題的時候好像並不一定會說真心話。」

「啊，我明白了。」她回答。「我們跟你們不一樣。你們向來都是直來直往；我們不是。我們首先想到的是你們愛聽什麼，會說出來試試看。要是說得不對，就再改口。為的是讓你們聽了高興。」

依撒伯是這樣解釋：「其實美國人也一樣，只是用不同的思考方式」，並不都是實話實說。

比如，既然修女們認為說實話那麼重要，為什麼她們不叫話多的人少說幾句？或者是，在某個大家都不想見的人來了的時候，會說「很高興見到你」？

這番話使茱斯塔想起依撒伯剛從美國回來的時候。有一次，一位來訪的神父話多得不得了。依撒伯實在不耐煩了，悄悄地跟茱斯塔說：「叫他走吧！這個嘮叨的人。」以直率著稱的茱斯塔當場咯咯地笑了起來。

茱斯塔有時候也會失去耐心，但通常只是私下跟克萊門蒂娅發洩。可是有一次，她在用了好幾個實例做了解釋以後，仍然面對著一張張茫然的面孔。耐心消磨殆盡的她用英語脫口而出：「教一幫文盲實在是徒勞無功。」這句話對這些初學生來說毫無意義。但高爾文正好走進來，「一幫文盲」這幾個字令他震驚。他的第一個反應是心疼這些想要得到茱斯塔歡心的初學生，她們沒聽懂這一事實並不重要，重要的是茱斯塔稱她們為「文盲」。

茱斯塔和高爾文都把這件事記在心裡。之前，高爾文忽略了她們大多數幾乎沒上過學。他痛苦地意識到除了一個人有受過護士訓練，其他人確實都是文盲，既不能閱讀或書寫自己的文字，也看不懂他翻譯成中文的規章。

他從茱斯塔的話裡得到了啟示：這些婦女所需要的不僅僅是宗教培訓。想要讓她們像自己希望的那樣成為老師、護士或助產士，她們確實不僅需要學會祈禱和唱讚美詩，還要接受正規教育，成為有「面子」的人。如果她們將來要去幫助其他女性成為有「面子」的人，那麼她們本人則必須先受教育。在她們面前的路還很長。即使在成為修女以後，有的人需要去上小學，有的則是上中學。為此，他提供了每個人了一輛自行車。[13]

茱斯塔請西緬來教幾位初學生彈鋼琴。因為鄉下的教堂裡通常有風琴，那些能為讚美詩彈奏簡單伴奏的修女能為禮拜增添光彩。先學會鋼琴基礎知識的人再去教其他人。「最終有八個人學會彈鋼琴。所有人都學會了二重唱，有時候還有更多人的合唱。」克萊門蒂婭教高音部，茱斯塔負責中音部。

主教建議她們學唱《天神彌撒》（Mass of the Angels），茱斯塔同意試試看：「他拿來樂譜，我從『Kee-ree-eh』開始，她們唱出來的是『Kee-lee-eh』。我在主教給我們的鋼琴上打節拍，然後帶著她們唱。她們沒學過字母、看不懂拉丁文。整個娛樂活動時間，我們逐字逐行地教，她們逐字逐行地學，最後學會了這首拉丁讚美詩的兩部和聲。」[14]

克萊門蒂婭在信中說，其他的歌手還有那些在她照顧下度過了漫長冬天的金絲雀。她喜愛金絲雀，而這些鮮黃快樂的鳥兒也用輕快婉轉的鳴叫聲陪伴著她。[15]

六月，瑪麗・珍的來信傳來了喜訊：首先，回美國募資的莫琳滿載而歸；[16]再來是學年結束，註冊學生總計兩百三十八名，包括六十名高中生。

此時，上海和漢陽已無戰事，但日軍在兩個城市展開全面占領。在沒有經過解釋的情況下，漢陽從七月八日開始，實行了針對中國人的渡江管制——不允許過長江、漢江。主要負責去漢口為修女會採購的約翰・舒受限，只好改由史黛拉和西緬負責。第一次出發時，兩個修女被要求必須先接種霍亂疫苗，才能過江。根據這個經驗，高爾文請來一名日本醫生給所有的神父和修女接種了疫苗，並提供了書面證明，以便他們過江時不受阻攔。

但是，霍亂繼續在武漢蔓延。七月十一日的宵禁令殃及到所有人，任何人都不准過江。

所幸，郵件來往尚未停擺。七月十八日肯塔基來信，任命臨時院長史黛拉接替茱斯塔為樂勒脫修女會正式院長。克萊門蒂婭和茱斯塔來修女會參加慶祝史黛拉的任命。史黛拉了解武漢、當地民眾，以及繡花堂的日常運行。她戰勝了那幾個月毀滅性轟炸給她造成的極度恐懼。儘管她對於擔任主管心情矛盾，其他修女卻都非常支持她的上任。高爾文對此的評論是：「如果一個出色的院長要是一位具備常識和善良公允品德的人，那麼史黛拉修女會獲得巨大的成功。」[17]

由於過江管制，修女會再次成為當地米糧的集散地。日軍提供了稻米，發行了定量配給證，由修女們負責分發稻米，簽署配給證。繡花堂一直關閉到天氣轉涼，尤金・史賓賽（Eugene Spencer）神父和歐卡羅神父利用繡花堂的場地，為當地人開設了天主教學習班。

八月十五日聖母升天節那天，各地樂勒脫修女都要復願。茱斯塔和克萊門迪婭回到修女會，並帶來兩個肺結核晚期的初學生亞拉・吳（Yala Wu）和塞西莉亞（Cecilia）。因病情太過嚴重無法行走，她們坐在竹椅上被抬到修女會。在聖瑪麗修女會裡照顧兩人愈來愈困難，所以茱斯塔問史黛拉是否可以讓她們住在繡花堂的隔離室裡。法蘭克・麥克唐納神父除了建議把她們盡可能安置得舒適一點之外，也不能提供任何有效治療。

三週後，世界局勢發生巨變。已經在迫害德國猶太人的希特勒，於九月一日對波蘭宣戰。九

月三日，英法對德國宣戰。第二次世界大戰拉開帷幕。

九月四日上午，查爾斯・歐布萊恩神父來到修女會，說他在廣播裡聽到蔣中正向日本宣戰。「宣戰？」史黛拉想知道蔣中正這兩年都幹什麼去了！這時候才宣戰真是令人費解！難道中國遭到侵略、轟炸、占領，卻還不是處於戰爭狀態嗎！那些戰死的士兵和遇難的民眾知道他們不是死於戰爭嗎？

隨著亞拉病勢日趨嚴重，高爾文和史賓賽開始輪流守夜。九月六日，主教給她做了塗油聖事。從九月二十二日起，每天二十四小時都有人守護著她。她於十月五日上午九點二十分停止呼吸。當天下午五點十五分，她的棺材被抬到聖瑪麗教堂。

十月六日原本就計畫為這個本土新社群的第一個會客日。新社群在成立幾個月後，第一批的十五位初學生現在還有十二位留下來。[18]前一陣子，一個女孩離開了初學院，現在塞西莉亞奄奄一息，而亞拉已經躺在教堂前蓋滿鮮花的棺材裡。

主持彌撒時，高爾文對所有新近任命的修女，包括她們深愛的亞拉，說：「今天，你們開始接受漢陽聖瑪麗修女服成為修女。她（指亞拉）在天堂獲得了永恆的榮耀。她是你們的守護者、是你們的榜樣，因為她經歷了苦難，甘於忍受艱難而走上天堂之路，你們每個人必須效仿她。」[19]

亞拉的同伴與教會成員都因為深知她對上帝的愛和自己將死也無怨無恨，而深深地感動。十月二十一日晚上，茱斯塔修女在塞西莉亞床邊守了一夜。隔天，與亞拉一樣，塞西莉亞死於肺結核。

就在那天稍晚的時候，中國將宣戰付諸行動，轟炸了漢口城外的飛機場。在摧毀日軍的戰略據點時，中國民眾死於自己人的炸彈。蔣中正指揮國軍從一個又一個城市撤退，將日軍引入腹地。國共的共同努力足以打敗日軍嗎？

一週前，八十名學生回到漢陽繡花堂，其中大部分從鄉下來的人。由於茱斯塔和克萊門蒂婭不在，派翠西亞和尼古拉日趨衰老，管理繡花堂的擔子落在依撒伯肩上。西緬負責裝運成品。然而運輸基本上中斷了，所以只有聽說有人要去上海的時候，西緬請求他們把一個小包裹帶給瑪麗・珍，再從那裡寄往美國。

瑪麗・珍在十二月二日的信中提到，她只有偶爾才會收到漢陽修女要求寄出的包裹。她還提到上海的生活愈來愈困難了。「最令人憂心的是貧窮百姓。即使是最差的食材都是天價。此外，現在還缺少那種窮人使用的五文、十文的銅板。」

漢陽聖瑪麗修女會的合照。前排由左至右為：克萊門蒂婭修女、霍根神父、高爾文主教、茱斯塔修女。

樂勒脫修女、高隆龐修女、聖瑪麗修女和初學生組成的聖體節（Corpus Christi）遊行隊伍。

十三 日軍擴張，一九四〇年到一九四一年

一九四〇年三月三十日，日本支持下的國民政府在南京成立。蔣中正的重慶國民政府指控南京國民政府為非法政權。

美國國務卿科爾德·赫爾（Cordell Hull）宣布，美國承認蔣中正的重慶政府，而不承認日本扶持的南京政府。

一九四〇年到一九四一年初，漢陽的生活基本正常——所謂「正常」對於修女們來說，包括日本警察頻繁出入修女會大院。有時候是來傳達指示，例如：自費在大門口放一盞燈籠以防夜間盜竊。警察通常是兩三人一同前來，態度頗為友好，會問她們一些問題，諸如「多大年紀？從哪裡來的？怎麼來的？什麼時候來的？為什麼來？打算在這裡待多久？」有個警察還說他是天主教徒。[1]

一九四〇年二月中旬，茱斯塔在信中說，高爾文正在為聖瑪麗修女建造一個修女會，但建材短缺。她還說聖瑪麗初學生裡有一個會吹中國笛子，還教會了其他人。「我們給每個人都買了一支笛子。十文一支，還不到一美分。現在我們可以演奏許多讚美詩和歌曲。」笛子很可能是市場上能買得到最便宜的東西了。

整個中國，貨幣貶值導致食材和燃料價格上漲。上海尤為如此。瑪麗・珍開始把收到的學費兌換成美元。她在信中寫道：一百磅當地麵粉從四・五美元漲到十二・五美元。煤價漲到兩倍的時候，她們限制自己每週只用兩次熱水。[2]

有關美國政府要求疏散婦女和兒童的謠言滿天飛。在武漢，事先不予通知的宵禁愈加頻繁。二月十六日，西緬和史黛拉在漢口採購時警報大響，兩人在大樓裡的樓梯上坐了好幾個小時，直到警報解除。

漢陽和上海之間郵件來往不順。日軍控制了長江航道，只允許日本船隻（偶有美國軍艦）前往武漢。史黛拉和茱斯塔密切關注美國船隻進出港口，以便將信件投遞到上海。瑪麗・珍也請求美軍人員幫忙寄信給肯塔基：「快要啟航的『亨德森』號（U.S.S. Henderson）的軍官會幫我們把這封信寄到美國——至少但願如此。真慶幸海軍和海軍陸戰隊能幫我們把信寄出去。可惜，有時候還沒來得及把信交給他們，軍艦就受命立刻啟航了。」[3]

寶慶路十號的租約將在一九四一年七月到期。由於業主方面沒有續租或出售的消息，瑪麗・珍又開始關心可用來當作新校址的物業。英美人員預計撤離，以及其他與入學相關的問題令人擔憂。各種不確定早已成為確定的常態。

與此同時，肯塔基樂勒脫總會正在籌備選舉新的會長。奧莉薇特會長長達十二年的任期將在七月結束，不具有再次當選的資格。中國的樂勒脫修女欲選出一位代表參加一年一度的代表大會，投票選舉出下一任會長。

瑪麗・珍被選為代表，但是由於學校有許多尚待處理的繁雜事務，她建議由候補代表西緬來出席代表大會。西緬求之不得，立刻到漢口日軍當局申請許可前往上海。瑪麗・珍則為西緬和意欲到肯塔基初學院修道的貝莎・呂北克訂了船票。

五月一日，日軍在鄂北和豫南開始了對國軍的大規模進攻，最終目的是為了確保日軍對武漢的控制。

日軍占領的武漢三鎮像孤島一般，立於日軍無法控制的廣闊地區之中。問題是國軍是否將試圖奪回漢口？此時，國軍正在南方集結，以期將日軍引入陌生地域。

瑪麗・珍五月十日寫給奧莉薇特會長的信，講到財務狀況時如是說：

> 貨幣快要崩盤了，儘管所有人都說還是會恢復的。今天的兌換率是二十一・六銀元兌一美元。物價與兌換率成正比，形形色色的暴利盛行。這種狀態若持續下去，我擔心

明年不得不上調學費，但我想像不出學生家人怎麼能付得起。

我們每天都收聽歐洲的新聞廣播，形勢愈來愈糟。剛剛又聽到入侵比利時和荷蘭的消息，太不妙了。如果您認為西緬修女這時候出行不明智的話，請直接給她打電報說不要動身。我敢肯定回美國問題不大，關鍵是她是否回得來。[4]

在數次往返漢口日本領事館之後，六月三日，西緬終於得到通知，再去一次領事館領取前往上海的通行證。好在她已收拾好行李，第二天就出發了。

前一陣子，史黛拉曾邀請幾位在上海的修女於學年結束後，到漢陽逗留幾週。鑒於西緬申請通行證的麻煩程度，她意識到任何沿著長江旅行的計畫都只會得到令人哀傷的結果。

史黛拉把資金轉移到上海的一家銀行，以便美國匯款可從紐約入帳。「這裡有各種各樣的傳言，我們希望並祈禱，我們親愛的美國不會介入戰爭。這是末日的開始嗎？誰也不知道。可是我們這裡確實非常平和，眼前的困難在於怎樣把繡花堂的成品寄出去，但願這個困難也能解決。」[5]

就在西緬下行上海的同時，日軍在山西與共產黨領導的八路軍展開了惡戰。同一週，日軍占領了武漢以西的沙市；之後，又占領了通往長江三峽的門戶宜昌，至此，與蔣中正的總部重慶只隔三峽相望。[6]

西緬於六月七日到達上海，得知「皮爾斯總統」號原定十七日啟航的計畫已改為二十三號。

她仍一廂情願地希望能在選舉之前到達肯塔基。

很不湊巧，由於發動機故障，當上海收到無線電報宣布愛德華達・艾許（Edwarda Ashe）修女當選為樂勒脫修女會會長時，「皮爾斯總統」號還在海上。西緬和貝莎到達加州後才獲悉這一消息。西緬繼續前往肯塔基，將貝莎送進初學院。

兩週內，瑪麗・珍便得到通知，西緬返華時將與另外兩個修女同行：從上海樂勒脫學校畢業的德雷莎・古特拉斯（現在的安托內雅修女）和分配到漢陽的內瑞克斯・瑪麗・卡爾（Nerinckx Marie Carr）修女。三人將與十月赴華。

英國政府於八月九日宣布從上海租界和華北撤軍。對於包括修女在內的許多人來說，駐守的英軍給人一種安全感。八月二十七日，英軍從上海撤退完畢，其他英國公民也陸續帶著家人和孩子離開了上海。

十月十日，美國領事館宣布疏散美國婦女和兒童。十三日，修女收到需要填寫的檔案，要求她們提供疏散所需的資訊。瑪麗・珍寫信給肯塔基說這些都是謠言，不用擔心。「我們預計這個地區不會發生動亂，我們接到的命令不過是為了保險起見。」瑪麗・珍還傳訊息給美國領事館，說樂勒脫修女不準備疏散。

十月二十日，漢陽的修女收到美國駐漢口領事的通知，告知預備從武漢疏散的人可以開始準備離境。她們無意離開，並開始為在美國逗留了五個月，即將回家的西緬做準備。她們很興奮內瑞克斯・瑪麗將要加入漢陽這個大家庭。計畫由依撒伯與內瑞克斯，瑪麗進行中文口語對話，以便依撒伯進一步提高英語水準。

西緬一行三人於十月二十一日抵達上海。西緬和內瑞克斯・瑪麗幾次造訪上海日軍當局後，得知非軍事人員不得利用江上交通。向美國領事館求助亦無濟於事。上海和漢陽社區都希望長江管制只是暫時的，會很快取消，但願兩人能在聖誕節前到達漢陽。

尼古拉在十一月十日信中寫道：

> 繡花堂現在有不到六十個女孩，大多數是從附近地區來的，只有四、五個人的家離得較遠。願上帝保佑能把她們留到六月底放暑假的時候。現在一袋普通的米要六、七十美元……用中國人的話說，太「划不來」了。
>
> 我剛準備要寫下倒是沒有飛機的動靜，就聽見遠處傳來轟鳴。不過，還是挺放心的，飛機飛越我們房子上空的時候，不會「卸貨」（因為中國軍隊已經放棄了這個地區）。我們差不多每天都能看見不少飛機，有時候低空飛行，像是要把我們的煙囪也帶著飛走似的。這些日子，山姆大叔似乎也不太友好了，建議我們之中的一些姐妹疏散。但是，美國領事館一位來自肯塔基路易維爾、挺和氣的先生告訴史黛拉姐妹，他個人認為沒有疏散的必要。
>
> 我在歐洲親愛的家人音信全無。母親娘家的家人住在德國邊境附近，但我們在報紙上看到，我父親大多數親戚居住的那個城市沒有躲過轟炸範圍。我祈禱，如果他們無法

保全自己的生命，至少可以保護自己的靈魂。

我們祈求親愛的聖約瑟夫幫我們弄到一些煤炭，這樣至少可以點起一個火爐。派翠西亞姐妹快要凍僵了。史黛拉姐妹、依撒伯姐妹和我還好。我們能往手上呼氣，甚至往腳趾頭上呼氣。希望今年冬天不會冷得受不了。真不知道那些窮人怎麼過冬。

我請一位將要離開的朋友把這封信帶走寄出。[7]

十二月三日，日軍封鎖了上海西部，住在西部地區的學生無法上學。長江仍在交通管制，滯留在上海的西緬和內瑞克斯・瑪麗無望在春天之前去漢陽。

漢陽的史黛拉似乎對晚禱時沒有西緬帶頭唱讚美詩，感到無可奈何，寫道：「派翠西亞姐妹只管唱自己的，我們小聲地跟著。」史黛拉還因不能馬上聽西緬講述回訪肯塔基總會的經過，以及不能盡快與內瑞克斯・瑪麗分享她們剛到漢陽時的那些故事，而覺得失望。

一九四一年一月，國共原本就頗為牽強的抗日統一戰線解體，觸發一月四日到十四日的皖南事變。[8]

國民黨背棄抗日統一戰線，繼續討伐共產黨。毛澤東部隊與日軍作戰的同時，還要對付國軍的追擊。

三月，消息傳來，冠達郵輪（Cunard Line）旗下的「西方王子」號（Western Prince）郵輪被擊沉。船上有從一九二六年到一九三六年都在漢陽服務的高隆龐教派聯合創始人派翠克・莫洛尼修女和一位前往要克萊爾郡（Clare）初學院的望會生。那艘郵輪從紐約出發，一九四〇年十二月十四日在大西洋被一艘德國潛艇發射的魚雷擊中，船長與船同歸於盡，沉入蘇格蘭海底。

派翠克・莫洛尼修女後來在回憶錄中寫道，凌晨五點四十五分，「魚雷穿過船身，把我們震醒。」

我們快速戴上長頭紗，繫好了安全帶，抓起斗篷和披肩。這個時候，乘務員也來了，帶我們快速跑到甲板上的指定地點，然後結結實實地被扔進了救生艇。我們急忙在座位上坐好，可是很快又被其他乘客推開。最後，一個希臘人和一個俄羅斯人跑來，差點沒來得及上救生艇。一位叫史沃茲（Swartz）的乘務員又跑回去拿毯子。大聲喊話要降下救生艇，船長喊了一聲「降艇」，並祝我們好運。小船被洶湧的海浪拋上甩下時，我抬頭看見一顆星星，便想到聖母。一段小詩縈繞腦際：

拂曉前，夜之最暗，
無以倫比的金星璀燦，
……

當變幻莫測的生命海洋，
被黑夜的狂瀾掃蕩，
我們嚮往那指路明燈，
勝過飛行員將北極星尋望。

派翠克修女的驚險旅程向高隆龐和樂勒脫修女警示了撤離的危險。[9]戰爭似有向太平洋擴展的趨勢，人們不再談論要搭船離開。

直至三月八日，瑪麗・珍仍未接到業主是否續租或出售寶慶路十號的任何資訊。她在聖心修女學校附近物色到合適的房產，並開始進行購買談判。五月初，寶慶路十號業主同意續租，但租金上漲。瑪麗・珍她們決定一九四二年一月搬家。這樣，新近購買的物業裡面的住戶不用立刻搬出，並且租金還足以支付寶慶路的每月開銷。

眼看無望前往漢陽，西緬和內瑞克斯・瑪麗留在上海。[10]儘管瑪麗・珍對兩人的失望感到遺憾，但她為秋季能安排西緬教音樂，內瑞克斯・瑪麗教英語而感到慶幸。空間會比較擁擠，但是她們會像之前經常發生過那樣，安排好一切。

日軍占領下的武漢由於糧食短缺，貨幣也在貶值。瑪麗・珍六月十七日寫信給肯塔基，告知她對漢陽情況的了解：

到目前為止，除了缺乏食材和物價上漲，漢陽方面一切尚可。西緬姐妹為漢陽準備了食材。我們已經裝了兩箱食品，請一艘美軍炮艦下一次上行的時候帶去。他們過幾天就會出發……。

現在在太平洋地區來往的美國船隻有限，我們很少收到郵件，估計我們給您的郵件也不會順利到達。

史黛拉在七月十二日的信中提供了以下細節：

買不到米，我們只好買了三十袋小麥。一個男傭用石磨磨小麥。這是一種簡陋的工具，得有牛力才有功效——他汗流浹背地磨一天，才夠給孩子和僱工吃兩餐。早上，尼古拉姐妹給孩子們吃摻米的小麥粥；中午是白腰豆加米飯；晚上是小麥粥。當然了，還有必不可少的蔬菜。您一定對我們吃米飯感到不可思議吧……在親愛的聖約瑟夫的張羅下，我稱之為奇蹟，僅此而已。去年十月，我們買了五十袋米，把聖約瑟夫的照片貼在米箱上，求他保佑箱子都不會空。每天給六十八個人吃三頓，估計能維持六個月，頂多七個月。

西緬姐妹請美軍炮艦給我們帶來一些食品，其中大部分是穀物，但不知為什麼炮艦還沒有到。炮艦人員在幫助我們方面非常仁慈。

克萊門蒂婭成為樂勒脫修女二十五週年紀念日那天，收到的禮物是一個美國豌豆罐頭。「這是去年冬天美國炮艦帶來給我們的。」

瑪麗・珍八月十日寄給肯塔基的信：

我們計畫九月的時候把西緬和內瑞克斯安排進常規教學計畫裡。多洛雷塔很高興有西緬負責教音樂課。內瑞克斯・瑪麗教英語課能減輕我的大部分課程。

自從到上海以來，內瑞克斯・瑪麗一直在忙著上中文課，並為一些學生補習英語。

十一月十四日，羅斯福總統命令美國海軍陸戰隊撤離北京和上海。

瑪麗・珍在上海寫道：「海軍陸戰隊在這裡已經很多年了。他們的離去將給整座城市蒙上一層不祥之兆。政治後果還有待觀察。」

十二月二日，史黛拉修女在漢陽寫道：

艱難時期，但是我們都好。最無奈的是刺繡成品寄不出去，不能交貨意味著無法支撐繡花堂的正常運轉……生意沒有了過去來得興隆，現在不過勉強維持而已。由於食材升至天價，只能養活三十個女孩了……克萊門蒂婭姐妹上午八點到下午兩點來繡花堂，然後去聖瑪麗教英語。茱斯塔姐妹那裡就剩兩個初學生了。一個望會生也沒有。[11]

十二月七日：大約三百六十架日軍飛機偷襲了位於夏威夷珍珠港的美國太平洋艦隊。這時，西太平洋時間已經是十二月八日。

在上海，蕾吉娜修女記載如下：

十二月八日凌晨大約四點半，我們被遠處的轟炸聲驚醒。看了一會天空中映照的火光，我們猜想日軍又開始攻擊國軍了，然後接著回去睡覺。早上還在吃早餐，一個學生的家長就打電話問我們還會不會開課。接電話的姐妹問：「幹嘛不開課？」那位女士說：「你們還不知道，日本向美國宣戰了？」那一刻真有五雷轟頂之感。[12]

接下來的幾天裡，日本對英、美宣戰；英、澳對日本宣戰；蔣中正對日、德、義宣戰。第二次世界大戰殃及到四大洲的諸多國家。

在新近成立的聖瑪麗修女會教書的茱斯塔

用十文錢的笛子在練習的修女和初學生們

修補石板路的工作日一景

十四 驅逐出境，一九四二年

珍珠港事件發生後的最初幾個月裡，日軍尚未讓大多數在華美國公民已經日漸艱難的生活，更加雪上加霜。

珍珠港事件三個月後，肯塔基的愛德華達會長坐在辦公桌前，瀏覽剛剛收到的郵件。還是沒有中國的消息。

高爾文的前任秘書查爾斯・歐布萊恩神父去年十一月來訪。那時，他說漢陽的修女都好。他走之後，愛德華達會長寫信給史黛拉，不知道她收到那封信了嗎？[1]

愛德華達會長曾就有關上海和漢陽修女的資訊，聯繫美國國務院無果，繼而給奧馬哈高隆龐總部的沃爾德倫（Waldron）神父寫了信。

後來，她收到康諾利（T. Connolly）神父一九四二年四月九日的信：

親愛的愛德華達會長：

鑒於沃爾德倫神父在一段時間內外出，現在由我來回覆你四月六日的來信。很理解你的失望。我們也與國務院聯繫過並遭受同樣冷遇。下一步準備通過國際紅十字會。預計今明兩天能收到表格，我們將提交樂勒脫修女和我們神父的姓名，也許還要再聯繫你，以便了解有關修女們的資訊。

大約兩週前，我們收到克萊瑞（Cleary）主教從南昌發來的電報。他一月與漢陽、三月與上海有過聯繫。那時候，神父和修女都好。但無詳情。

四月四日，我們從重慶的廣播裡聽到一個不幸的消息：上海的湯瑪斯・麥卡錫（Thomas McCarthy）神父於三月十四日去世。克萊瑞主教也向我們報告了這個消息。

如果還有其他壞消息，我可以肯定克萊瑞主教會通知我們。

康諾利神父將克萊瑞主教在南昌的電報地址，給了愛德華達會長，並建議她給審查官發一封電報，保證自己不會發送任何隱藏訊息，或是語帶暗示。愛德華達會長在四月二十三日的信中感謝康諾利神父：「今天我們就寫信給美國紅十字會在路易維爾的分會。」還說，收到他四月九日的來信使她憂慮減半。

四月二十七日，康諾利神父又寫信給愛德華達會長：「週六收到中國南昌來信，你能想像得出我們當時的驚訝嗎！寄信日期是三月十日，六週多一點就到了。那時候，上海和漢陽的神父和修女都好。」[2]

中國

珍珠港事件和美國宣戰，使得在漢陽的美國公民，愈加密切關注日軍與外僑的關係會有何改變。可是，一連好幾個月，警察還像以前那樣突然來大院，問幾個問題之後走人。除了某些食材和貨物短缺，似乎其他一切照舊。

與此同時在上海，修女們發現很多商品供不應求。更重要的是，從一九四一年十二月下旬開始，經常聽到美國公民在不同場合，如在上班、火車上、電車上，或睡覺的時候被帶走的傳言。而黎明之前被帶走似乎最為常見。

終於，寶慶路十號響起了可怕的敲門聲。當時，內瑞克斯・瑪麗和其他修女都在為學生上課，瑪麗・珍到教室來叫她去拿護照。瑪麗・珍只說了一句：「他們來了。」隨後是整整一天的審問。審問的主要內容是：修女們的年紀都多大；什麼時候開始上小學；什麼時候大學畢業；在完成學業和去修女會之間做過什麼工作；每人擁有多少財產。

內瑞克斯・瑪麗修女在二戰結束後的第一封信裡寫道：

輪到我的時候，他們大概終於明白了我們每個人都一無所有，於是他們放棄了這個問題……。

沒過多久，他們通知我們所有人上午九點到憲兵隊去。咻！我們猜想是要被拘留了。沒辦法通知孩子們別來上學，我們安排了最年輕的安托內雅姐妹留在學校。她是葡萄牙公民不會被拘留。如果十一點鐘我們還不回來，她將讓孩子們放學回家。

……結果，被傳喚是因為我們沒遵守日軍當局的某些條例。我們試圖解釋因為身為美國公民，所以收音機被沒收了。我們沒訂英語報紙——但沒說是因為我們不喜歡當時報社的那些編輯！日本人朝我們狂吠了一陣，然後，翻譯把那陣大喊大叫翻譯給我們聽，幾個小時後我們被釋放了。[3]

到一九四二年三月初，上海市面上已經買不到麵粉和煤炭。三月二十五日，修女們第一次在美國學校領到分發給每個人為期一個月的口糧。每人五磅碎小麥、兩磅燕麥片和兩磅肉。每個袋子上印有「美國人民贈送」字樣。

在漢陽，聖派翠克節那天，派翠西亞修女收到愛爾蘭修女送給她的一籃子紫羅蘭。每年的這一天，她們都會送給她這個禮物。史黛拉把修女會所有的錢換成了日圓。[4]五天後，高爾文和總部的神父接到通知，日軍決定占用總部建築。三月二十四日，高爾文到漢口去遊說，想挽救總部。同時，其他神父開始把總部的物品運到其他地方儲藏起來。隔天早上，高爾文回來說，日軍將不會占用總部，至少目前不會。

「我們又得把東西再搬回去。這就是中國！」茱斯塔還是那句口頭禪。四月十五日，日軍採取了據她們所知的第一個針對美國公民的行動。從麻薩諸塞州馬爾登（Malden）來的菲力浦・多諾霍（Philip Donoghue）神父在鄉下宣教所。他被日軍指控為「敵僑」，然後叫他「滾回家」。在這之前，愛爾蘭神父休・桑德斯已經「在新堤被捕入獄。日軍沒對他提出任何指控，也沒給出任何逮捕他的理由」。毫無疑問，日軍當局認為他是英國公民。[5]

四月十九日，美軍轟炸東京的消息傳到漢陽。[*]

史黛拉五月二十四日用打字機打給愛德華達會長寫信說，她之所以寫信，是因為聽說「一個朋友要走了」，希望那人能將這封信帶走並寄出去。信中，她稱美國為「家鄉」，稱繡花堂為「我們家」，稱上海為「S」。表明她擔心被驅逐出境的「朋友」帶著的這封寄往肯塔基的信會落入日軍手中。

她寫道，自從一九四一年八月起，她們就沒有收到任何有關「家鄉」的資訊。還講到去年十二月繡花堂關閉後的生活。[6]提到她們的小動物園增加了一個蜂箱和十二隻蠶。之前，她們買了三十隻小雞，每隻五十美分。「一隻自然死亡，一隻被黃貓吃掉，現在還有二十八隻健壯的小東西。」

「有一陣子，男傭到山上去採苜蓿回來當蔬菜吃，味道很不錯。可惜現在苜蓿時令已過。要是能收到您的資訊該多好呀！」

在接下來的幾天裡，史黛拉不斷在信裡增加內容。提到漢陽也始終沒有任何關於上海修女的音訊。「從去年十一月到現在，我們一直在坐等她們的消息和近況。上帝是善良的，祂會照顧我們所有人。但是我們急切地等待有關她們的資訊。」

既收不到信，也看不了報紙，史黛拉說她們好像是在「隱居」。她需要有關允許依撒伯復願的指示。另外，她自己的任期即將結束，希望總會任命新院長。「我屈膝懇求您，為了一切，為了上帝，不要叫我連任。」

「C（克萊門蒂婭）和我從不離開漢陽。」意思是，由於美國公民遭到驅逐，她們兩人更加小心地迴避漢口和武昌的日軍。「公事都由茱斯塔出面去漢口辦理。雖然擔心未來無益，但有時候還真是不能不去擔心。我們都在盡力保重身體，這是當前頭等大事，因為要是生了病，根本無法負擔醫藥費用。」

在繡花堂工作了多年的伊麗莎．胡（Eliza Hu）和瑪麗亞還在幫助「Sr. P」（派翠西亞修女），「因為她的頭晃得厲害，什麼也做不了」。

對史黛拉來說，最難的是十二月以來，這個曾經充滿女孩歡聲笑語的大院陷入沉寂。五月二

＊ 譯註：即杜立德空襲（Doolittle Raid），是一九四二年四月十八日美國首度向日本本土進行的空襲。

十一日，史黛拉補充說明：「聽說運載外僑的船六月五日離港，但願回程的船能為我們帶來您的信。高隆龐醫生麥克唐納神父也要走了，因為他身體不好。所有人將前往葡屬東非（莫三比克，大概是由於葡萄牙與澳門的關係），然後從那裡各自回自己的國家。」

五天後，她又補充：「聽說這艘船要在六月五日之前離港，尚不確定。但我把信準備好了，以備突然。我們所有人愛你們大家。要是能收到您的來信那就太好了。」[7]

六月三日凌晨六點，修女們正在做彌撒的時候，一個日軍軍官來了。雖然史黛拉對日軍人員隨時出現早已見慣不怪，但他們從沒來得這麼早過。一九四一年的最後幾個月裡，日軍士兵經常來看女孩們繡花。孩子們走後，他們依舊經常進出大院。他們通常看似友好，一再提出那些令人尷尬的個人問題，證明這些人只具基本英語水準。

四月二十七日，一名日本警察代表衛生部禮貌地通知史黛拉「打掃樹上的蜘蛛網」。五月十日，五名士兵小組通知：大院裡的每個人都要打日本天皇餽贈的霍亂疫苗。[8]

可是這天早晨，這位「大日本帝國軍官」是來通知兩名美國公民——天皇之敵——必須在八點鐘到當地辦事處報到。大家在沉默中吃完早餐後，「兩個美國人」史黛拉和克萊門蒂婭出門找人力車，但很快就回來了，非但沒有找到人力車，還被大雨淋得透濕。

好不容易到了辦事處，她們被告知將被驅逐出境。回到大院，史黛拉哭著說：「我央求他們不要驅逐我們。可是他們說：『這不是你想要怎樣就怎樣的事，我們說了算。』」克萊門蒂亞說：「我們去找高爾文主教，跟他講了這件事。他立刻就到漢口去，看他能不能做些什麼。」[9]

這個時候，她們才第一次意識到，那一批一批日軍士兵問的問題根本不是出於好奇。不經意之間，她們自己提供了被他們驅逐出境所需的資料。

早晨開始下起給花園的及時雨，到中午變成了傾盆大雨。一天過去了，高爾文還沒消息。他為什麼還不回來？大家都緊張極了。他若不在宵禁之前過江，就得在漢口過夜了。

在中國二十多年裡，高爾文遇事應對自如，以他擅長的外交技巧化解過許多棘手的麻煩。他知道怎樣談判能使雙方都不丟面子。大家相信他的說服力和愛爾蘭魅力能改變，或至少延後這道命令。

等待使史黛拉益發坐立不安。他為什麼不回來？她和克萊門蒂婭是不是應該收拾東西了？她們會被送到集中營去嗎？也許她們將作為交換日軍俘虜的籌碼？

永遠樂觀的尼古拉卻認為高爾文的耽擱是好兆頭。她說「日光」（日本人）還沒拒絕高爾文，否則他早就會回來了。史黛拉問，會不會高爾文被捕了。尼古拉說，不會的，日本人不會囚禁一個主教來自找麻煩。

天黑了下來，除了持續不斷的雨聲，街上一片寂靜。有想吃晚飯的人嗎？這麼晚了，高爾文肯定不會回來了。茱斯塔和克萊門蒂婭也該回聖瑪麗了。

九點鐘，大家去教堂做了晚禱，然後就睡覺去了。高爾文回到漢陽，只到總部待了一下子，十一點半來到樂勒脫大院。他渾身濕透，一臉倦容，脫下了外套。

修女們一看高爾文的臉色就知道事情不妙，立刻派人去叫茱斯塔和克萊門蒂婭。史黛拉和克萊門蒂婭之前已經被通知，必須在早上八點離開漢陽。

高爾文主教得知他底下的兩個神父史賓賽和麥克・史坎倫（Mike Scanlon）也在驅逐名單上。日軍要驅逐所有盟國公民——美、英、法、比。

高爾文說，自己向日軍官員指出那兩名高隆龐神父不是英國人，日本軍官顯得很驚慌。雖然這是個很嚴峻的時刻，高爾文說到這裡時，還是笑了笑。但是，日本人拿出一張地圖堅持說愛爾蘭屬於英國，所以這兩個神父是英國人。今年年初，高爾文就曾與日軍會晤了很長時間，解釋愛爾蘭是個獨立自主的國家，已不再是大英帝國的一部分。「下次再去，我得帶上幾張新地圖。」

尼古拉問為什麼她不在名單上，自己的荷蘭護照不是也該把她列入天皇的敵人嗎？也許荷蘭太小了沒有放在眼裡。

高隆龐的神父已經遭受了各種各樣的災難：飢荒、洪水、土匪的綁架、共產黨的威脅。現在中日戰爭業已成為世界衝突的一部分，簡直令人無法放眼未來。多諾霍神父已經離開了，現在是史賓賽和史坎倫，下一個會輪到誰？

高爾文走後，史黛拉和克萊門蒂婭開始收拾行李。「夜不成寐。盡量想帶上最重要的東西，因為已經通知我們只能帶自己可以拿得動的東西。茱斯塔、尼古拉和依撒伯修女都在盡力幫忙。親愛的派翠西亞臉色蒼白，只默默地坐著。」[10]

六月四日清晨，派翠西亞和尼古拉目送兩個神父、史黛拉和克萊門蒂婭、高爾文、茱斯塔和依撒伯一行心情沉重地向警察局走去。[11]一個警察叫他們「等著」。上午，到警察局的人愈來愈多，所有人都被告知「等著」。十一點鐘，警察叫所有人回家，下午五點再回來。

下午五點鐘，她們又被告知明天早上到漢口碼頭，八點整開船。為了不重演離家的悲哀，茱斯塔詢問她和依撒伯是否可以申請許可，陪兩個修女一起到漢口過夜。得到許可後，四人乘舢舨過江。到了漢口，她們再次向嘉諾撒仁愛會的義大利修女朋友求助。

隔天，高爾文、史賓賽和史坎倫八點鐘以前到了碼頭。前天晚上他們已經把自己的背包和修女的手提箱放到船上。不久，茱斯塔和依撒伯陪著史黛拉和克萊門蒂婭來了。隨即，四個「敵僑」——兩個高隆龐神父和兩個樂勒脫修女——上了船。之前，茱斯塔曾請求讓史黛拉和克萊門蒂婭到上海後，留在瑪麗・珍她們那裡。高爾文主教與日軍談判後得到許諾，神父和修女可以到上海各自的社群去。

正要撤掉跳板的時候，警察又帶來兩名男子。高爾文立刻認出了他們是高隆龐的喬・史潘（Joe Spahn）神父和史坦・沃爾札克（Stan Walczack）神父。八點整，船開了。

在高聳的輪船襯托下，茱斯塔和依撒伯，甚至身材高大的高爾文都顯得格外渺小，近乎失真。她們還在搜尋友人的身影，期望最後的一瞥。她們揮舞手臂，不知道史黛拉和克萊門迪婭能不能看見她們。她們是去上海還是去東海？她們會被送回美國嗎？

茱斯塔說：「真像是一個沒有墳墓的葬禮。」依撒伯沉默著。高爾文只能安慰說，主管官員向他保證了船上六十名外國人的人身安全。[12]

茱斯塔還記得一九三八年日軍進駐漢口時的諾言，說是會尊重安全區，不搶奪外國人的財產，但日軍不但立刻占領了所有建築，幾天之內，安全區委員會為難民所做的一切安排都遭到否決，數千人被轉移到漢口以外的地區。戰時談何諾言！

該船於六月九日上午在上海停靠。被驅逐的人到美國鄉村總會（Columbia Country Club）登記，然後到食堂吃午餐。史黛拉和克萊門蒂亞以為自己在飯後就得回到船上。史黛拉後來寫道，兩點鐘，一位男士走到她們面前說：「一個天主教紳士給瑪麗・珍修女打了電話。」[13]這個人是霍爾特先生，他認識瑪麗・珍修女。瑪麗・珍很快就來了。

好在這艘船延後了一週才起航。瑪麗・珍帶她們到瑞士領事館確認兩人是否可以留在上海。*她們被告知可以留下，除非她們自己選擇離境。[14]

如釋重負的史黛拉和克萊門蒂婭跟著瑪麗・珍來到寶慶路十號。學校裡的修女們正在為畢業典禮做準備工作，唯一擔心的是，在花園裡舉行畢業典禮的時候千萬不要下雨。

七月四日，陳納德（Claire Chennault）將軍指揮的駐華航空特遣隊（「飛虎隊」）正式成立。

七月四日，高爾文送了一箱啤酒給樂勒脫修女會。這時，兩名澳洲神父派翠克・軒尼詩（Patrick Hennessy）和歐科林斯被日軍從鄉下的宣教所帶回漢陽，都將被驅逐出境。[15]

七月二十日，高爾文在天門的教區又有五名神父被押送到漢口。大片教區沒有神父。當詢問日軍當局為什麼要遣返愛爾蘭公民時，日方聲稱「對此事一無所知，承諾進行調查。但是他們可能根本沒有進行任何調查。」[16]

終於，一位匿名的「有影響力的朋友」向日軍保證，漢陽的主教、神父和修女都不是英國人，而是中立國愛爾蘭共和國公民。「這個保證傳交到東京，顯然東京當局接受了。儘管如此，我們仍然是嫌疑分子，因為懷疑似乎是小日本人的第二天性。一個奸細搬進了大教堂隔壁的住所。漢陽每個修女會的每個院子和房間都被徹徹底底地搜查了好幾次。有一次，他們發現了一雙大尺寸黑色鞋子。士兵大喊：『修女會裡躲了一個男人。』鞋子主人的修女出面試鞋，驚訝的日本士兵這才無話可說。」[17]

茱斯塔在七月二十八日的《漢陽日誌》裡記錄了兩次深夜空襲。「差一點把彈藥庫給炸了！」七月三十日，她又記錄了「昨晚和今早各一次空襲」。

八月十五日，依撒伯再次做了一年一度的復願。儘管這次聚會規模甚小，但她為四個兒時玩伴在座而歡欣鼓舞，有高爾文主教和茱斯塔修女在場也非常重要。自從回到漢陽，這兩位師長與尼古拉和派翠西亞幫助她度過了許多艱難的日子。做彌撒時，聖瑪麗的修女們唱了優美的讚美詩。儘管日兵隨時可能闖入檢查，那天仍然是個快樂的日子。

警察繼續來訪和盤查。月底他們受命前來「盤點我們所有的物品，列了清單，如帽子、鞋子、衣服、桌子等」。從那以後，他們每兩週來檢查一次。

＊譯註：美國領事館已於一九四一年十二月八日被日軍勒令關閉。

一九四二年九月二十五日，樂勒脫《上海日誌》（*Shanghai Annals*）：日軍當局通過廣播命令所有外國人佩戴大紅臂章。美國公民的臂章上有個A字。

八月二十五日，上海開始夜間停電。儘管市內據說流行霍亂和斑疹傷寒，樂勒脫學校還是在九月七日照常開學，三百〇三人註冊。克萊門蒂婭被逐出漢陽，歪打正著地給上海學校填補了所需的師資。

在宣布要外國人戴臂章之前，日軍已經登記了寶慶路十號的修女。九月三十日，報紙上發布了一則通知：「穿宗教服飾者不必佩戴臂章。」

瑪麗・珍在一九四五年的紀錄：「十一個瑪利諾外方傳教會（Maryknoll）修女從大連來。這些可愛的修女已經被日軍拘禁在她們自己的修女會裡一整年。每天二十四小時都有兩名日本警衛看守。到這裡以後，她們被安置在美國學校。這裡的宗教人員還可以自由活動。美國學校離我們只有兩個街區，所以我們經常去探望她們。」[18]

整個一九四二年秋天，幾乎每週都會出現一些與占領有關的新事態。夜間停電期間，每個住處都必須提供「帶著棍棒和哨子的保安人員來巡邏」。十月十四日，日軍開始沒收美國和英國公民的財產。十一月六日，「日本人在幾個不知是德國還是俄羅斯籍女翻譯的陪同下，審訊我們每一個人，從十點開始，到兩點才結束」。

十一月七日，日軍人員兩次來詢問誰是學校建築的業主。一個月以後，瑪麗・珍和莫琳到衡山路十號進行財產登記。「上午，從八點半站到十一點，才拿到三張表格。因為我們並不是業主，因此在表格上填了一大串『無』。」[19]

一九四二年六月以來的五個月中，肯塔基樂勒脫總會的愛德華達會長，一直在盡一切努力尋找有關在中國的修女是否安全的資訊。六月，她開始與華盛頓特區的國家天主教福利會議（National Catholic Welfare Conference）主席布魯斯・莫勒（Bruce Mohler）先生，通過郵件保持聯繫。可是獲悉的總是同一句話：保證設法獲得消息。於此同時，瑪麗・珍試圖通過瑞士的紅十字會寄信給肯塔基。十一月二十一日，愛德華達會長終於在回覆莫勒是否希望將修女們召回的問題時，給了他一份完整的名單，十三位修女在上海寶慶路十號；六位修女在漢陽西大街二二五號。[20]

一九四二年後半和一九四三年前半，修女們每天派兩人，跟上海大多數市民一樣，輪流在商店外排隊買白糖、麵包和雞蛋，成敗參半。二月十二日，兩個修女從一個麵包店走到另一個麵包店，什麼也沒買到。樂勒脫《上海日誌》：「美英公民的處境岌岌可危，被拘禁指日可待。」二月二十二日，日軍人員又來了學校兩次。

漢陽

一九四三年二月，又一批被逐的美、英、比、荷公民離開漢口前往上海。

二月初，一個為日軍效勞的中國人來到樂勒脫大院。茱斯塔問他有何貴幹。那人遞給她一個通知，說那個荷蘭修女必須到集中營報到。隔天，同一個人又來了，告訴她們日本人叫她暫時待命。二月十一日是露德聖母（Our Lady of Lourdes）紀念日，高爾文為尼古拉做了彌撒，祈求露德聖母保佑讓尼古拉留在漢陽。

尼古拉後來寫道：「有一天下大雪，我去雞舍為十幾隻雞鏟開一條路。鏟完之後，正當穿過廚房的時候，廚師約翰說：『看，那個男的又來了！』這次，我逃不掉了。」[21]

那人來通知尼古拉立刻去憲兵隊報到，集中去漢口。茱斯塔二月十九日寫道：「我們很快就做好了準備。雪很大，我們一步一滑地走在滿是雪水和汙泥的馬路上。」尼古拉出行時總是用個中式包袱，那天她那個藍色的包袱全濕透了。

「到了漢口，我們在一個骯髒的小房間裡等了一會，就被帶到了憲兵隊長面前。他問了好多問題以後，又叫我們等著，說有人會把我們帶到碼頭上船。可是，那個人卻把我們帶到警察局。又是一路走一路滑，又是等待。好不容易，我們才得到許可去吃點東西。於是，我們到嘉諾撒修女會吃了頓熱飯，她們還為尼古拉帶上第二天的午餐。」

回到警察局，接著繼續等待。霍根神父和高隆龐修女來與尼古拉修女道別。最後到的是高爾文主教。又是一番盤問之後，終於來了人把她們帶到船上。

茱斯塔後來寫道：「我的天哪，眼睛都花了。這批人裡有兩個主教，武昌的科沃斯基（Kowalski）主教和宜昌的戈培爾（Goebbels）主教。好多神父，但是修女比神父還多。都是美、英、荷公民。各種教袍、長頭紗和頭飾，簡直像是最後的審判。大家好像精神不錯，但看得出來都在忍著不流淚。」

包括送行的人在內，所有人都上了船，被帶到一個倉庫大小的船艙，裡面有長凳，可以坐著或睡覺。既沒有隱私，也沒有被褥。神父在一邊，修女在另一邊。

茱斯塔說：「我們跟認識的人說了幾句話之後就告別了。主教說最好是趕快走，因為警衛看得很緊。我帶了一些錢要給尼古拉姐妹，可是忘記給她，結果她身上一文不名。」[22]對於茱斯塔忘了給她錢，尼古拉的反應與通常一樣豁達：「我發現她忘記的時候怕她難過，專門祈禱請她釋懷。」[23]

尼古拉五月二十一日寫信給茱斯塔和「那些還跟你在一起的姐妹」，說自己沒待在茱斯塔看到的「倉庫」：

給你寫幾行字報個平安。我很好。從走過雪水摻汙泥的馬路到現在已經快三個月了。那天你走以後，船到第二天上午十點半才開，但我還是情願你能早點回去跟派翠西亞姐妹和依撒伯姐妹在一起。

辛辛那提仁愛修女會的小艙還有一個空位，她們把我叫過去。一路順利。每天早上兩位主教主持彌撒，組成了一個很不錯的臨時教會。因為我一個人孤孤單單，被稱之為「孤兒安妮」。其實我並不哀傷，她們肯定感覺到了那份同情大可不必。一路無驚無險到達南京，我們連人帶行李轉移到看上去像是大型海輪的船上。外表一般，但裡面很漂亮。船上的「朋友」對我們禮貌有加。伙食很好，但絕無使我們增加體重的危險。我們於二月二十四日在上海虹口碼頭停靠，我以為我很快就會到親愛的姐妹們中間了。可是，我們在碼頭上站了至少兩個小時。

我忘了說，四個遣使會（Vincentian）*神父在牯嶺上船，三個荷蘭人，一個比利時人。你還記得齊格霍恩（Ziggenhorn）神父吧。他告訴我，西蒙（Semun）神父還在牯嶺，很好。在牯嶺上船的還有三位年長的新教傳教士，一個仁愛會墨西哥修女。因為她也是一個人，我們便稱她為「孤兒瑪麗」，「孤兒安妮」就有一個伴了。孤兒瑪麗不會講英語，但會說西班牙語和法語。於是，我們用西班牙語和法語表達「是的」、「好的」，相處甚歡。因為我既沒帶錢包也沒有鈔票，聖文森保羅仁愛會的羅伯塔（Roberta）修女幫了我大忙，因為我們得給船上的僱員兩美元的小費。一文不名其實並不乏優勢——既不會弄丟，也不會放錯地方，更不會被偷走。[24]

在虹口碼頭，尼古拉看見她的藍包袱跟一些行李箱一起裝上了卡車，然後跟她的墨西哥朋友安潔拉（Angela）修女道了再見（後者跟來接她的修女一起走了）。

「我朝四下張望了好久，希望有我們的上海姐妹來接我。意識到完全是徒勞以後，我倒是感覺挺平靜的。」

兩輛大巴士來了，尼古拉第一個上去，一共七十二人。車開了很久，目的地很遠。她無從得知是要去哪裡，但從上船的那天起，她就知道自己置身於朋友之中。大巴士終於到達目的地時，她得知這裡是位於閘北區的上海大學。

我們原本應該是二月二十六日到，可是二十四日就到了。大約有十二個人，大多數是美國人，已經把這個集中營修繕、清洗並油漆過了。第一晚，他們把別人提前託運來的一些床鋪給我們用。可是那些人第二天就要來了。我們正要把行李箱併到一起當床用的時候，一個從波士頓來的美國人問我們，願意不願意用行軍床？「哦，那當然太好了！」這個大好人很快就給我們每人搬來一張行軍床（我真的萬分感謝親愛的茱斯塔姐妹幫我打包的被褥）。熄燈以後，很快就聽到此起彼落的鼾聲。

集中營大樓格局「近似丹佛樂勒脫高原學院的行政大樓，有兩翼。神父住一翼，修女在另一翼。大多數非宗教人員住在中間。」[25]

大約一週後，有傳言說她們將被轉移到別處，今天說是臺灣，明天說是莫三比克。

---

* 編註：遣使會的正式名稱為「Congregation of the Mission」，其成員被稱為「Lazarists」，起源可追溯到他們居住在聖拉匝祿修道院（Priory of Saint Lazare）的時期，而在英語系國家多稱呼他們為「Vincentian」。

有一天，集中營裡來了一批荷屬東印度群島的猶太戰俘。當這群戰俘聽說這裡有四個荷蘭人，三名神父和尼古拉，他們就收集了各種食品，咖啡、白糖、糖果、甚至還有培根，送給神父和修女。

還有一天，尼古拉正和其他人在廚房洗蔬菜，感覺有人來到她背後，往她手裡塞了樣東西。她轉頭看時，那個人已經轉過身走了，只看見一個高個子。她趕快到洗手間去看個究竟。原來是瑪麗・珍寫的字條：「感謝上帝，終於找到你了。幾個高隆龐神父在上海到處打聽你在哪裡。明天莫琳要做大手術，請為她祈禱，瑪麗・珍姐妹。」

五週後，東京傳來命令，要將所有神父和修女轉移出閘北，以便關押更多戰俘。在惠濟良主教秘書維迪爾神父的干預下，神父們被轉移到徐家匯的耶穌會傳教團，而修女們去了聖心修女會。尼古拉寫道在閘北期間，「我們天主教徒、新教徒、猶太人和非宗教人員之間建立了友誼。神父和修女離開時，朋友們向我們揮手告別，還有人傷心不已。」

十五
上海集中營、武漢轟炸，一九四三年到一九四五年

一九四三年二月，日軍對山西西北的中共地區發動春季掃蕩。經過八十四天的戰鬥，日軍挫敗。

對尼古拉來說，閘北為時五週與天主教徒、新教徒、猶太人和非宗教人員的共同生活是一段溫暖人心的經歷。三月三十日早上，命令來了，她真捨不得離開這些善良的人。幾個留下的集中營朋友幫她收拾行李，用她那塊藍包袱布把她很少的物品和被褥緊緊地裹好。好幾個人默默地把現金塞進她手裡。

下午三時大巴士來了。「武昌來的赫克爾斯（Heckles）小姐和霍特克（Hoetker）小姐，因為不能跟我們一起走，哭得尤其傷心。」[1]

不到半小時，大巴士停在一棟漂亮的大樓門口，這是地處霞飛路的聖心修女會。

尼古拉一眼就看見克萊門蒂婭鶴立於在臺階上等候的修女之中。跟她一起的還有史黛拉和瑪麗・珍。尼古拉快速擠過人群，撲在「歡迎委員會」的懷抱中。自從去年六月的那個早晨，史黛拉和克萊門迪婭回頭看見尼古拉和派翠西亞站在漢陽修女會門口，到這個時候已經過了快一年了。

三人爭先恐後地問她：「集中營的生活怎麼樣？」「受罪了沒有？」「你氣色不錯哦！」尼古拉只不停地說她愛那裡所有的人。眼前對她來說最重要的是把手裡的錢處理掉。這個離開漢陽時一文不名的難民，把還沒有數過的全部現金交給了瑪麗・珍。（七百日圓軍票的價值無足輕重，但對她來說，因為體現了朋友們的關懷，卻是萬分珍貴。）

剛下車的人被催促著把行李搬進大樓。小小的團圓戛然而止。尼古拉再次與姐妹們擁抱、道別，並且高興地得知她們三週內也將集中到這裡來。

大家被帶到三層樓高教學大樓一樓的一個大房間來點名。尼古拉在一封信中寫道：「顯然，我們的『日本朋友』要確保沒人從大巴士上掉下去了。」[2]

之後，她們被帶到三樓，前一陣子就被拘禁的修女已經在等候，向她們介紹集中營的生活。尼古拉是第一個，也是那時候唯一一個被關進集中營的樂勒脫修女，正好跟那些瑪利諾外方傳教會修女待在一起。她很快知道，這些修女們被關在美國學校的時候，離寶慶路十號的樂勒脫學校很近，因此已經熟識上海的樂勒脫修女，所以也同樣期待著樂勒脫修女們的到來。

這是上海的惠濟良主教與日軍當局談判達成的協議——將神父和修女拘禁在幾個天主教社

群，自己負責在集中營的生存問題。日軍樂得取消所有神父和修女的配給證。

聖心修女會能理（Nourry）院長主動提出，用該會的外語學校大樓當作修女集中營。[3] 聖心會的英美修女可以與關在這裡的「敵僑」待在一起；而那些不用拘禁的聖心修女，則可以讓兩所學校繼續運轉。大多為教室的外語學校三樓，成了被拘禁修女的住所。只是沒有人料到，之後貨幣會持續貶值、食材和煤炭也極度匱乏，讓放棄配給證這件事情帶來嚴重的後果。

三月二十五日，維迪爾神父通知瑪麗・珍，大約一個月以後去聖心修女會集中營報到。她們感到既驚訝又高興。大多數人得到通知後，很快就必須到集中營去報到，樂勒脫修女猜不透（不過也只猜測了一小段時間）為什麼她們竟然得以上完那個學年。

儘管不必立刻到集中營，老師們都必須在關閉學校之前修改教學計畫，在三週內容納原本要花四、五週上完的課程。佛羅倫丁給畢業班分配的畢業題目是：每個學生製作自己的畢業禮服，她們必須以最快的速度完成從量身、剪裁到製作的全部過程。

《上海日誌》中斷斷續續的簡短紀錄，表明了那幾週籠罩在寶慶路十號的緊迫感：

三月三十一日週三，冷。校友會為修女們準備抽獎活動，大獲成功。

四月一日週四，暖。來訪者眾多。

四月二日週五，暖。校友們對抽獎活動展現了極大的熱情，幾乎所有校友會成員都來了。

四月三日週六，暖。校友會議從昨天改為今天。

四月四日週日，暖。回憶日。二十一個女孩在基督國王教堂（Christ the King Church）舉行了第一次聖餐。史坎倫神父和歐科林斯神父到場。

四月五日週一，冷。捐款仍在繼續；我們的人真是既友善又富有感激之心。

四月六日週二，冷。

四月七日週三，雨。為紀念我們苦難的聖母，開始連續九天的祝禱。這是我們在寶慶路的最後一個月，祭壇每天都裝飾得很精美。

四月八日週四，暖。愛爾蘭高隆龐神父必須接管俄羅斯男校。其他神父去了集中營。

四月九日週五，必須賣掉很多家具，似乎太可惜了，但需要存放的東西實在是太多了。

四月十日週六，晴。高中生把圖書館的書搬到趙主教路的高隆龐教會。樂勒脫學校再次分散到上海各處。

四月十一日週日，晴。四個韓國孩子在我們的小教堂舉行了第一次聖餐，來了很多韓國人。

四月十二日週一，熱。全天封鎖。警笛響起時，一個傭人或家庭成員必須在附近巡邏（目的是確保所有房屋都遵守停電規定）。

四月十四日，樂勒脫學校正式關閉。一些學生不願離去。[4]她們幫忙把書桌和學校用品搬到儲存處，使這個悲哀的日子好過一點——儲藏家具這一行動本身，似乎寄予著不久之後一切將會恢復原狀的希望。除了修女隨身攜帶的床、椅子等日常必需品以外，大多數家具都已經出售。隔天就是畢業典禮。這個本應滿是歡樂的日子卻充斥了悲傷。學校關閉了，沒人知道什麼時候才能復校。瑪麗・珍在《上海日誌》裡寫道：「做出了最大努力也無法止住流淌的淚水。願上帝保佑我們的女孩繼續遵守樂勒脫的教義。」

四月十六日，樂勒脫修女會一年一度的七苦聖母日（The Feast of the Seven Dolors of Mary）[5]那天，趙主教路高隆龐總部的神父來告別，他們就要到徐家匯的集中營去報到了。學生家長帶著麵粉、米和錢來道別。

四月十七日，新來的物業管理人一家住進了一樓。

四月二十一日上午九點左右，第一批修女離開了寶慶路，帶著床、椅子、書桌、縫紉機和打字機，前往所謂的聖心集中營。因為沒有卡車和貨車，東西都裝在手推車上，令行人一覽無遺。那天的《上海日誌》如此記錄：「一個曾在我們學校上過學的學生認出了那些家具，尾隨著想知道家具會搬到什麼地方，因此得知樂勒脫學校關閉了。」[6]

手推車到達聖心修女會時，尼古拉和其他修女幫忙把東西搬到為樂勒脫修女準備好的三樓教室。能理院長也來迎接她們，並協助安排和布置房間。

能理院長是個六十歲出頭的法國人，深受信賴。作為管理人員，她必須與日軍打交道。畢竟，他們也是這裡的「客人」——幾個月後，日軍決定把士兵安置在修女住的三樓的另一翼，而能理院長的條件是日軍必須在兩翼的走廊之間砌一道磚牆，阻隔一切往來。

四月二十一日下午一點，十二位樂勒脫修女正式領到平民戰俘身分證。[7]她們與尼古拉修女和唯一的聖高隆龐修女瑪麗・卡梅爾（Mary Carmel，是澳洲人）一起，組成了第十個分配給聖心集中營的小團體。手術後還在住院的莫琳和暫時住在父母家處理學校收尾事宜的安托內雅，之後也來到了集中營。

復活節前三天的四月二十二日聖週四。瑪麗・珍修女在《上海日誌》裡做了如下紀錄：「接下來給我們分配的任務包括：早晚洗碗；打掃我們自己的起居空間、兩間廁所和兩個教室；確定每天削蔬菜皮和做禱告的時間。」

對於來到中國之前曾經住在較大社群的樂勒脫修女來說，這類例行公事駕輕就熟。不同的是，她們現在身處一個來自英、加、比、荷，以及四十個美國不同地區的修女組成的社群。透過共同安排日常家務，加上在教堂裡的拉丁語讚美詩和祈禱文都給她們安全感。瑪麗・珍後來說，那是一段「一生中受到最大鼓舞」的經歷。

修女們都認識到這場前一陣子還只在中國境內蔓延的戰爭，已經成為世界上更大範圍衝突的一部分。這一點從與她們只有一牆之隔，一千名左右日軍官兵和隨軍女性的日常活動，就能看得出來。每天清晨，三樓的修女能看見士兵在校園裡操練，緊閉的門窗擋不住長官的口令和士兵的喊殺聲——這點警告她們，這些士兵不僅準備在中國，也準備在太平洋其他戰場進行肉搏戰。

七年來，隨著日軍占領區的擴大，在中國的修女受到了嚴重影響。瑪利諾外方傳教會修女到上海之前，就已經遭到囚禁了一年。武漢修女經歷了狂轟爛炸和救死扶傷。但在這裡，瑪麗・珍說：「一切都安排得井井有條，集體精神完美——共同的磨難和悲哀使我們心靈相通。」

蕾吉娜修女後來回憶說：「沒想到來集中營才沒幾個月，就接到通知說日軍要占用寶慶路十號。瑪麗・珍姐妹又開始發愁，存放那裡的東西怎麼辦？」能理院長說：「那就乾脆都搬到這裡來吧。」

「當然，我們不可能因為要搬東西就被准許離開集中營，所以年紀最小的安托內雅姐妹必須安排一切。」

來到上海十年，瑪麗・珍數次組織搬家，從未需要任何人的協助。可是這次輪到既有人脈資源，又對上海瞭若指掌的安托內雅，她從容接受了挑戰。

當時，安托內雅已經遵守有關規定搬入集中營，但可以自由進出。這是她承擔的第一個重任。後來，她還做過許多不尋常的事情。比如，為一個生病的修女買番茄汁——醫生說每天需要喝四罐番茄汁。安托內雅用沒被收走的「過期食物券」，從一家商店到另一家商店買番茄汁罐頭。（每個商店都把罐頭上開個洞，以免有人拿去黑市轉賣。）安托內雅找來小孩子幫忙，讓他們端著放罐頭的托盤等在商店門外。買夠一定數量後，她就付給孩子們小費，然後端著放番茄汁的托盤回到集中營。一開始帶進集中營的食材快用完了的時候，安托內雅又成了以物易物來換白糖和麵粉的高手。[8]

安托內雅還自願為曾在葡萄牙學校讀書的孩子們宣教。戰亂使他們的父母喪失了生計，只得乞討為生。

戰後，安東內拉寫道：

> 慈善會（Benevolent Society）租了一個計程車車庫，給大約三百人提供庇護和食物。很多人營養不良，並且生病，冬天就因嚴寒而死，夏天因酷熱而亡。起初，只有五個孩子來聽我們宣教，到一九四五年九月，增加到三十個左右。我用鄉村風格教他們——像鸚鵡學舌，因為他們不識字。今年有九個孩子參加了第一次聖餐。因為他們沒有像樣的衣服，我們得幫他們找衣服，竟然找到了幾個教父教母，同意幫忙找衣服。
>
> 前一天，他們從頭到腳洗得乾乾淨淨，大人叫他們別出去玩弄髒了。整整一天，這些可憐的孩子都那麼乾淨甜美。蕾吉娜姐妹獲准從集中營出來，我們和孩子們一起在葡萄牙領事館待了一整天。我幫一個小女孩洗手的時候，她說：「修女，我打心底開心。耶穌充實了我的靈魂，我連肚子都吃飽了。我能每天都做第一次聖餐嗎？」我真是愛這些缺衣少食的孩子。我每週去看他們兩次，一個老師來接我；然後一個大女孩送我回家。

聖心第三集中營，很快成為九十六個修女的學習中心。對於這些熱衷教學和熱愛學習的人來說，機不可失。任何想提高中文、法語、甚至英語水準的人，都可以在這裡找到老師。尼古拉給那些希望有朝一日能重返內地的修女教授中文。她已經在中國內地生活了二十年，教日常用語不在話下。

不同教會的修女各有專長。大學圖書管理員伯納德（Bernard）修女擅長裝訂圖書。由於需要修補的圖書很多，多洛雷塔樂於相助。她後來寫到：「我現在可以修補大多數以前必須寄到別處去修補的圖書。伯納德修女使我深受啟發，因為她便是神貧的化身……哪怕是最細小的布料或紙片都不浪費。」

多洛雷塔「主修」法語：「這是一個絕佳的機會，因為集中營裡有不少法國和比利時姐妹。我的法語閱讀能力已經大大提高，可以根據法語讀物來進行冥想。不過口語進展很不理想。但是即便沒學會口語，也絕不會放棄已經學到的知識，因為我從法語原著中得到了莫大的享受。」

多洛雷塔還教打字和速記。佛羅倫丁則教沒用過縫紉機的修女一些使用技巧。會縫紉的修女開始教其他人做插針墊。這很快成為「集中營產業」，每個可賣兩千日圓，為日常購買食材提供了些許補貼。

每週下午四點，教堂舉行賜福祈禱。來訪者可以留下來探望認識的修女。漸漸地，之前的學生和朋友利用這個機會來上輔導課，讓樂勒脫的教師能繼續參與教學。她們將這筆額外的進帳交給能理院長——要養活集中營裡的那麼多人，資金來源多多益善。

到了九月，能理院長為原本是樂勒脫學校的十一和十二年級的學生，安排了幾個教室，供她們每週來學習幾個小時。此外，還有一些中國學生來跟修女學英語。瑪麗・鄭（Mary Cheng）出身於一個老天主教家庭。小時候在自己家上過私塾，後來進了中國的中學，但她是想學英語。最一開始她先跟喬瑟拉學英語，後來莫琳也當過她的老師。[9]

集中營的生活並不都是平靜的。一九四三年秋末到一九四四年初，美國空軍對上海郊區的工廠區進行了集中轟炸。儘管聽見是遠處的爆炸聲，並且知道目標是日軍設施，但她們沒有因此感到些許安慰，因為遇難的人無疑仍是無辜的平民百姓。

天氣愈來愈冷，但根本買不到煤炭來燒暖氣。喬瑟拉記得，天氣好的日子，修女們便利用大自然的溫暖，把椅子搬到窗邊來讀書或縫紉。喬瑟拉修女提到：「我們不斷往身上加衣服，看上去每個人都愈來愈胖了。」[10]但實際上，每個人的體重都在下降。早餐是用玉米粉代替花生醬，加上烤得差強人意的灰褐色麵包；儲存的咖啡和茶用完後，早餐飲料一般都是「深色大麥水」。奶油早就絕跡了。「需要慶賀重要節日的時候，廚師會盡量抹上薄薄一層微甜的東西，味道吃起來很明顯是人造的。」

一九四四年的最後幾個月，集中營尚未收到紅十字會的補給。晚餐有時候每人只有半顆雞蛋和時令蔬菜。偶爾有一頓大餐的時候，就是會多兩三口肉而已。主要蔬菜除了番薯，還是番薯。史黛拉修女戰後寫道，在大部分的時候，不論那餐是吃什麼，自己都還能再吃下兩份。

漢陽

一九四三年二月尼古拉被逐後，漢陽的生活在某些方面一如既往。比如，用茱斯塔的話說，日軍「維安人員」隨時隨地抱持著「友好或敵對」的態度來造訪；還有一年一度擔心大堤是否承受得住因為西藏高原積雪過早融化導致的長江流域洪峰。儘管郵件來往依然受到阻礙，三月二十五日，漢陽社群還是得知尼古拉人在上海的一個平民集中營裡，一切安好。四月十日，她們收到在這場戰爭結束之前從上海寄來的最後一封信。信上說學校即將關閉，修女們將集中到聖心修女會集中營和尼古拉待在一起。

繡花堂早已關閉。（已然是供不應求的）食材價格繼續上漲。最年長的派翠西亞和最年輕的依撒伯便在修女會裡開闢菜園，仍然與聖瑪麗修女住在一起的茱斯塔常來助兩人一臂之力。對這三個人來說，眼前最大的困難是，在沒有了尼古拉的豁朗達觀，加上前陣子失去的史黛拉的風趣和克萊門蒂亞的熱情，令人心情沉重得難以忍受。

江上全無大型船隻，舢舨和帆船在武漢三鎮之間自由穿行，不用為躲避大型船隻而困擾。漢口港亦不再有貨船停靠。顯然，日軍限制了長江航道。後來才知道，實則是由於上海和南京之間的水道埋設了水雷，經由水路進入內地已無可能。

漢陽仍有為數不多的愛爾蘭神父（所有的美國和澳洲神父至少都被驅逐到了上海），大多數神父都是被日軍趕出鄉下宣教所，才會回到漢陽。有時候，他們會到修女會來喝杯茶。有些人不甘於無所事事，偷偷回宣教區看望教民。這樣做很危險，倘若被抓到，很可能被驅逐出境。

有些神父堅守在日軍占領區外的宣教所。高爾文為他們的孤獨處境擔憂，便堅持寫信，並找可靠的人將信帶給他們。他在給刓灣的夏克頓神父信中寫道：

一九四三年四月二十日

親愛的亞伯，

但願你在這個艱難時期一切安好。西莫（Seamus）的住所差點被占去，但被我們奇蹟般地阻擋下來。我們把所有東西都搬到城裡，然後又全部搬回去——那幾天一直下雨，真是不容易。

莫里斯（Maurice）那裡有五個神父被帶走，然後又被送回去。這都是上週的事。他們（日本人）說了各種理由，全都自相矛盾。真不知道，也想像不出來他們下一步還會耍什麼花樣……

我們在這邊，你在那邊，兩邊都沒有著落；保持低調為佳，但願一切會好起來。我們的膚色於我們不利——這是個大麻煩。不知道接下來的幾個月會怎樣。聽說，兩種國籍的人（美澳）都將在幾週內被轉移出這個地區……

亞伯，上帝與你同在，

六月下旬，茱斯塔在《漢陽日誌》裡記錄了她在依撒伯和派翠西亞的幫助下，用糖精代替糖來「醃桃子」。六月二十七日，提到菜園裡種了玉米；二十九日摘下第一顆番茄。七月下旬，汛期結束。八月十五日，依撒伯本應發終身願，但因沒收到肯塔基許可，她又做了一次一年有效的復願（實際上肯塔基早已寄出許可，漢陽直到戰後才收到）。

一直以來，茱斯塔都沒有記錄有關戰事的詳情，九月的一天，她在《漢陽日誌》中寫道：「我們把聖母雕像放在祭壇下面的底座上，並牢牢綁在牆上，不然轟炸來了很不安全。」十天後，她記道：跟修女們一起待了二十年的伊麗莎・胡離開了，去她在戴家灣的兄弟家了。

九月二十二日，高爾文再次寫信給夏克頓神父：

我認為你最好還是離開到灣住到長堎口去，在那裡做到灣的宣教工作。理由如下：（1）目前時局風雨飄搖，宣教成效甚小，神父們盡可能聚在一處為上。（2）長堎口距離很近，回到灣宣教並不會費時費力。（3）在這個無賴橫行的時期，一人獨處難免感覺孤獨。無論一個人有多大的意願和勇氣，在巨大的壓力下，血肉神經能夠承受的畢竟有限……。

新堤被洗劫一空。我已經提出要求賠償，但是感覺無望；毫無疑問，這就是我們所背負的十字架。我理解這是上帝的旨意，可是真的是很難啊。

後面，他提到俄羅斯「史達林格勒的巷戰和可怕的屠殺」。（但未提及如何得到這些資訊。）

十月初，茱斯塔確定聖瑪麗的修女不再需要她了，便回到樂勒脫大院。十月十九日是樂勒脫修女到漢陽二十週年紀念日，高爾文在修女會舉行了晚宴。飯後，他與茱斯塔和派翠西亞談起過去的日子，很想知道上海修女的近況。靦腆的依撒伯也回想起一九二五年剛從鄉下來到繡花堂的日子。那時候神父教女孩們打球，她能把球扔得比任何人都遠。在座的年輕神父對多年前的中國一無所知，聽得興致勃勃。

一九四三年十二月十二日開始，武漢地區再度遭到空襲。曾多次關照過樂勒脫和高隆龐修女的義大利嘉諾撒仁愛會修女會，正處於轟炸線上。一枚炸彈落在醫院產科病房，卻令人意想不到無人遇難。一個目擊者說，另一枚炸彈「穿過兩層鋼筋混凝土落在一袋糧食上，沒有爆炸」。

嘉諾撒仁愛會院長後來說：「那天晚上，上帝保佑我們免於遭受更大的災難。但是，這才使我們意識到修女會所處位置多麼危險。儲藏室旁邊就是加油站和日軍糧食分發站，還有銀行和辦公大樓。有極大的可能性會再次遭到襲擊。」[12]

兩週後就是平安夜，漢陽大教堂擠滿了人。那幾天，依撒伯和幾個聖瑪麗修女還到漢口幾個教堂去參觀了聖誕嬰兒床。儘管大家都知道隨時會有空襲，但生活仍在繼續。

一九四四年的頭幾個月，除了「高爾文帶了一隻小豬來給依撒伯養」，和二月二日記載了三個本地修女在漢口嘉諾撒仁愛會修女開辦的聖約瑟夫學校註冊，茱斯塔很少在《漢陽日誌》裡留下紀錄。

二月十二日，高爾文在漢口四明路高隆龐辦事處寫信給夏克頓：「我太希望戰爭結束了，但是你我唯一能做的是保持耐心；無法要求人或事物都按照我們的意願來運轉，只能在任何場合努力做好該做的事情。一切都很艱難，可是不管在哪裡都是一樣。現在雖然一籌莫展，但如果戰爭結束後我們還活著，也許我們可以做點什麼。」他補充說：「（高隆龐的）所有美國神父都在去年十二月初回去美國了。」

此時，高爾文和茱斯塔還不知道，一月七日回到美國的史賓賽神父，從底特律寫信給愛德華達會長，提到他跟史黛拉修女和克萊門蒂婭修女搭同一艘船到達上海。離開上海回到美國之前，他見到樂勒脫修女，得知她們無意返回美國。他還在另一封信裡說：「派翠西亞修女在大院裡種了各式各樣的蔬菜，原來的花壇依然美麗芬芳。」愛德華達會長問他有關修女們在集中營的經濟狀況，他說：「她們告訴我，自己在做收費的私人輔導。」

二十六日，高爾文又寫信告訴夏克頓：「牯嶺高隆龐神父的住所，有一部分屋頂被拆掉，房子後面的小屋，則是整個屋頂都沒了。估計所有的東西都不會留下。住在漢陽總部的神父為虛度光陰沮喪不已。最艱難的事情是沒有工作可做，卻要對付與日增長的焦慮，尤其是最近幾週。」

高爾文提到漢口的希賢主教：「希賢看上去顯得很蒼老。也難怪，他在武昌有兩三個神父，他盡了一切努力幫助他們，可是卻沒有得到預期會有的感激。人是一種很奇怪的動物。我們是幸運的，還能從純粹人道主義的動機中悟出最原始的慈悲。」

三月十七日以後，茱斯塔在《漢陽日誌》裡留下了紀錄，但未註明日期：「目前一切都很糟糕：頻繁的空襲把人搞得焦頭爛額；物價高漲、物資短缺；留在這裡很危險，可是又不能走。一切都是上帝的旨意。每次有空襲，我們都問上帝是不是我們的大限已至。總之，過一天是一天。多久？還要多久？只要我們還活著，就得繼續前進！」

感覺漢口愈來愈危險，漢口人開始過江躲避。很快地，繡花堂住進了三百多婦女和兒童。婦女隨身帶來的東西吃用完後，便想盡各種辦法生存下去。夏去秋來，隨著氣溫下降，男人開始砍伐樹木，但就算是這樣，一天也只有幾個小時能燒火爐取暖。早已斷斷續續的電源終於完全停止，但是只要有節制地使用蠟燭，必要時還是有點亮光。

日軍人員繼續不請自來，甚至要求查看支出紀錄，因此，高爾文警告不要留下任何文字。從一九四四年四月到十二月之間，茱斯塔完全停止記錄任何文字。

一九四四年聖誕節前的一個月，十一月二十四日在漢口的空襲讓離嘉諾撒仁愛修女會不遠的法租界陷入極度恐慌。一位嘉諾撒仁愛修女寫道：「希賢主教擔心極了，因為有傳言說下一次空襲就該輪到我們所在的英租界了。」

茱斯塔和派翠西亞一直關注著江對岸的朋友。之前，這些義大利修女曾無數次慷慨地伸出援助之手，甚至收留過繡花堂的女孩。嘉諾撒仁愛修女會的醫院、頗具規模的修女會和學校都集中在一處，是個明顯的目標。日軍最初到達漢口時，鑒於義大利是日本的盟友，曾准許她們接納難民。但那個時代已經過去，目前武漢以外的嘉諾撒仁愛修女都聚集在這裡。

根據後來的報導，十二月十日晚上七點三十分，義大利修女正在吃晚餐，空襲警報響起。「但是很快，我們從美軍轟炸機沉重而壓抑的悶響中聽出，敵機已飛到城市上空，事實上就在我們頭頂。」

空襲持續了一段時間。醫院遭到轟炸後，輪到希賢主教的住處和對面的大教堂。一塊破片插入希賢主教的心臟，當場斃命。當大家找到廖神父的時候，發現一塊破片嵌在他的頭部。二十名醫院工作人員死亡，包括四名修女和八名護士。好在所有患者倖免於難。[13]

希賢主教的去世於高爾文來說，又是一個巨大的損失。遇到麻煩或有疑問時，他總是習慣去找這位義大利蒙席。高爾文說：「跟他交往獲益良多，因為他永遠是面帶微笑地看待生活。無論世事多麼黑暗，他總能看到一線希望。他去世前不久，我去看他，卻發現他憂鬱喪氣。我盡量安慰他，指出他所做工作的重要性，提醒他在中國四十年的傳教生涯獲得的成就。希賢回答說：『我兩手空空。只能企望上帝的憐憫，讓我在天堂裡有半席之地。』」[14]

神學院遊廊上搭建了一個臨時祭壇，高爾文主教在此為希賢主教獻上了安魂曲，雪落在他身上和棺材上。他還在嘉諾撒仁愛會的瓦礫中為四名遇難的義大利修女做了彌撒。

茱斯塔在《漢陽日誌》裡簡短地記錄：「漢口大教堂、宣教所、學校和醫院全部化為廢墟。希賢主教、廖神父和四個嘉諾撒仁愛修女在空襲中遇難。安息吧，上帝與我們同在。」

戰爭結束後，茱斯塔在一封寫給愛德華達會長的信中提到：「感覺就像世界的底部脫落了，一切都在下墜。唉！戰爭太恐怖了。漢口和武昌近乎夷為廢墟，漢陽算是幸運。所有武漢人都不會忘記一九四四年十二月十九日那一天。一批又一批美軍飛機，沒人數得過來有多少，接著就是屠殺般的轟炸。沒一會，硝煙就瀰漫了半邊天。透過灰濛的煙霧，暗紅的太陽猶如月食一般。之前，漢口蒙席希賢主教、一名中國神父和四名嘉諾撒仁愛會修女就已經遇難，天知道究竟有多少人遇難和受傷。漢口大教堂、主教住所、天主教醫院、學校和修女會都被摧毀。之後大火燒光了炸彈留下的殘垣斷壁。所以，聽說整個武漢都會被炸光時，主教命令所有能夠撤離的人員都到鄉下去。」

顯然，漢陽很可能有遭受轟炸的危險，疏散的時間已到。派翠西亞特別恐懼。高爾文建議，她和那些不需要看護病人的高隆龐修女，盡快去離漢陽十五公里的黃甲山神學院。她們便在十二月二十日離開了漢陽。

在同一封信裡，茱斯塔繼續寫道：「我已經回聖瑪麗了，因為主教又接受了一組望會生，只有我能去負責。主教認為，每個修女會都需要留下一個人來看守，他問依撒伯能不能留下來，她說可以。他命令我帶領所有的望會生和中國修女去鄉下。我一生中感到最糾結的事情之一，就是把依撒伯獨自留在了漢陽。」[15]

高爾文還問依撒伯能不能繼續照顧安置在繡花堂的婦女和兒童。依撒伯說她願意留下，但不願意讓茱斯塔走。依撒伯做出留下的決定，讓茱斯塔覺得依撒伯擁有極大的勇氣。十二月二十一日，茱斯塔帶著聖瑪麗的望會生和修女離開了漢陽。

十二月十日的轟炸，摧毀了漢口四明街四十六號的高隆龐辦事處，幸運的是當時那裡沒有任何人。之前，高爾文的總部已被日軍占領，他和麥凱（McKay）神父搬到樂勒脫修女會。高爾文住在醫務室，麥凱在活動室睡覺。

幾個留在聖瑪麗修女會小型婦產醫院的看護，住在樂勒脫修女會三樓。留在漢陽的高隆龐修女，每天晚上也都集中到樂勒脫修女會來。[16]還有兩個醫生搬進樂勒脫大院：梁醫生攜帶家眷住在與廚房比鄰的小藥房；圖安姆（Tuam）醫生住在繡花堂的餐廳。一九四五年第一個破曉之際，樂勒脫大院集合了漢陽各宣教團體的所有成員。

十六 又一個過渡時期，一九四五年到一九四六年

一九四五年七月十六日，杜魯門在德國出席波茨坦會議時得知第一枚原子彈在新墨西哥州引爆成功。[1]

一九四五年七月二十六日，聯合國國際組織會議在舊金山簽署了《聯合國憲章》。[2]

一九四五年八月六日，有史以來的第一枚美國原子彈摧毀日本廣島市。[3]

上海樂勒脫學校畢業生伊麗莎白・達卡奈（Elizabeth Dacanay）注意到天色愈來愈黑。她問母親是會下起暴風雨嗎？母親說可能是地震要來了。安全起見，她們跟幾個鄰居到地下室暫時避難。可是，既沒下暴風雨也沒有發生地震，大家回到樓上打開短波收音機——雖然是非法的——聽到了日本廣島被炸的消息。「我們大家最先想到的是那些遇難的無辜民眾，都不寒而慄。」[4]

八月八日，蘇聯對日宣戰。
八月九日，美軍向長崎投下第二枚原子彈。同一天，蘇聯紅軍進入滿洲。
八月十五日，日本天皇「下令接受波茨坦公告」，即無條件投降。

十天後，在上海聖心第三集中營，興奮的安托內雅寫了近三年來的第一封信：「半夜裡，達菲（Duff）代理院長*穿著睡衣一邊敲鑼一邊歡呼：『和平！和平！』我們所有人都立刻跳下床來，有人互相擁抱；有人一邊哭一邊跳舞。大家開始唱讚美詩《聖神》（Holy God），然後跑進教堂，嘴裡唸著『讚美上帝』。那天夜裡我們肯定是一群古怪的人。」[5]

瑪麗・珍在給肯塔基的信裡寫道：

與世隔絕太久了——沒有報紙、沒有國際新聞，也沒有廣播，我們對時事一無所知。現在，知道歐洲至少已經停戰了。我無法設想未來幾年會有真正的和平。很想知道中歐那些狂熱的領袖會有怎樣的下場。想了解您對新總統的看法。感覺看上去還不錯，可是他絕不是羅斯福。如今，美國處於世界之巔了，但願上帝保佑不要讓她忘乎所以……。[6]

* 譯註：能理院長在五月時去世。

> 我們的處境算是一種和平吧——尚未被正式解放。兩名美國委員會（American Commission）的成員明天來跟我們會面。

第二天，美國委員會告訴她們可以自由出入霞飛路的「集中營」。另外，她們想寫多少單頁紙的信都可以，而且可以免費郵寄。

寄往美國的平信估計在一段時間內，還不能恢復到戰前正常運轉的狀態，目前都是由紅十字會將郵件寄往西方（沒過多久，美國軍事人員也主動提出幫助她們通過軍事管道來寄信）。連過去最不愛寫信的人在閒暇之餘也勤奮筆耕了。

跨越八個時區之外，愛德華達會長收到了一份美國陸軍從華盛頓發來的電報，通知她緊急聯絡人員在北京地區聯繫到莫琳修女，隨後將有進一步的消息。「在北京地區」這個資訊委實蹊蹺。愛德華達會長還接到過電話告知，媒體報導莫琳修女已從日軍集中營裡解放出來。但總是只提到她一個人實在令人頗為費解！

在下個月裡，樂勒脫總會收到的郵件中總有一些有趣的驚喜。最令人驚訝的是收到史黛拉在一九四二年寄出，報告她和克萊門蒂婭被驅逐到上海的信！[7] 同樣令人驚訝的是，一整袋的信件都在十三天前從上海寄出！時隔三年，肯塔基總會每天都會收到中國的來信，持續了好幾週！

八月二十八日，毛澤東和周恩來在美國大使派翠克・赫利（Patrick Hurley）的陪同下飛往重

慶，與蔣中正及其代表討論和平、民主與團結的問題。8

史黛拉寫給愛德華達會長的信：

莫琳姐妹告知，可以寫信並且免費郵寄，那我就再寫一封。但願您收到了我上次懇請您幫我大忙的信。我只想做一個「前輩姐妹」，但等新院長的任命。應該由年輕人來做管理工作了，我們這些年紀大的人該交棒了。我尚能掃地擦灰，我們可愛的漢陽之家有很多很多瑣事得有人去做。

瑪麗．珍在八月二十四日的信中提到史黛拉，說集中營生活對她尤為艱難，幾次復發的阿米巴痢疾使她羸弱不堪，神經異常緊張。

她也報告了關於漢陽修女的消息，提到茱斯塔、依撒伯和派翠西亞比在上海的修女受到更多轟炸的折磨。「漢口幾近夷為平地，武昌摧毀嚴重。自去年十月以來，我們就沒收到過姐妹們的來信，但間接得知她們都安好。」

多洛雷塔寫道：「集中營留下的陰影雖在慢慢褪去，但似乎依舊籠罩在心頭——我們變得好容易忘記事情，而且容易流淚。」她跟一位神父提起這種感覺，「他驚訝地說：『你是第一個說起這種現象的人。我發現自己也是這樣。有時候我跟別人說話，眼睛裡會毫無緣由地突然充滿淚水，很是尷尬。』每個人都或多或少地受到前兩種現象的困擾。護士們說她們也有同樣的困擾。雖然當時沒感覺到有什麼特別的壓力，現在回想來，壓力肯定比我們意識到的要大得多。」一

出入不再受阻，許多修女陸續離開霞飛路，回自己在上海或上海附近的修女會去了。可是樂勒脫修女無處可去。跟一九三三年一樣，她們又處於有學生、沒學校的困境。八月二十日，瑪麗・珍首先查看了寶慶路十號。那裡「髒得讓人無法接受」，但她還是將其列為可能的選項之一。

知道瑪麗・珍她們無家可歸，達菲代理院長主動讓她們繼續留在聖心學校，並借用那裡的教室。聖心學校上午使用教室，下午一點半至四點，換樂勒脫學校上課。一切安排就緒之後，瑪麗・珍決定九月二十七日開始註冊，吸收二年級到十年級的學生。（留在上海的十一和十二年級的學生，之前已經通過到聖心集中營上課來畢業。）

在上海樂勒脫學校任職十二年的喬瑟拉修女，因健康原因向瑞士領事館遞交申請返回美國。九月二十二日，她收到出境許可，可以乘坐醫療船「避難」號（U.S.S. Refuge）返美。她是樂勒脫十五個修女中第一個離開聖心修女會的人。[9]

第三天下午三點，美國委員會開了幾輛汽車，來接喬瑟拉和其他七個返美修女去碼頭。喬瑟拉目睹了上海街景的慘狀——所經之路，到處坑坑窪窪、瓦礫成堆。連年的轟炸與缺欠維修徹底摧毀了上海的現代化街道。

車隊將喬瑟拉等人送到碼頭，送行者不許登船。喬瑟拉在旅行日記中的記錄如下：

船上有十九位醫生、三十位女護士、兩百位男護士、五百九十名乘客和三百名船員。

……下午四點三十分上船後，我們意外地發現這艘船按病房劃分，我們四個人分配到第二十二病房。其他四個姐妹分別在不同的病房。我們病房裡有十六張上下鋪。……最有趣的是「排隊打飯」。當每個托盤移到下一個菜時，一名水手就會發一份菜。每樣飯菜都很可口，並且分量頗多。太久沒見到水果了，以至於第一天早餐看見蘋果的時候，我們都歡呼起來。

醫療船於十月二日在沖繩停靠，前往舊金山的人轉搭「保護」號（U.S.S Sanctuary）。已經在「保護」號上的都是患病和受傷的士兵，還有從太平洋島嶼戰場歸來的倖存者。十月八日到達下一站關島。

喬瑟拉與那些渴望向人傾訴的士兵交談。一個年輕士兵承認他殺死過一個日本婦女。他說，士兵們之前得到警示：日本婦女會用手榴彈殺害美國士兵。當他看見一個婦女頭上頂著一個籃子時，心中充滿糾結。可是，因為擔心籃子裡有手榴彈，他還是開了槍。女人應聲倒下，籃子裡的手榴彈滾出來，但沒有爆炸。他無論如何忘不了自己殺死了一個女人，喬瑟拉也找不到安慰他的話。

十月十六日「保護」號在珍珠港停靠，受到海軍樂隊的歡迎。她看不出任何一點「一九四一年十二月八日悲劇的痕跡。」十月二十二日，她寫道：「八點，船通過金門大橋，金色陽光下的金門大橋金光閃閃。這時，船上的軍樂隊演奏了《加州我們來了》（California Here We Come），每雙眼睛都滿含著喜悅的淚水。我真是迫不及待地想看看，我親愛的美國十二年來發生的變化。」

十月七日，史黛拉和克萊門蒂婭在上海坐上前往南京的火車，這是她們返回漢陽的第一站。由於水雷尚未清除完畢，上海到南京這段水路仍然很危險。[10]

在南京，她們得知下一班去往武漢的船將於十三號起航。之前，瑪麗方濟各會（Franciscan Missionaries of Mary）修女與她們一起拘禁在聖心集中營，並在離開時邀請過她們。於是，兩人就去朋友那裡等待。在集中營時，史黛拉對她們既佩服又熱愛。後來，她在信中寫道：「她們對我們熱情有加。願上帝保佑她們。」

史黛拉還寫道：「我們接到通知是十七號（週三）上船。幾個美國士兵開著卡車來接我們。本來應該是第二天黎明開船，可是，我們等了又等，然後聽說那天開不了船，但隔天肯定開船。可是，週五早上，船還在碼頭。好在那天中午，船終於起錨了。」

「在船上等了一天半，而要到起航之後，船上才開飯。我們必須自己想辦法填飽肚子。幸運的是，瑪麗・珍姐妹給我們帶上了些果醬和肉類。我們下船到城裡，以六百元的價格買了一個麵包，才設法使身體和靈魂保持一致。感覺船上滿滿當當地塞了一萬名乘客，比擠沙丁魚有過之而無不及。」之後，史黛拉在一九四六年一月的一封信中，又補充了些細節：「船上有老鼠。一天夜裡，老鼠爬到我的床鋪上。早上醒來，鞋子沒了。克萊門蒂婭開了燈，在床鋪下面找到我的鞋子——老鼠把鞋子拖到那裡，然後吃掉了鞋帶。我只好從一塊捆衣服的藍布上撕下一條權當鞋帶，倒也挺好看的。我是第一個繫藍鞋帶的樂勒脫人。」

跟她們一起返回漢陽的還有莫瑞神父。他和第一批樂勒脫修女一樣，也是二十二年前第一次乘船逆流而上，來到漢陽。一九二三年的旅程是平和的。「現在，我們一路看到的只有摧殘與悲傷。另外，為免意外，夜間停航。」[11]

下午四點到達漢口，乘客等了兩個小時才下船。史黛拉說，因為船上太多貨物要卸載。要是在扛著大型貨物的苦力之間穿梭太危險了，每個貨物都大得「足以把人撞倒」。幾番粗聲大氣地爭執之後，莫瑞神父終於談妥了一個船家送她們過江到漢陽東門。這時候已經是晚上八點，碼頭面目全非。史黛拉寫道：

> 原來的臺階不見了。我們不知道臺階被炸毀，在黑暗裡摸索了好半天。八點半才回到「親愛的修女會」。
>
> ……依撒伯在大門口等我們。她說自己眼睛跳了一整天，知道我們那天會回來。分別三年半，要說的話太多了，我們爭先恐後地一直聊到半夜。從外表上看，一切照舊。但是，由於太多難民在這裡住了太久，房子裡像被惡鬼橫掃過一樣。要做的事太多了，我的心直往下沉。不過，慢慢做吧，直到把房子全部打掃乾淨，還其本來面目。食材價

格太高，繡花堂暫時不能復校。我們盡量做一些私人英語課程，至少能賺點麵包錢。眼下還買不到煤炭。柴火太貴，買不起。我們回來以前，姐妹們把院子裡的灌木和籬笆拆掉當柴燒，維持了一陣子。現在我們用一點點木柴、枯葉和乾草做飯。不光是我們，所有人的生計都很艱難，必須等到情況好起來。別為我們擔憂，日子還過得下去，能堅持到一切都好起來的。在上海，我跟柯迪（Cody）神父借了合一百六十美元的現金做旅行之用。

……茱斯塔和依撒伯兩位姐妹都還好，但明顯營養不良。增加營養目前很難做到，但我們會盡力而為。其實，上海的姐妹們也一樣很需要營養。派翠西亞姐妹的狀況欠佳。她想回肯塔基，我們也都認為她應該回去。我感覺她被戰爭的恐怖和轟炸嚇壞了。人老了好多。

高爾文也寫道：「食材和物質的匱乏導致我們大家精力和體力不支，難以承受接連不斷的空襲。過去的一年裡，空襲是武漢三鎮晝夜的常態。」[12]

史黛拉與高爾文談到派翠西亞想回肯塔基總會的事情，他也認為如此甚好，但安排此事頗為困難，因為船班不太穩定，還必須有人陪她同行。

史黛拉再次向肯塔基總會提出，要任命年輕人來代替她：「需要年輕血液。我們年紀大的人實在心有餘而力不足。」

這時，史黛拉六十九歲，派翠西亞七十歲。

平時的打字高手史黛拉在信中為手誤抱歉，並用手寫了：「我是在燭光下，確切地說是快要燒到底的燭光下打這封信。之前從來沒有過如此的艱難——沒電、沒油。蠟燭六十美元一支，一顆雞蛋十二美元。」（這封信還明顯地需要新的打字機色帶。）

不久之後，史黛拉的願望實現了，茱斯塔收到了愛德華達會長再次任命她為修女會院長的來信。瑪麗．珍去上海後，從一九三三年到一九三九年，茱斯塔就曾擔任修女會院長。茱斯塔到聖瑪麗修女會訓練初學生時，則是史黛拉被任命為院長。

史黛拉對於領導的工作毫無興趣。對她來說，被關在上海集中營裡反倒是一種解脫。儘管漢陽的克萊門蒂婭和尼古拉與她同在，但她們都在瑪麗．珍的領導之下。史黛拉只能就是史黛拉。在被封為「領袖」（她自己的戲言）之前，她可以盡情地利用善於模仿的天賦逗大家開心。

茱斯塔十一月十八日寫給愛德華達會長的信，試圖總結戰爭年代在武漢發生的一切，包括漢口嘉諾撒仁愛會修女在轟炸中遇難，以及當時讓漢陽修女搬到鄉下的決定。

茱斯塔坦言：「我一生中感到最糾結的事情之一，就是把依撒伯獨自留在漢陽。……主教和麥凱神父住在二樓。主教得了登革熱，依撒伯姐妹一直照料他。雖然她把主教照顧得很好，但由於生性靦腆而感覺很不自在。她到黃甲山來看過我們一次，大哭了一場，又回到漢陽。」

之後，依撒伯又幫助高爾文主教照顧罹患肺結核的霍根神父。茱斯塔還認為愛德華達會長應該了解依撒伯八月十五日續誓的情況：

由於漢陽樂勒脫修女會暫無院長（法定院長史黛拉在霞飛路的集中營），主教拿不準應該由誰來接受誓言。他諮詢了漢口的兩位神學家，一個是方濟各會的，另一個是聖奧斯定會的。一個說，允許發誓本身就含有上級或代理上級有權接受續誓的意思。另一個說，電報上收件人的名字是誰，那人就應該接受誓言。而那份電報是發給高爾文主教的。如此，我們決定由他接受依撒伯續誓，由我作見證人。但現在不確定我們這樣做是否有效，請會長奪定。如果有必要的話，請務必履行正式通過手續。為了避免讓依撒伯擔心，我們沒有將這些告訴她。

……（為慶祝依撒伯續誓）住在大院的難民籌錢給她買了一雙鞋，五萬元（大約兩美元）。也給我買了一雙，五萬五千元。您知道，這就是目前的匯率。鞋子的皮革硬梆梆，鞋底是用舊卡車輪胎做的。難民們還送給她毛巾、手帕、長襪、食物和錢。她們放了鞭炮，並用鮮花布置了祭壇。

那天過得很愉快，雖然只有她們兩人（派翠西亞還在鄉下跟愛爾蘭修女待在一起）。更令人歡欣的是，下午她們還聽到了停戰的好消息。「初學生還在鄉下，考慮到把這麼多年輕人帶回漢陽怕會不安全，我又回到黃甲山，因為誰也不知道撤退的日軍會做些什麼。」

茱斯塔還報告了大院的現狀：「整個院子必須噴灑ＤＤＴ、多處牆灰脫落、窗戶玻璃破碎、排水管堵塞、水泵被損壞等等。大多數難民已經離開了，我們正在設法整修。我現在住在家裡，每週四天去聖瑪麗進行輔導。」

不久之後，在鄉下住了很久的派翠西亞和高隆龐修女回到漢陽。隨後，尼古拉和內瑞克斯・瑪麗也從上海來了。

茱斯塔補充道：「她們來到的喜悅幾乎彌補了我們所經歷的一切。」

內瑞克斯・瑪麗描述了離開上海的經歷：

> 試想一下吧，一輛卡車沿上海主要街區行駛，車上裝滿了行李箱和各種各樣的包袱。在堆得高高的行李上，坐著五六個高隆龐神父和兩個樂勒脫修女。除了中國，大概哪裡都不會出現這樣的畫面。我半個屁股坐在行李箱上，半個屁股坐在一個包裹上。我們在一條坑坑巴巴的路上顛簸了一個多小時。我從行李箱上滑下來好幾次，最後整個屁股都在包裹上了，真有意思。大家不斷地互相檢查看是不是人還都在車上，尤其是每次劇烈晃動以後。
>
> 終於到了輪船停靠的黃埔港。經過談判，我們獲准免費上船，只需支付餐費。兩個中國冠冕仁愛修女（Coronet Sisters of Charity）與我們兩人共用一個船艙。進了船艙，發現暖氣機漏水了，地上全是水。艙裡有兩個床鋪。出於好奇，我用我的眼鏡盒量了一下，不到六個眼鏡盒寬，就是說，我們兩人一人有三個眼鏡盒寬的位置睡覺。

其他神父看顧行李的時候，我和希利（Healy）神父找出可以打開的罐頭準備晚餐。剛剛打開一個我們帶來的最好的肉罐頭，一個大兵過來，叫我們別吃那東西，跟著他走。他把我們四個：兩位神父和我們兩人帶到食堂。其他人都已經吃完了，整個食堂就只有我們四個人。那頓晚餐，別提了！有白麵包（有壇布那麼白）、奶油、乳酪、咖啡、還有鳳梨。吃完晚餐，一個大兵拿來一份《丹佛天主教紀事報》（*Denver Catholic Register*），裡面竟然有一篇關於樂勒脫修女在中國的報導。

只有我一個人帶了一條床單。我們用一半當被子，一半當毯子，頭對腳躺下，就像把兩隻鞋，鞋頭對鞋跟來打包那樣。不知這一夜能否安眠。躺下好一會，我聽到一陣好大的動靜，像生鏽鐵錨尖刺的轉動聲。我坐起來問尼古拉姐妹，那是什麼聲音。她說是「老鼠」。這麼大的叫聲，我琢磨著，那尾巴得有多長呀。我求她去打開燈，畢竟，她那個膽小鬼比我這個膽小鬼膽子稍微大一點。她爬起來開了燈。我一點一點地把我所有的衣服都抓到床鋪上。你知道，老鼠這東西，有把人家的長襪和衣服當成羽毛來做窩的本事。然後我伸手把尼古拉姐妹的雨傘拿在手裡，用於自衛。一整夜，我看著沒被藥噴死的蟲子在尼古拉的衣服裡鑽進鑽出，又在我的洗臉毛巾上爬來爬去。真是一個不眠之夜！

由於她們乘坐的是載有千噸汽油的油輪，所以必須簽下切結書：如果途中發生事故，輪船不用承擔任何責任：

為什麼？試想，一顆有意或無意的子彈穿透儲油罐，就會發生驚天動地的大爆炸！船上採取了所有能夠想到的預防措施。負責檢查貨物的美國軍官對我們得到許可搭乘這艘船，感到驚訝不已。他告訴剛從徐家匯集中營出來的希利神父，這艘船太危險了，都不能命令任何人上船，自己是自願來的。

尼古拉和內瑞克斯・瑪麗於十一月十八日晚到達漢口。兩人穿著長裙，戴著長頭紗，從船上爬梯子下到碼頭。內瑞克斯・瑪麗帶了一個手提箱，尼古拉還背著那個舊藍包袱，手裡提著一個熱水壺。內瑞克斯・瑪麗後來說：「每當感到憂鬱，我只要閉上眼睛，看見我們坐舢舨過漢江的時候，月光在熱水壺上嬉戲，就能平靜下來。」

到了修女會，修女們照慣例放鞭炮來迎接她們——儘管物質短缺，鞭炮總是有的。然後又是興奮到大半夜，爭先恐後說著說不完的話。

接下來幾天，尼古拉得知由於食材價格上漲和成品無法運送，繡花堂一段時間內不能重新開工。眼前的迫切需要是重建花園。難民兒童、豬和雞尋覓食物的時候，把花園和菜園一掃而光。熱愛花草的尼古拉為了春天能種植物來重新整理土地，樂此不疲。她還到大院附近的國軍兵營幫忙。那裡的條件惡劣得令人難以置信，每天都有傷兵死去。

十二月，內瑞克斯・瑪麗和克萊門蒂婭每天走去兵營。內瑞克斯・瑪麗這樣描述那裡的情況：

走進「醫院」（其實說醫院實在是言過其實）第一個反應是噁心得想吐。不過，我發現用門牙咬住舌頭，就好一點。你能想像我跨過死人、觸碰死人、用被單蓋過死人嗎？我現在經常做這些事，眼睛都不眨。

有一天，看見一個男人垂下頭哭了，我也哭了。……一個二十歲，不久就要去上帝那裡的男孩說，把他放在這種地方讓他連殺人的心都有了。他總是愛講他家鄉的事，有一陣子，我以為他能夠戰勝痢疾，可是現在他快不行了。……最初的一兩週，回到家以後好幾個小時，我還一直在臺階上和走廊裡聞到醫院的惡臭。每當太陽下山，我就會想到那些年長和年輕的傷兵，非得極力克制才能不流淚。

有一次，一個女孩跑到內瑞克斯・瑪麗和茱斯塔面前說，自己的妹妹在她們剛剛經過的山上。「她把我們帶到一個小山洞前。我四肢著地爬進洞裡，看見一個四歲左右的小女孩。她有一邊的臉發炎，感染得很厲害。之前，眼前的景象和氣味會讓我卻步，可是現在已是稀鬆平常的事了。我給她喝了點茶，做了洗禮。還給她起名叫作瑪麗。」[13]

但生活中也有快樂的時候：

我們每週到漢口去領兩次麵包。其他供應不足的時候，茱斯塔姐妹就烤波希米亞麵包、甜甜圈或薄鬆餅。甜甜圈一出爐，她馬上搖鈴，我們就都跑去享用。她都會計算那些麵包應該吃多少頓，但我懷疑計算有誤！最大的問題是缺少酵母。

克萊門蒂婭在十二月三十一日的信中也提到酵母的問題：「還要算我們的美國大兵（在漢口停港的水手）最為今年聖誕節增添風彩。要不是我們還保存著他們開拔前給的葡萄乾和糖，那我們就只能想像波西米亞麵包的美味了。他們還給了我們一罐上等酵母。」

上海

瑪麗・珍又開始為樂勒脫學校物色校址。早在一九四一年十二月珍珠港空襲之前，她買下一處建築，目的是將其改建成樂勒脫學校，從此一勞永逸。那時的計畫是讓租戶繼續住到一九四二年夏天，但卻被美日交戰打亂。

瑪麗・珍等人在集中營期間，租戶們都很守信用，每月按時交房租。瑪麗・珍在寫給愛德華達會長的信中說：一九四五年七月和八月，「許多中國人離開上海。隨身攜帶現金不便，他們便投資房地產，不在乎房屋是否遭到破壞，主要是為了買地皮。高隆龐和耶穌會的神父都建議我們出售；聽從了他們的建議，我們賺了一大筆錢，而且都是黃金。」

瑪麗・珍打算用這筆錢買一塊地來蓋校舍。但是很明顯，民間工程可能得等好幾年。於是，瑪麗・珍又開始尋找合適的租屋地點，等時機成熟再來買地建新學校。目前為止，樂勒脫學校繼續借用聖心學校的教室，十月一日開課。戰時，有些樂勒脫學生到聖索菲亞俄羅斯學校（St. Sophia's Russian School）就讀。現在戰爭結束了，聖索菲亞的修女再次只接受俄羅斯的學生。

瑪麗・珍還去探查了在上海頭四年的校址：崑山路一一六號。九月初，住在那裡的日軍撤離了，但房舍立刻被地方當局占用。瑪麗・珍她們也覺得再將那些公寓改建為學校不切實際，決定不去向美國當局申訴，要求收回崑山路的建築來用於「美國式」的學校。

瑪麗・珍再次回到寶慶路十號查看，儘管那裡「骯髒且破爛不堪」，業主承諾會進行整修，但是只能簽一年合約，並且要價高得離譜。按照這個租金，八月賣房的收入一年後便將所剩無幾，何談買地建造？談判就此結束，寶慶路是回不去了。

談判無果的同一天，樂勒脫修女得知罹患肺結核的霍根神父從漢口搭乘美軍飛機抵達上海，與他同行的是高隆龐的寇姆・布萊迪（Colm Brady）神父。霍根到一七二軍醫院就診住院。

霍根神父從鄉下宣教所調到漢陽的故事，很能說明他的為人。霍根神父與他的年輕助手被綁架，這群土匪想用神父來換錢、藥和槍。神父的助手告訴土匪頭子：「他有肺結核，頂多再活兩三個月。你們拿他換不來任何東西。你們放了他，我來代替他。」

霍根神父被釋放，很不情願地回到宣教所，而他的助手則被關起來。一天夜裡，跟他同住的洛夫圖斯神父醒來，看見霍根在穿靴子。由於靴子太小，他正在剪襯裡，說自己要回土匪營地去換回那個男孩。洛夫圖斯阻止了他。早上，洛夫圖斯傳訊給高爾文：把霍根神父調到漢陽。於是高爾文把他調到漢陽，安排在聖心教堂，並協助茱斯塔和聖瑪麗修女的工作。他在教授中國初學生神學方面卓有成效。

一聽說霍根神父在上海，尼古拉和多洛雷塔立刻去看他。七月以來，高爾文一直與所有他在美國認識的人聯繫，試圖把病人送到科羅拉多斯普林斯（Colorado Springs）。[15]回漢陽之前，尼古拉曾為慶祝美軍的陸軍日來和海軍日裝飾會場。《上海日誌》記錄如下：

十月二十六日，陸軍日，為裝飾賽馬場做準備工作。

十月二十七日，週六，海軍日，暖。一整天，六個樂勒脫姐妹在賽馬場裝飾祭壇。海軍空軍表演了好幾次編隊飛行。傍晚，軍艦上燈火通明。

彌撒結束後，許多人來霞飛路看望修女們，有飛行員、海蜂（Seabee）*和海軍人員。幾週裡，來訪的軍人、當地的朋友以及之前的學生，總人數比修女們幾年來社交活動來往的人加起來都多。「幾乎每天都有天主教男孩來訪，他們大都是在某個修女學校上過學。我們還見到四個在樂勒脫學校上過學的男孩，兩個人是在艾爾帕索，一個在亞利桑那州比斯比（Bisbee），還有一個是伊利諾州史特林（Sterling）。」[16]

* 譯註：海軍工程人員。

瑪麗・珍在十一月的一封信中提到了上海的局勢：

> 上海沒有名副其實的政府，只不過是一幫投機者在巧取豪奪而已……內戰迅速蔓延。國共之爭已涉及十一個省，包括這裡。上海基本被共產黨包圍，但是因為美軍為數眾多，我們尚且平安。當然了，美國的政策是「不干預」，讓中國人自己解決他們的糾紛。但願美國政府堅持這一原則，原因很明顯。
>
> 我們還在聖心，得一直待到春天。聖心院長仍對我們友愛有加。儘管我們有付房租，但是金錢買不到善良與慷慨。

十二月十六日，周恩來一行中共代表團抵達重慶參加政治協商會議，旨在為憲政鋪路。[17]

聖誕節過後，樂勒脫和聖心會修女在營養方面得到改善。安托內雅和貝莎・呂北克的父母（貝沙仍待在美國）經常為修女們提供三餐。此外，美國和澳洲紅十字會、美軍士兵和陸軍女子輔助軍團（Women's Army Auxiliary Corps, WAAC）為她們提供了補給，包括麵粉和糖等主食，還有久違的咖啡以及優質巧克力。

安托內雅說：「一個週日，隨軍神父在彌撒後，為無家可歸的樂勒脫修女募集日用品。」陸軍上尉柯思科（Kosco）護士「給我們帶來了肥皂、糖果、奶油、果汁和水果蛋糕。她還弄到一個汽油爐，我們淘汰了煙熏火燎的煤炭爐。……佛羅倫丁姐妹和我偶然結識的聖路易朋友，比爾・史特勞德（Bill Strought）中士，真是個大好人。他一有多餘的食材，就會來問我們要不要。我們當然來者不拒。」

葛蕾絲寫到有關集中營的宗教精神生活時，特別提到被戰事困在上海的瑞士耶穌會保羅・蓋希特（Paul Gaechter）博士。他每週來講經文。「雖然今天不知道明天會發生什麼，但時間過得很快。」[18]

修女的信中講到上海發生的一些變化。一月最明顯的變化是行車方向從英式的靠左改為靠右行駛。

一月十六日，多洛雷塔描述了學生的反法示威：

> 目前，學生中有不少反法示威活動。前幾天，他們包圍了法國領事館，要求降下法國國旗，升起中國國旗。當然是被拒絕了。法國電車公司的工人也有反抗活動。有些地方發生了罷工，但不是普遍現象。電車還在運行，工人也去上班，但沒人收車票，電車公司每天損失數百萬元。上海某些區的建築物上貼了大標語，叫美軍撤出中國。美國大兵正求之不得，說希望中國人繼續放大標語叫他們走。這一切將以普遍的仇外情緒來結束嗎？可能性極大。

安托內雅在另一封信中談到上海公民的合作風格：「中國永遠是中國。出租房屋的業主接到通知，叫他們為住戶提供垃圾桶。於是，他們遵守了規定，但要求租戶不要把垃圾桶弄髒。於是，馴服的租戶便把垃圾扔在垃圾桶旁邊。」

到了春天，幫助瑪麗・珍尋找校舍的人愈來愈多。瑪麗・珍在莫琳的協助下仔細查訪每一條線索。兩個可能性最大的是德國學校和法國軍營。詢問結果是德國學校的所有權極為複雜。但是，她們在那裡買到了幼稚園用的桌椅。至於法國軍營，手續極為繁瑣，由於只是權宜之計，如此麻煩太不值得。她甚至勘察了前日本俱樂部。連漢陽的修女都在為她們尋找校舍祈禱。安托內雅寫道：「我們從未停止遵守聖依納爵（St. Ignatius）的訓誡：『工作時，一切依靠自己；祈禱時，一切依靠上帝。』」

到了一九四六年四月十六日，樂勒脫已經在霞飛路聖心會待了整整三年了。她們急切地希望能有一個屬於自己的固定處所。經過幾個月的祈禱，前景仍不樂觀，她們只能繼續尋找，追蹤每一條線索，同時感謝聖心院長長期為樂勒脫師生提供的方便。

就在在校生、畢業生以及各路熟人繼續積極地向瑪麗・珍等人提供新校址的線索時，南京的耶穌會神父保羅・歐布萊恩（Paul O'Brien）打電話給瑪麗・珍，問樂勒脫修女會是否有興趣到南京辦學？他並沒有提供任何細節。瑪麗・珍回答說，如果他能安排一個時間讓幾個修女去南京勘察，她很樂意考慮。

瑪麗・珍預計，肯塔基在秋天至少會派兩位修女來華。她可以確定卡洛斯・瑪麗（貝莎・呂北克的修女名）一定會回來。貝莎・呂北克畢業後在上海學校任教一年多，然後去了肯塔基。如果南京辦學很有希望，也許上海可以借給南京幾位修女，而瑪麗・珍可以為樂勒脫上海學校聘請幾位非基督徒教師。

瑪麗・珍還有一個任務，就是安排派翠西亞返美。由於武漢沒有美國領事館，一切出境和赴美簽證手續必須在上海辦理。

派翠西亞・休斯於一九二三年持愛爾蘭護照來到中國。她早已過期的護照一直放在漢口的高隆龐辦事處。一九四四年美軍轟炸漢口時，高隆龐辦事處被炸毀，所有檔案銷毀殆盡。瑪麗・珍已經去信肯塔基，要求秘書長聯繫愛爾蘭有關部門，索求派翠西亞的洗禮紀錄，證明她的愛爾蘭國籍。瑪麗・珍手邊已經有派翠西亞作為樂勒脫修女的身分證明。辦這件事情費時費力，並且需要派翠西亞本人前往美國駐上海領事館申請。儘管瑪麗・珍預期派翠西亞不可能很快就拿到簽證，還是為她訂了八月二日返回美國的船票。

目前希望是由派翠西亞和蘿絲・阿嘉莎修女（唯一一個戰時一直待在武昌的辛辛那提仁愛會修女）結伴去上海。她們還有可能與申請進入樂勒脫的四名初學生同行赴美。此外，還有幾個樂勒脫學校畢業生，計畫前往丹佛的樂勒脫高原學院和聖路易的韋伯斯特大學（Webster College）留學。她們都需要申請學生簽證。這些年來，瑪麗・珍多次與美國領事館打交道，大家都樂得由她繼續承擔此任。但因為戰事導致各種手續變得異常複雜，甚至對經驗老道的瑪麗・珍來說，都要花費相當的時間。

這時候，美國來函通知樂勒脫總會將於七月在肯塔基選舉理事會委員與會長。漢陽和上海的修女第三次推選瑪麗・珍為代表。一九三四年，她回肯塔基參加代表大會，並帶回蘿絲・吉娜維芙、佛羅倫丁和葛蕾絲修女。那時候的瑪麗・珍沒有麻煩事纏身，出行無阻。一九四〇年，第二次當選時，她知道幾個月內脫身無朮，讓候補代表西緬代替她出行，但將近一年後才回來。現在又是瑪麗・珍最不能離開學校的時候，因為尋找校址至關重要。這一次則由候補代表佛羅倫丁出席代表大會。

佛羅倫丁沒能買到可以準時趕到總會的船票，但五月十四日發現飛機上還有一個座位。她於五月十六日離開上海。

經過數個月蒐集派翠西亞赴美所需各種文件，瑪麗・珍於五月二十七日致電漢陽，通知派翠西亞動身前往上海，到美國領事館辦理手續。因為二十三年不在美國，她需在愛爾蘭移民配額裡排隊才有可能獲得赴美簽證。

茱斯塔聯繫了漢口的美國空軍，在史達克（Starkey）上校的安排下，派翠西亞可免費飛往上海。六月一日，茱斯塔陪同派翠西亞在漢口上飛機。飛機在南京加油，三個小時後在上海著陸。三名美國士兵已在等候，開吉普車把她們送到霞飛路六二二號。

陪同派翠西亞到上海，給了茱斯塔一個機會，去看望住了幾個月醫院的霍根神父。她們都希望他能到美國科羅拉多斯普林斯的結核病醫院接受治療。在茱斯塔和克萊門蒂婭與剛剛起步的中國修女一起生活和合作期間，霍根給了她們極大的支持和幫助。

茱斯塔看到霍根神父比離開漢陽前更加孱弱，當時她還在希望他能盡快被送到美國，得到所需治療。然而，高爾文為他所做的一切努力如石沉大海。不得不返回漢陽的茱斯塔知道自己再也不見到他了。

將派翠西亞和茱斯塔載到上海的飛行員，帶著幾名士兵來到霞飛路接茱斯塔回漢口。茱斯塔和派翠西亞擁抱道別。二十三年前，六位樂勒脫志願者在肯塔基登上火車，開始了她們前往風雨如磐的中國之旅。派翠西亞是六個志願者中得到提名的第一人。在一起跨越太平洋之前，茱斯塔和派翠西亞都曾跨越大西洋——茱斯塔從波西米亞；派翠西亞從愛爾蘭——在樂勒脫會合。在中國，她們有過愉快的時光，也度過了艱難的歲月，並肩經歷了洪水、飢荒和占領，最後在不久前的狂轟濫炸中倖存下來。她們還能重逢嗎？

茱斯塔祝派翠西亞「一路平安」後，又向瑪麗・珍道謝，感謝她為派翠西亞離開中國所做的一切努力及指導。上了吉普車，茱斯塔坐在飛行員和年輕的美國士兵身邊，向兩個朋友揮手再見。吉普車駛向機場，飛往漢口。

一九四六年七月六日，霍根神父在他住了十個月的一七二軍醫院去世，享年四十六歲。他的去世意味著高爾文主教和所有在漢陽與傳教有關的人，都失去了「一個最忠實的朋友」。

十七 新的起點，一九四六年到一九四七年

六月二十二日，毛澤東發表《反對美國軍事援蔣法案的聲明》，並呼籲美國撤回在華美軍。

上海

六月二十二日，派翠西亞在美國領事館得知，必須等到八月一日才能正式申請移民簽證。瑪麗·珍立刻取消了之前為她預訂的八月二日赴美船票，另外訂了在八月底啟航的「梅格斯將軍」號（General Meiggs）的船票。

四個與她同行去肯塔基初學院的年輕人雖然期待啟程，但因為初學院十月才開學，也樂得在家多待一個月。只有已經等了將近一年的派翠西亞感到些許失落。但是，上海聖心和樂勒脫的修女都由衷地歡迎她的到來。在新環境裡，她得以擺脫戰亂導致的焦慮，恢復了先前充滿愛爾蘭幽

默詼諧的秉性，身體竟然慢慢好起來。瑪麗・珍之前對身心欠佳的老修女將要進行長途旅行甚感擔憂，現在也釋懷了。

六月下旬，南京的保羅・歐布萊恩神父又打電話給瑪麗・珍，提到如果仍有意在南京辦學，可以隨時來訪。他說幾個將要上大一的女青年想在入學前補習英語，為時一個月。瑪麗・珍和莫琳對教大學生頗有興趣。兩天後，莫琳和多洛雷塔搭火車前往南京。此時，蔣中正已離開陪都重慶，回到南京。

瑪麗・珍七月二日寫信給肯塔基說：「我們認為（南京辦學事宜）需得謹慎，不可急於求成。上週六前去南京的姐妹尚無消息。」瑪麗・珍提到一件事，顯示似乎她們曾經考慮過去北京：「今年或內戰結束前都沒有可能派姐妹去北京，因為那裡是國共必爭之地。不過，很高興知道您已批准，儘管還需耐心等待。」

很快，保羅・歐布萊恩再次來電，提議樂勒脫修女接收一所中文小學。瑪麗・珍不置可否地說，等莫琳和多洛雷塔回到上海，聽了她們的意見再談，並且提到美國修女很可能不具備管理中文學校的能力。

很快接到南京的來信，莫琳和多洛雷塔都不主張接收中文小學。二十五年前，莫琳到漢陽後做的第一件事，就是教只會說中文的孩子，深知其中困難重重，難以想像修女中誰願意接受這個挑戰：管理中文學校的人必須精通中文，並且擅長跨文化與孩子打交道。她們當中恐怕無人具備如此旺盛的精力和所需的教學與管理技巧。

本應八月二日啟程的派翠西亞和四個初學生，由於派翠西亞的簽證問題而改期。那天，瑪麗・珍在信中寫道：「由於試爆原子彈，有些人擔心海洋和天氣都會受到影響，取消了之前在這艘船上的預約。不知道他們是否已經試爆那可惡的東西。我們仍在密切關注。可能得感謝上帝，我們的小小旅行團也沒搭上這艘船。」

瑪麗・珍在信中說，來上海十三年了，上海主教在樂勒脫校址問題上屢做承諾，卻從未兌現。「這種情況不能再繼續下去了。在此，我正式提出申請，請總會允許我們購買一處適於辦校的房產，能夠有足夠大的房子來滿足我們未來幾年的需求。」[1]

等待回復期間，瑪麗・珍繼續物色新校址。奧佐里奧（Ozorio）先生陪瑪麗・珍和葛蕾絲查看了前俄羅斯俱樂部。[2]《上海日誌》的紀錄表明，不適合的地方是室內不夠明亮。她們聽說已被查封的義大利領事館要出租，便前去勘查，結果發現消息有誤。

七月二十九日，喬治・馬歇爾（George C. Marshall）將軍宣佈對國民政府實行武器禁運，意在制止內戰。

在南京與女大學生度過了愉快的一個月後，莫琳和多洛雷塔八月二日突如其來回到上海。兩人詳細解釋了保羅・歐布萊恩神父提出的學校不適於樂勒脫的原委。幸好，保羅・歐布萊恩也表示理解，並感謝她們至少曾予考慮。

為確保赴美簽證名單上有派翠西亞，八月一日，瑪麗・珍和派翠西亞又去了美國領事館。四名初學生裡的伊麗莎白・達卡奈八月十日拿到赴美簽證。只要派翠西亞短期內收到從愛爾蘭寄出的新護照，她們便有望在九月前離開上海。

因為多次看房無果，瑪麗・珍終於決定無需她本人有房必看，其他人大可先做初步探查，認為可以考慮後，自己再去細看和定奪也不遲。不久，又出現了一間房產的消息：一家人想以十五萬美元的價格出售他們頗具規模的住宅。儘管價格高於預算，但八月十九日，瑪麗・珍還是派莫琳和幾個修女前去查看。當聽說這幢房子曾經淹過水，於是就放棄了進一步的考慮。

八月二十二日，派翠西亞接到通知去領事館，這次是好消息，簽證獲准。護照來了嗎？她向領事保證護照就快到了。回到霞飛路，全體修女展開「沖天祈禱」（storming heaven）。二十六日，「梅格斯將軍」號確認了派翠西亞和初學生的搭船預約。出發日期為九月二日。

八月三十日，派翠西亞終於收到了期待已久的愛爾蘭護照。第二天，貝茜・林（Bessie Lum）、伊麗莎白・達卡奈、貝麗莎・佩雷拉（Beliza Pereira）和瑪麗・鄭一同來到霞飛路道別。當天下午，聖心會院長為派翠西亞舉行了送別茶會。載著五名樂勒脫乘客的「梅格斯將軍」號於九月二日晚間準時起錨。[3]

開船前一天，安托內雅和莫琳把派翠西亞的行李送到船上。安托內雅敘述了當時的情形：

> 到了那裡，行李隊伍已經排得好長。我們只好排在後面，一點一點地挪動行李。過

了一會，開始下雨，行李全淋濕了。可是輪到我們檢查行李、秤重量的時候，行李全乾了。我們身上的衣服也同樣濕了、又乾了。

……跟我們一起排隊的有一個遣使會的老神父和一個生病的加拿大修女。這位搖搖晃晃的老神父要陪他的主教經美國去荷蘭。大家站到一點半都挺累的。他擠到前面去，找到一個朋友。我從行李上爬過去，站在他身後。那人問他有幾件行李。他說有幾件，我也說我有幾件。那人問我們是不是一起的，我說，是，我們是一家人。這位可敬的老人是神父，我是修女（連帶著把那個生病修女的行李算上了）。看見我們插隊，就有人抗議。

她寫道，中國人很好說話：「你只要有個說得通的理由。我跟他們說，這不是為我自己，而是為了一個七十三歲，在中國辛勤奉獻了二十三年的老修女。現在，她年長體衰。他們疲憊的臉上現出感激的神情，說：『既然你們可以如此慈悲，我們也可以，下一個你們先去吧。』……秤重人員甚至沒秤行李。海關檢查員叫我們打開行李的時候，我說別浪費寶貴時間了吧，我們什麼都沒有。就是幾件黑色和白色最無趣的衣服。他們都是些很好的人，沒有一點惡意。世上還是有不少善良的人。」

同一封信裡，她還提到樂勒脫修女無家可歸的窘境：「幾週前，我們寄予厚望的可能性又煙消雲散了。上週，我們開始收拾東西，盡量精簡，為了盡可能少去占用聖心學校的教室。我們還為了那些從肯塔基來的姐妹，準備好了床、架子、屏風之類的必需品，使她們盡可能地有一點回到家的感覺。」

九月十六日下午，一部分樂勒脫師生在霞飛路開課。沒想到過了幾天，一直在幫她們找地方的朋友馬克斯・歐陽（Max Ouang）來聖心告訴瑪麗・珍，中正路有一所房子。瑪麗・珍派了兩個人隨馬克斯去看房子，自己則去美國領事館辦事。

九月，周恩來在南京會見馬歇爾，抗議美國向國民黨出售物資。馬歇爾聲稱：「美國絕沒有干預中國內戰。」

第一批去看房子的修女對中正路房產印象極佳，認為是幾近理想之處。房子很漂亮，差不多有二十個大小各異的房間。偌大的院子足有好幾畝地，可供擴建教室之用。瑪麗・珍甚至沒有親自去查看，就打電話給馬克斯，詢問該房屋的所有權。

二十四日週二，馬克斯和湯普森（Thompson）先生來與瑪麗・珍會面，並帶來房產權狀供瑪麗・珍過目。隔天，馬克斯又安排了一輛巴士，接所有的修女去中正路。

一個月後，瑪麗・珍用打字機給肯塔基寫信時，在上海樂勒脫修女會信箋上方，赫然印有新地址：中正路七十三號。她在地址下方打了日期：一九四六年十月六日，然後開始寫信：「親愛的會長，請同我們一起感恩吧，我們終於將有一個屬於自己的家了。……我簡直不敢相信這是真的。說實話，我都不敢多想。我們再也不用留在這裡了。聖心學校的學生人數大幅增長，需要增加教室。」

以下是有關樂勒脫新校址的詳細資訊：「這棟房子大約有二十個房間，不全是大房間。院子十畝地左右，有高牆環繞。前業主是一對年老夫婦。他們想要搬到另一間較小的住處。這棟房子連同精美的家具和室內裝潢，售價十四萬美元，分三期付款。我們將在十天內遷入，並要立刻出售大部分不適合我們使用的紅木和黑胡桃木家具，以及各種豪華裝潢。買主已定，希望能有兩萬美元的進帳。」

瑪麗・珍在信中特別提到，整個購房過程似乎都與紀念聖母的日子有關。馬克斯是在九月十五日來訪，那天是對樂勒脫修女來說極為重要的七苦聖母日。「聖母贖虜（Our Lady of Ransom）那天，那對老夫婦與我們會面。從那時候開始，我們一直忙到一切都大功告成。」過戶手續本應週五辦完，可是延後到週六。那天正是「我們的聖母日」（Our Blessed Mother's Day），也是瑪麗・珍寫信給肯塔基的日子。

這段期間，她並沒忘記主教捐贈房產給樂勒脫學校的許諾。「對於購房之事，我深感糾結。做最後決定之前，我又去會見主教，確定他到底有何打算。」主教說至少還得要一年才能保證這個問題。當然了，即使有了地，蓋房子還需要時間。總之，她認為主教的承諾屢屢化為空頭支票，都是因為維迪爾神父拒絕兌現。他似乎認定美國人有「邁達斯點金術」（Midas touch），完全可以自給自足。[4]

十月十四日，瑪麗・珍和多洛雷塔搬入中正路新居。三天後，除了餐廳的整套紅木家具外，其他的都賣了。為了把餐廳騰出來做圖書館，她們決定降價出售餐廳桌椅。原來的廚師根森（Gensin）留下來了，還有老夫妻帶不走的寵物狗。

其餘修女在十月二十九日搬到新家。在霞飛路住了將近四年，她們或多或少有些離家之感，更與聖心會朋友依依不捨。實際上，她們其中有幾人，包括教音樂的西緬，每天還會要搭乘計程車到聖心會為學生上課。希望聖誕節之前，在聖心會上下午課的高中生都能搬到中正路來。

幾週後，肯塔基發來無線電報，通知瑪麗・珍分配給上海學校的兩名修女即將抵達上海。如瑪麗・珍所望，她們到達時學校基本上都安頓妥當。她在十一月十四日的信中說：「她們到這裡的時候，一切都已安排就緒。並趕上跟我們一起做最後的整理。雖是新來乍到，但她們已然感覺是回到家了。」

二十六歲的卡洛斯・瑪麗回到母校。之前在這裡讀書和任教時，她還是貝莎・呂北克，現在她是持有丹佛樂勒脫高原學院大學學位的卡洛斯・瑪麗修女。另一位三十歲的馬修・傑拉蒂（Matthew Geraghty）是紐約布魯克林人，她同意來到中國服務時，已經當了六年之久的教師。兩位新來的修女加上二十七歲的安托內雅，瑪麗・珍有了三名小學教師。瑪麗・珍說，最開心的莫過於卡洛斯・瑪麗的父親，他簡直像是「漫步在雲間」。

瑪麗・珍還提到食材價格極其昂貴。碰巧，紅十字會和美國陸軍出售不能運回美國的剩餘食材，瑪麗・珍以每箱一美元的價格買到大罐牛奶、乳酪、酵母，以及水果和蔬菜！由於學校尚未接通瓦斯管線，加上電力不足以滿足學校用電和準備膳食的需求，她買了一個爐灶。天氣轉寒後，三樓修女的臥室需要暖氣。

十一月十五日。南京政府召開國民大會。中共與民盟罷會。

十一月十九日，周恩來離開南京返回延安。國共和談破裂。

十一月的最後兩週，其他學校借用的樂勒脫學校桌椅陸續送還到中正路。十二月六日，所有年級都在新校址上課，讓校舍頗為擁擠。為了解決教室問題，瑪麗・珍又開始尋找一個尼森式活動房屋（Quonset hut）給幾個低年級班級做教室。

十一月三十日，上海當局禁止攤販在指定區域設攤。三千人舉行抗議遊行。

十二月一日，同情攤販的店員罷市。五千名攤販在警察局門口聚集、抗議，導致暴動。當地政府派武警平亂，十個攤販被殺，一百多人受傷。

在美國滯留了將近六個月的佛羅倫丁於十二月十九日回到上海，帶來許多箱學校用品，和內瑞克斯・瑪麗修女的姐夫為漢陽修女訂購的冰箱。

煤炭缺乏，而且價格昂貴。佛羅倫丁寫道：「我們把一個水手給的煤油爐放在活動室，放學以後到睡覺這段時間會有點暖氣，感覺好多了。」這年冬天異常寒冷。在好幾天裡，甚至是連續幾天，《上海日誌》裡唯一的紀錄，只是一個「冷」字。

在中正路度過的第一個聖誕節歡樂無比。她們在自己的小教堂裡做了彌撒，樂勒脫學校也有了歸宿。經過十三年後，她們終於在上海有了自己的家！聖誕節那週，她們打開了佛羅倫丁從美國帶回來的二十二個箱子。而瑪麗・珍在感恩的同時，希望能就此鬆一口氣。

一九四七年初，樂勒脫學校運作步入正軌，只是尚未找到尼森式活動房屋來緩解擁擠的教室。有些教室過小不能保證最佳學習與教學環境，所以大家都急切地期盼不久就能找到一個活動房屋。

另一個眾人關注的焦點是新校長的任命。瑪麗・珍已經向肯塔基提出請求，從美國派一位具有豐富管理經驗的修女來上海。大家都好奇想知道肯塔基會派誰來當校長。消息來得比預期快得多。一月二十九日，肯塔基任命莫琳為臨時校長。所有人，尤其是莫琳，認為「暫時」二字意味著正式校長還是會從美國來的。也許理事會能在夏天做出決定，她們能好好管理學校到那個時候。

春節後開學的時候，這棟大房子依然既是學校，又是修女院。教十年級的瑪麗・史蒂芬修女在一封信中寫道：「我們這裡很擁擠。你也知道，用住宅辦學校是根本行不通的。不過，校園倒是大有發展前途。倘若這是上帝的旨意，總有一天我們會擁有一所真正的學校。眼下，由於貨幣價值浮動不定，情形不容樂觀。」[5]

做了多年管理工作後，瑪麗・珍開始全職教學，包括莫琳的歷史課。但是，由於沒人具有處理房產問題的經驗，瑪麗・珍仍舊負責處理購房後續問題。

三月十五日，蔣中正宣布與中共徹底決裂，並決心內戰到底。

此時，瑪麗・珍面臨的重要挑戰是財產註冊。一九四六年底，瑪麗・珍收集好財產註冊所需資料後才得知，儘管一九四三年的《中美平等新約》允許美國公民在中國擁有財產，但買方必須證明其美國國籍；如果買方不是個人而是團體，則必須證明該團體的所屬國是美國。另外，根據對等條款：買方必須證明，中國公民在該團體的所屬國購置不動產時，與該國公民享有相同權益。肯塔基州則對外國公民有不同的規定。而不知情的瑪麗・珍正是準備在肯塔基州註冊上海房產。

在樂勒脫會擁有財產的幾個州裡，只有科羅拉多州對外國買方不加任何限制，即外國買方與本州公民享有相同權益。她必須將肯塔基州改為科羅拉多州。她聽從建議去諮詢了律師，並索取了一份《科羅拉多州憲章》（Colorado Charter）。

她寫信給愛德華達會長：「律師建議您授權於我，以便我在這裡以樂勒脫修女會的名義簽字。另外，之前起草的第一份合約使用的是耶穌會『江南宣教』的名義，律師建議我們改為樂勒脫修女會。現在美國公民可以在中國擁有不動產，因此最好以我們自己的名義——當然，我的意思是以樂勒脫教育和慈善機構（Loretto Literary and Benevolent Institution）的名義。」

三月期間，瑪麗・珍還必須處理其他與中正路房產有關的事宜，特別是主教承諾的三十根金條。另外，還有一些之前在寶慶路懸而未決的問題。

三月十九日，國軍占領中共總部延安。毛澤東、周恩來和其他人已於前一天離開。

經過多次來往於律師和美國領事館之間，瑪麗・珍終於在五月二十六日，根據《科羅拉多州憲章》來註冊了上海學校的房產。原本希望從一月開始能夠放鬆下來，可是幾個月以來，她感到負擔愈來愈重。解決教室過於擁擠的問題也一拖再拖。四月十二日，活動房屋好不容易運到了，但要在暑期班開課前完成組裝，並開始使用，可能性極小。

隨著通常會任命新負責人的夏天到來，上海學校的修女再次引頸期盼將從美國來的新校長。出乎意料的是，七月十二日的通知任命瑪麗・珍為莫琳的第一助手，葛蕾絲為第二助手。

漢陽

一九四六年七月到達中國的丹・費茲傑羅（Dan Firzgerald）神父對漢陽的強烈印象有三：「首先，街頭巷尾人群麇集；第二，貧富極端分化；第三，大多數人生活水準低下。以普通西方標準來看，教區大多數人處於極度貧困。」[6]

美軍轟炸之前，漢陽的主要街道兩側住宅鱗次櫛比，臨街大多都開有店鋪，五花八門的商品擺在各種各樣的容器裡出售。戰後將近一年，城市仍是滿目瘡痍。商販只能在臨時小屋擺攤。重建整條街區還需要相當的時間。

此時，國共之爭尚未波及到中國許多地區。表面上來看，日常生活似乎一切照舊——女人在街邊烤著僥倖找到的食物；剃頭匠為少得可憐的回報給人剃頭；所有人都為貨幣持續貶值而憤懣，花幾口袋錢才能買到一點點東西。

三月，茱斯塔回首戰亂年代樂勒脫修女會的財政狀況時認識到，能免於饑寒交迫而死，完全是因為她們有錢。與大多數人的困境不同，修女至少有人可求。她在寫給肯塔基上級的信中，對於她無法報告的細節沒有感到需要道歉：

首先，姐妹們去上海的時候（一九四一年）我們手頭就已頗為拮据。錢用完了，我跟主教說我們連吃飯的錢都沒有了。他寫了便條，讓我交給漢口財政官康寧漢（Cunningham）神父。於是，我們便一直到他那裡去拿錢。我不知道兌換率是多少。大半時間他也不知道，因為他用各種方式匯兌。不管怎樣，我們請他盡量記錄下來，將來還款時，我們信任他。可是，情況愈來愈糟。日本兵、日本人還有其他人來來往往地搜查，進進出出地翻東西。安全起見，我們把重要物品都搬到康寧漢神父那兒去了。可是，神父的辦公室被炸，所有的賬本和記事本燒得片紙不留。到那時為止，他借給我們多少錢？只有上帝知道。我們怎麼花的那些錢？還是只有上帝知道。我在鄉下的時候，依撒伯姐妹那裡有些錢。但因貨幣一貶再貶，她把紙幣換成了銀元。接到漢口姐妹遇難的通知以後，我們把銀元都給她們做彌撒用了。到底多少錢？啊，值二十七個彌撒！結果，我們又一文不名了，只好又去找財政官，重新開始記賬。姐妹們從上海回來，帶回一些跟柯迪神父借的錢。他是高隆龐上海教區的財政官。瑪麗・珍姐妹也給了我們一些。

就在努力拼湊之前的欠款數目時，樂勒脫會意外地開始了一項足以維持生計的工作。這要歸功於戰後美軍人員在武漢安營紮寨。漢口及武昌的商人和教育家預期商業將恢復到戰前狀態，鼓勵人們學習「美式英語」。

繡花堂的使命顯然功成身退。於是，茱斯塔向高爾文建議讓修女們開課教授美式英語。在得到他的同意之後：「我們在報上登了廣告。目前為止，已收了一百名學生。都是些什麼樣的人？男女學生、婦女、商人、士兵和他們的家眷、準備上大學的年輕人、政府和廣播電臺工作人員，還有教師。我們開了輔導班、私人課程、學生班、語法和寫作班。收費不高，因為大家都不是很有錢，但收入足夠維持我們的生活。這要歸功於上帝。」

四月，高爾文建議茱斯塔和修女們考慮開設女子中學。聖瑪麗修女會已經開辦了一所小學，學生畢業後需要繼續在天主教學校學習。因為需要教英語，繡花堂的部分房間已經改作教室；其他房間，例如：之前的「整理室」[7]則可以用來當作圖書館或實驗室。

除了開設小學，聖瑪麗修女會還有九個修女在學校讀書，準備當老師。高隆龐修女在高爾文的聖高隆龐大教堂對面開設了一家醫院。

高爾文和茱斯塔開始初步探索創辦女子中學的可行性。五月四日，文德中學董事會首次舉行會議，決定由茱斯塔和依撒伯負責調查開辦學校所需的步驟及手續。接下來的幾個月，兩人多次過江去武昌的教育局諮詢。

五月一日，中共軍隊正式採用人民解放軍這一名稱。

幾年後，安托內雅如是寫道：「姐妹們第一次領教了中國教育局對辦學的苛求，意識到這將是一個冗長，並時常伴有吹毛求疵的過程。所有計畫都必須到武昌當面交談。」[8]

八月二十六日，修女們的調查表示，要開設正規學校所面臨的繁文縟節甚多，許多問題必須解決。首先，校長必須是中國公民。茱斯塔從武漢另一所學校的修女那裡得知，她們聘用的男校長無視學校性質。茱斯塔決定確保文德中學不發生這類問題。顯然，依撒伯是漢陽樂勒脫唯一的中國修女，只能由她來當校長。問題是，她沒受到過任何教學或管理方面的培訓。雖然在肯塔基總會期間，她在樂勒脫初級學院（Loretto Junior College）上過幾門課，但遠遠不足以培養她成為校長。

茱斯塔寫信給樂勒脫初級學院，要求學校提供一份依撒伯的成績單，寄到漢陽備用。通過數次信件來往，樂勒脫初級學院終於寄來蓋有學校印章的文件。[9]茱斯塔的打算是，依撒伯只在教育局掛個名，而她將是依撒伯的「助手」。

學校將僱用中國老師來教大多數學科，但是克萊門蒂婭可以教英語、美術和歌唱。制定辦學計畫的同時，上英語課的人數增加了兩倍。克萊門蒂婭、茱斯塔和尼古拉的課堂爆滿，只得限制名額。內瑞克斯・瑪麗修女負責教授不需要使用中文來解釋的高級英語班；史黛拉感覺自己年紀太大，不適合教書，樂於管理修女會日常事務；依撒伯則繼續負責採購。被日軍驅逐出武漢的神父回來了；又有一批新神父從愛爾蘭來到漢陽。每當他們來訪，都是由史黛拉和依撒伯負責接待。

高爾文十月十三日下午來修女會。他說自己要到鄉下去幾個月，並提到他以漢陽主教名義做了第一個彌撒！教皇庇護十二世（Pius XII）四月發布了宗座憲令（Apostolic Constitution），將一百個中國代牧區升為教區。由此，高爾文在湖北省將近一萬八千多平方公里代牧區升級為教區。他作為「常駐主教」，頭銜是「漢陽主教」。正式任命儀式的日期未定。

高爾文感到欣慰，這是對他多年來所做努力的肯定。他在為湖北農村地區的民眾提供精神關懷的同時，也是漢陽民眾，特別是漢陽神父和修女的朋友。

茱斯塔寫信給肯塔基，要求總會考慮多派年輕修女來漢陽：

您在信中說，需要什麼儘管告知。那好，會長，我們需要兩個姐妹。您可能會問為什麼？需要她們來學中文。目前，我們人手不夠，不能接受所有想來學英語的人，因為教英語的姐妹必須能夠用中文講解英語。在這裡，不管做什麼都必須用中文，而掌握中文需要相當的時間。

我們三個都老了。史黛拉姐妹七十一歲，尼古拉姐妹五十九歲，我六十三歲。我們在這裡二十三年了。前幾年，跟那些可憐的女孩們在一起，但願至少其中有些人離上帝更近了。我們生命的大門即將關閉，卻有新的領域要開闢。我知道您會盡力而為，不致使我們在年邁體衰之際，還要為後繼無人而擔憂。

接著，她提到為上海修女籌資的問題：「會長，她們需要幫助。既然我們能夠自給自足，您是否能將屬於我們的那份傳教基金撥給她們使用？」[10]

為評估鄉下宣教所重建所需，高爾文帶中國神父彼得・張（Peter Chang）*同行。[11] 張神父新近從羅馬回到漢陽，路經波士頓時住了一年。在張神父的幫助下，高爾文把四個本土修女安排在鸚鵡洲，開辦了小學。從各方面情形看來，大多數宣教所都必須重新出發。但令人鼓舞的是，儘管每個宣教點都沒有神父，仍然有虔誠的信徒。

尼古拉在一封信中說，張神父下鄉之前把自己的短波收音機留給她們。修女們第一次收聽海外廣播，她們在漢陽聽到「科羅拉多遭遇可怕暴風雪」的消息時，對此感到驚詫不已。

一九四六年聖誕節將近，內瑞克斯・瑪麗的信中絲毫沒有表示內戰接近武漢的擔憂，而是描述了她們聖誕節水果蛋糕的餡料：

你肯定覺得我們很奢侈，其實，大多數餡料都是上天贈予的。其中還有些奇妙的故事。葡萄乾和梅子，是從那些不知在什麼地方，放了好幾年的紅十字會救濟箱裡發現的。想知道我們是怎麼處理的嗎？好吧，那就接著往下看：先把這些東西徹徹底底地洗乾淨；然後攤在漢陽夏天的大太陽底下曬，直到成群結隊蠢蠢蠕動的小傢伙被迫爬出來。經過幾天曝晒，多少去了些黴。就這樣反覆洗、曬了幾遍，至此，都烤在聖誕節水果蛋糕裡了。處理雀巢巧克力是另一個辦法：先把表層的黴刮乾淨，然後放在酒裡煮。好吃極了。我們都太想念巧克力了。挑食和腸胃嬌弱的人是絕對應付不了這些東西。我們耍了不少這類奇奇怪怪、捨命饞嘴的花招。到目前為止，大家都還活得好好的！

這是一個愉快的聖誕節。儘管沒有的上海來信；儘管只有克萊門蒂婭一個人收到美國寄來的包裹，但是不再有戰爭了。而且最好的禮物是：她們又在一起了。

＊ 譯註：即張伯仁神父。

一月八日，馬歇爾調解國共矛盾，促進和平無果，離華返美，就任國務卿。

一月九日，茱斯塔寫道：「不開高中課程的決定是對的。目前條件還不成熟，不能操之過急。我們還在教英語，結識了一些非常友善的年輕人。」

在鄉下待了五個月的高爾文在三月下旬回到漢陽。他來修女會做了彌撒。用完早餐後，他談到多年來建立的宣教所只剩下一片片廢墟，以及回歸的神父將會如何重建這些宣教所。

四月一日，高爾文升任漢陽主教的儀式在聖高隆龐大教堂舉行。黎培里（Riberi）樞機主教主持了儀式，八位主教出席。一位修女在《漢陽日誌》裡寫了：「漢陽美好的一天！」

戰後最先到漢陽來訪的是佛羅倫丁和卡洛斯・瑪麗修女。兩人於四月十九日到達漢陽。此行不僅是為了讓卡洛斯・瑪麗看看她從未見過的祖國的一部分，也為了讓佛羅倫丁把她為漢陽修女從美國帶來的十四個箱子，連同內瑞克斯・瑪麗的姐夫送的煤油冰箱，送到漢陽。

史黛拉在信中寫道：「你要是在場就好了，就能看見打開箱子的時候，我們都像小孩子打開聖誕禮物那樣高興。」

茱斯塔也寫道：

> 我們從來沒像現在這麼奢侈過，甚至不知道有些東西是什麼。跪墊像是用什麼新方法製成的覆盆子布丁。耐熱玻璃製容器真漂亮。克萊門蒂婭平時都是用爐灰給黃銅器皿

拋光，看見金屬拋光劑的時候，她開心得差點掉眼淚。我們都用繩子做吊襪帶，有了鬆緊帶可就舒服多了。……對肥皂情有獨鍾的史黛拉姐妹開極心了；上了鞋油，我們的鞋子都煥然一新；連打字機都因為有了新色帶而更加勤奮了；更別提我們正在慢慢享用的糖果和好時巧克力。總而言之，所有的東西都大受歡迎。

史黛拉寫道：「所有的東西都特別好，非常感謝每個參與送我們這些禮物的人。真高興有皺紋紙了，下一個聖誕節，我們又能做紙花來送禮了。漢陽這一帶的教堂一點裝飾也沒有。用一點點綠色襯托幾朵紙花，祭壇看上去就好多了。」

史黛拉還提到茱斯塔一直以來身體不適：「艱苦的戰爭年代使她的健康嚴重受損。我們都勸她換個環境休息一下，但她不肯。」

之前，佛羅倫丁和卡洛斯・瑪麗回到上海時，從肯塔基到加州的路途中，經過好幾個樂勒脫修女會。在短暫的幾天裡，她們分享了那些樂勒脫修女會的消息。

茱斯塔在寫給愛德華達會長的信中談到自己的感想：

聽她們講那些事情的時候，我們根本不知道她們說的是什麼，就跟可憐的老李伯

（Rip Van Winkle）*一模一樣。我懷疑是不是做錯了什麼，把自己搞成這個樣子。畢竟，我們是社會的一部分，應該像其他社群那樣跟進社會發展……來漢陽之初，尊敬的克拉拉西娜會長曾告訴我們，隨時可以要求回家。但是，會長，我覺得沒有一個心懷使命感的姐妹會要求回家、換工作，甚至哪怕只是休假。可是正因為沒回去過，我們都變成了現在這樣，完全落伍了。這個國家就是這樣在各個方面把人耽擱住。其他社群的修女輪流回家休假，精神抖擻地回來接著做事。可是我們卻沒照顧好自己。我真擔心年輕人也會這樣。問她們是否要回家根本沒用，因為她們認為應該勇敢地說，不用。

或許是她的話，亦或是史黛拉的信，要不然是兩者都起了一定作用，愛德華達會長在六月的信中，建議茱斯塔和依撒伯到上海去休息幾週。

七月四日，國民黨宣布中共公開叛亂，呼籲全國動員鎮壓共產黨。

七月三日，茱斯塔和依撒伯搭飛機去上海，下午兩點到達中正路的樂勒脫學校。而上海的蕾吉娜、馬修和安托內雅則在當天晚上八點乘船離開上海，前去漢陽。

三位來到漢陽的修女是船主盧先生**的客人，盧先生的秘書開車把三個修女送上船。安托內雅後來寫道，她們在車上被「埋」在三個手提箱、一袋二十多公斤重麵粉、一大袋乾麥片、一大籃子食物和一大捆被褥底下。她們還帶了一個裝了幾十萬金圓券、護照和霍亂疫苗卡之類重要文件的公事包。「秘書護送我們到船艙。頭等艙只有大約一・五公尺乘一・二公尺，除去一個三層的上下舖，我們只能站成一排。兩個乘務員來裝電子儀器，我們只好站到外面去。」

船上第一夜，老鼠在麵粉袋上啃了一個洞；凌晨四點開船時，她們還在與臭蟲、蟑螂和跳蚤奮戰。

船在鎮江停了二十四小時，數百名在北部跟共產黨打仗的傷兵上了船。所有的頭等艙和二等艙都騰出來給傷兵用了。「我們轉移到一個乘務員艙，裡面有一個上下舖。那個我們稱為房東蘭迪（Landlord Landy）的人給了我們一把鑰匙，但他自己隨意進出，不過人很善良。」

船艙有限，有些傷員就待在甲板上。安托內雅寫道：「沒人給他們檢查過用破布蓋著的傷口。他們大多數是被強制徵召來的男孩。我們竭盡所能地照顧他們。」

嚙齒動物頑強無比，最終，修女甘拜下風，把船艙讓給牠們。她們則跟傷兵待在甲板上，一直到漢口。「整整五天，骯髒的身體散發出的氣味、從不間斷的結核性咳嗽圍繞著我們，就好像置身於漂浮的太平間。」

---

* 譯註：十九世紀美國小說家華盛頓・歐文（Washington Irving）的小說《李伯大夢》（*Rip van Winkle*）的主角。李伯誤入一座森林裡睡了一覺，將近二十年之後才醒來，發現家鄉小鎮已是滄海桑田。

** 譯註：Lou，為音譯。

然而在漢陽的十一天，三人過得輕鬆愉快。漢陽修女帶她們去了幾次聖瑪麗修女會，拜訪了幾次高爾文。馬修是紐約人，樂得與高爾文交換布魯克林的故事。高爾文比誰都能講布魯克林的故事，他在那裡度過了當神父的頭三年。

儘管對搭船回去上海滿心發怵，但回程一切順利。沒有傷兵，她們住在同一間「頭等艙」裡。儘管「夜間訪客」照來不誤，幸而船隻順流而下且沒有停泊，兩天兩夜便抵達了上海。

茱斯塔待在上海期間，於莫琳的敦促之下寫了一份有關漢陽學校事宜的摘要：

我們的計畫是開初中課程。現有六個姐妹，還要僱用七個本地工友和四個本地老師。預計，每天每個修女和老師的薪水是一美元，工友七十五美分；食材價格每天都在上漲；學校需要化學、物理和生物設備；還要建一個中文圖書館。此外，每年得加一個年級，因此目前很難確定五年後的需求。

她在結尾寫道：「我和依撒伯姐妹在這裡休假，可是我們的心都在漢陽。等三個姐妹從漢陽回來，我們就搭同一艘船返航。她們肯定會帶回很多感想，因為她們看到的是現在的中國。」

茱斯塔和依撒伯也作為盧先生的客人搭同一艘船逆流而上，於八月四日回到漢陽。

八月，共軍襲擊並劫掠了位於京漢鐵路、距漢口僅三十五公里左右的黃陂。

九月十七日，文德中學開學，四十二個女孩註冊入學，男性中國老師教中文、數學、歷史、地理、動物學、植物學、衛生課和健美體操；克萊門蒂婭教英語、縫紉、繪畫和歌唱。茱斯塔寫道：

依撒伯姐妹是代理校長。雖能力不足，但她不遺餘力應對挑戰，令人滿意。她跟我對話只用英語，令他人刮目相看。因為這是大多數人的學習目標。她還會彈管風琴，這也使其他人羨慕不已。她學東西很快，且學以致用。每次看她使用剛學到的東西，我都不禁暗自歡喜。

在同一封信中，茱斯塔提到高爾文主教的新構想。儘管在她看來是又是另外一個「問題」，但是有可能實現的：

主教要寫信給您談有關將來在漢口開辦天主教大學的構想。也就是說，待局勢穩定下來，樂勒脫修女會能夠開辦大學的話。到時，請把瑪麗・珍姐妹派來管理。這對我們的教會將是一個極大的貢獻，是我們能夠為上帝、教會和中國做的最有益的事。[12]

十月二十三日，高爾文回鄉下小住了一段時間。他寫到關於聖母軍（Legion of Mary）的發展：「愛爾蘭傳來的消息說，若瑟・沈（Joseph Seng）[*]神父現在在那裡。他由衷景仰愛爾蘭人的虔誠，正在翻譯聖母軍手冊。杜輝（Duff）[**]先生已經將一部分寄給教廷使節。他會與愛丹（Aedan [McGrath]）[***]一起在中國推廣聖母軍嗎？」

十二月十七日，高爾文再度回到鄉下。在做完堅信禮（confirmation）從宋河返回漢陽的途中遭遇共軍，只差了一個小時就被抓住。茱斯塔在一封信中說：高爾文逃出來的方式是「常人絕對無法想像的。他回到家時已是平安夜，立刻就睡覺了。原本住在『宮殿』[13]的兩位神父都生病住院，沒為聖誕節做任何準備。我們直到深夜才知道他回來了，立馬用水果、蛋糕、堅果和糖果做了一個漂亮的中央裝飾送過去。這樣，至少早上的餐桌上可以有那麼一點點節日氣氛。主教打電話過來，然後又睡覺去了。」

一月十五日，高爾文記錄了當前的局勢：

從十二月十七號開始，還不到一週，他們就占領了教區北部所有的重要城鎮。我們沒有傷亡，但是死裡逃生者不乏其人。丹・卡雷根（Dan Carrigan）執意留在愛丹的宣教所。他們去那裡查看了幾次，不但沒騷擾他，還誇獎他。過了幾天，他們轉移到別處去了。堪稱奇蹟！

他們現在在著名的洪湖地區，另一支大部隊在宋河以北。教區北部還有分散在各處的小部隊。目前，我們完全不能開展工作。漢口的美國領事命令長江以北的美國公民集中到漢口。在我們教區之外有兩個美籍宣教員被殺。[14]

高爾文在給夏克頓神父的信中憂心忡忡：

局勢禍多福少。共軍控制了北部各省的鄉村地區……各省宣教完全終止，損失極其慘重——這是人們記憶中從未有過的。我擔心這在湖北只是個開始。[15]

* 譯註：即沈士賢神父。
** 譯註：杜輝神父為聖母軍創始人。
*** 譯註：愛丹・麥格拉思（William Aedan McGrath）是高隆龐傳教會神父、聖母軍創始人，中文名字為「莫克勤」。

西緬修女（左）和克萊門蒂婭（右），與漢陽的女孩們。

十八 虎去狼來，一九四八年

一月一日，中國國民黨革命委員會在香港成立。呼籲包括中共的各黨團結起來，推翻蔣中正獨裁政權，反對美國干預中國內政。[1]

漢陽

一月六日，茱斯塔寫信給肯塔基：「形勢堪憂，但尚無危險。共軍打到離我們不遠的地方就忽然撤退了。有人說，他們大多是土匪。……他們要是來了，我們怎麼辦？我想，大概只能像以前那樣逃跑吧。性命掌握在上帝手裡，我等無所畏懼。」[2]

高爾文二月四日寫信給奧馬哈的夏克頓神父說：「整個愛爾蘭方濟各會教區都被占領了。他們的神父都在漢口，修女在漢陽。世事混亂不堪，這裡也不例外，因此沒什麼可抱怨的。」[3]

二月十九日，茱斯塔寫給肯塔基的信：「您可能已經在報紙上看到共軍勢力擴展的消息。他們控制了中國北方，打到這裡不過時間問題而已。武漢是中國的重鎮之一，一旦失守，整個國家就完了。」

瑪麗方濟各外方傳教會從上海到西藏大約有七百個修女。茱斯塔拜訪了她們的負責人。「據她們所知，共軍並沒有騷擾或傷害任何外國和本國的修女」。但是，有一個法國人和一個中國人，因為表示對共產黨不滿就被帶走了。

她還去看望了另一批從北方被趕出來的修女：「她們說，一個小宣教所裡有四個中國修女。共軍來了以後，命令其中兩個年輕的修女結婚，兩人不從。共軍殺了她們之後就投屍水井。與樂勒脫會隔江相望的嘉諾撒仁愛會也有許多修女都待在中國各地。在共軍下驅逐令或主教命令撤出前，她們都會就地觀望。」

至於樂勒脫修女，茱斯塔說：「目前雖無危險，但需要您的明確指示，一旦有了危險，我們應該如何行動。」她解釋是因為有太平洋戰爭通訊中斷的前車之鑑，故有必要提前了解上級的指示。

茱斯塔還認為如果武漢淪陷，上海必然不保。並且，漢陽修女若去大西路*樂勒脫學校，只會讓那裡已經十分擁擠的狀況更加尷尬。依撒伯已經明確表示自己絕不離開中國。茱斯塔叫她們每人寫下對去留問題的想法。內瑞克斯・瑪麗、尼古拉和史黛拉二月十八日親筆寫信給肯塔基，內容都很短。

內瑞克斯・瑪麗：「目前我並不害怕。所以，您盡可以決定我應該怎樣做。」

尼古拉：「我很糾結。除非有您的命令，我願留在武漢。但必須承認，我懼怕共產黨。因此，我將相信上帝，遵從您為我，或我們所有人所做的任何決定。」

史黛拉說：「我不害怕，我愛漢陽。但他們要來抓我們的話，我不能像年輕人那樣跑。把一切交給上帝吧。」

信寄出不久，茱斯塔突然病倒。醫生診斷是肺炎。二月二十四日午夜，病情明顯惡化。在所有修女的陪同下，兩名苦力用擔架將她抬到相距不遠的高隆龐醫院。

護士保證茱斯塔不會有意外後，依撒伯、尼古拉和克萊門蒂婭回修女會休息。可是剛睡下，就有人敲門。預感狀況不妙，依撒伯和克萊門蒂婭爬起來，穿好衣服。得知茱斯塔病情進一步惡化，兩人狂奔到醫院。

「到了醫院，保羅・休斯神父剛給已經昏迷的茱斯塔做了塗油聖事，我們下跪祈禱。站在病床另一邊的年輕中國醫生，打斷了我們的祈禱，說：『心跳停止』，又說：『臉色發灰。』我們點點頭，繼續祈禱。」

剛過一秒鐘，他大聲說：「修女翻白眼了。」她們繼續祈禱。醫生說了好幾次房間裡有異味。依撒伯和克萊門蒂婭也注意到了。年輕醫生問克萊門蒂婭是否給茱斯塔吃了什麼。她說自己

＊ 譯註：先前的中正路，為現在上海的延安西路。

給茱斯塔服過兩片阿司匹林。過了一會，他嘟囔說茱斯塔的呼吸裡有中毒的氣味。「這段期間，我們一直在祈禱：『喔，受難的耶穌！喔，悲哀的瑪麗！』然後，醫生用一種怪異的表情看著我，問我是不是拿錯了藥瓶，給她吃錯了藥。」

「我的心跳一下子就停了，停了好幾秒鐘吶！就在那時候（大約凌晨三點半），主教來了。他走到我旁邊，我氣都喘不過來了說：『主教，我把姐妹給毒死了！』」

高爾文沒說話，拍了拍克萊門蒂婭的肩膀。過了一分鐘，他說：「不，你沒有！」他轉身走出病房，過馬路，回教堂主持彌撒。

克萊門蒂婭繼續寫道：「四點鐘，他回到病房，鎮靜地說：『她死不了。』對上帝的虔誠和對神聖主教的信任讓我們感到寬慰。」早上六點左右，茱斯塔清醒過來，十分好奇她們怎麼沒回家。

黎明時分，依撒伯獨自過江到漢口，請來另一位醫生，那位醫生確認危機已過。八點三十分，克萊門蒂婭帶著好消息回來了——她們親愛的茱斯塔能活下來。二月二十五日是第二學期的英語考試。一夜無眠的克萊門蒂婭又忙了一上午，給學生監考。

根據教育局的規定，所有學校在每學期開始之前，必須在當地報紙上刊登廣告。學校還可以在註冊前三天開始張貼廣告。一個在修女會打工的老人帶著一個小男孩，在武漢三鎮張貼文德中學的註冊通知。老人背著一桶漿糊，小男孩扛著一把掃帚，兩人早出晚歸，把廣告貼在指定位置。

這一老一小對文德中學頗有貢獻，新學期入學人數增加到一百二十二名。註冊人數的增加，尤其是在註冊第一天，帶來了一個「問題」，即紙幣堆積如山。學費是一袋米的標準價格。一九四八年，一袋米已經要價上百萬元。管財務的依撒伯匆忙之間把茱斯塔的空床拿來放錢。床上堆滿了現金，其中不乏幾乎一文不值的五千和一萬元的紙鈔。一整天忙下來，所有的修女還要一起數錢到深夜。當她們把收來的學費換算為米的價格時，發現還不夠支付一半的花費。有了這個教訓，後來她們就把每學期的學費改為一袋米。

茱斯塔住院期間，高爾文每天都去看望她。這樣做不僅是為了確認她的病情繼續好轉，也是為緩解他自己因鄉下神父的處境而感到的沉重壓力。局勢愈趨動盪，他們需要互相依靠，保持冷靜的頭腦和堅定的信念。

高爾文四月寫給奧馬哈總部的信說：「這裡的工作完全處於停滯狀態。鄉下只剩下三個神父，其他人都在漢陽或上海。派特・布倫南（Pat Brennan）最近在上海租了房子。我認為至少眼前漢陽無事。儘管共軍有足夠的兵力把我們趕出鄉下，但不足以攻擊大城市。萬分遺憾的是沒能有一個從日軍占領的破壞中恢復過來的時期。之前，我們的工作已頗有成效。……我認為，每項具有持久意義的工作都必須經歷磨難。世界上苦難重重，中國也不例外。北方很多最重要的宣教團體已被完全摧毀。所以，我們沒理由抱怨。」

出院回到學校，茱斯塔目睹了高爾文描述的情形。眾多年輕神父從各個農村宣教所回到漢陽；北方傳來無法證實的謠言；整個國家似乎處於焦慮之中。她無從知道共產黨多久會打過來。

五月七日，又一場自然災害襲擊了武漢地區，這次是颱風。在家的三個修女花了五個小時，清理灌進二樓和三樓的水。她們聽說大約七十艘船和舢舨傾覆，不少人罹難。史黛拉寫道：「漢陽多處房屋被毀，民眾遇難。可憐的中國，真是多災多難。」

那天，尼古拉和茱斯塔正好去漢口參加寶拉（Paula）修女的葬禮，七十三歲的寶拉修女死於癌症。茱斯塔稱她為「我們大家的母親」。她在漢口嘉諾撒仁愛會工作了四十二年，倖免於諸多災難，包括洪水、日軍占領以及美軍轟炸。尼古拉和茱斯塔在漢口一直等到颱風過去了才回到漢陽。

回到漢陽，茱斯塔告訴其他人：「她們說就知道寶拉修女去世時會颳風下雨。因為她不管去哪裡，總是遇到惡劣天氣，不是颳大風就是下大雨。」天氣關係「去不了墓地」，寶拉修女的遺體就放在教堂裡，等道路通行後才能出殯。

愛德華達會長來信叫茱斯塔回美國休養一個時期。茱斯塔回信說，自己真的很好，還是留下來吧。信中，她提出了一個一直在思考的問題：「為什麼我們選擇留在世事如此艱難、生活異常艱苦的地方？這就是他們講的宣教使命之一嗎？還是東方的誘惑？不管是哪個，反正我是兩者兼而有之。」就這樣，她放棄了回訪肯塔基。

五月二十二日，數千名學生在上海遊行示威，抗議美國扶植日本軍國主義。這個反美運動蔓延到武漢、北京等大城市。[4]

十月十九日是樂勒脫修女到達中國二十五週年紀念日。茱斯塔建議：夏天在漢陽舉行慶典，以便上海團隊可在暑假期間回來漢陽一起慶祝。共產黨還在北方，上海與漢陽之間交通中斷的可能性似乎不大。茱斯塔五月十日給肯塔基寫信提到擬議中的慶祝活動：「只要時機有利就行。要是我們這裡足夠安全，那她們那邊也應該沒問題。反正，到目前為止還可以。我們和其他社群一樣都在觀望。大家都感覺是坐在火山口上，好在，我們有眾多夥伴。」

她還提到貨幣的問題：「最近一次聽說的匯兌是：八十二萬元兌換一美元。現在紙幣最小的面額是五千元，普遍的是一萬元。一個雞蛋七千元。銀圓又進入貨幣流通，每塊值四萬八千元。」[5]

文德中學學生人數的增加使住宿生住房擁擠，高爾文決定在宿舍加蓋第三層樓。克萊門蒂婭在《漢陽日誌》中寫道：「時局令人不安，但正如主教所說，他為上帝所做的最重要的工作，都是在戰爭或戰爭謠言滿天飛的情況下完成的。建材堆得到處都是，學校提前兩週放假。搭鷹架、拆除房頂的時候，姐妹們將為好天氣來做『沖天祈禱』。」

高爾文派來負責監督修建大教堂的人是科爾曼神父。因鄉下條件不允許而待在漢陽的年輕神父費茲傑羅，與科爾曼神父一起搭好鷹架，然後拆掉了屋頂。天氣酷熱，但修女們必須為不下雨而祈禱，直到重新蓋好屋頂。

工人在烈日下工作，唯一的犒賞是她們的煤油冰箱提供的冷水。這是件了不起的事。「漢陽唯一的冷飲！」

七月初，莫琳和瑪麗・珍從上海出發前往漢口。作為船主盧先生的客人，她們受到頭等的待遇。

之前，漢陽修女邀請了所有的上海修女。但其他修女認為，應該讓瑪麗・珍和莫琳兩人去就好，因為這是一次特殊的聚會。兩人雖然嘴上沒說，但心裡明白，這很可能是她們最後一次暢遊長江了。外國人在中國旅行很可能將要受阻。幾個月前，上海的示威遊行就是衝著美國來的。

此行給在漢陽生活了十年的瑪麗・珍和莫琳一個回憶往事的機會。此前，她們根本無暇回顧。史黛拉和尼古拉跟莫琳和瑪麗・珍一起在集中營的時候，大家全力對付眼前的困境。沒人想到過，哪怕只花一個晚上來回憶初到漢陽的日子。團隊裡最年長的派翠西亞已經回去美國，此次聚會對剩下的五個姐妹來說實屬難得，誰知道她們何時還能重聚。

五人回顧了最初幾年學語言時面臨的挑戰，以及對經營繡花堂的一無所知。聊到「愛爾蘭老闆」——那時的高爾文神父，史黛拉記得，有一次，正準備打包裝運的成品攤了一屋子，他正好來了，高聲讚揚說：「瞧瞧她們做的這些新衣服！」

史黛拉脫口而出說：「就跟個男孩穿上新褲子似的！」沒聽清她的話，高爾文堅持要她再說一遍。意識到她的話聽上去有些失禮，可是史黛拉還是重複了：「就跟個男孩穿上新褲子似的！」他笑了起來，模仿英國口音說：「啊！一點都不錯！」

大家對洪水的記憶鮮明如昔，尤其是一九三一年那次最為嚴重的洪災。她們搖身一變成為救援人員，給被大水圍困在小島上的生還者送藥。還有過幾次為了安全起見，她們不得不帶著學生過江，到漢口的好朋友嘉諾撒仁愛修女會那裡去避難。

她們回想起那幾年，每到八月，高爾文就會催促她們逃離漢陽的酷暑，順流直下十二個小時，經九江去美麗的牯嶺。每人都記得第一次被那些穩健有力的男人用滑竿高高舉起的那一瞬間，以及雙腳著地時如釋重負的感覺。然後，卻發現還有更遠的路要走；還有人在等著把她們再次高高舉起，繼續攀登，直到到達高山上的目的地。

牯嶺是一個遠足的好地方，就連被突如其來的陣雨淋得溼透，或在山裡迷路都令人心曠神怡！有人提起史黛拉第一次坐舢舨過江時，嚇得不知所措的尷尬。喔，她自己還記得在黃甲山的時候，莫琳生病，她感受到的悲傷和在湖邊等待瑪麗・珍的焦急心情。

二十五年過去了。最難熬的時刻是等待被綁架神父的命運；還有沒有收到任何來自美國方面消息的那五年；以及別忘了，為了要回漢陽參加高爾文主教任免儀式來裝哭（亦或是真哭？）。

漢陽修女，包括內瑞克斯・瑪麗和依撒伯，說起最近發生的一件事。她們收到一份《隨思》（*Jottings*）——總會檔案管理員瑪蒂達（Matilda）修女編輯的社群新聞通訊。茱斯塔建議將其作為靈修讀物。那天晚上的朗讀者是史黛拉。可是還沒讀多少，史黛拉和聽眾都感到困惑不已：什麼是「深凍」（deep-freeze，即冷凍櫃）？「威尼斯簾」（Venetian blinds，即百葉窗）長什麼樣？什麼是「嵌板討論」（panel discussion，即小組專題討論）？閱讀只好停止。由最近才從美國來漢陽的內瑞克斯・瑪麗向大家解釋這些是什麼。這件看似滑稽的事足以證明，她們的漢陽確確實實是另一個世界！[6]

瑪麗・珍和莫琳談到上海學校的最新消息就比較嚴肅了。為了要回戰前在寶慶路院子裡修建小教室的磚頭，瑪麗・珍一直在同業主談判。雖然有了活動房屋，教室空間依然很擁擠。她想要回那些磚頭，再蓋一個間類似的房子。她們已經在校園裡蓋了幾條走廊，以便雨天方便在主屋與活動房屋之間穿行。

另一個消息是一個巧合。茱斯塔在聖瑪麗修女會時，曾經給過她很多幫助的莫克勤和沈神父在上海組織了聖母軍。佛羅倫丁幫助樂勒脫的一些學生成立了聖母軍小組。

她們還提到安托內雅的近況。一直以來，她的身體衰弱、精力不足，但醫生不能確診。她和西緬將於八月初離開上海前去美國，因為兩個人身體都不好，她們怕局勢有變，趕早離華為好。莫琳需要回上海處理工作，包括有關西緬和安托內雅離職的安排，[7]都須事先處理。內瑞克斯・瑪麗主動提出要陪同莫琳前往上海，這樣瑪麗・珍可以在漢陽多待些日子。

七月二十一日晚，莫琳和內瑞克斯・瑪麗抵達上海。準備蓋房子用的磚頭已經從寶慶路運過來了。四天後，她們收到一個出乎意料的消息——一封航空信通知上海社群，她們的新上級，柯尼利婭・麥克奈利斯（Cornelia MacNellis）修女，[8]將於秋天前來上海。

漢陽二十五週年紀念結束後，尼古拉陪同瑪麗・珍搭船下行，八月四日到上海。可惜，她們沒能見到西緬和安托內雅。

瑪麗・珍寫道：「我們的船因把一艘擱淺的姊妹船拖出來而耽擱，我們兩人跟她們只錯過了幾個小時。其實，我們的船在黃浦江與『戈登將軍』號（General Gordon）相遇。我們待在甲板上，希望兩個姐妹也在甲板上，可以互相揮手道別，可惜沒找見她們。真是很想念她們。」

瑪麗・珍建議讓安托內雅在樂勒脫多待一段時間，看看她能不能康復起來。「她總是說自己沒事。」瑪麗・珍在同一封信裡說，安托內雅在漢陽時表面上很愉快，「其實心裡感覺很沉重。那裡的情形並不是太好，要做的事情太多了。」

瑪麗・珍認為，高爾文不知道新學校給修女們帶來的負擔有多重；茱斯塔請求派年輕修女去漢陽亦不是答案。她直言不諱：「把任何年輕姐妹派到那裡去，尤其是年輕的中國姐妹，將是巨大的不幸。雖然，我不認為她們應該在美國待的時間太長，但最好還是讓她們留在美國，除非她們能在上海震旦學院至少工作兩年。」

茱斯塔九月二十七日寫給肯塔基的信中，沒再提及派遣要修女去漢陽：「我們很高興您能讓年輕的姐妹在來我們這裡之前拿到學位……我們尚可應付。」

她的信充滿了樂觀情緒。文德中學有兩個年級，一共一百六十四名學生。宿舍的屋頂已經蓋好，裡有一百一十四個住校生。

茱斯塔報告說，依撒伯終於告訴高爾文主教，她不想繼續擔任校長了，知道自己不具備與教師打交道的能力，也看不懂與辦學有關的公文。「我們請主教讓張神父擔任校長，他同意了。張神父在羅馬上過大學，有學位，英語說得很好，而且是個很和善的人。」

依撒伯繼續管理財務，工作很出色。茱斯塔說：「她現在就像是變了個人。」茱斯塔還說，內瑞克斯・瑪麗不再主管紀律。學校董事會要求，該職位必須由中國人擔任。茱斯塔則任命了住在上海的卡洛斯・瑪麗修女，僱用了一名年輕的中國婦女履行職責。克萊門蒂婭和內瑞克斯・瑪麗仍然是教英語；茱斯塔教所有班級的歌唱；史黛拉負責上下課的鈴聲。她以教堂的鐘為準，一堂課五十分鐘。讓下課鈴響了之後，她就待在在教堂裡。十分鐘下課時間結束後，就是第二次鈴聲，開始上下一節課。她聲稱可以在下課休息的十分鐘裡唸一遍玫瑰經。

十月十日，毛澤東發出黨內通報，宣布日本投降以來規模最大的政治局會議已於九月召開，並聲稱中共黨員人數已達三百萬，解放區人口有一・六八億人。[9]

上海新校長柯尼利婭修女，原本定於十月十六日啟程前往上海。但是，美國西岸碼頭工人罷工，加利福尼亞船運全部停駛。她無法知道何時，或是否還能夠買到船票赴華。之前，她曾希望在樂勒脫會到中國二十五週年之際到達上海。

真正的二十五週年紀念日那天早上，三個被克萊門蒂婭稱為「非先驅者」的修女，克萊門蒂婭、依撒伯和內瑞克斯・瑪麗，為茱斯塔、尼古拉和史黛拉安排了一個特別的彌撒。傍晚，她們又安排了一個特別的晚餐，只有她們六個人。

餐廳布滿上節日盛裝。餐桌中央擺著一個鮮黃色的裝飾物（聽過好多遍「奶油」故事的克萊門蒂婭忍不住想給大家開個玩笑）。

茱斯塔、尼古拉和史黛拉走進餐廳，頓時捧腹大笑。餐桌中央是一塊塔狀的奶油！那一刻，她們又回到了一九二三年。二十五年以後，大家還在講述奶油塔的故事。在中國這些年來的各種經歷真是令人難以忘懷！

十一月裡，高爾文寫道：「所有一切，學校、醫院、異教徒和天主教徒都處於正常狀態。雖然沒有恐懼，但平靜下孕育著衝突。我們在等待，不知道是福是禍。美國領事館預定明天發表聲明，撤離非必要人員。英國領事館本週稍晚時候也要發表同樣的聲明。」

茱斯塔寫道：「這封信到達總會之前，您可能就已經聽到了有些美國姐妹離華的消息。聖母會和武昌的一些方濟各會姐妹要走了。領事讓姐妹們自己決定去留，因為尚無危險；而且，沒有人知道是否真的會有危險。」

主教與茱斯塔溝通時，認為沒有理由離華。她再一次問每個修女去留的打算：「誰都不想走，最起碼在危險到來之前不走。未來在上帝手中。」

「武昌的仁愛會姐妹、漢陽的高隆龐姐妹和漢口的所有姐妹目前都住在這裡。從鄉下占領區回來的人說，中共改變了政策——反政府，不反天主教。占領區有些神父繼續宣教，不受騷擾。高爾文主教底下的一些神父也準備回鄉下去。」

十一月，中國人民解放軍穩步向中國中部進軍。到十一月二十七日為止，占領了武漢以北的城鎮。沒有對漢陽教區的宣教點採取任何行動。

秋天，文德中學開學，一百七十人註冊。宿舍裡住了一百二十五名住宿生。每天，許多天主教徒和非教徒都來參加彌撒。那些文靜的學生沒上課的時候，喜歡到教堂裡去看書和學習。克萊門蒂婭修女寫道：「學校的家庭氛圍好極了。中國學生非常勤勉，好多人天一亮就起床就到院子裡去看書。」[10]

上海

上海的修女也注意到傳教士離華的情況。回到上海一段時間後，瑪麗・珍和莫琳明白了，人們之所以出走，是因為他們看到蔣中正對中共力量的明顯誤判。開學的時候，已經有些人把女兒送出上海。儘管還會有人把孩子送走，修女們決定繼續擴建學校。她們確信上海是安全之地，如果共軍攻打上海，會有外國干預。另外，共產黨也會想保住這個國際商業中心。

九月初，兩百六十八人註冊，這是她們辦校以來的新高。九月八日，惠濟良主教突然去世，九日早上才被發現。他的去世意味著樂勒脫學校失去了一個支持者，雖然曾有異議，但他畢竟履行了捐款給樂勒脫學校的諾言。

十月初，沈神父到上海。他在愛爾蘭把聖母軍手冊譯成了中文。訪問樂勒脫學校時，他向六年級學生介紹了聖母軍。

有幾位學生熱情高漲，組建了委員會，兩個高中小組以進行天主教活動為目的，邀請不上教堂的天主教徒來參加教堂活動，還準備到醫院看望患者、邀請鄰居一起參加彌撒。

一九四八年下半年，許多朋友途經上海離開中國。奧古斯塔（Augusta）修女和她的瑪利諾外方傳教會同伴經香港回美國前，來學校道別。十一月十六日，離華的武昌聖母會修女參觀了大西路的樂勒脫學校。

第一艘疏散專用船於十一月二十二日離開上海，船上有幾位前樂勒脫學生和她們的父母與家人。然後，十四位武昌辛辛那提仁愛會修女到上海。她們安排該會的中國修女搭飛機前往美國。十二月初，儘管仍然認為上海不會失守，但為了有備無患，六位樂勒脫上海修女申請了出境簽證。就在這時候，已經到科羅拉多斯普林斯任教，還在等待去中國的柯尼利婭修女接到電話，得知西岸碼頭罷工結束。她立即打電話給總會，告知出航日期。但最終未能成行。

蘿絲・吉娜維芙修女表示想回美國，因為她認為如果共產黨接管上海，那美國公民很可能再次被拘禁，自己毫無意願再度進到集中營。這時候，出現了是否還有人想離華，願意與她同行的問題。可是其他人都不想走。莫琳便請示愛德華達會長，可否讓蘿絲・吉娜維芙與其他社群的修女同行。[11]

在接到肯塔基的回覆之前，莫琳十二月二十一日寫信報告說，大西路的新教學大樓竣工。聖誕節過後，除家政課之外，所有班級都將搬到新大樓。如此一來，聖母軍在舊大樓裡就有了活動室。

十二月二十五日，中共宣布以蔣中正為首的四十三名頭等戰犯名單。

肯塔基發來電報：「讓馬修同行。」蘿絲・吉娜維芙和馬修修女就在一九四八年十二月二十八日搭乘「布雷肯里奇」號（U.S.S. Breckenridge）前往舊金山。[12]

十九 面對新政權，一九四九年

漢陽

共軍幾近兵臨城下，民眾生活一如既往。武漢地區即將改朝換代的第一個徵兆，是一九四八年聖誕夜實施全城宵禁，子夜彌撒被迫取消。

十二月三十日，瑪麗・珍致信肯塔基說，所有郵件、廣播電台和報刊都要經過審查。「最好不要匯款。很可能通訊不順，但願不要完全中斷。」

一月十四日，毛澤東宣布中共願意在八個條件的基礎上與國民政府進行和談。

肯塔基於一月十九日收到瑪麗・珍的信。此時，中國人民解放軍業已挫敗國民黨軍隊精銳主力、俘虜高階指揮官，為大軍南下開闢了道路。

一月二十一日，蔣中正下野，李宗仁代理總統。[1]

二月下旬，共軍駐紮在漢陽以北、位於漢江邊的小鎮上。除了對往來漢口的船隻徵稅外，似乎並不會干預當地民眾的生活。[2]

二月底，中央銀行將大部分黃金儲備轉移到臺北。

高爾文給友人的信中說：「看似戰爭的狼煙將再次籠罩我們，時局跟我上次給你寫信的時候基本相同──國共邊打邊談。」

高爾文認為前陣子回到漢陽的神父該回鄉下宣教所了。他在信中這樣說：「神父和修女堅守崗位是教皇和教廷使節（黎培里）的願望。這對我們來說就是上帝的旨意，除非被趕出中國。」雖然，武昌的三個美國修女會和一些神父已經撤離中國，「可是我們的修女（樂勒脫和高隆龐）已經下定決心要留下，除非被驅逐。」

二月二十七日，文德中學第二學期開學。註冊人數從上學期的一百六十七人減少到四十三人。有些家庭為了安全起見，已經南下到廣州或疏散到農村地區。然而，當得知修女依然待在漢陽，留在武漢的學生便回來報到。到三月八日為止，註冊學生共一百一十二人。[3]內瑞克斯・瑪麗寫道：「到處都是國軍士兵，尋找設置臨時營帳的地點。如果學校不開課，校舍就會被徵用。」

由於貨幣浮動異常，茱斯塔採用了以物易物的方式來收學費，「有人用大豆付學費、有人用米、有人用柴火。」她還報告說，所有的修女都任勞任怨。「大家為上海的兩個姐妹離華深感遺憾，但想到今後可能會有其他人來華，又不無寬慰。」[4]

茱斯塔每晚給自願參加夜禱的女孩指導五分鐘。大齋首日（Ash Wednesday）前夕，她講解了聖灰的象徵、神父的祝福和用聖灰在信徒額頭上抹十字的意義——即提醒信徒，每個人都必須承認自己是不完美的。

茱斯塔在寫給上海的信裡說：「週三晚上，雖然沒人要求，她們都來做彌撒，恭敬而有序地接受了聖灰。」

三月，鄉下神父給高爾文的報告令人放心——共產黨沒有干涉他們的宣教工作。費茲傑羅和桑德斯在新堤；保羅・休斯和麥克・歐科林斯回到仙桃鎮；張神父和吉姆・多諾霍（Jim Donohoe）在長埫口。

高爾文三月二十八日寫信給他的外甥唐納・馬哈尼（Donal Mahony）神父說，他稱為麥克的約翰・麥克納馬拉（John McNamara）「到漢口辦公室擔任財政官。漢陽就剩下我和連恩・高迪爾（Liam Godsil）在這裡當苦力。」[5]

他還寫道：

共軍部隊集結在長江北岸。一艘輪船在九江下游遭到襲擊，大約十五人受傷。船昨晚回到漢口。

……我請求總會長讓休假結束的漢陽神父返回漢陽。可是由於通貨膨脹、銀圓匱乏、貨幣混亂，財政官警告我，一旦財政和通訊由於任何原因而中斷，我們短期內便難以支持現有人員。我只好收回請求，叫在美國和愛爾蘭的所有人員暫不回漢陽。每週、每天，風向都在變，我們必須隨時應變，調帆而行。

武漢生意蕭條。大部分洋商和華商都轉移到更南的省分，沒走的每日無所事事。我們徹底束手無策，……但尚未敗下陣來，堅持就是勝利。

高爾文和漢陽修女只能藉著監審過的廣播電臺和漢口報刊來了解時事。茱斯塔認為大部分新聞都不可信。四月，她寫道：「說是要舉行和談，然後又說沒有和談。」國軍花了好幾週挖戰壕。漢陽市民以為他們在修建防禦工事、保衛城市。但是挖戰壕的部隊卻忽然開拔到別處去了。

「人們亂了陣腳。有的人逃出武漢，找不到更好的地方，錢花光了，又跑回來；生意沒了，貨幣貶值；吃不下、睡不好，開始生病。真是很同情他們，要是能為他們做點什麼就好了。」

茱斯塔寫到，混亂之中卻有一件令人高興的事。目前，一位新近高中畢業的聖瑪麗修女住在樂勒脫修女會。[6]她在史黛拉的指導下，提高英語水準。「兩人正坐在門廊上聊天呢。」

十天後，四月二十五日，高爾文又寫信給他的外甥，提到共軍幾乎輕而易舉地拿下了南京。國民黨政府已然逃之夭夭，「朋友」（指親共者）正從對岸的浦口湧入南京。「根據昨晚的新聞報導，共軍先遣部隊離上海不到二十公里。他們大概計畫拿下了上海、武漢便會乖乖就範。可能吧，誰知道。統治教區的人以天下大同之宏論的名義搶劫不幸的人*……正是在這樣的時代，中國民眾最為令人敬佩。他們能夠在幾個世紀以來禍國殃民的統治下生存，實在使人驚歎不已。實際上，大多數時候根本沒有真正意義上的政府。」

高爾文說，張神父在張輝家主持彌撒的時候被捕，但憑三寸不爛之舌獲釋，只被警告不許在長埼口十五公里以外的地方宣教。回到長埼口，卻「遭遇另外一夥人，又受到盤問。而這些人問到的問題絕對讓日軍人員小巫見大巫。」

高爾文還說，在上海的美國大使建議美國公民離華。可是在漢陽的人無法證實消息是真是假。

---

* 譯註：由於會受到當局監審，高爾文顯然有言外之意。

上海

四月二十八日，大西路樂勒脫會負責人莫琳修女收到西聯匯款電報：「全部離華。」電報是愛德華達會長發來的！所有修女大為驚詫。由於上海甚為平靜，她們確信美國媒體肯定對上海現狀誇大其辭。在她們看來，上海不會有戰事，因為共產黨肯定會力保這個國內暨國際貿易中心不被摧毀。

肯塔基從未發過如此強硬的命令，愛德華達會長的恐懼肯定是謠言和假新聞所致。瑪麗·珍知道愛德華達會長了解一個宗教團體只能在主教的允許下於某個天主教教區工作。同樣，沒有主教的許可，宗教團體也不得擅自退出教區。莫琳和瑪麗·珍立馬前往主教辦公室。主教代理人亨利（Henry S.J）神父同意致函肯塔基請求讓修女們留在上海。她們放下心來，去拜訪瑪利諾外方傳教會的詹姆斯·沃爾許（James Walsh）主教和聖高隆龐外方傳教會的佛格斯·墨菲（Fergus Murphy）神父。主教和神父都為樂勒脫修女有可能是第一批放棄上海的美國修女而感到痛心。

當天下午稍晚的時候，兩人回到修女會寫信給愛德華達會長。她們引用了亨利神父和墨菲神父信裡的話。墨菲神父：「目前，尚無外國修女團體離開上海。到目前為止，北京和天津的國際學校運轉正常，未受干預。我認為樂勒脫姐妹留在上海沒有風險。倘若今後時局有變，相信屆時離華也不遲。」

她們在信中說，沃爾許主教認為有關上海處境危險的傳聞是言過其實。前一陣子，他曾與教廷使節黎培里會面。後者告訴他，現在的憂慮不是共產黨，而是許多天主教傳教團體召回傳教人員。「成千上萬的外國商人和非天主教傳教人員還在中國，難道我們不應該留下嗎？」她們懇求：「我們有兩百個歐亞混血的孩子。其中許多人的父母已經失業，除了我們，她們無依無靠。難道我們應該把她們和她們的靈魂留給共產黨嗎？」此外，信裡也提到國軍正在撤離上海：「克莉絲蒂娜・鄭（Christina Cheng）的兄弟非常肯定，他們不會在上海打仗。請至少讓我們留下幾個人來維持學校的運轉。如果我們現在跑了，結果沒有戰事，再回來是不會受歡迎的。」

愛德華達會長五月四日收到此信。隨著解放軍不久將進駐上海的傳言與日俱增，為保險起見，有些西方人打算離華；另一些人考慮暫回美國或歐洲度假，過幾個月再回來。

漢陽

原本解放軍預定在五月五日接管武漢地區，可是那天與往常無異，街上巡邏的仍是國軍士兵。同日，漢陽修女收到上海寄來的航空郵件，告知愛德華達會長命令離開上海的電報。茱斯塔立即回覆上海：「剛才收到來信，傷心之極。但願會長同意至少留下幾個人。總會還沒給我們下離華令。你說得對，會長之前確實說過，由主教決定。她還說：『如果聖父決定你們留在那裡，祂肯定會關照你們的。』如此而已！……我們反正處之泰然，正在安排明天放電影的事。只有那些特別害怕和生病的人離開這裡——武漢。其他一切照常。」[7]

五月十日，漢陽修女收到愛德華達會長的信，指示她們可以留在漢陽，由高爾文主教負責。信中還附有美國媒體有關中國時局的報導。

內瑞克斯・瑪麗在一封信裡說，就武漢的情況而言，美媒報導太過誇張。她進一步強調武漢並無戰事：

今天下午，一連好幾個小時、出發的部隊源源不斷。晚上七點鐘，還沒出城的部隊就地紮營，街上到處是行軍床。今晚天氣涼爽，適於露宿。晚禱後，去宿舍查看學生是否做好就寢準備，注意到露宿的士兵近在咫尺。我把茱斯塔叫來看。她警告學生，不能讓士兵知道女生寢室如此之近。她們從教堂回寢室的時候，靜得跟影子一樣，悄聲唸完《聖母經》，上床睡覺。

那些士兵沒到我們這裡來找地方睡覺是因為，大門口牆上有個女校的招牌。可是十點鐘的時候，有人敲大門。修女都站在大門後，緊張得不敢呼吸。不知誰說了一句：「這裡是天主堂」，那人才走了。直到半夜一點以後，我們還能聽到人馬的嘈雜聲。

……早上，部隊的集合號跟我們的鬧鐘同步。他們上午十一點啟程了。這才是最令人提心吊膽的時候。人們都怕沒有軍隊保護，會發生搶劫。本地商人武裝了三百個民兵守城。聽說，解放軍今晚（五月十二日）到達。還有人說，他們離這裡只有不到十公里了。女孩們很緊張，有的人穿著衣服睡覺。[8]

五月十四日週日晚上和週一早晨，漢陽碼頭傳來爆炸聲。本週稍早時候，漢口周邊發生過一些小衝突。

五月十六日下午六點，信差來通知：解放軍已到東門！

晚餐過後，修女們正在洗碗和收拾廚房，一位親共天主教徒老師來說，共產黨明天進城，她叫依撒伯去「買鞭炮，歡迎部隊進城。」茱斯塔說，最好還是問一下高爾文。主教的答覆是確實得放鞭炮。不過，叫別人去買，由苦力來放。[9]

回到大院，她們派了一個僱工去買鞭炮——中國人以示喜樂或悲哀的象徵。

「那天晚上，女孩們聽著反對帝國主義、修女和神父的長篇大論直到午夜。她們被『解放』了，將要參與建設一個先進的新中國。……隔天清晨，解放軍來大院，組織人馬來歡迎軍隊入城。當天學校停課，每個人都必須到門口舉橫幅、放爆竹。」

五月十七日大約下午兩點，解放軍穿著軍服、攜帶槍支（有些是機關槍），採單列縱隊，開始入城。內瑞克斯・瑪麗說：「入城花了很長時間」，足足三個小時。「家家戶戶都在放鞭炮，因為人們都很害怕。」

第二天早上，他們就到大院來了。別忘了，我們大門上方有「天主」的字樣。必須承認，這幾個共產黨確實彬彬有禮，叫我們不要覺得自己未受保護。然後，他們給茱斯塔姐妹一個禁止士兵入內的告示牌，叫我們掛在教堂裡。茱斯塔姐妹把牌子放在門後。他們說：「不對，不對，要放在聖所裡。」於是，她就把它放在聖約瑟夫的雕像旁邊了。

從那天起，共軍開始巧妙地接管文德中學。他們指示校長張神父，學校必須照常開課，直到六月學期結束，但是不允許教任何與宗教有關的課程。

另外，如果他和副校長依撒伯有意繼續現任職務，就必須上學習班，*以獲「特准」。漢陽的男女學生也都必須參加暑期政治學習。

根據繼續辦學的「規定」，彌撒和宗教課程被調到一大清早。內瑞克斯・瑪麗、克萊門蒂婭和茱斯塔仍然負責教英語，史黛拉也還是管上下課的鈴聲。

知道修女還保留著繡花堂時代的縫紉機，他們命令茱斯塔做一面國旗，每天上第一節課前要升旗。國旗是用紅色布料，左上角貼一顆大大黑色的星星，另外有四顆小星星圍繞在大星星周圍。茱斯塔遵照命令縫製旗幟。但是，她在兩層紅色布料之間寫了簡短的禱文，並將印有耶穌像的聖心縫在五星裡。

每天升旗儀式，孩子們面向國旗鞠躬。在場的共產黨自然為學生敬仰新中國的國旗而歡欣鼓舞。不遠處，修女們也默默地向耶穌的聖心致以最高的敬意。

上海

眼看共產黨占領上海勢不可擋，莫琳開始擔心最年輕的卡洛斯・瑪麗修女的安危，尤其是因為其他修女會已經把她們的中國修女送出了中國。之前她曾問茱斯塔要不要把依撒伯送到上海，希望她願意離開中國。但依撒伯果斷表示絕不離開中國，甚至不願離開漢陽。

多年後接受作者採訪時，卡洛斯・瑪麗修女說：「莫琳姐妹不知道該拿我怎麼辦，她總是問我，你真的想留下嗎？」

卡洛斯・瑪麗出生在上海，上海是她的故鄉。一九四六年從樂勒脫總會回來上海後，她便打算在祖國度過餘生。沒錯，她就是想留下。更何況，她的家人都在上海，並且沒有離華的打算。她說：「神父勸我走。有一次，記得是課間休息的時候，沈神父來找我。他說：『姐妹你能主持彌撒嗎？你能聽人懺悔嗎？我們不需要你留在這裡，因為我們總是得為你擔憂。這只會給我們帶來更大的負擔。』莫琳姐妹收到愛德華達會長命令我離華的電報那天，一個加州來的耶穌會

---

* 譯註：學習班是解放初期至文革期間的特定用語，即以「學習」的方式將被視為有政治立場上問題的群體集中控制起來，進行思想改造。

神父也來了。他跟我說：『你準備走，這我就放心了。要是沒那封電報，我就得安排你離開的事了。』電報是週四來的，我下週二就上船了！我這輩子的動作從來沒有如此迅速過。我是跟多洛雷塔姐妹和葛蕾絲姐妹一起離開的。」

當時，能最快拿到的是觀光簽證，簽證為期一個月！[10]但美國領事館人員叫她別擔心，因為移民局允許她在危機期間滯留美國。

五月二十五日半夜，[11]解放軍進入上海。「隔天清晨，有人在我們的大門上貼了一張通告說：『遵守規定，避免麻煩。』」

回憶起那天晚上，佛羅倫丁記得她在漆黑的樂勒脫修女會大院裡，看見國軍士兵在大西路和憶定盤路*的交叉路口，躲進黑暗的里弄，脫掉軍裝，然後混到街上擁擠的人群裡。

由於郵政受到控制，擔心審查的人可能會閱讀或沒收信件，漢陽和上海的修女一九四九年夏季少有通信往來。

相信留下的人不會至生命於不顧而盲目冒險，愛德華達會長將決定權交與她們。與此同時，在美國的全體樂勒脫修女為自己的姐妹和中國人民的安全發起了一場祈禱運動。

漢陽

文德中學九月開學。茱斯塔八月十六日寫信給肯塔基：「時局平靜，希望下學期一切順利。」總會十月下旬收到此信時，她們已經對高爾文允許繼續辦學另有想法了。

由高爾文創建的文德中學以及漢陽宣教所擁有產權的校舍，均已被控制武漢地區所有學校的教委會接管。此時，張神父仍是校長。收到新近發行的教科書時，看到書中充滿培養「新中國解放者」的宣傳。為了學生避免受到如此洗腦教育，高爾文考慮關閉學校。

他與張神父和茱斯塔商議。三人一致認為，關閉學校意味著完全失去主動權，學校不但不會受到任何影響，還將按照新政府的旨意全面開展。高爾文決定先等一等，但願有老師能變相允許學生提出異議。當然了，三個教英語的修女有可能起到一定的作用，特別是針對課本中反對基督教的觀點。一九四九年秋季學期就這樣開始了。

克萊門蒂婭說：「對天主教學生的限制愈來愈多了。」第一堂課被安排得很早，與彌撒的時間衝突，修女和神父便把彌撒提早了一個小時。「學生盡量設法參加彌撒，並且無視不准在宿舍裡祈禱的禁令。……我們的天主教學生群體非常虔誠。帶頭的人出身於有兩百年歷史的天主教徒家庭。她原先是個頑劣不羈的學生，被武昌的好幾所學校開除過。她的名字是露西・廖（Lucy Liao）。當信仰受到了攻擊時，她證明了自己是個『女豪傑』。……我們繼續教英語。有個女共產黨住在大院裡。她盡其所能拉攏依撒伯姐妹，還誇口說要是能說服依撒伯姐妹加入共產黨，她就能升官；升官以後，她會獎勵依撒伯姐妹，給她分配一個體面的工作。」

＊ 譯註：憶定盤路（Edinburgh Road），即現在的江蘇路。

共產黨向學生施加壓力要求參加共青團。「我們間接地建議她們抵制加入。」

十月底，漢口美國領事館關閉。在此之前，為了保證美國公民能夠隨時返美，史黛拉、克萊門蒂婭和內瑞克斯・瑪麗領到新護照；荷蘭公民尼古拉和波西米亞人茱斯塔也拿到赴美簽證。十月二十一日，茱斯塔給愛德華達會長信中寫到依撒伯：「最讓我們心碎的是依撒伯姐妹。」中國公民離華時機已過。「依撒伯姐妹不能出境，而我們其他人則很可能無法留下。」[12]

一九四九年十月二日，蘇聯與新中國建交。很快，大多數東歐社會主義陣營國家紛紛效法。

大約同一時間，尼古拉描述了對共產黨占領武漢地區的印象：

> 一開始，他們步步為營。做了許多公允的承諾，意在贏得民眾的信任。很多人為他們的甜言蜜語所動，就像大風把蘋果樹上蟲蛀的蘋果颳下來一樣。雖然還有許多人沒有受騙，可是他們心裡怕的要命。似乎，年輕人的熱情最為高漲。我們的學生，除一些天主教徒外，完全被折服。有一個我們相當信任的女孩公開背叛了我們和那些虔誠的天主教女孩。
>
> 從那開始，我們知道這下麻煩大了。「紅玫瑰」的尖刺很快就向我們扎過來。他們每天都來，日復一日地提出新要求、規定新限制。

「解放軍」接管後，學校大門白天夜裡都不准上鎖。他們說，我們無權阻止學生在夜晚跟男生上街。不少父母得知這一情況後，把女兒接回遠離漢陽的家。……一天晚上，兩名軍官來大院說，要帶一隊士兵來過夜。這還得了！茱斯塔、史黛拉、克萊門蒂婭和我去跟他們講理。茱斯塔姐妹中文說得最流利，比起那兩個「共產黨」毫不遜色。她提出抗議，跟他們講中國人民的優良文化，（士兵住在修女會裡）這種事情前所未聞。他們反駁茱斯塔，於是爭論起來，直到年輕的那個勃然大怒。憤然離開的時候，他威脅說要我們等著瞧。年紀大的那個很快也走了。所幸有驚無險，最壞的事情沒有發生。

十二月十日，蔣中正搭乘飛機離開成都，前往臺灣臺北。

聖誕節快到了，依撒伯指導幾個天主教徒學生排練了一場戲。這是依撒伯在繡花堂當學生的時候已有的習慣。

聖誕節早餐後，「經常在學校擾亂人心的紅色天主教徒」瑪麗・胡（Mary Hu）小姐來說，報上刊登了一篇有關修女的報導，指控茱斯塔強迫學生參加彌撒、做禱告；克萊門蒂婭「教學生遵從父母」（孩子已不屬於父母，而屬於國家，因此這是對國家的冒犯）。

儘管有這篇報刊文章造成的不悅，她們還是鼓勵學生當天下午在小教堂為修女和一些朋友表演了聖誕劇。高爾文和幾位神父也來了。高爾文對報上文章的評論是，他為茱斯塔和克萊門蒂婭感到驕傲。

克萊門蒂婭寫道：「聖誕節後的第二天，一個官員來了。他審問了茱斯塔姐妹將近四個小時。然後，把我叫進去。有一個女孩也在座，就是她寫文章指控我們毒害她。她坐在我們面前，看上去很不自在，並且拒絕說話。實際上，她似乎跟我們一樣對報上的文章感到驚訝。當然了，那篇文章永遠不可能出自她的手筆。完全是成年人的口氣，小孩子是不可能用這樣的文字來表達的。」

克萊門蒂婭記得，一九四九年十二月的最後一個週日，「批判我們的第一人民法庭在化學實驗室舉行。那種指責和盤問真是要命！在座的有政府官員、共產黨員、士兵、警察和學校所有的學生（史黛拉、尼古拉斯和內瑞克斯‧瑪麗在教堂裡哭泣與祈禱。我們被鬥爭了整整三個小時）。那時候，學生還沒有公開受到恐嚇，有人大膽地為我們辯解說：『身為外國人，語言不精通，難免犯了詞不達意的錯誤。』最後，主持鬥爭大會的官員站起來宣布，我們最大的罪行是把學校辦成了一個堅固的天主教堡壘。」[13]他將另擇一日，命我們正式道歉。

後來，報上還出現了其它指控。有篇文章聲稱「美帝主義者」克萊門迪婭偷竊並出售了人民的財產：四台縫紉機。當一名官員來檢查的時候，克萊門迪婭給他看了原封不動的四台縫紉機；之後，再也沒有人提起她偷竊人民財產的事了。

二十 如履薄冰，一九五〇年

一九五〇年初，英國、挪威、丹麥、芬蘭和瑞典相繼承認毛澤東政府。

文德中學第一屆學生畢業典禮定於一月二十二日，這一屆學生是於一九四七年秋天入學。到一九四八年下半年，學校在教學和體育方面已經頗有聲譽。一九四九年秋天，共產黨接管學校後，教學內容變化頗多。課本給學生灌輸效忠國家而不是孝順父母的共產主義教義。學校經常停課，要求學生參加遊行或政治學習。此外，學校還組織學生看一些鼓動她們背棄父母和家庭傳統的戲劇。

內瑞克斯·瑪麗說，在那個簡樸的畢業典禮上，畢業生們失聲痛哭，有的修女也流下了眼淚。[1]對解放她們的共產黨表示了感激之情後，一群女孩勇敢地起身，感謝修女們為她們所做的一切。這一公開致謝是對一位共產黨代表的有力反駁。在前一天的全校大會上，那人指著這些低著頭的學生說：「連你們的學生都為你們感到羞恥。」

前一天的全校大會是在同一間會議室舉行。修女坐在面對學生和老師的位置。這位共產黨代表站在會議室後面，命令茱斯塔向學生和老師公開道歉，理由是修女誤導學生，提倡要尊重和孝敬父母。茱斯塔站在大家面前，矜持地鞠了一躬。她朝會議室後面做了個手勢，用流利的中文說：「他們認為我們不該教你們尊重父母。」

學生們一言不發，尷尬地低著頭。那人宣布學生感到羞恥，會議到此結束。

兩天後，高爾文到修女會去看望茱斯塔。他知道修女與學校的關係即將結束，建議已經不在學校工作的史黛拉和尼古拉考慮申請出境簽證。一旦國民黨反攻，政府會毫不猶豫地關押外國公民。儘管她們身體健康，但畢竟年長。高爾文擔心萬一被監禁，她們會有生命危險。

政府官員對茱斯塔並沒有真心道歉心知肚明，很快就通知她們不得繼續教課、不得以任何方式與學生或教員聯繫和交談。[2]

張神父得知修女不准許教英語後，第二次提出辭呈。可是，共產黨非但不准張神父辭職，他還被分配做新校長的助理。新校長是教委會任命的共產黨員，堅持要張神父留在學校教所有的英語課。

期末考試後，學校放了寒假。消息傳來，所有想繼續教學的老師必須參加政府在武昌開辦的學習班。張神父和另一位教師詹姆士・朱（James Chu）神父沒有選擇的餘地。[3]

張神父時而溜進修女會來與修女溝通，告知教學內容。尼古拉後來寫道，張神父說教師開會時，「他們跟他爭論了一個多小時，非得要說2×2＝5。還有別的荒唐的事。」張神父原本想去香港，可是高爾文說服他留下來鼓勵基督徒。高爾文本人也決心留下，直到被迫離華。

不久，一份英語報刊上登出一篇有關修女的文章。這次是批判內瑞克斯·瑪麗。文章源於一個被學生稱為「猴子的故事」。新教科書裡說，人是由猿猴進化而來的。學生之間對這個問題展開了爭論。有一天，有人在操場上問內瑞克斯·瑪麗是怎麼認為。她說，這並不是個新發現。學生又問，那麼人怎麼沒有尾巴？據說，她回答說那是因為「共產黨總是開會，把尾巴給磨掉了」。

內瑞克斯·瑪麗說：「我倒不介意報上文章寫到我。可是，把我跟猴子尾巴扯在一起好尷尬。」

史黛拉和尼古拉決定離開漢陽。擔心兩人會在旅途上碰到問題，茱斯塔問克萊門蒂婭想不想陪同她們一起回去美國，因為她在丹佛的母親生病了。克萊門蒂婭不想走。至於茱斯塔則想到她們都走了，依撒伯便將形單影隻，所以決意留下。

在所有修女被禁止教學之前，內瑞克斯·瑪麗寫信給愛德華達會長說：「我每週才上四小時課。經常想到上海的姐妹。她們得僱用非教徒老師，還得繳稅。要是能離她們近一點，幫她們一把就好了。」

一月二十九日，她在這封信的附記中補充：「親愛的會長，這封信我暫時不寄給您。茱斯塔要正式給您寫信。因為我寫這封信的時候，她走進來說，主教為兩位年長的姐妹擔憂，怕一有戰事，我們就會被關到集中營。茱斯塔認為下學期是不會讓我們教課的。如此一來，您會叫我陪同兩位年長的姐妹回家。我把這看作是您的旨意，因此我願意服從。如果一定要走，我為只剩下三個姐妹而難過。茱斯塔和克萊門蒂婭堅決要和我們的小妹妹在一起，因為她那裡也不能去。我也明白，但凡是出現緊急情況，人愈少愈好。在這種時候，我不能太任性！」

過了兩天，茱斯塔陪內瑞克斯・瑪麗、尼古拉和史黛拉去漢口申請出境許可。她們拿到一些必須用中文和英文填寫的表格。最沒想到的是，她們的護照竟然被沒收。雖然這違反了國際法，但跟共產黨爭論是徒勞無功。

一到二月的時候，武漢三鎮以海報方式公布被處決者的名單。同時，有傳言說共產黨便衣混在看名單的民眾之中，當有人看見熟人的名字表示吃驚或發表評論時，就會被帶走，最後這些人的名字就會出現在之後的海報上。人們再也不敢去看海報了。處決仍在進行，但名單停止發布。

依撒伯的處境愈來愈令人擔憂。早在一九四八年，仁愛修女會把她們的中國修女送到美國時，茱斯塔問依撒伯是否想去肯塔基。她回答說：「哪裡也不想去。這是我的祖國。我在這裡陪著你。」

現在，茱斯塔預期她和克萊門蒂婭在這裡也待不了多久了，便試著建議依撒伯去上海，說瑪麗・珍和莫琳會照顧她。但依撒伯不願被「照顧」。另外，上海對她來說是他鄉異地，所以只想留在武漢。

三月四日，毛澤東和周恩來從莫斯科回到北京。

三月二十七日，荷蘭政府向中國政府表示有意建立外交關係。

這時候，茱斯塔尚不知街上有人罵依撒伯「走狗」、「美帝間諜」等等，還有人往她身上吐口水。

得知依撒伯的遭遇，茱斯塔感覺這樣下去不行，建議依撒伯申請回到鄉下，去她母親那裡，待到情況好轉再回來。依撒伯聽從建議去當地派出所申請，但幾乎立即遭到拒絕。

三月一天晚上，依撒伯意外地身著簡樸的深色長褲和大襟上衣走進活動室。除了茱斯塔，其他人都十分詫異。她沒戴頭紗，兩條長辮落在肩上。她說自己將離開修女會，但她不會離開修女們。她會想辦法在不給她們帶來麻煩的情況下，來看望她們。

原來，在茱斯塔的幫助下，她在離修女會不遠的一棟房子裡找到一個房間。脫下宗教服裝，依撒伯與常人無異，人們便不會再將她與學校或修女劃上等號了。

尼古拉和史黛拉很難過，但同時又為她能擺脫騷擾和危險感到欣慰。克萊門蒂婭和內瑞克斯．瑪麗提到，可是這樣可能仍逃不過警察的監視，要是他們問起起來該怎麼回答呢？茱斯塔和依撒伯已經想到這一點：她回去鄉下拜訪母親了。[4]

四月一日，中國與印度正式建交。

四月底，申請離開漢陽的修女收到去漢口警察局的通知。她們知道這是要核對表格上填寫的資訊。

尼古拉聽說過其他人受審的情形，感到一點點謹慎樂觀。後來，她寫了一篇有關這次經歷的報告：「漢陽的一位優秀的天主教徒翻譯陪著我們，早上九點左右到那裡。沒多久，高爾文主教也到等候室來了。不知道她們感覺怎樣，反正，我的心跳得好快。等了好一陣子，一個共產黨從一間大辦公室裡出來，示意史黛拉和翻譯跟他去。」

史黛拉回憶說房間很大。每個角落有一張用屏風隔開的桌子，每張桌子後面坐著一個書記員，桌上有筆和紙。負責審問的人坐一把椅子，還有一把椅子是給受審人坐的。[5]

當問到她為什麼要離開中國的時候，史黛拉慢慢地站起來，靠在桌子上，瘸著腿走了幾步說，我老了，走不動路了。並且說自己來中國二十七年了，所有遇到的人都是有情有禮。「我其實真的很不願離開中國人。」審訊的人低下頭，其他人沒有把她的話記下來。

回到家，依然身手敏捷的史黛拉說，那個人問她是什麼時候出生的，她的第一個回答是：「我沒出生。」茱斯塔說，如此無禮，還好沒被扔進監獄裡；尼古拉想著他們可能沒聽懂她的中文！

審訊完史黛拉，一名官員到等候室來，跟尼古拉交談了幾句話，回到大房間裡。過了幾分鐘，他又來了，用中文對她說：「你不需要翻譯。」

尼古拉坐下後，審訊者問她在哪裡出生？在哪裡上學？「我想不起學校的名字，就說了個教堂的名字。之前聽別人說受審經過的時候，就感覺有點發怵。其實經過了以後也覺得好像沒什麼大不了的。一張黃紙上寫著：『坦白從寬，抗拒從嚴。』」

滿意地認為她的回答與填寫的調查表相同後，審訊者打開抽屜，把幾週前尼古拉勉強交出的荷蘭護照還給她。[6]

一九五〇年五月八日，茱斯塔收到了西聯匯款電報：「尼古拉、史黛拉和內瑞克斯‧瑪麗返回美國。通知當地政府。愛德華達會長。」茱斯塔很可能沒有照辦。她知道新政府對外界壓力只會嗤之以鼻。

五月九日，中國和瑞典正式建交。
五月十一日，中國與丹麥正式建交。

一次又一次，三個等待出境的人被告知可能在下週出發；一次又一次，她們又被告知還有事情沒處理完，下週再來等候消息。她們始終也不知道還有什麼事情沒處理完。最後得知，三個人的名字將在報上刊登五日，若有人指控她們有罪，則另當別論。

懷疑信件會被審閱，史黛拉和茱斯塔寫信給上海的莫琳和瑪麗‧珍時，採用貝蒂（依撒伯）、叔叔（高爾文）和媽媽（茱斯塔）之類的字眼。莫琳和瑪麗‧珍都看得懂。

史黛拉以「星塵」（Stardust）的署名，給上海修女的信裡講到有關辦理申請出境手續之事。

「我們必須去註冊，而且一直以來總是得去註冊。表格填好了，交上去，被退回，或就只是呈交上去而已（尚無回應之意）。」

茱斯塔在史黛拉的打字信中添加了以下內容，署名是「只有我」（Just me）：*

可憐的叔叔需要考慮的事情太多了。其中之一就是外甥女貝蒂・黃。她的處境堪憂，不可長久下去。他認為她應該去她母親那裡，然後到你們那裡去。為方便旅行，我們給她買了件新衣服，這是一種新的款式。也可能她想留在她母親那裡，那麼，我們會為她安排好一切。但如果她去你們那裡，就可以繼續穿舊衣服……媽媽還是一如既往地愛她，願為她盡全力。可惜目前，她不能為其他人做些什麼。請為我們所有人祈禱。只有我。[8]

茱斯塔在後來寫給愛德華達會長的信中說：「不用為貝蒂・黃擔心。我們會盡力幫助她。眼前，他們不能把她怎樣。聖母保佑她。她的處境和所有本土修女一樣，未來莫測。如果我們都必須離華回家，一定會把她安排好。而且，她有足夠的自衛能力，直到我們回來那一天。即使我們回不來，也會有上帝引導她。」[9]

她還說高爾文瘦了、白髮蒼蒼，痛苦得像個夢遊的人。「他叫我們搬到總部，大家都在一起待一段時間，我們照辦了。我們絕不能臨陣逃脫，拋棄這些需要支援的可憐人們……我們之所以離開西方，正是因為這是一個舉步維艱的傳教區。學校還在開課，但與我們無關。」五月底，往返漢口至少二十次之多後，史黛拉、內瑞克斯・瑪麗和尼古拉終於得到通知，六月一日離開漢陽。

尼古拉後來寫道：

我們得把行李箱運到漢口北邊，靠近長江的某處接受檢查，然後託運到深圳口岸。……終於開始了漫長的旅程，茱斯塔姐妹和克萊門蒂婭姐妹跟我們一起到漢口高隆龐財務辦公室。休斯神父是那裡的負責人。高爾文主教和其他幾個神父也在那裡。這位可敬的神父請我們在那裡吃了晚餐。然後，我們就跟兩個姐妹告別了。

因為火車晚上九點從武昌出發，高爾文建議茱斯塔和克萊門蒂婭回漢陽，由翻譯跟我們一起去，把行李箱拉到指定地點，在那裡領火車票，接受檢查。通知我們六月一號離開漢陽的那個年輕共產黨看見我們的時候，朝我們笑了笑。

我們花了好長時間把檢查過的行李箱重新裝好，一樣東西也沒少。箱子鎖上、捆好以後就消失了，直到我們到了深圳才又出現。這時候，天已經黑了。我們搭船過長江到武昌，坐上了九點鐘到廣州的火車。

---

* 譯註：茱斯塔的名字「Justa」和「Just me」的拼寫相近。

在對岸的漢陽，茱斯塔和克萊門蒂婭坐在門廊上。「聽見火車汽笛聲，知道只剩下我們兩個人了，感覺格外孤獨。我們一夜沒關聖所裡的燈，做好了面臨一切災難的心理準備。」

尼古拉記述了她們的旅程：

我們買了四張臥鋪車票，這樣可以把手提箱都放在空鋪位上。火車九點整發車，搖搖晃晃地離開了武昌。為了床鋪讓看起來乾淨一點，我們租了床單。火車搖擺得很厲害，使人懷疑是不是有在鐵軌上行駛。就這樣搖搖晃晃地開了兩天兩夜。我們帶了一個保溫瓶，放在小桌子上。睡覺之前，我們把保溫瓶放在地板上，以免夜裡從桌上掉下來。不用說，我們都睡得很淺。突然，火車一陣晃動，把保溫瓶震倒，水和碎片四處飛濺。列車員聞聲而至。我們說沒水喝了。不一會，他提來一個裝著熱水的黑黝黝水壺。我從來也不怕喝這種黑黝黝水壺裡的水，很安全的。

早上，一個共產黨沒有禮貌地走進包廂、自說自話地坐在鋪上、東拉西扯地問來問去。因為無意與他攀談，我們禮貌地表示他不受歡迎。可是第二天他又來了。內瑞克斯•瑪麗叫列車員來把那人請走，叫他別再來了。

週六下午，三人到達廣州，手提箱又受到一番檢查。尼古拉說：「男警察檢查手提箱，女警察搜身。最起碼，廣州的共產黨講究文明。」

還在漢口的時候，她們便被告知可以住在火車站對面的一家飯店。她們訂了一晚的房間。可是入住才半個小時，又有一個人來檢查行李。那個被尼古拉稱為「討厭傢伙」的人盡情地查看了所有的手提箱以後，才終於清靜下來。在飯店裡遇到的一個西班牙婦女告訴她們，大教堂每週日都有彌撒。隔天一早，那位西班牙婦女就幫她們叫了人力車去教堂。可是，大教堂的前門上掛著一把大鎖。她們跟著別人從側門進了教堂。聖所裡的人寥寥無幾，神父過了沒多久就來到祭壇，主持彌撒。

回到飯店，吃了早餐，她們到車站買了九點鐘去深圳的火車票。在深圳火車站，她們就能領到託運的行李箱，繼續前往香港了。

正要上火車，一個身材高大魁梧的人叫住她們說：「你們不能坐這班車；你們昨天晚上住錯飯店了！」她們解釋自己是接受指示住在火車站對面的飯店。但是他並不理會，叫她們「帶上出境許可證，到警察局去蓋章」。

眼下沒有辦法，只有照辦。於是，史黛拉留下看行李，尼古拉和內瑞克斯・瑪麗找了一輛人力車去警察局。結果，警察局比大教堂還遠。

尼古拉寫道：「到了那裡，守門的年輕小兵看見我們想進去，用英語說：『今天是週日，不辦公。』我們回答說是個跟他穿一樣軍裝的人，叫我們到這裡來，然後就把許可證拿出來給他看。他這才朝一個辦公室指了一下，讓我們進去。辦公室裡面有兩個軍人站在櫃檯後面。我們問了早安，遞上許可證。他們蓋了章，一言不發地還給我們。出了警察局，我們又坐上人力車回到車站。……親愛的史黛拉姐妹還在看著一堆行李。看見我們回來，她就說：『你們去了這麼久，我都覺得你們被抓走了呢。所以拼命地祈禱！』」

開往深圳的火車在上午十一點發車。先前買的火車票既不能用也不能退，只能作廢。她們只好再買三張火車票。

「等我們又去上火車的時候，那個大個子還在那裡。看見我們來了，他笑容可掬。我們也笑了。」

前往深圳的火車開了四小時。三人意外地感到放鬆，竟然都昏昏沉沉地睡了一會兒。到達目的地的時候，她們看見行李箱在一顆大樹底下，繩子還綁得牢牢的。

下一個挑戰是跟一群苦力討價還價，為了把行李箱抬到羅湖橋中間。尼古拉有二十七年討價還價的經驗，用對付舢舨船家的規則對付這些搬運工，也一樣適用（還有一個要點，一定要在開始搬之前搞定價格）。

「我們把小東西給史黛拉拿著。內瑞克斯・瑪麗和我提著皮箱，苦力們抬著行李箱，走了快半公里才到橋上。羅湖橋連接著中國與英國殖民地香港。那天是六月四日，酷熱難當。我們的衣服全濕透了，又累又渴。終於走到橋上，一個高個子的蘇格蘭人遠遠看見我們，高聲鼓勵我們：『加油，姐妹們，加油！』」

「到了橋中間，我們給苦力付了錢。他們就走了。然後由香港這邊的苦力接手。」

羅湖橋的盡頭有個小門，旁邊都是鐵絲網。過了小門，「那個蘇格蘭人說：『姐妹們，到我辦公室來休息休息吧。』他叫苦力把行李箱抬到橋頭邊上的一棟小建築裡。」

辦公室裡還有另一個蘇格蘭人。之前那個蘇格蘭人走進來說：「我看你們又熱又累，要不要喝可樂？」

她們喝可樂的時候，一個英國人進來問她們準備去哪裡。她們說自己要去香港的嘉諾撒修女會。英國人說：「我不是天主教徒，可是我女兒在那裡上學，我保證你們會平安到那裡。」他幫她們託運了大件行李，把她們連人帶隨身行李送到頭等艙，還派了一個男孩給她們送來柳橙汁。到九龍的車程是一個小時。

從九龍，她們又搭乘渡輪過海灣。到了香港島，幾位高隆龐神父和修女已在等候。

六月八日，中國與緬甸正式建交。

六月九日，印度尼西亞與蔣中正正式建交。

三人得知，七月中旬前的客輪已滿。六月十日，一個給高隆龐神父打工的人說，一艘貨輪隔天會進港，定於十二日啟程。

見到機不可失，六月十二日上午，兩位高隆龐修女陪同三位樂勒脫修女搭上小船到「馬達凱特」號（Madaket）下錨停泊處。這艘貨輪為位於阿拉巴馬州莫比爾（Mobile）的沃特曼公司

（Waterman Company）所有。她們上了貨輪，向兩位不知姓名的姐妹揮手致謝。

原以為貨輪船艙條件不甚理想，卻驚喜地發現相當舒適。其他的乘客只有一個去美國密西根大學（University of Michigan）讀書的中國學生。

當天下午，內瑞克斯・瑪麗在船上寫信，為漢陽的狀況做了小結：「主教在漢陽的所有宣教工作停止。天主教醫院改名為漢陽醫院，完全在共產黨控制之下。可以肯定的是，學校下學期開學將與天主教毫無關係。本土修女的藥房已經關閉。漢陽鄉村地區只剩一個外國神父。」

上海

一九五〇年六月，樂勒脫學校入學人數從三百人下降到一百七十一人。主要原因是很多家庭離開了上海。卡洛斯・瑪麗和蘿絲・吉娜維芙走後，學校還有五個修女。[10]雖然學生人數大大減少，教學負擔仍然沉重。莫琳僱用了幾名本校畢業生來教低年級。蕾吉娜仍然教四年級，是小學部唯一的修女。

若不是郵件審查導致遞送效率降低，莫琳建議內瑞克斯・瑪麗前往上海任教的信，就可以在決定由她陪同史黛拉和尼古拉離華之前到達漢陽。如此一來，內瑞克斯・瑪麗就可能會有另外一個選擇。只可惜，莫琳的信到達漢陽時，已經為時已晚。

上海的變化始於春末。新政府代表，通常是三個人一組，來到學校查看，並且從不事先通知。來者貌似友好——「不過看看是不是一切都好而已。」

財產稅月月上漲。時至夏末，每月稅款已高達四百萬元人民幣。修女們知道財產稅將導致學校破產，但是她們決定應付到撐不下去為止。

留在上海的學生很高興學校依然運轉。其他學校都關閉了，例如：高隆龐修女接手的聖索菲亞俄羅斯女子學校，樂勒脫學校接收了她們的學生，因而入學人數基本穩定。

從一九四八年開始，莫克勤神父開始指導學生中的聖母軍成員。她們一如既往地熱衷於傳播天主教信仰。雖然畢業生離開了學校，但升到高年級的學生繼續加入兩個聖母軍小組。她們的活動包括拜訪醫院病人、邀請和陪同不會經常去教堂的成年人教徒到教堂做彌撒、在鄰里分發宗教小冊子和雜誌。儘管並非所有的學生都是天主教徒，教徒也不都屬於聖母軍，但聖母軍還是為學校的積極精神做出了貢獻。

暑假期間，她們將活動房屋當作集會的場地。八月，高中二年級名為「聖母光」的聖母軍小組來了一位新的精神指導。他提議學生收集圖書，建立一個小型圖書館，還教她們如何修理和裝訂圖書，並且帶來了所需的設備。每週有兩個下午，她們會裝訂和修理圖書。開學以後則是每週一次，從三點到五點。十月，圖書館開張，總共收藏了一百本新裝訂的書，並修理了一百七十五本書。她們最終建立了一個有四百五十五本圖書的圖書館，借書給學生和來學校參觀的人。

九月十四日，中國與瑞士正式建交。

依撒伯去上海的問題似乎依然懸而未決。十八日，茱斯塔寫信給莫琳：「請寄給可敬的母親。」這封信的內容頗費揣摩：

她（依撒伯）會盡快去。她有地址，能自己去表弟家。弟弟不必接她或等她。她會帶去穿好服裝的照片。但是你要是能盡快給她預備好衣服，那就更好了。解放對她有害無益，回歸規則恐有難度，但必須果決。弄不好將前功盡棄。她有許多過人之處，能給你幫上大忙。不用擔心叫她做太多。她甚至可以教低年級。她在這裡教過，孩子們都非常愛她。[11]

茱斯塔補充道：「學校開學了，比上學期人還多。我們兩人又開始教英語了。這裡很平靜，很忙。」

莫琳她們唯一清楚的事實是，克萊門蒂婭和茱斯塔在文德中學教英語。還知道，獨自生活了八個月之久的依撒伯在十一月回到修女會，並跟茱斯塔和克萊門蒂婭一起過了聖誕節。

十一月二日，中美第一次在韓國發生軍事衝突。

十一月中旬，五位修女得到通知去附近的派出所登記。佛羅倫丁寫道：「必須把從開始上小學到今天為止，生命中的每一年、每一所學校等等都寫下來。我的履歷已經上繳，正在等待判決。好長一段時間沒有接受過如此禮貌有加的待遇。必須繳交五張照片。發給我們每人一張票，叫我們好好收著，不得遺失。這很可能就是我進天堂的門票。」

第一次期中考試已經結束，縫紉班的學生正在做聖誕節禮物。「高一女孩是做襯衫，她們驕傲地說自己是唯一做過襯衫的人；高二學生是做送給家人的禮物：鞋子、錢包、圍巾、夾克；高三則是剛為一個在二月左右生了小孩的畢業生做全套嬰兒用品。」

她以此為結語：「祈求世界很快得到和平，祈求姐妹們快點回到中國。要做的事情太多，可是人手卻太少。」

自從一九四九年上海被占領以後，上海樂勒脫學校的學生大幅銳減，因為大多數人都離開了中國。照片中是學校最後一批的畢業生。

漢陽文德中學的畢業生。照片中的修女由左至右為：依撒伯、內瑞克斯・瑪麗、克萊門蒂婭、茱斯塔。坐在克萊門蒂婭前面的人就是彼得・張神父。

上海樂勒脫學校不同時期的校址。

寶慶路十號

崑山路一一六號

一九五〇年在大西路校舍舉辦的聖母軍大會

二十一 生死莫測，一九五一年

一九五〇年十一月二日，中美第一次在韓國發生軍事衝突。[1]

一九五〇年聖誕節前夕，學生會主席朱小姐到漢口參加了五天學習班。回到漢陽，她來找茱斯塔和克萊門蒂婭說，現在真相大白了，修女到中國來的目的就是為了欺騙學生。即日起，凡是與修女親近的學生都將是政府之敵。

「她警告我們離學生遠遠的，別給她們找麻煩，甚至連看都別看她們一眼。她說得很清楚，她的任務是在學生中間點燃對我們的仇恨之火——哪怕必須給我們強加莫須有的罪名也在所不惜。」[2]

然而，畢竟少不更事，朱小姐言語中透露，她和所有的學生都受到監視。茱斯塔對她的「提示」表示了謝意。

不管這個警告的嚴重性如何，茱斯塔知道十一月回來的依撒伯不能繼續留在修女會了。多年來與「美帝主義者」的親密無間，很可能已經將她送上了清算之路。中美交戰給親美人士帶來的壓力與日俱增。而作為美國公民，克萊門蒂婭無疑面臨更大的危險。不言而喻，由於過去與學生的接觸，茱斯塔和克萊門蒂婭兩個人都已經處於不利的局面。

十一月下旬，逮捕和謠言促使高爾文建議茱斯塔、克萊門蒂婭以及高隆龐的負責人基利安和其他三名修女申請離境許可。高爾文用的字眼是「回家！」不久，六個人一起遞交了離境申請。一月初，四位愛爾蘭修女獲准離境。

不顧幾近劍拔弩張的緊張氣氛，三位修女像往年一樣為聖誕節裝飾了修女會小教堂。克萊門蒂婭寫道：「這個聖誕節真令人難過，尤其是看見那些到教堂來看熱鬧的人，他們輕浮的舉止和對跪拜的嘲諷。我們感覺苗頭不對，一整天都沒離開教堂。聖誕節隔天，教堂就鎖起來了。」

聖誕夜，茱斯塔、克萊門蒂婭和依撒伯拆除了裝飾，決定未雨綢繆銷毀一切。她們把前些年繡花堂女孩用紅紙做的聖誕紅和用綠紙搓的紙繩全部焚毀。這是她們在最愛的漢陽的最後一個聖誕節。明年聖誕節的時候，依撒伯將會在哪裡呢？

新年前最後一個夜幕降臨時，依撒伯帶著一個小包袱，第二次沒入黑暗之中。她走了，離開了茱斯塔。一九二五年，十三歲的依撒伯從沙洋來到漢陽。兩年後，她沒按照神父和繡花堂的安排回去鄉下，而是留在了漢陽。最初，來自北方世代天主教徒家庭的祖父把她送到漢陽來接受教育。兩年後，她的母親請求茱斯塔讓依撒伯留在漢陽，跟修女們待在一起，以免回到鄉下受異教徒的影響。

在之後的歲月裡，除了幾次短暫的探親，依撒伯很少與自己的家人在一起。而茱斯塔可以說是她真正意義上的母親。依撒伯一直是茱斯塔的學生，還跟她學英語和音樂。她曾在洪災中與修女們一起賑濟難民。決定成為樂勒脫修女後，她赴美三年接受西方教育。文德中學成立後，依撒伯輔佐茱斯塔辦學。多年來，她與外國修女休戚與共。當局將會怎樣對待三十八歲「中毒至深」的依撒伯？他們肯定注意到了她那幾個月的「失蹤」。

依撒伯走後，茱斯塔和克萊門蒂婭決定處理掉所有可能被褻瀆或引起懷疑的物品。她們燒掉了所有的不可能郵寄或帶出中國到總會歸檔的《漢陽日誌》和帳簿。

為了避人耳目，每到夜深人靜，「我們用錘子把小雕像敲碎。聖心雕像年代已久，磨損得很厲害。」在繡花堂時代留下的鑲金花邊上面塗色，沒有收到效果，她們只好花了好幾個小時把花邊剪成碎片。凌晨四點，她們把花邊和雕像碎片埋在花園角落的洞裡。

十二月三十一日，據中方稱，美國飛機轟炸中國安東市，傷亡五十八人。

一月十五日天黑後，一位一直向她們通報學校事態的老師冒著危險來找茱斯塔，警告學生將會被鼓動來「抄」修女會。那位老師懇求茱斯塔帶上克萊門蒂婭跟她一起去漢口暫時避難。茱斯塔十分感激，但說她們不能走，因為這房子是她們的。

隔天早上，一群男女學生大搖大擺地來到修女會。一個房間、一個房間地查看了一遍，意外地沒有製造任何破壞。同天夜裡，那位老師又來說，學生們因太過溫和而受到嚴厲的批評之後，又接受了要怎麼樣毫不留情去抄家的指點。她再次懇求兩個修女暫且避之。

第二天，茱斯塔和克萊門蒂婭在聖心教堂做完彌撒回到修女會時，四個女孩已在大院門口等候。看到修女，她們沒有像平常見到長輩時那樣行禮。兩人也只朝她們點了點頭。她們跟在修女後面進了修女會，命令茱斯塔打開所有的房門。鑰匙就在茱斯塔懷裡。茱斯塔沒有理她們，像往常一樣和克萊門蒂婭直奔廚房。伊麗莎已經在桌上擺好了早餐——咖啡和幾片麵包。

兩人坐下來吃早餐。女孩衝進來，嘲笑她們，譏諷地模仿她們的用餐方式。茱斯塔和克萊門蒂婭裝作視而不見。吃完飯，洗了碗盤，又在桌邊坐下。

大約九點鐘左右，外面傳來一陣騷亂，有一大群人闖進大廳。茱斯塔和克萊門蒂婭因為一直待在廚房裡，不知道這些人是帶著反美和反教會的標語前來。有人開始在院子裡放鞭炮，歡迎大批從漢口和武昌來的大學生。

院子裡聒噪不安，她們起身到起居室去。進了房間、大吃一驚，牆上貼滿了大標語、家具刷上了字。一塵不染的修女會變得面目全非。兩人無可奈何，只好一人拿了一本書，找地方坐下，裝作看書。

又一批人帶著幾捲紙和漿糊闖進修女會，在大廳的牆壁上貼標語。有些經過起居室的人對兩人推推擠擠、不斷咒罵。還有人在修女眼前晃著拳頭，叫她們滾出中國。

突然，外面院子傳來一個信號，屋裡的人都跑出去了。學生領袖朱小姐在二樓的走廊上，尖聲高喊：「洋鬼子滾出中國去！」人群應聲附和。「打倒帝國主義！」人群跟著尖聲喊叫。

茱斯塔和克萊門蒂娅決定往小教堂走去。她們穿過走道，來到通向小教堂的房間。房間門外站著一個大約十七、八歲的年輕人。他幾乎硬是她們推進了房間，叫她們別露面。粗暴的學生還在外面叫囂。她們兩人蹤縮在小教堂地板上，躲得離窗戶遠遠的。最一開始，她們聽不懂遊行的人在喊什麼。當遊行隊伍經過教堂窗外時，她們聽懂了。學生在喊：「喝洋人的血！」[3]

叫喊聲似乎持續了好幾個小時。茱斯塔和克萊門蒂娅感覺門任何時候都會被砸開，然後一切就結束了。兩人一邊祈禱一邊等待。難道她們就將這樣離開中國——俯臥在聖母雕像腳下死去？

外面的喊叫聲漸行漸遠。外面沉默了一段時間之後，門開了。那個叫她們躲進屋的年輕人說了聲「他們都走了」之後，轉身離去。兩個朋友擁抱著，坐在地板上哭泣。經過了四個多小時可怕的騷擾與恐嚇，她們居然還活著。可是修女會被糟蹋成什麼樣子了？

過了不多久，兩個遠遠地目睹了這場騷亂的文德畢業生來看茱斯塔和克萊門蒂娅。她們兩人和修女都鬆了一口氣。想到修女從清晨起還沒吃飯，她們去街頭小販那裡買回一盒麵條。然而，室內一片狼藉、院裡氣味難聞，修女兩人都沒胃口。茱斯塔噴了些美國海軍陸戰隊撤離漢口時給她們的DDT，克萊門蒂娅撒了聖水，但都無濟於事。兩個女孩幫助她們把所有的窗戶敞開後，便離開了。

過了一會，又來了一個參加「抄家」的女孩。她裝模作樣地擦了擦桌子，又囑咐她們別鎖門，「尤其不要碰那些大標語。不然，麻煩更大」。

晚上，那位好心的老師又來了。看到修女會受到如此糟蹋，大吃一驚。她聽說政府當局知道學生做得太過火了。要是把修女弄死了，帶頭的那幾個人就可能會因擅用職權而受到槍決。允許他們去修女會目的是聚眾鬧事，而不是威脅修女的性命。得知了這個資訊，茱斯塔和克萊門蒂婭決定盡量把修女會打掃乾淨。

接下來的三週，茱斯塔和克萊門蒂婭每天早早出門去做彌撒。有時候，她們能遠遠地看見依撒伯，但雙方都不做出任何反應。回到家，人群進進出出、大喊大叫。天天如此，如同酷刑一般。到了晚上，緊張的情緒無法放鬆，茱斯塔和克萊門蒂婭每每夜不成寐。

一月二十三日，美國參議院決議「聯合國應立即宣布共黨中國為在朝鮮的侵略者」。[4]

一月，茱斯塔收到一封來自香港的郵件，告知傻瓜（Muggins，即莫琳修女）已經徵得埃斯佩蘭薩・凌（Esperanca Ling）*的同意，[5]用她在香港的地址，為在中國的修女接收和轉寄信件。

一月二十九日，茱斯塔寫了第一封寄往香港五九六郵政信箱收件人為艾比・凌的信。標題為「來

---

* 譯註：下文簡稱為「艾比・凌」（Eppie Ling），Ling為音譯。

自黑帝斯（Hades），給史黛拉及友人」。

一月的第四週，最後一批高隆龐修女離開漢陽，返回愛爾蘭。她們和樂勒脫修女已有二十多年的友誼，一起工作、互相支援。雖然倍感悲傷，但茱斯塔和克萊門蒂婭為她們將前往其他傳教區而感到欣慰。一月三十日到達香港律敦治療養院（Ruttonjee Sanatorium）後，基利安修女寫信給肯塔基的愛德華達會長：

我剛從漢陽出來。茱斯塔和克萊門蒂婭和我們同一天申請了出境許可。大家都希望她們很快能被允許離境。她們之所以尚未收到准許，有可能與您的國家是頭號敵人有關。但請不要擔憂，高爾文主教將盡其所能，爭取她們早日離境。另外，有些時候的延遲是由於大批外國傳教人員在內地，而火車座位有限。讓太多不受歡迎的人同乘一列火車是絕對不可行的。我們還有四個姐妹在江西，等她們都出來了，我們也就能鬆口氣了。

茱斯塔姐妹和克萊門蒂婭怕您為她們擔心，叫我寫信告訴您，她們平安。現在的問題是，我們的存在於民眾中間成了對道德的危害，而不是對道德的支持。目前他們正在把「國家教會」強加給天主教徒（其他教派已經接受）。不過，直到我們二十五號離開漢陽時，尚無違約者。

茱斯塔寄到香港，署名「來自黑帝斯」的信在三月五日到達肯塔基。她用史黛拉和尼古拉能看懂的暗語寫道：

還記得為了出行，你們到漢口去了二十次之多嗎？現在容易了。基利安一行上週已經離開。臨走前，我們沒見到她們，但請爸爸（高爾文）告訴她們寫信給母親（愛德華達會長）。……學校放假了。所有人都解放了——是這麼宣傳的。現在，修女會完全開放，任由他們裝飾、巡查。豬以及各種動物隨意進出，連起居室都成了牠們的天下。前院被掃蕩一空，什麼都沒了。貝蒂（依撒伯）不能再回來了，現在以織長襪為生。

茱斯塔還提到「餅乾不正常」。意思是跟她們生活多年的伊麗莎健康出了問題。（伊麗莎的兄弟從鄉下來把她接走了。在後來的審訊中，茱斯塔和克萊門蒂婭被指控未經許可，擅自解雇僕人。）

此信結尾說：「有一次，我們好像差點要去見聖艾格妮絲，*可是現在情況又不是那樣了。[6]也許有朝一日，我們會在肯塔基的山上與你們重逢。」

春節期間，學生到別的地區活動，可是每天都有警察來，有沒完沒了地問問題，臨走的時候

---

* 譯註：聖艾格妮絲是基督教敬奉的童貞女及殉道者。

總是說同一句話：「你們幹麼不回家？」可是每次兩人去漢口警察局詢問什麼時候可以離開漢陽時，得到的答覆卻總是：「等你們的事情處理完了。」她們無從知道還有什麼事情，什麼時候能處理完。

每週兩三次，警察把她們叫到派出所，問那些已經問過無數次的問題。書記人員記下口供，兩人必須簽名。

學生又來了。這次是叫茱斯塔把銀行存摺和所有的現金交出來。她說：「沒有銀行存摺。」不管她怎麼解釋，對方一口咬定：「你說謊。」

學生的騷擾日復一日，持續不斷。顯然是受到成年人的教唆，但成年人從來不露面。

學生每次來都有不同的指控。一次，他們拿來一份有明顯塗改痕跡的學校財產清單。清單上顯示她們賣掉了三百五十張床。這是學校宿舍根本不可能容納的數量。每次來，學生還要搜查一番，甚至得查看煙囪裡是不是藏了東西。而對這日復一日的騷擾，茱斯塔和克萊門蒂婭必須忍耐。

由於除了警察和受指使去騷擾茱斯塔和克萊門蒂婭的學生之外，沒人允許去修女會，因此除了每天去聖心教堂彌撒，她們基本上與世隔絕。即使在教堂做彌撒，也有人盯哨。但是，依撒伯知道哪些人在教堂的時候不可以接近修女。她會看準時機，溜到一個近得可以說話的座位，低聲問她們的近況，並且告訴她們自己沒事。[7]

二月中旬，上海天主教會傳出消息，所有本土宗教人員都應解除誓約，解散回家、回歸到民眾之中。這個通知不但影響到依撒伯，還影響到茱斯塔和克萊門蒂婭訓練的二十七位聖瑪麗修女。高爾文通過茱斯塔把依撒伯叫來，將指令傳達給她。依撒伯一臉茫然，問道：「這是什麼意思？」他說，這樣她就解放了。她還是不解：「解放有什麼好的？」

考慮了幾分鐘，依撒伯說如果高爾文主教認為她最好是解除誓約，那她就服從。高爾文叫她去找茱斯塔幫忙寫一份正式申請。這樣，他便可以教會的名義解除她的天主教誓約。

長期以來，在修女會看門的老婆婆不顧謾罵和學生的威脅一直堅守崗位。依撒伯深夜去找茱斯塔毫無問題。交談之後，依撒伯毅然決然，無意放棄誓約。她是樂勒脫修女，永遠都是，即使只剩下她一個樂勒脫修女在中國。基於這個意願，她和茱斯塔一起寫了一個簡短的申請。

二月十八日，依撒伯和茱斯塔分別來到高爾文在大教堂後面的住處。接過依撒伯的書面申請，高爾文潸然淚下，彎腰擁抱了她，依撒伯從好多年前就是他的女兒。高爾文保證她永遠是樂勒脫修女，於是在申請書上簽了名，然後點燃一根火柴。這份書面申請不能落入敵人之手。

至於茱斯塔，眼前的悲傷超過了幾個月來她經歷的所有不幸。史黛拉和尼古拉的離去固然使她傷心，但她們兩人畢竟已經回到了自由世界。與依撒伯的分離帶來的損失無可估量，茱斯塔心痛欲絕。

二月二十一日，毛澤東頒布《中華人民共和國懲治反革命條例》，確定了反革命罪行的基本概念及刑事法規。

三月，文德中學開學。茱斯塔和克萊門蒂婭又被禁止教課。學生騷擾有所減少，但校方根據漢口當局的指示，給她們施加了新的壓力。儘管張神父還在文德中學教課，仍然是為人所逼。除了為兩個修女祈禱之外，自己也愛莫能助。

校方叫她們把修女會大院裡的宗教雕塑群和植物清理掉，她們拒之不理。有一天，院子裡傳來學生的歡呼聲——他們把大聖心雕像抬走了。這時候，學生正在拔除院子裡的植物，發現了埋在下面的物品，其中包括一臺從未使用過的小型收音機。在另一處，他們找到前不久埋在那裡的「黃金」（鑲金花邊）和雕像碎片。學生狂喜，收音機是發報機！修女是間諜！

那天晚上九點，有人來叫正準備就寢的修女到位於大院另一頭的學校去。兩人穿著睡衣，披上頭紗，不知道是警察傳票還是校長發難才召喚她們。穿過院子，只見學生、工人、政府官員和士兵已經聚集而來。她們看見學校裡展示了贓物，有破碎的收音機、鑲金花邊和雕像碎片。

最一開始，她們兩人一起接受審問。突然，他們命令克萊門蒂婭到外面院子裡等著。過了一段時間，兩人交換，輪到茱斯塔在寒夜裡不停走動，以免凍僵。最後，主持人命令克萊門蒂婭把在座的人帶到埋收音機的地點。她說自己當時不在場，因此不知情。主持人大為光火，突然宣告審訊結束。一週後，她們再次被傳訊到名為人民法庭的學校會議室受審。

同樣的贓物再度展出。因為收音機顯然不是發報機，審問只牽扯到一個問題——共產黨承諾宗教自由，她們為什麼埋雕像？

忽然之間，審訊轉了個一百八十度的彎。主持人宣布茱斯塔對政府犯下嚴重罪行——「未經警方許可擅自換用僕人（因伊麗莎的離去）。懲罰是監禁兩週。」

茱斯塔驚呆了！

但他很快說：「由於外國婦女受監禁也同樣會死不悔改，限你明早八點以前繳罰款。」

克萊門蒂婭脫口而出：「那是半年前的事了！我們哪裡知道還得由警察批准。」

有人喊：「搧你自己嘴巴、搧你自己嘴巴，誰問你了？拿東西，滾蛋。」

茱斯塔說：「拿這些做什麼？」有人竊笑、有些人放肆地大笑起來。審訊到此結束。

從三月下旬到四月，學生都會自說自話到修女會，搬走聲稱是修女從學校偷走的家具。阻止他們只會產生更大的摩擦，所以茱斯塔和克萊門蒂婭只得聽天由命。

五月，茱斯塔和麥克納馬拉神父因為過去的事情在漢口受審，其中有一件是一九四六年的事。當時高爾文借她們一台發電機為修女會供電。那台發電機負荷量很大，茱斯塔也把電接到學校去。

共產黨接管武漢之前，漢口發電廠的電源已經通到學校和修女會，因此不需要再用那台發電機。

麥克納馬拉神父說：「我負責管理財物，賣過很多東西，其中包括修女會的發電機和汽油。當然，發電機和汽油在賣掉之前都在校園裡。」[8]

一九五〇年十一月，茱斯塔申請離境時賣掉了教堂的管風琴。這又是一樁罪行：偷竊、販賣國家財產，進而從中漁利。

茱斯塔、克萊門蒂婭和麥克納馬拉還被指控出售其他屬於學校的物品，但法院的正式書面起訴書僅限發電機、汽油和管風琴。

有一天，被警察審問得焦頭爛額的茱斯塔在漢口街頭買了兩只口琴，儘管她對怎麼吹口琴一竅不通，但是太需要做點可以分心的事情，於是她和克萊門迪婭開始自學。

她們在四月六日給史黛拉及友人的信中提到「天氣炎熱」。她們說「外婆」和「白天使」去休假了。「瑪麗·約瑟夫姐妹不喜歡玫瑰姐妹。」意思是其他修女團體不是正在離開中國，就是受到共產黨當局（玫瑰修女）的騷擾。接下來的幾個月裡，史黛拉、尼古拉和其他肯塔基修女得知，文德中學改名為新華中學。信里也提到「雷電交加」，意為「處境極差」。這些信上均署名為克魯索和星期五（Crusoe and Friday）。*

四月二十九日，**她們用暗語寫信給「親愛的星塵」。此時，史黛拉在新墨西哥州聖達菲的樂勒脫學院工作。史黛拉將這封信轉寄給肯塔基時，用括號加了一些註解以便理解：

「親愛的星塵」，

五月二十二日收到你四月二十八日的信。收到家人的來信真是高興。靜養！啊！我們已經「靜養」一年了。上帝的耐心真是無比奇妙——像現在這樣生活必須是為了上帝而活著，並準備好隨時隨地去見祂。我們可能會以「聖史蒂芬的方式」過去（被殺）。休克爾恩小姐（Hueckeln，一位宣教員，因為癌症去世）[9]自告奮勇，已經過去了。我們參加了在漢口為她舉行的葬禮，真感人！教堂裡（法國的）擺滿了白花。她去世前幾天，我們去看過她。你的天使（瑪麗方濟各會的托米斯拉瓦〔Tomislava〕和皮亞修女）走了。其他人很快也要走了。可是還有些人可能跟我們在同一艘船上。

我們在起居室裡放了一個爐子——做飯、吃飯、洗衣服都在這裡。廚房和洗衣室都被占據。到目前為止，小教堂和修女會（門廊不算）還算是我們的。院子是禁區，花兒早沒了——為了騰出空間而被拔光或砍倒。爸爸（高爾文）還好，一如既往地認為這都是上帝的意旨——他現在對一切都更加冷靜。

……打水的彼得（老基督徒）幫我們從鄰居的井裡打水。我們在街上買菜。依撒伯姐妹到漢口嘉諾撒仁愛會醫院去工作了。那裡的姐妹正陸續離華——到處都是悲傷。伊麗莎來聖心教堂找我們，因為誰也不准到我們家來。可憐的人！我給了她點錢，她回家了。是的，我們填了調查表，寫了履歷。還有更精彩的呢——我們準備冬天就走（死），除非我們夏天就得走。現在一切都變了。……我們必須保持愛心，擯棄仇恨，向「天父」祈禱，原諒他們。勇氣！上帝是我們的好父親，瑪麗是我們最好的母親。愛你們，茱斯塔。

---

* 譯註：克魯索和星期五是《魯濱遜漂流記》裡的人物。

** 譯註：從後文信件的內容來看，這封信的日期應該是五月二十九日。

克萊門蒂娅寫道：

那個跛腳人（基督徒）把信遞給我們的時候，真太高興了。凱薩琳（看大門的老婆婆）到別的學校去了。現在，郵件都送到聖心教堂，這樣最好。根愈扎愈深了（共產黨的態度愈來愈糟）。豬巷的牆（就在修女會旁邊）修好了。派了一些人在那裡看著，整夜開著探照燈。

也許你們已經知道，我的姐姐十一號發來電報；會長十三號來電報叫我們回家——我們把電報給共產黨看——「咳，別提了！」（他們大發雷霆）。需要為瑪麗・約瑟夫姐妹的孩子（武昌的本土修女）祈禱——許多人怕她們會步聖艾格妮絲的後塵（成為殉道者）。知道有被誣陷這麼一種病吧——好多人都得了，而且很快就被淘汰了。我們倒是沒什麼危險。又熱起來了，謝天謝地，我們沒把灰頭紗給處理掉。感謝你們的祈禱——鼓舞我們前進——給我們依靠。愛你們，克萊門蒂娅。

五月底，克萊門蒂娅收到了人民法庭的傳票。前幾天，武昌的主教和神父因涉嫌屠殺嬰兒而被捕入獄。克萊門蒂娅恐懼至極。眾所周知，經常有人被叫到法庭後便音訊全無。去法庭的路上，她和茱斯塔到高爾文的住處祈求他的祝福，後者擔心她們其中之一，甚或兩人都會就此與他永別。麥克納馬拉神父也遭到傳喚，仍然因為學校及高爾文教區的財產和款項問題，而被共產黨死死糾纏。

克萊門蒂婭和麥克納馬拉被叫進法庭，而茱斯塔只能在外面等候。後來，麥克納馬拉寫道：「我們受到單獨訊問。」名曰人民法庭，實際上那天只有一名法官和兩名保安警察。「他如例行公事般地貌似公允，讓我們做了一些辯護。但他明確表示完全不相信我們的話。」

茱斯塔不知法庭裡面發生了什麼情況，愈來愈坐立不安，她不停地走動來控制焦慮的情緒。天快黑的時候，一個警察出來小聲說：「快了。」她這才鬆了一口氣。

麥克納馬拉和克萊門蒂婭出來後，被守衛押解到高爾文的住所，收取保釋金。

麥克納馬拉後來寫道：「這樁案子一直拖到十月。」

那天出庭後，很快又發生同樣的事情。「克魯索和星期五」通過香港的艾比寄的一封信裡寫道：「我們已經為是走或留，做好了一切準備，也許會去不用帶行李的地方。」

之後出庭的是麥克納馬拉和張神父。「克魯索和星期五」的信繼續說：「今天是『災難以後』。昨天我們為彼得和麥克做了『沖天祈禱』。他們兩人都還好，我們兩人反倒是精疲力盡。貝蒂（依撒伯）住到姨媽家（漢口嘉諾撒仁愛醫院）去了。」

有一天晚上，茱斯塔和克萊門蒂婭用口琴吹出來的《我的肯塔基故鄉》，竟然有了那麼點樣子。兩人高興地笑著笑著就哭了。她們還能見到肯塔基嗎？中國會不會成為她們最後的安息之地？

二十二
障礙重重，一九五一年

在茱斯塔和克萊門蒂婭忍受文德學生騷擾的同時，上海樂勒脫學校校長莫琳收到當地政府的第一條禁令：不得招收中國學生。此時，在校生裡有五十一個中國女孩。

由於許多家庭去了歐州、葡萄牙家庭遷居澳門，以及一些中國、英國和法國的家庭移居香港，註冊人數已經從三百人減至一百六十人。除了莫琳外，學校還有五名教師，其中包括本校畢業生瑪麗・巴加曼（Mary S. Bagaman）。她們仍然緊抱著一絲希望，希望能在共產黨政府的控制下有生存的空間。

霞飛路的聖心修女會也受到了巨大的壓力。一九五一年初，「政府下令所有的修女會和國際學校都要登記」，[1]包括列出各個修女會和國際學校的全部財產。此時，她們只剩下八十個學生了。

艾比・凌寫給肯塔基的信中提到上海：「每天從早到晚，公民（有組織地）在街上遊行、跳舞、敲鑼打鼓。他們徵兵到北方受訓，然後到朝鮮打『美國鬼子』。他們對羅馬天主教徒施加了巨大的壓力，特別是陸家嘴附近法租界外灘邊上的老城區。[2]……慈幼會（Salesians）有一所龐大的學校因稅收和學生騷亂而關閉。他們在楊樹浦還有一所學校也關閉了，修女受到嚴密監視。街上到處都是有關美國人如何惡毒、侵略中國的標語和壁畫。學生動不動就得參加規模巨大的遊行示威，基本不上課。這種時候，最好是不要出門。」

艾比寫信給莫琳說，愛德華達會長要上海修女申請出境簽證。但莫琳懷疑這是艾比誇大會長的意思，於是寫信給會長：「今天下午，收到艾比的信說，您指示我們申請出境。請您直接給我們明確指示，我可遞交當局。也請寄一份給凱利（Kelly）神父。地址：香港干諾道八號國王大廈天主教福利會。」

莫琳在另一封信中補充說：「我們都不急於離華，但將服從您的指示……目前只面對一些小騷擾……我還真有點任性，只要時局不繼續惡化，想盡量留下來。」

三月七日，二十二名支持國民黨和美國間諜的首領，以二月二十日在零陵*縱火之罪被處決。

---

* 譯註：後併入湖南省永州市。

財務上，修女的處境愈發堪憂。六月十五日，莫琳寫道，稅收增加了百分之五十，帳單也來得愈來愈頻繁。「不知道我們還能維持多久，但會盡力而為。」稅收上漲的部分原因是政府開始收土地稅。根據新政府的規定，土地屬國家所有。而國民黨時期跟美國一樣，業主持有房產和地產所有權。

六月放暑假之前，莫琳諮詢當地的主教，樂勒脫可否宣布秋天不開學。他回答，只要能為樂勒脫學生找到接受她們的其他天主教學校就可以。「我覺得安置這些女孩的希望不大。不過，試試吧。」這是一個艱難的決定：許多女孩從上小學開始，就跟莫琳和・瑪麗・珍在一起；另一個擔心是，其他學校會錄取那些中國學生嗎？

莫琳在六月十五日的信中，第一次暗示了聖母軍陷入困境——急需為「羅馬聖杯的捐贈者」祈禱。[3]「我擔心他很快就要去見上帝了，但願他能有最後的聖禮。」她補充說：「品紅姨媽（共產黨）腦袋的問題愈來愈嚴重了。」

《上海新聞》（*Shanghai News*）在六月二十七日發表了一篇文章。文中，震旦學院前任平信徒校長譴責聖母軍和天主教中央局*是具有顛覆性的反共組織。[4]換句話說，在天主教中央局生活和工作的瑪利諾外方傳教會主教詹姆斯・沃爾許、高隆龐神父莫克勤和沈士賢都被列入共產黨的驅逐或監禁名單。

隨著愈來愈多的神父和修女離開中國，前往香港或美國，肯塔基收到了愈來愈多有關中國境內形勢的訊息。最早寫信給總會的是高隆龐愛爾蘭神父布蘭登・卡蒂（Brendan Carty）。他曾是上海樂勒脫學校的神父。八月十二日，卡蒂神父在香港瑪利諾外方傳教會，寫信給肯塔基總會，首先提到莫琳：

她已經給您寫了信。但在目前的情況下，描述詳情是危險的。您可能知道，莫琳姐妹正在考慮關閉學校，她向上海的龔主教徵求意見。**他的第一個答覆是，如果她能把學生安排到其他學校，即可關閉。她已經同其他學校溝通過，而且他們也同意接受樂勒脫的學生。聖心學校也關閉了。莫琳姐妹寫信給主教說她要關閉學校，並為所有的姐妹申請出境簽證。主教回信說，他不想阻止她們離華，但過幾天他會打電話來。等到電話來了，他好像改變了主意，說不想讓莫琳姐妹關閉學校。只要當局允許，她就應該繼續辦下去，直到當局接管學校，或命令她關閉學校。報刊上發表的一篇文章裡提到北京政府命令關閉所有的天主教學校。

卡蒂神父繼續補充說：

---

* 譯註：天主教中央局是在共產黨接管中國前就已成立，曾經短暫存在的教會機構。
** 譯註：Gong，為音譯。

> 目前中國共產黨在大力提倡建立國家教會。每天報紙上都登載譴責天主教、聖母軍和黎培里的文章。我們認為，所有的外國神父和修女都被驅逐出境的日子指日可待。

一位瑪麗方濟各會神父在信中警告，不要試圖為受到監視的美國公民與中國政府聯繫。一位省會長（Provincial）入獄就是因為「她想反駁在重慶醫院裡對她們的譴責，而且最好是由瑞士在北京的官員介入……另一位醫生和護理人員也已經入獄兩三個月了」。[5]

這是他給任何想向當局施加壓力的美國人的建議，不僅就上海而言，武漢亦是如此。茱斯塔和克萊門迪婭已經等了快一年了，都還沒有獲得離境許可。

到九月二十六日為止，上海學校秋季註冊人數令人滿意，部分原因是從已經關閉的聖心學校轉來了三十四個學生。

那天下午，負責霞飛路聖心會財產談判的莎拉・費茲傑羅（Sarah Fitzgerald）修女收到當地宗教事務局的傳票。「政府官員通知她，關閉修女會和國際學校的申請已獲批准。」聖心修女會必須在中國官方報紙《解放日報》上刊登三天的廣告（通知任何對她們不滿的公民向警察投訴）。「她們還可以暫時住在那裡，但最好申請出境簽證」；中國修女則不被允許離開中國。

週六，警察到樂勒脫學校來問增加的學生是從哪個學校來的。因為當時莫琳和瑪麗・珍都不在學校，其他修女都稱自己不知情。週一，兩人主動到派出所去，發現警察實際上是想知道她們的新生裡面，是否有中國學生。「我們當然沒有新的中國學生。」但她們沒有提到一直在那裡上學的中國學生。

那天，莫琳寫信給肯塔基：「下個月有空的時候，我又得去做財產登記，必須在十一月一日之前把這些事情辦好。得帶上各式各樣的檔案，可是我只有房地契據的收據，但願這樣就夠了。」在下一段文字裡，她寫道：「聖心只剩下四個修女了。希望您已收到聖傑曼（St. Germaine）修女寫給您的信……但願，她把那首關於『善行』（good deeds）的詩也寄給您了。」

九月十八日，聖傑曼修女確實已經向肯塔基轉達了莫琳的信息：「不要將上海的房地『契據』（deeds）寄給她。即便她寫信來要，也不要寄過去。因為她必須遵照官方的命令寫信去要。她還說不用擔心，認為目前不交出房地契據不會有危險，但對以後會有好處。」

聖傑曼修女在信中補充說：「您肯定知道，開學後的註冊人數可喜，但不知她們還能維持多久。她們非常勇敢，受到所有人的欽佩。莫琳姐妹絕對無所畏懼，幾乎成功地對付了一切。瑪麗・珍的狀態看上去還不錯，但我覺得她心裡還是有點害怕。……我們關閉了國際學校（霞飛路），除了四個姐妹，其他人都到日本東京和神戶了。親愛的會長，我能否請您和您的修女們為仍然在上海的四人祈禱。她們是會長、助理、學院院長和一位姐妹。[6]院長需要最多的祈禱。」

十一月，伊莉莎白・達菲會長、莎拉・費茲傑羅和賽爾維娜・瑟里（Salvina Xerri）獲准離境，院長瑪格麗特・桑頓（Margaret Thornton）卻沒有收到通知。聖心修女會的財產被政府沒收，四人在上海無家可歸。十二月十日下午，龔主教開車把她們送到延安西路的樂勒脫修女會。[7]她們受到五名樂勒脫修女的熱烈歡迎。

十二月十九日，三個獲准離華的修女搭乘火車前往香港。在上海延安西路與樂勒脫社群待在一起的瑪格麗特・桑頓是在中國的最後一位聖心會修女。

漢陽

從一九五一年八月起，隨著離華修女和神父人數的增加，肯塔基收到由香港寄出的信件也逐漸增加，其中以報導上海狀況為多。最早向肯塔基報告漢陽近況的是吉姆・多諾霍神父。他在離開漢陽前見過茱斯塔。

吉姆・多諾霍報告說，克萊門蒂婭和茱斯塔近況還算不錯。他提供了更多有關兩人在五月出庭的資訊。茱斯塔因「欺騙人民政府」的罪名，罰款十五美元。這是她如果被關押兩週的餐費。法官自稱「寬宏大量」，不判她坐牢，只收每日一美元的罰款。高爾文支付了罰金，將其看作保釋金。雖然當局在出境簽證上難為她們，但高爾文確信她們遲早會被允許離華。

麥克納馬拉後來在報告中寫道，十月下旬，克萊門蒂婭和茱斯塔再次被傳喚。這次出庭，有三名法官和好幾名保安警察在場。他們連表面上的程序都不演了，「從頭到尾，除了五分鐘，不是汙衊就是謾罵。那五分鐘是他們找來的一位證人出場。這個證人是個國中女生。她沒說幾句話就開始自我矛盾。我們指出這樣的證人怎麼能信，他們叫我們『閉嘴』，說我們是被叫來聽，不是被叫來辯解的。」第二天出庭結束，她們又被釋放，同樣得繳保釋金。

入秋光景，漢口國土局為在武漢成立的中國國家天主教，徵用樂勒脫修女會和小教堂。可是，學校的教師也想要修女會，而且已經為此事找過高爾文。他們想在修女離華以後，把修女會改成教師宿舍。十一月中旬，教師到法院請願，要求將修女驅逐出境。教師請願後的隔天，茱斯塔、克萊門蒂婭和麥克納馬拉被再次召到法院。這是她們第三次為管風琴和發電機的事出庭。法庭同樣將罪行重複了一遍又一遍，同樣堅決地對真相置若罔聞。

那天，她們因破壞和偷竊人民財產罪，被判驅逐出境，永遠不得回中國，十天內必須離華；每人還有五十美元的罰款。然後是一番冗長的演講，講述法庭是如何寬大處理——她們的罪行，包括死都不認罪，這些都足夠判長期徒刑，甚至死刑。但法院對三人網開一面、從寬處理，三人應該感謝政府。

法院給了每人一份蓋了政府印章的判決書和驅逐文件，出境時要交給相關人員。茱斯塔和克萊門蒂婭兩人還必須各支付五十美元的罰款給負責大院的學生。

第二天，茱斯塔和克萊門蒂婭向學生支付了罰款，分別拿到收據。然後，兩人又去漢口接受出境手續的指示。回到漢陽，她們去看高爾文主教。張神父在主教那裡，告訴她們說，學生又在準備騷擾她們，所以叫兩人趕緊走，愈快愈好。

行李箱已經裝好了。那天早上去漢口的時候，她們已經向警察提供了物品清單。她們僱了四個苦力，到修女會把行李箱抬到江邊。

正當苦力一起穿過大院走向大門的時候，學生圍了上來，擋住去路，並且齊聲大喊，叫修女們把行李箱打開，檢查偷走的贓物。叫喊聲愈來愈大，街上有個警察聞聲而來。他推開人群，擠到她們身邊，護送兩人回到修女會室內。苦力則留在行李箱旁邊等候吩咐。

進到屋裡，便聽見有人闖入後門。學生衝進屋來，當著警察的面去揶揄兩個修女。茱斯塔懇求警察去學校把負責管理秩序的老師叫來。她想向那個老師說明，行李清單已經交給漢口的警察了。修女拒絕鬆開繩子、打開箱子。警察頗為同情，於是派一個男孩去找管理秩序的負責人。

克萊門蒂婭後來寫道：「他倒是來了。非但沒管學生，反而把我們兩人臭罵了一頓。他用的是最為齷齪的語言。我們有生以來從沒有受到過那樣的侮辱！我們盡量保持鎮定。警察說，他去叫漢口的外事警察來。我們告訴他說沒關係，箱子不要了，可是學生還是不讓我們走！」

兩人必須準時到漢口報到，這一點至關重要。警察堅持說要去請外事警察。警察就把茱斯塔和克萊門蒂婭留下，便離開了。學生更為鼓譟，一直到上課鈴響了，他們才走。

「大約兩個小時以後，（漢口的）警察來了。年紀大的那個警察先去了學生會。原本不應該在場的張神父聽到他嚴厲地批評學生，干擾與他們毫無相干的事情。大約五分鐘後，他來找我們，叫苦力抬起行李箱，並且陪同我們離開，以確保我們不再受到學生的傷害。儘管他是赤色分子，但我們始終覺得，他心裡是同情我們的。我們真的能感覺到。兩天後，負責檢查我的行李箱的人就是他。」[8]

兩人再次出門，此時已刮起了刺骨的寒風，雨雪交加。風吹得修女難以固定她們的頭紗。克萊門蒂亞寫道，她和茱斯塔知道人們在商店裡看著她們兩人，但無能為力。「他們知道我們被驅逐。我們知道自己走後，他們也就失去了我們這樣的好朋友——每遇災難，與他們同甘共苦，並且給予他們幫助和同情。」

到江邊已經四點半了。她們錯過了在漢口的預約。另外，警察說江上浪太大，過不去。他叫她們到高隆龐總部去過夜，自己會解釋她們延誤的緣由。

結果，天氣轉壞安知非福！麥克納馬拉神父在總部。一小時後，高爾文冒著風雪來了。克萊門蒂婭說：「我們談了很久。次日他又來道別。」

「隔天，浪小了一點，我們可以渡江。那天是十一月二十三日，就是聖高隆龐慶日。」他們不准許神父陪同兩人過江，但允許兩個可靠的僕人去送她們。正在這時，依撒伯不期而至。她穿著那套深藍色的制服，懷裡抱著個小包包。[9]她來送修女們去火車站。茱斯塔怕她惹上麻煩。依撒伯一邊上舢舨，一邊說：「他們也就只能槍斃我一次。」

舢舨離岸的時候，她們看見站在遠處目送她們的張神父。因為受到監視，他不能與她們道別，只給她們寫了個紙條。[10]她們知道共產黨辱罵張神父是外國主子的走狗，他還必須忍受無休止的「洗腦」學習班。

火車票是高隆龐神父幫修女們買的，是麥克納馬拉神父以他一貫的善良和體貼為她們買的車票，她們的位子是在是一個只有兩個鋪位的臥鋪車廂。睡覺是不可能的，但至少可以清靜地休息。

「上了火車，帶我們去車廂的列車員邊走邊向我們道歉。原來，我們的車廂被兩個共產黨官員霸占了！下一個臥鋪車廂有四個鋪位，但已經有兩個當兵的人在那裡了，我們可以用另外兩個鋪位。我們則說行不行，無法跟當兵的人共處一室。一位聽見我們談話的好心中國紳士說，他可以買我們的票，把他和他朋友在坐席車廂的票賣給我們。」

依撒伯一直陪著她們到晚上十點。茱斯塔擔心時間太晚，依撒伯和仍在月臺上等待的兩個僕人會搭不上回漢陽的舢舨，於是催促依撒伯還是快走吧。依撒伯把手裡的小包包遞給茱斯塔，一言不發地轉身向月臺外走去。她在站口停下，回望了片刻，然後就消失無蹤了。

二十三
離開中國，一九五一年到一九五二年

漢陽，一九五一年

麥克納馬拉神父寫道：「茱斯塔・賈斯汀修女和克萊門蒂婭・羅格納修女於十一月二十二日被逐，我二十四日。」

「武漢給我留下的最後一個記憶使我欣慰。在武昌上火車的時候，一位衣冠楚楚的中國人走了過來，當著士兵和警察面說：『神父，再見了。快點回來！』我不知道他是誰，之前也從未謀面。雖然共產黨做了那麼多反對教會的宣傳，他的話令人鼓舞，表達了人們對我們的情感。……共產黨執政以來，普通老百姓對我們的態度並未改變。就算是變了，也只是變得更友好了。當然，他們不敢表現出來，因為我們被視為煞星。」[1]

十一月二十二日晚上，茱斯塔和克萊門蒂婭乘坐的火車沒有暖氣，窗戶上結著冰。兩人只得相擁取暖。

第二天，一個被驅逐出境的年輕俄羅斯女孩告訴她們，她在另一個車廂裡看見兩個老修女，但她們的語言互不相通。茱斯塔便跟俄羅斯女孩去看那兩個老修女。兩人「蓬頭垢面、衣衫骯髒、血跡斑斑」。茱斯塔用中文跟她們溝通，得知她們是從北方來的。三天前被押上火車，已經換了好幾次車。「本就不多的隨身物品全丟了。她們已經很長時間沒吃東西了，年紀更大的修女因虛弱而跌倒。火車上沒有清洗設施，因此衣服上有血跡。」[2]

有人設法弄來熱水。茱斯塔幫她們擦去血跡，用剩下的水沖了依撒伯給她們的即溶咖啡。熱飲、俄羅斯麵包和火腿使她們很快恢復了精神。克萊門蒂婭沒有再提到這兩個老修女。但不言而喻，四個人都受惠於依撒伯。

克萊門蒂婭接著寫道：「我們週日早上到達廣州。他們說，週日不上班！把我們帶到一家飯店過夜。」週一早上，她們又受到周密、嚴格的搜查。「那是最後一次令人發指的折磨——極端粗暴無禮。」

跟著熙熙攘攘的人群走向開往邊境的火車時，克萊門蒂婭大聲祈禱，反正沒有幾個人聽得懂英語。可是，有一個人聽見了。這個人是被趕出杭州，也混在人群裡的高隆龐神父耶柔米•哈利丹（Jerome Hallidan）。他轉過身，看見了兩個修女。

克萊門蒂婭和茱斯塔對哈利丹的目光渾然不覺，被人群推擁著上了火車。

在火車上，哈利丹遇到了一位女士。她說剛才碰見過兩個武漢來的樂勒脫修女。聽了這番話，他跑去找她們。

「讓我又驚又喜的是，她們就在高爾文主教那裡工作。雖然之前並不認識，我們相談甚歡。她們給了我有關高爾文主教和還在漢陽的高隆龐神父的第一手資訊。」他回到自己的車廂以後，就再也沒有看見她們兩人了。[3]

下了火車，茱斯塔和克萊門蒂婭再次遭到盤問。接著，又是一番搜查。茱斯塔身上有被告知要在出境時上繳的判決書——指控她非法出售國家財產。檢查人員沒發現，她也沒自願交出，於是帶著本來不該帶出中國的判決書進入香港。[4]

越過邊境，進入香港。茱斯塔永遠不能忘記的是很多人情緒失控，「有的人痛哭流涕；有的人大喊大叫；有的人罵街咒人；還有的人呆如木雞。」

克萊門蒂亞回憶說：「除非親身經歷過驅逐出境，否則根本無法體會到跨過邊界那一刻心裡的滋味。」在羅湖橋位於香港的那一側，她們看到幾個高隆龐神父。

因為不可能提前收到通知，在香港那頭等待的人不可能知道下一個接到被驅逐出境的人會是誰。一九五一年十一月二十五日那一天，他們絕對沒有料到會接到漢陽最後兩位樂勒脫修女。

克萊門蒂婭寫道：「我們餘悸猶存，神經還是繃得緊緊的。他們兄弟般的慈悲和勇氣拭去了我們心中的恐懼。他們一遍又一遍地告訴我們：『一切都過去了！一切都結束了！』是的，一切都結束了。」[5]在漢陽和漢口受侮辱的日子一去不復返了。

兩人來到位於半山區堅道大教堂旁邊的嘉諾撒仁愛會。[6]修女會位於大海和可俯瞰全香港的山頂之間。當年在漢口，嘉諾撒仁愛會修女曾多次收留樂勒脫修女。現在，她們再一次為茱斯塔和克萊門蒂婭提供庇護。她們還為新近被驅逐到香港的人提供歸國所需的資訊。

到達香港之前，茱斯塔就一直為能否進入美國而擔憂。美國公民克萊門蒂婭即使護照過期，問題也不大。但是茱斯塔的身分則較為複雜。一九〇九年，少女茱斯塔從波西米亞到達美國時，名叫艾格妮絲・賈斯汀（Agnes Justyn）。二十四年後她離開美國來到中國時，波西米亞已在第一次世界大戰後併入捷克斯洛伐克，不復是個獨立國家。不具任何國家公民身分的她，怎樣才能回到自己年輕時選擇的美國呢？

嘉諾撒仁愛會修女對公民身分含糊不清的人，早已屢見不鮮。茱斯塔發電報給肯塔基總會，通知她和克萊門蒂婭已到香港後，東道主的仁愛會修女指點她們從拜訪哪個辦公室開始，辦理返美手續。

茱斯塔先給在華盛頓特區國家天主教福利會議負責移民事宜的布魯斯・莫勒（Bruce Mohler）發了電報。然後，到教廷駐華公使館與馬丁・吉利根（Martin T. Gilligan）蒙席面談。[7]吉利根蒙席告訴她，美國總領事館會給兩類非公民人士簽發入境簽證：由宗教團體擔保的職業教師或是難民；後一類申請截止日期是十二月三十一日。

吉利根十二月七日的來信顯示，茱斯塔應申請作為宗教團體擔保的職業教師入境。移民局要求肯塔基總會出示書面資料來證明茱斯塔的身分。書面資料很快寄到香港，茱斯塔順利獲准入美。克萊門蒂婭也拿到了新護照。

一年多前，克萊門蒂婭就得知她母親身體狀況不佳，兩人預定了飛往洛杉磯，然後去丹佛的機票。[8]

在中國經歷的千辛萬苦已成為過去。但是，中國永遠不會成為過去：依撒伯在那裡，她們的心也留在了那裡。

上海，一九五二年

莫琳：「一九五一年十二月，我們接到政府勒令：一九五二年二月一日之前遣散所有的中國學生。」

一九五二年新年到來之前，聖心修女會的最後四個修女中，有三人被驅逐出境。瑪格麗特・桑頓修女留在樂勒脫社群，與樂勒脫剩下的五個修女一樣前途未卜。

政府當局拒絕震旦學院院長離華的原因不明。會受「懲罰」也許是因為她是個優秀的西方教育家，亦或是因為她曾是聖母軍的積極倡導者和支持者之一。不論如何，她被禁止出境。

在樂勒脫，瑪格麗特・桑頓與世隔絕。她在樂勒脫學校當接待員，負責接電話和看管大門。而樂勒脫修女則繼續教學。學校裡有些是從瑪格麗特・桑頓修女關閉的震飛路國際學校轉過來的學生。

由於每天都有學生隨著家人離開上海，樂勒脫的學生人數日見減少。一月三十一日，莫琳提前為七個學生舉行了畢業典禮，其中五個是中國人。「她們提早畢業是因為我們的居留證二月分到期。」

除了莫琳和佛羅倫丁修女，其他三個修女都有拿到簽證。這也就是說，政府跟莫琳和佛羅倫丁之間還有沒有解決完的事情。

此時，學校因為政府徵稅而瀕於破產。政府聲稱，非但學校所有的土地（十畝左右）歸政府所有，而且持有物業產權的修女「無權出租、出售、出借或贈與。只要你們待在這裡一天，就必須支付土地稅和租金稅」。時至一九五二年初，這類稅收是民國時期的六十三倍。「可是那時候，大家就已經在抱怨稅收太高了。現在有人丟了房產，小型企業不是面臨破產，就是被政府接管。」

聽說英國學校的建築可以出租，莫琳去外事局詢問為什麼樂勒脫的房子不能出租，原因是樂勒脫學校是美國人辦的學校。莫琳確信，其實主要原因是「因為我們的聖母軍小組拒絕在一份文件上簽字。這份文件譴責聖母軍是為黎培里樞機主教和美國人當間諜的反共組織。」[9]

一九四九年，共產黨占領上海後不久，聖母軍就受到了監視。新政府認為「軍」字具有顛覆性。在不知情的人印象中，這是一個在名叫「瑪麗」的人領導之下，進行地下軍事活動的組織。那些了解該組織性質的人（鼓勵忠於天主教、促進天主教活動），也認為聖母軍具有顛覆性，因為這是西方哲學。

佛羅倫丁在一九四九年末曾報告說：「他們（共產黨）到學校來，就聖母軍之事審問學生。他們把聖母軍小組裡所有的女孩列了一個名單。這些學生必須到各自居住地區的派出所報到，並且接受審問。她們受到威脅說，不退出聖母軍就會受到嚴懲。甚至有些女孩上學的時候，會帶上一個裝有換洗衣服和牙刷的小包包。因為警察有時候會不許她們回家過夜。」

莫琳後來在信中說：「孩子們受到威脅，但每次都拒絕（在譴責莫克勤和沈士賢神父是間諜的文件上簽字）。有些學生受審數小時；一連幾週，警察每天都到許多學生家裡登門拜訪。莫克勤和沈士賢一九五一年九月被捕入獄。」[10]

警察叫莫琳提供一個聖母軍學生名單。幾天後，她遞交了二十五個名字。過了幾週，三位怒氣沖沖的官員來到學校——他們總是一小撮人一起來。這個名單沒用！這些人都不在上海！她們都跑到香港和歐洲去了！他們要的是待在上海的人的名字。

莫琳回答，他們沒說必須提供在上海的人的名字。再說，她也不知道其他的名字。

露西兒・喬維諾（Lucille Jovino）一九四六年開始在樂勒脫學校上七年級。她和妹妹瑪麗亞到有關部門申請出境許可，計畫於一九五二年一月離開上海前往義大利（她們的父親是個在華經商多年的義大利人）。她們被問到聖母軍的事。露西兒提到審問過兩三次以後，「警察就只審問我，不審瑪麗亞了。也許是因為我在聖母軍小組裡算是積極分子。」

一九四八年到一九四九年，露西兒曾在學校其中一個聖母軍小組裡當學生秘書。在六週時間裡，她每天早晨必須到同一個派出所報到，並通過口譯員的審問（「因為我的中文不夠好來聽懂他們的問題。」）。每天審訊結束以後，他們會叫她明天再回來。

「他們堅持叫我把同夥交出來。我不明白他們的意思。他們說把名字交出來，不然你沒有好下場。」

她說：「我就列了一個名單，都是我知道已經死了的人和編造出來的人名。」那個口譯員只不過是個普通的公民，他顯然沒有好好翻譯她說的話。後來，「那個口譯發現我的處境不妙就逃之夭夭了。我再也沒看見他。」[11]

警察把露西兒的母親叫到派出所，逼得她跪在地上乞求他們放過自己的兩個女兒。警察不承認中義聯姻，因此又威脅她，作為一個中國公民，她有可能會因叛國罪而被處決。露西兒的母親爭辯說，她沒做過任何對不起祖國的事情。最後在二月初，警察到她們家來，把露西兒和瑪麗亞的出境簽證扔給她們，命令兩人立即出境。

他們還要「進一步審問」露西兒的母親，兩人的父親則選擇留在她身邊。兩個年輕女孩只允許隨身帶五十美元和一個手提箱。過了羅湖橋，她們遇到了「騎摩托車的義大利神父」。據信，就是著名的賴法禹（Ambrose Poletti）神父。他每天都到邊境去等候被逐出中國的宗教人員，幫助他們。

在香港，露西兒和瑪麗亞與哥哥維克多（Victor）和他的家人住在一起。直到父母都來到香港，全家人就搭乘「塞巴斯蒂亞諾・卡波托」號（Sebastiano Caboto）輪船前往義大利。

被警察傳喚的還有一九四四年畢業、之後在樂勒脫學校任教的瑪麗・巴加曼和她的兩個妹妹羅茜（Rosie）和貝蒂（Betty）。警方多次就聖母軍、莫克勤和其他高隆龐神父對三人進行審訊。這期間，一個跟妻子一起被共產黨分配住在巴加曼家的男人，一再鼓動瑪麗・巴加曼簽名指控聖母軍和莫克勤。他說簽了名之後，她就能留在上海繼續教英語了。警察給瑪麗和她妹妹們二十八天的時間考慮，在譴責聖母軍是間諜的文件上簽名，但最後她們拒絕了。三人於一九五二年八月二十八日被驅逐出境。

上海是巴加曼姐妹的出生地和故鄉，到了香港，三人只有一個行李箱和一百美元。幸而，她們在邊境上遇到一位高隆龐神父。他把三人帶到一個天主教徒的位處。瑪麗・巴加曼找到一個秘書職位。後來，兩個妹妹決定移居美國。[12]

參加過聖母軍的中國學生受到了截然不同的待遇。佛羅倫丁寫道：「有的人進了監獄。」她還聽說，有些人則被送到北方的勞改農場。

政府官員頻繁出入樂勒脫修女會和學校，總是去圖書館搜查那些違背政府宣傳、離經叛道的書籍。「他們特別要找的一本書是《上海娃娃》（*Shanghai Baby*）。可是我們早就把那本書埋起來了，所以他們的搜索徒勞無功。」

佛羅倫丁修女寫道：「最後，有一天他們命令關閉圖書館。我們把所有的圖書寄給香港的瑪利諾外方傳教會的修女們。」

春天，莫琳還在繼續繳納每兩週來一次的稅單。由於在校生人數銳減，學費不足以支付開銷，她們預備賣掉修女會的家具。當局得知之後，指示她們不得出售任何學校財產。

與此同時，瑪格麗特・桑頓一直在等待她的出境簽證。「六月中旬，瑪格麗特開始出現低燒症狀、心臟虛弱、血壓低，肝臟也出現問題。」六月二十九日，報上終於出現了她的名字——離境簽證獲准。她七月七日離開上海，十日到達香港。像之前的茱斯塔和克萊門蒂婭一樣，她去了嘉諾撒仁愛會。她以前的學生是那裡的負責人。她住在嘉諾撒仁愛會，等候去下一個目的地日本的簽證。[13]

到了九月，莫琳試圖重新開學。

佛羅倫丁寫道：九月開學的時候，「只有一個外國學生和一個中國學生註冊。」[14]上海的樂勒脫學校只好關閉了。

「當局繼續監視了我們幾週後，通知我們將被遣送回美國。他們說我們無所事事，所以該走了。命令我們逐項列出修女會和學校的所有財產。」

修女會的家具有限，只提供修女睡覺和吃飯。但是，學校有大量財產。簽證批准前，她們的名字在十月十九日的報紙上刊出，如果有人向她們提出索賠，可在三到五天內阻止她們出境。

準備六份學校和修女會的財產清單無異於一項巨大的工程。佛羅倫丁說，「每個圖釘、每支筆、每張書桌等等，都得記下來。」實驗室有數不清的瓶子和化學藥品，東西實在太多了，她決定讓那些繼承這些設備的人自己去列清單。

離開上海的前一天晚上，我們度過了一段愉快的休閒時間。不料，下樓梯去做晚禱的時候，瑪麗・珍不慎踩住裙子的下擺，結果摔倒了。事情發生得太突然，到現在我們仍然不知道她是怎麼從樓上滾到樓下的。

找醫生是不可能的，沒有人會來。有人想起一個好朋友。她是中國人，曾經是個醫生。莫琳給她打電話，她主動說要來看看瑪麗・珍的情況。她擔心被人看見天黑以後還出門，於是穿著僕人的衣服來了。她看了看瑪麗・珍，問了一些問題後，確定瑪麗・珍是受傷了。

「我們把她送到一家醫院，但他們不收。我們只好打電話給在上海郊外楊樹浦方濟各會醫院的修女打電話。接電話的姐妹說，她們有一個空病房，是共產黨允許她們為生病姐妹保留的房間。她們能派一輛救護車來接瑪麗・珍，但是不能有人陪她一起去。直到深夜，沒開車燈的救護車才來把瑪麗・珍接走。車上配有一個護理員，如果醫院警衛攔住這輛救護車，她會告訴警衛，醫院已經收容了這名患者。」

按照計畫，上海的王主教隔天一大早來到修女會。主持完彌撒，他就關閉了教堂。祝修女們一切順利後，他匆匆離去。不久，王主教便被捕入獄，死在牢裡。

樂勒脫的五個修女原本計畫當天搭火車前往香港。現在，必須有人留下陪同瑪麗・珍。佛羅倫丁提出自己要留下來，因為她還要跟檢查人員會面，處理財產清單的問題。她催促其她人盡快離開上海，於是莫琳、蕾吉娜和瑪麗・史蒂芬修女就出發了。雖然莫琳擔心瑪麗・珍的狀況，但知道佛羅倫丁有能力處理好所有的事，她是個無所畏懼的人。

檢查人員早上八點就應該到樂勒脫修女會，可是佛羅倫丁等了一整天，直到下午六點，他們才到場。

於是她交上清單。「我們開始一項一項地核對，先去了學校。到了實驗室，檢查人員說：『這裡的東西沒列出來！』」

「『沒時間了。其實這樣更好。你在門上貼上封條就行了。』」

「檢查完修女會，回到一樓。他說：『你能幫我把門鎖上嗎？』我說：『我才不幫你呢，要是沒鎖好，你還不得把我關進牢裡。』每過一道門，這話就得重複一遍。走到最後一扇門，也就是大門的時候，他又說：『你能幫忙鎖上嗎？』我又說：『不能。』跟檢查人員一起來的一個人，從我這裡把鑰匙拿過去，說：『希望有一天，我能把這個還給你。』」檢查人員一行人走了的時候，天色已很晚了。大約晚上八點多，佛羅倫丁帶著兩個手提箱被關在修女會門外。過了一會，許太太和女兒路易絲（Louise）坐著計程車來了。在檢查結束之前，佛羅倫丁的翻譯叫他女兒回家把母親帶來，送佛羅倫丁到瑪麗・珍住院的楊樹浦醫院。

佛羅倫丁獨自一人在空空蕩蕩的修女會待了一整天，還要對付那個吹毛求疵的檢查人員，上了計程車就忍不住失聲痛哭。「我從來沒哭得這麼傷心過。」不光是因為精疲力盡，更是樂勒脫在上海的終結深深地刺痛著她的心。

等到了醫院，情感陣痛已經過去，佛羅倫丁恢復了鎮靜。醫院大門緊閉，她們在大門外敲喊了好一陣子，門才打開。佛羅倫丁謝過許太太，請她先回去，免得會因為與洋人在一起又出麻煩。

「進了大門，警衛叫我打開手提箱。他叫在那裡等著歡迎我來的姐妹退到一邊。幾個警衛把箱子裡的東西都翻出來，扔在地上。我只好再把東西重新撿起來，放回箱子裡。那個姐妹一點一點地往我這邊靠過來，最後幫我把箱子裝好，進了醫院。」

走進瑪麗・珍的房間，看到佛羅倫丁的瑪麗・珍臉上立刻浮現出安心的表情。瑪麗・珍對那天發生了些什麼事都一無所知。

隔天早上七點左右，一位年輕的醫生來到瑪麗・珍的病房說，要為她上石膏。佛羅倫丁對接下來發生的事情驚詫不已。

醫生和一個助手準備好石膏後，就把一本《韋氏辭典》（*Webster's Dictionary*）大小的書翻開來，架在窗臺上。他一邊抹石膏，一邊停下來讀書上的操作指南。石膏開始變硬時，他向助手示意把桌子移動了幾吋，讓他能夠再多抹些石膏，一直到裹在石膏裡的瑪麗・珍似乎懸浮在桌子上方。

佛羅倫丁寫道：「在這個過程中，瑪麗・珍感覺很不舒服。」但她忍耐下來了。實際上，這個過程並沒花很長時間。醫生告訴佛羅倫丁：「我以前從來沒給人上過石膏。」他還補充說那本參考書是他從美國帶回來的。

佛羅倫丁的下一個任務是安排她和瑪麗・珍離開上海，之前的計畫已全部作廢。瑪麗・珍現在從腋下到臀部上方都裹著石膏，只能被人抬著走。出院會有問題嗎？

首先，她必須找到有關部門去領兩人的出境簽證。她從一個派出所到另一個派出所，花了三天時間「『參觀』了那個區所有的派出所；最後，好不容易找到了我應該去的那個」。

終於，手持前往香港的英國輪船船票，她們可以離開醫院了。可是，佛羅倫丁不能跟瑪麗・珍一起搭救護車到碼頭去。好在車上會有位護士陪同。

「我搭了一輛三輪車，遠遠地被抛在後面。瑪麗・珍到了碼頭還得等我到了才能過海關。出關的時候，他們把瑪麗・珍的擔架放在地板上。我們所有的手提箱和行李箱都必須打開。我知道檢查得花很長時間，所以問英國船長是否可以把姐妹先抬到船上，安置在房間裡。他同意了。」

開箱、裝箱花了好長一段時間；箱子都確認完畢後，佛羅倫丁又被帶到另一個房間接受檢查，以確保她沒從中國帶走現金或貴重物品。她們之前已經將所有的美元縫在裝在箱子裡的修女服中，所以沒被查出來。

「搜身花了很長時間。我身上的每件衣服都得脫下來仔細檢查，看是不是藏了東西。等我出了房間，又有兩名士兵特別警告我，上船時不要跟任何人交談。」

在外面則有兩批女孩來送她們。女孩們究竟怎麼得知消息，至今還是個謎。上跳板前，佛羅倫丁跟她們道別，說了幾句鼓勵她們的話。

走進船上的大廳，只見瑪麗・珍還躺在擔架上，而且擔架還是在地板上！

「妳怎麼在這裡？」

「他們不知道該拿我怎麼辦，我只好跟他們說等你來。」

佛羅倫丁看著那位高大的英國船長問：「你不知道該拿她怎麼辦？」他說：「不是。他們動作太粗魯，讓她疼得很難受。」

「我招呼站在一旁的苦力，指揮他們怎樣把擔架從大廳經過狹窄的走道，抬進房間；然後，我叫他們把擔架立起來，這樣，等他們把擔架撤走，她就會直直站著；最後，他們把她抬到床上，一切順利。」

到了香港，從輪船的停泊處，還必須跨過三艘船才能到碼頭。所幸，船長事先向高隆龐神父發了電報。看見佛羅倫丁，幾個神父到修女的房間來把瑪麗・珍抬到救護車上。

「我們在高隆龐修女的醫院住了幾天，為下一段旅程做好了準備。」

莫琳、瑪麗・史蒂芬和蕾吉娜此時還待在香港，等候飛往洛杉磯的航班。見兩人安全到達香港、瑪麗・珍看上去安好，大家都深感欣慰。

佛羅倫丁聯繫了美國航空（American Airlines），諮詢飛機上是否有「臥鋪」。航空公司保證安排一個可以躺下，並與其他乘客隔開的位置。

在洛杉磯聖文森醫院（St. Vincent's Hospital），檢查瑪麗・珍的醫生問是誰、在哪裡給她上的石膏？「我們說，是一位年輕的中國醫生參考自己從美國帶回來的一本書，一步一步地抹的。」

醫生說石膏上得很好，不用重上。[15]

不知道瑪麗・珍是否還記得，她自己在二十五年前說過：「我不會主動要求離開中國的，除非有人把我給抬出去。」

漢陽的昨日今朝

漢陽聖高隆龐大教堂。教堂曾有三十年的時間作為工廠來使用，今日則是重新當作教堂開放。

劫後餘生的兩位修女：克萊門蒂婭與茱斯塔。

這棟建築物的前身就是漢陽高隆龐修女工作的醫院。對街就是上圖的聖高隆龐大教堂。

圖左為樂勒脫修女會剛落成的樣貌。圖中則是如今的修女會外觀，已經被改建為一棟公寓。圖右則是蓋在修女會旁邊的教堂，現已不復存在。

上海聖心學校，二戰期間有一百位修女被集中在這裡。這棟建築在經過擴建之後，現在是一棟科學大樓。

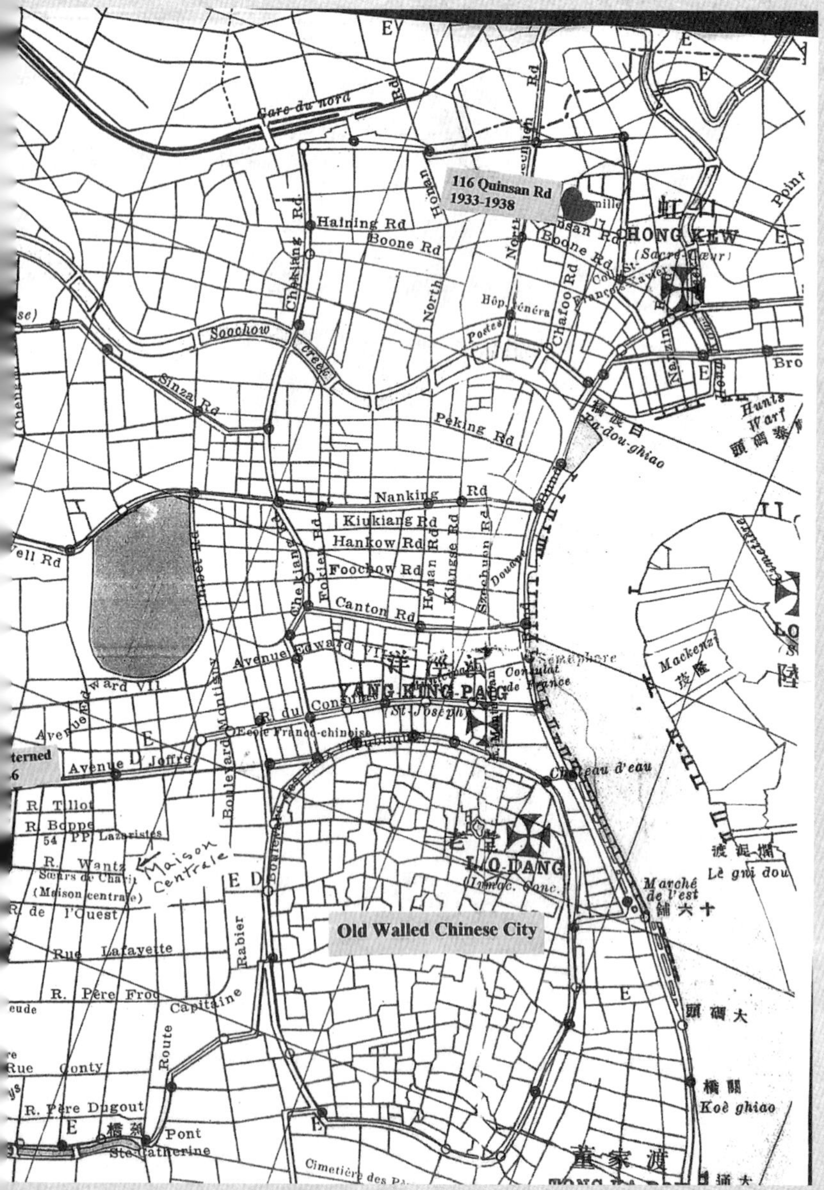
116 Quinsan Rd
1933-1938
Gare du nord
Haining Rd
Boone Rd
HONG KEW
虹口
Soochow
Sinza Rd
Peking Rd
Nanking Rd
Kiukiang Rd
Hankow Rd
Foochow Rd
Canton Rd
Avenue Edward VII
YANG-KING-PANG
R. du Consulat
Avenue Joffre
Boulevard Montigny
Château d'eau
LAO-DANG
Marché de l'est
Old Walled Chinese City
Rue Lafayette
Route Capitaine Rabier
Rue Conty
R. Père Dugout
Pont Ste-Catherine
Koë ghiao
Lè gni dou
Hunts Warf
Ba-dou-ghiao
Maison Centrale

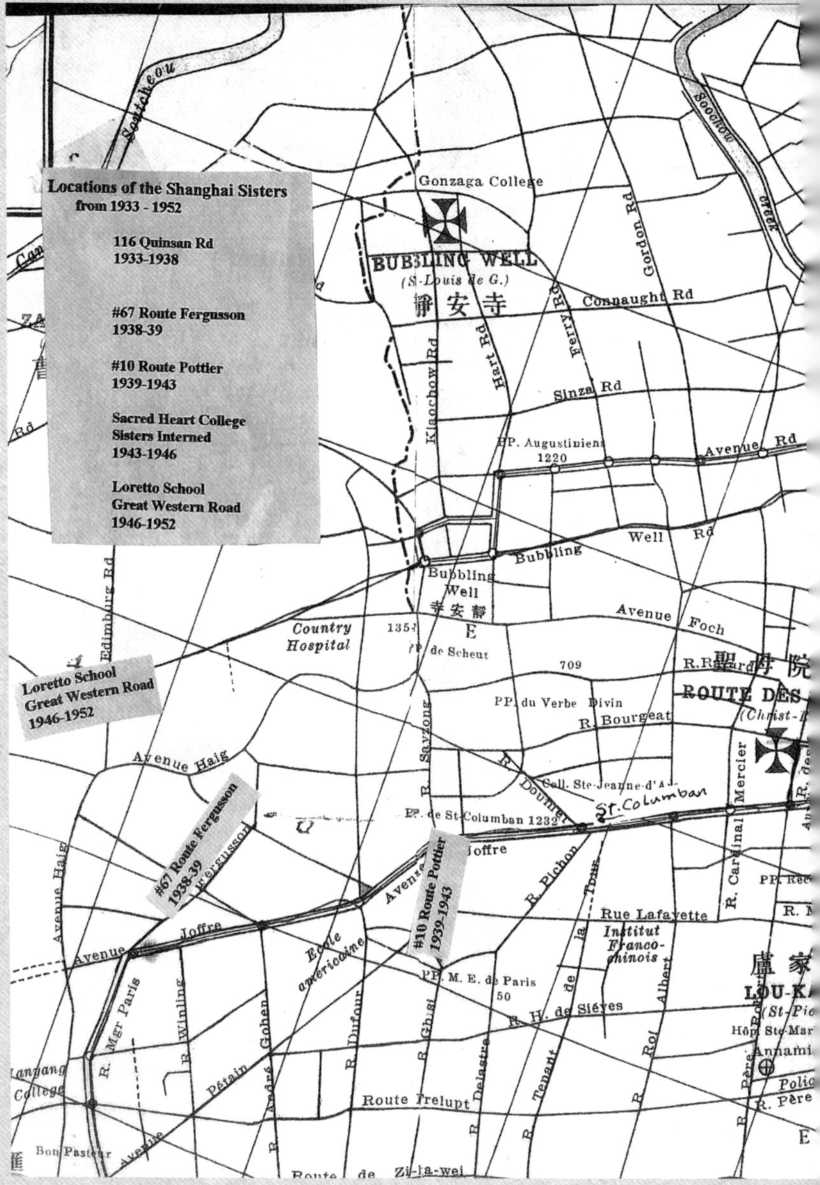

一九三三年到一九五二年，上海樂勒脫修女待過的地點。

結語

一九五一年十一月，陪同茱斯塔和克萊門蒂婭去火車站的依撒伯悄然離去。茱斯塔和克萊門蒂婭當然知道她要去哪裡，但我們只知道她要渡江。倘若是回去在漢口的第二醫院的宿舍，她不需要過江。顯然，她是要去漢陽。[1]

在接下來的十個月裡，肯塔基沒有任何有關依撒伯的消息。一九五二年十月，總會收到高爾文在九月三十日，從香港瑪利諾外方傳教會的史丹利宿舍（Stanley House）寄出的信。信的開頭是這樣：「你們可能已經知道我被驅逐出中國了。」

這封信的目的是要向「雙胞胎」（茱斯塔和克萊門蒂婭）報告依撒伯的最新消息。他稱她為「一個偉大的小女人，你們非常可以為她感到驕傲！」

> 雙胞胎離開後很長一段時間，她每週日都從工作的單位天主教傳教醫院來看我。可愛的小精靈永遠忘不了給主教帶樂勒脫糖果來。我說我不能接受。我威脅她說，下次再拿來，我堅決不要，因為她只有可憐的一點點薪水。但是她非說自己有錢，還說她要堅

守樂勒脫的旗幟。

之後有三週高爾文沒見到她。

我很擔心，為她做彌撒。可是有一天下午，她突然來了，雙眼明亮，一派輕鬆。這是她告訴我的：她受到指控，說她接受了「兩個罪大惡極的帝國主義者」給她的衣物。難道她不知道那是人民的財產嗎？依撒伯說，她不知道。她被審問了數次，最後，他們叫她回家好好想想，站到人民那一邊。她回去後仔細地想了很久。再度被傳訊時，她很識時務，承認自己曾經是個樂勒脫修女。其他樂勒脫修女被中國政府驅逐回家了，可是法律禁止她離開中國。她們離華時，沒什麼錢，便送給她一些衣物。他們問有多少衣物？她很明智，坦白了一些東西。但這個聰明的小女士已經把其他的東西藏起來了。對於茱斯塔給她的現金，她隻字未提。上帝保佑！她要是招供了，那我們大家就都得受牽連。她冰雪聰明，避免了觸礁之險。有時，她看似清白無辜（的確清白無辜），共產黨認為她是個頭腦簡單的人。但他們何曾知道，在淳樸的外表後面，藏著一個思維敏捷的人。

她老老實實地交出了帝國主義者送給她的衣物。之後，她受到監禁，不允許離開醫院。這次來到我這裡，我們討論了讓她出逃到國外，去樂勒脫總會或香港的可能性。在香港，她的好朋友麥克納馬拉神父會盡一切力量保護她。但中國澳門的邊境衝突*使這個構想完全不可能實現。

之後，高爾文本人遭到指控和軟禁，並不准任何人去看他。一九五二年九月十七日晚上，他在警衛的押解下在武昌上火車。雖然與另一個神父一起，但不准交談。在坐席車廂坐了三十六個小時後，他於九月十九日下午到達邊境。他形容自己的「衣著極不入時」，除了宗教服飾，只有一件舊愛爾蘭羊毛外套。在火車上，押解人不許他打開窗戶或脫下外套。麥克納馬拉在邊境接到他後，就直奔天主教俱樂部的一個朋友家去參加聚會。好在除了高爾文自己，沒人注意到他衣不入時、大汗淋漓的窘態。

高爾文寫到其它細節：在茱斯塔和克萊門蒂婭走後，依撒伯每週六下午都到漢陽聖瑪麗的羅莎修女家去，她跟羅莎一起吃晚飯，在那裡過夜。羅莎在江邊有一間小房子。（離開火車站後，她是去那裡了嗎？）每週日清晨，依撒伯會去聖心教堂，在那裡吃早餐、聽新聞。然後，她去看「石頭」（聖瑪麗修女會前負責人的暱稱）、德雷莎修女和布麗姬（Brigid）修女，她們「還有三間屋子」。

每週日下午四點，依撒伯去看高爾文，帶一些糖果去給他，然後臨走時則會帶些髒襪子回去清洗縫補——為的是，要是被人攔住質問，她就有藉口。高爾文對她的評論是：「她像磐石一般堅強。給她再小的生存空間，她也能活下去。」

在中國待了三十二年後被迫離開漢陽，並不准與任何人交談。高爾文說：「我是懷著極度的悲傷，帶著一顆破碎的心離開中國。」

從此，依撒伯杳無音訊。

直到一九五六年一月，住在德州的茱斯塔收到仍在香港的麥克納馬拉來信：[2]

這封信的目的是向你報告，我最近收到的一些消息，這些消息是通過地下管道輾轉而來。我只能說到這裡，因為香港郵政局的可靠性堪憂。我不能保證消息的真實性。如你所知，沒辦法核實從中國流出的任何消息。就只是消息而已。

從這個消息來看，我們的小姐妹依撒伯繼承了聖保羅的傳統，「進行了聖戰，保持了信仰」，贏得了桂冠。這是個口頭傳遞的訊息，說是來自鄭神父。你可能還記得他，就是漢口的德丟（Thaddeus）。他叫人告訴我：「一九五五年十一月二日晚九點，兩名高隆龐中國神父和一名樂勒脫中國修女被處決。」

不幸的是，張神父用拉丁文寫的訊息在傳遞過程中被迫銷毀。好在，沒有落入共產黨之手。太可惜了，不然，就能知道確切資訊了。快樂的依撒伯（如果消息屬實的話），我傾向於認為這是真的。不管怎樣，我一直相信依撒伯的堅定果敢。也許她有些

---

* 譯註：指一九五二年七月中國與葡萄牙在澳門的邊境衝突「關閘事件」。

> 小毛病，但她有信仰，並且忠實於她的信仰。我能想像得出，共產黨對她硬來，她會更硬，叫他們見鬼去。

一九五六年，麥克納馬拉回到愛爾蘭。不清楚他是否在二月二十三日高爾文主教去世之前，到達愛爾蘭納文（Navan）。無論如何，他得知了有關依撒伯的消息。因為無法核實信息的真實性，美國樂勒脫修女會在所有樂勒脫會所在城市的報紙上，發布了這個消息。我（作者）記得，聽到她的死訊後，修女們告訴學生，依撒伯修女是一位「為信仰而犧牲的烈士」。

幾年後，安托內雅修女在一九六二年出版的《中國的樂勒脫教育》（*Lorettine Education in China 1923-52*）一書中提到了依撒伯。

歲月流逝。十五年後，有消息傳到美國，依撒伯修女還活著！一九七七年十一月下旬，肯塔基總會收到澳洲維多利亞州（Victoria）聖高隆龐外方傳教會的來信。寫信的人就是在武漢時認識依撒伯的歐科林斯神父。[3]他從另一個神父那裡得知了依撒伯還活著的消息。那位神父最近回湖北探望家人。回到澳洲之後，他告訴那裡的高隆龐神父一個最重要的消息：「依撒伯姐妹還活著，在原漢口嘉諾撒仁愛會醫院擔任文職，工作得很好。」她有受到監禁和勞改，但是那位神父不清楚磨難時間的長短。

在接下來的幾年裡，我們為了與依撒伯取得聯繫做出了很大的努力。最後，法蘭欣・林

（Francene Lum）修女用中文寫信給武漢當地政府，請求協助。*法蘭欣在信中說，依撒伯的同學們邀請她去美國。依撒伯在一九八四年五月回信說，她直到最近才收到樂勒脫來信。一九八六年，朋友們再次發出邀請，並提出說要為她負擔飛機票。她回信說身體欠佳，無法做長途旅行。

一九九一年、一九九三年，克莉絲蒂娜・鄭（Christina Cheng）修女兩次前往武漢，看望依撒伯。克莉絲蒂娜回美報告說，依撒伯很想見到茱斯塔和其他人。於是，她們開始了辦理護照和簽證的漫長歷程。一九九四年，依撒伯終於拿到護照。接著是申請赴美簽證。科羅拉多州國會眾議員派翠西亞・施若德（Patricia Schroeder）也曾為此事與政府機關聯繫。最後，樂勒脫的兩位修女蘿絲瑪麗・琴西尼（Rosemary Chinnici）和安東尼・瑪麗・薩托里歐斯（Anthony Mary Sartorius）前往中國，跟進這一過程。一九九五年五月，她們與依撒伯一起從中國回到美國。依撒伯在美國待了三個月，主要都是在總會度過。一九九五年八月，八十三歲高齡的依撒伯・黃英華重新發願，再次成為肯塔基樂勒脫會修女。死而復活的依撒伯為自己堅持了五十多年的承諾再次發願，使在座所有人流下了喜悅和感動的淚水。

一九九八年，得知依撒伯病倒，蘿絲瑪麗和安東尼・瑪麗再次申請簽證赴華，希望依撒伯能跟她們一起回到美國。可是她說，她必須留在中國。如果她走了，中國就沒有樂勒脫了。「等我又老又瞎了，你們再來領我回去吧。」

---

* 譯註：不知何故，存檔附件顯示，這封信沒有註明日期。

六個月後，十二月十日，依撒伯在她工作和生活了多年的醫院去世。安東尼・瑪麗再次前去漢陽，將她的骨灰帶回了肯塔基，一九九九年三月二十七日埋葬在總會墓地。

依撒伯修女的獨照，下圖攝於一九九八年三月五日。

13 McNellis, (Mary) Cornelia SL, Kansas City, August 3, 1992.
14 Reilly, Patrick (Paddy)SSC, Dalgan, Ireland, November 24, 1995.
15 Rickter, Mary Agnes SL, Nerinx, KY, August 30, 1996.
16 *Souza, Myra, Danville, CA, September 12, 2005.

（以上姓名前有 * 符號皆為上海樂勒脫學校的畢業生和學生。）

未出版資料

1 Egging, Nicholas SL, "Memoirs of a Captive," written April 3, 1954.

2 Egging, Nicholas SL, Autobiography, written at St. Mary's Academy, Englewood, CO. between May 1951 and June 1964.

3 Egging, Nicholas SL and Stella Tompkins SL typescript of talk May 1951 at Loretto Academy, Lafayette Avenue, St. Louis, MO.

4 Fitzgerald, Dan SSC, "One Man's Story of Events 1946-1952."

5 Holland, Regina Marie SL, "Diary of Years' Internment," August 28, 1945, Sacred Heart Convent, 622 avenue Joffre, Shanghai, China.

6 Justyn, Justa SL and Clementia Rogner SL, typed copy, "Life in Hanyang," presentation to the Sisters, Novices and Postulants, Loretto Motherhouse, January 31, 1952.

7 _______________, "Annals, Hanyang, Hupeh, China from Dec. 25,1947 until Nov. 23, 1951." [Reconstituted from memory in 1952.]

8 Letters and telegrams, 490, tabulated by Amelie Starkey, Santa Fe, NM, June 2006.

9 McNamara, John SSC, "Hanyang 1947-1953" given to Edward MacElroy who wrote an account of China and the Columbans in 1955.

10 McDonald, Mary Jane SL, handwritten autobiograhy, incomplete due to sudden death, Loretto Motherhouse, June 11, 1957.

11 Sartorius, Anthony Mary SL, "China Trip III Journal," February 25 to March 7, 1998.

12 Shanghai Alumnae* Respondents:

訪談

1 *Bagaman, Mary S., San Francisco, Ca, interviews by phone, October 3 and 18, 2005.

2 *Bellucci, Lucille Jovino, Oakland, CA, September 2, 2005

3 Carr, (Ann) Nerinckx Marie SL, Motherhouse Infirmary, Nerinx, KY, 1996.

4 Cheng, Christiana SL, Nerinx, KY, 2005 and February 2006.

5 Chiou, Teresa Mary SCC and MaryPauline Tsai, Mt. St. Joseph, Cincinnati, OH, spring 1996.

6 *Dacanay, Elizabeth SL, Nerinx, KY, June & December 2005.

7 Fitzgerald, Dan SSC, Neagh, Ireland, Oct. 19, 2001.

8 Geraghty, Matthew SL, November 27, 1992.

9 *Gutterres, [Teresa] Antonella Marie SL, April 30, 1993.

10 Hallidan, Jerome SSC, Dublin, December 1996.

11 Huang, Ying Wah. Isobel SL, Nerinx, KY, Summer 1995; Hankow, March 1998.

12 *Lubeck, [Bertha] Carlos Marie SL, Louisville, CO, April 29, 1993.

10 Fischer, Edward, *Maybe A Second Spring, The Story of the Missionary Sisters of St. Columban in China,* Crossroad Publishing Company New York, 1983.

11 Han,Suyin, *A Birdless Summer,* CP Putnam's Sons, NY, 1968.

12 Han,Suyin, *A Mortal Flower,* China Autobiography, History, G P Putnam's Sons, NY,1965.

13 Hsu, Frances L. K., *Americans and Chinese,* Crescent Press, London, 1955.

14 Hsu, Immanuel C.Y., *The Rise of Modern China,* Sixth Edition,

15 Oxford Press, NY, 2000.

16 *Katemopoulos, Mildred O'Leary, *Born in Shanghai,* Broadway Printing Company LTD., Hong Kong, 1995.

17 Lanahan,Mary Francesca sndn, *History of the Notre Dame Mission,* Wuchang, China, 1926-1951, Sisters of Notre Dame de Namur, Ohio Province, Cincinnati,Ohio, 1983.

18 Lucey, Sheila, ssc, *Frances Moloney, Co-Founder of the Missionary Sisters of Saint Columban,* Dominican Publications, Dublin, 1999.

19 Mackerras, Colin with Robert Chan, *Modern China: A Chronology from 1842 to the Present,* W.H. Freeman and Company, San Francisco, 1982.

20 Mahoney, Benedicta sc, *We Are Many, A History of the Sisters of Charity of Cincinnati 1898-1971,* 1982.

21 O'Connell, Maureen SL, "Sisters of Loretto at The Foot of the Cross in China," Nerinx, KY, 1938.

22 Redmond, Leonarda SL, "Days of Danger: An Unofficial Diary of Missionary Life During Thirteen Mons of the Sino-Japanese War," St. Columban's Foreign Mission Society, St. Columbans, NB, 1940.

23 Reischauer, Edwing O., *Japan, Past and Present,* Charles E. Tuttle Co, Tokyo, revised 1961.

24 Sala, Ida CDC, *History of Our Canossian Missions, China 1868-1952,* Three Volumes, Hong Kong, China.

25 Seagrave, Sterling, *The Soong Dynasty: The Making of the China Myth,*Harper & Row, NY, 1985.

26 *Sexton, Tse-Mei Chang, *Hilda, An Autobiography, 1915-1946*, Quill Publications, Columbus, Georgia, 1990.

27 Smyth, Bernard T., *The Chinese Batch; The Maynooth Mission to China 1911-1920,* Four Courts Press, Dublin, 1994.

28 Winchester, Simon, *The River at the Center of the World,* Henry Holt & Co, NY, 1996.

參考書目

檔案資料

1 香港堅道34號嘉諾撒傳教會（Jeanne Houlihan CDC, Ida Sala CDC, Margaret Renoldi CDC）

2 Columban Fathers Archives Navan, Ireland (Patrick Crowley SSC, Neil Collins SSC, Michael Duffy SSC)Columban Fathers Archives, Omaha, USA (Paul Casey SSC, Donal O'Farrell SSC, Robert Fraass)

3 Columban Sisters Archives Magheramore, Ireland (Rita Dooney SSC, Redempta Twomey SSC)

4 Loretto Motherhouse Archives, Nerinx, KY, USA (Katherine Misbauer SL, Aurelia Ottersbach SL, Janet Rabideau SL, Cover Photo: Peg Jacobs CoL)

5 Maryknoll Mission Archives, Maryknoll, NY, USA

6 Sister of Charity Archives, Mt St Joseph, OH, USA (Anita Marie Howe SCC)

出版書目

1 Abend, Hallett, *Tortured China,* New York, 1932.

2 Barrett, William E., *The Red Lacquered Gate,* SHEED and WARD: NEW YORK, 1967.

3 *Bellucci, Lucille, *The Year of the Rat,* autobiographical novel, Writers Press Club, San Jose New York Shanghai, 2000.

4 Breslin, Thomas A., *China, American Catholicism, and the Missionary,* Pennsylviania State University Press, 1957.

5 Chang, Iris, *The Rape of Nanking,* Basic Books, New York, 1997.

6 Cheng, Nien, *Life and Death in Shanghai,* Viking Penquin Inc, New York, 1988.

7 Chi, Madeleine RSCJ, *Shanghai Sacred Heart; risk in faith,* Center for Educational Design and Communication, Washington, DC, 2001.

8 Crowley, Patrick SCS, *Those Who Journeyed With Us, 1918-2004,* Mission Society of St. Columban, Future Print, Dublin, 2004.

9 Fairbank, John King, *China; A New History,* First Harvard University Press paperback edition, 1994.

州總會。一九五三年夏天，瑪麗・簡被任命為聖路易斯樂勒脫學院修女會負責人 。一九年五六夏天，她退休回到總會，最後於一九五七年六月十一日猝死。

結語

1 S. Ida Sala, *History of our Canossian Missions*, Vol II, pp. 346-7. 漢口嘉諾撒仁愛會醫院在一九四五年被美軍炸彈炸毀，重建後改叫天主教傳教醫院。一九五一年六月六日，嘉諾撒仁愛會修女被逐，由政府接管了醫院，更名為第二醫院。

2 這時，茱斯塔是德州艾爾帕索聖心學校的校長。

3 To Sister Helen Sanders, Loretto's president, for Sisters Justa, Clementia and Maureen.

2 Clementia Rogner,“ Loretto in Hanyan, China, Under Communism,” p.13. LMA.

3 Jerome Halliden SSC, “Journey Leaving China,” Feb. 1996.

4 這份文件現存肯塔基樂勒脫總會檔案館。

5 “ Loretto in Hanyan, China, Under Communism,” p.13.「親愛的高爾文主教邀請我們來到中國。高隆龐神父們給了我們無盡的體貼、友善和幫助……我們永遠為在這個地球上有幸與親愛的高爾文主教和高隆龐的人們建立友情而歡欣喜樂。」

6 Sister Ida Sala, *History of our Canossian Missions*, Vol. III, p. 116.

7 公使館位在香港干諾道九號的英皇行（King's Building）。

8 她們在一九五一年聖誕節前夕到達神聖救主修女院（Divine Savior Convent）。先去了丹佛，然後到聖達菲去探望史黛拉後，再回到丹佛。最後去了堪薩斯城、聖路易和肯塔基路易維爾。這段期間，她們多次在樂勒脫學校為學生演講。兩人於一九五二年一月二十八日到達樂勒脫總會。

9 Letter dated Dec. 28, 1952, written by Sister Maureen from 2911 Idell St., Los Angeles to Father Donal O'Mahony,

10 Florentine Greenwell, *Shanghai Annals*, China 1949 to 1952, LMA. 兩人從一九五一年九月之後就被關進監獄裡，主要罪名是在聖母軍工作以及與黎培里樞機主教有密切關係。沈士賢神父最後在監獄去世。莫克勤則被單獨監禁將近三年的時間。後來，他分別在倫敦和美國的聖母軍工作了十年；於二〇〇〇年十二月二十五日在都柏林去世。

11 Information from interviews with Lucille Jovino Bellucci at her home in Oakland, California, September 2005 and follow-up phone conversation in March 2006. 露西兒是在一九四八年五月十二日到一九四九年二月十六之間，在上海樂勒脫學校的聖母軍小組擔任秘書。該小組的主席是貝蒂・巴加曼，也就是下文將會提及的瑪麗・巴加曼的妹妹。

12 Telephone interviews with Mary S. Bagaman, October 3, 2005, and March 11, 2006. 瑪麗・巴加曼是一九三三年到一九三四年之間，瑪麗・珍與莫琳在上海的首次開學時，就轉進了樂勒脫學校，於一九四四年畢業，後來也回到學校教書。瑪麗・巴加曼在香港的時候，擔任香港大學副校長道格拉斯・克拉克爵士（Douglas Claque）的秘書十八年，在經濟上支持了兩個妹妹，直至她們移民到美國。一九八三年，她也從香港移民到美國。接受作者採訪時，她住在加州舊金山。

13 Madeleine Chi, *Shanghai Sacred Heart: Risk in Faith, 1926-1952*, p. 145

14 Florentine Greenwell, pp. 2-8，本章其餘內容也都出自這份文件。

15 在洛杉磯，醫生的診斷是「第十椎骨骨折」。瑪麗・珍在洛杉磯的神聖救主修女會待到十二月十日。之後去鹽湖城看望了她的姐妹後，瑪麗・珍去了肯塔基

MacElroy），後者在一九五五年寫成一份〈中國與高隆龐〉（China and the Columbans）的報告。

9 一位外籍宣教員，因癌症去世。

二十二　障礙重重　一九五一年

1 Madeleine Chi RSCI, *Shanghai Sacred Heart: Risk in Faith, 1926-1952*, p. 138.「其中一份調查表甚至有二十四頁長。」

2 Letter dated March 6, 1951 to Kentucky. 這項訊息是透過艾比・凌的親戚得知，當時那位親戚剛好經過了上海。

3 捐贈者指的是沈士賢。他把在羅馬被任命為神父時教皇送給他的聖杯，轉送給了樂勒脫修女。沈神父是被黎培里樞機主教雇用來在中國的學生和年輕人之間培養聖母軍。

4 Madeleine Chi RSCI, *Shanghai Sacred Heart: Risk in Faith, 1926-1952*, p. 139.「大約三週前，『上海軍管會命令天主教中央局停止活動，其官員留滬』，等待政府調查結果。」

5 From a letter dated July 25, 1951, written and mailed from Hong Kong to Sister Doloretta Marie who had left Shanghai in 1949.

6 這四人分別是達菲會長、莎拉・費茲傑羅修女、薩爾維娜・瑟里修女和院長瑪格麗特・桑頓。「七個本土修女中，有兩人已經回家，另外五人則無家可歸——她們的家庭受到嚴重的宗教信仰迫害——加入了徐家匯的另一個教派。」

7 雖然修女們都會說她們是位在大西路上，但在一九四一年到一九五〇年五月之間，路名幾經更改，先是中正路、大西路，最後是延安西路。

8 Clementia Rogner,“ Loretto in Hanyan, China, Under Communism,” p.12, typed script, written some time in 1954, LMA.

9 Rogner, p. 13. 包包裡有俄羅斯麵包、切片火腿和一小罐即溶咖啡。依撒伯並不知道茱斯塔請張神父去找過她。在此之前，她說自己會照顧好高爾文主教。依撒伯穿的藍色制服是用夏季修女服去染色和改的，她說：「誰說我不能穿修女服？」

10 Rogner, p.12. 紙條上面寫著：「親愛的姐妹，我要感謝你們為中國人，我的同胞，所做的一切。請為我祈禱，使我信心不挫，堅定不移地、勇敢地為教會貢獻畢生。」

二十三　離開中國　一九五一年到一九五二年

1 McNamara, “Hanyang 1947-1953,” p. 119.「會來羞辱我們的人主要是中小學生。除了極少數例外，中小學生對共產黨的宣傳一律盲目接受，堅信不疑。」

13 《漢陽日誌》（pp. 17-18）：「以下所記是我們盡可能回憶出來的，也有是寫在信裡的。當然了，當時記錄了很多事情。在這裡我們將只要是我們能記得的最重要的部分重新寫出來。」上面有著茱斯塔和克萊門蒂婭簽名。在一九五一年十一月二十三日離開中國之前，她們將最原始的《漢陽日誌》銷毀了。

二十　如履薄冰　一九五〇年

1 Letter, Nerinckx Marie to Mother Edwarda, from Wen Teh School, January 25, 1950.
2 Gutterres, *Lorettine Education in China, 1923-1952*, p.77.
3 Egging, "Memories of China," p.120.
4 *Hanyang Annals*, p. 21.
5 Egging, p. 122.
6 Egging, p. 122.
7 茱斯塔的信接著寫道：「姐妹們走了以後，我將成為一九二三年小團隊中唯一一個留下來的人。住在聖路易的時候，我沒去過我們在那裡所有的家，從那以後也沒有改變。請在我的墓碑寫上：『她始終如一。』」
8 *Hanyang Annals*, p. 21.
9 分別是莫琳、瑪麗・珍、瑪麗・史蒂芬・努爾、佛羅倫丁和蕾吉娜修女。
10 為什麼依撒伯一再拒絕去上海，茱斯塔卻還堅持說她打算去上海？事實上，依撒伯也沒有去上海。有沒有可能是茱斯塔預料到審查信件的人會讀這封信？如此一來，他們就會得出依撒伯不在武漢的結論？

二十一　生死莫測　一九五一年

1 *Chronology*, p. 444.
2 本章的內容來自克萊門蒂婭和茱斯塔修女討論後寫出的兩份報告，以及麥克納瑪拉神父的報告〈漢陽，1947-1953〉（Hanyang 1947-1953，原始檔案藏在愛爾蘭高隆龐檔案館〔Columban Archives〕）。這三份文件的副本都留存在肯塔基樂勒脫總會檔案館（Loretto Motherhouse Archives）。
3 古老的中國迷信相信嗜血的人能變得更強大。
4 *Chronology*, p.446.
5 埃斯佩蘭薩・凌是上海樂勒脫學校的畢業生。樂勒脫修女們希望透過使用香港的地址，減少信件被拆開審查的可能。
6 由於聖艾格妮絲是一位殉道者，茱斯塔藉此來暗喻她們將有可能被殺害。
7 一封二月九日來自「黑帝斯」的信：「我們在公共教堂做彌撒時看到貝蒂。她沒受到騷擾，在努力織襪子。」
8 John McNamara, p.118, original in the Columban Archives at Navan, Ireland. Copy at LMA. 麥克納瑪拉神父的報告後來交給了愛德華・麥克羅伊（Edward

『是我把你派到中國的，所以我覺得自己可以叫你回來。』」

十九　面對新政權　一九四九年

1 *Chronolgy*, p. 434.

2 John McNamara, "Communists 1947-51," typescript Columban Archives, St. Columban, Nebraska.

3 Letter dated March 8, 1949, Nerinckx Marie Carr to Catherine Thomas Carter.

4 A letter written on March 4, 1949 to Mother Edwarda Ashe in Kentucky.

5 Letter dated March 28: Galvin to Donal O'Malley, CAN. (Columban Archives Navan).

6 當時待在樂勒脫修女會的是瑪麗・約翰・葉（Mary John Yen）修女。不過在茱斯塔四月的這封信裡，卻稱她的名字為瑪麗・路克（Mary Luke）。這可能是因為每個人都會在不同時期與樂勒脫姐妹一起學習英語。Annals for Feb.1949, LMA.

7 茱斯塔的回信是在一九四九年五月五日，並且漢陽所有的修女都在這封信上署名。愛德華達會長撤回「全部離華」的命令後，莫琳將這封信轉寄給愛德華達會長。茱斯塔在信的底部親手寫上：「速回信，告知會長意圖。」她還在右側空白處寫了：「再次證實為什麼上帝干預我獲得美國的文件。這辦法太好了！」莫琳在信的上方空白處則寫了：「漢陽方面一切平靜。收到您的電報，我們寄了一封航空信。主教會為您讓我們留下而高興的。」又在左側空白處寫了：「昨天，我們見了美國領事。他說不需要護照，手邊有照片即可。他不打算走，並認為我們都很安全（這位領事是天主教徒）。」

8 Nerinckx Marie Carr, "1950 Hanyang at time of Communist take-over," handwritten, LMA.

9 Gutterres, p.73.

10 一九九三年四月二十九日，卡洛斯・瑪麗接受採訪時說：「在檀香山和舊金山，有四個移民官員到船上來，在甲板上辦理入境手續。（一個移民官員）看著我的簽證說：『觀光簽證，為期一個月。』我小心翼翼說：『美國駐上海領事館說危機期間我可以待在美國。』他回說：『可是，危機可能為時五百年！』我想跟他說我根本不想待那麼久。但是，你不能那樣跟他們這種人說話，所以我表現得很安分。 最後他說：『我給你三個月，以後的事你自己去想辦法吧。』」

11 實際日期說法不一。佛羅倫丁修女在《上海日誌》裡寫到「大約是在五月二十一」，並且「有著激烈的戰鬥」。在溫徹斯特的說法裡（*The River at the Center of the World*, p. 83）：「毛的革命部隊在一九四九年五月二十五日週三，進入上海，沒有打亂這座城市的日常。」

12 愛德華達會長之前曾要求茱斯塔為依撒伯拍照，以供識別。

12 Letter to Mother Edwarda in Kentucky. LMA.

13 因為高爾文主教的住所太過簡陋，修女戲謔為「宮殿」。“Interview with Sisters Justa and Clementia,” p. 24. Loretto Academy, El Paso, TX, sometime after 1955, unsigned.

14 Letter to Father R. Thimothy Connolly at that time U.S. Regional Director stationed at Omaha.

15 Letter to Abe Shackleton who had been asigned to the U.S. in 1947 after 10 years in Hanyang.

十八　虎去狼來　一九四八年

1 *Chronology*, p. 428.

2 Letter dated January 6, 1948, LMA.

3 Galvin to Shackleton, letter in Columban Archives at St. Columban, Nebraska, their U.S. headquarters.

4 *Chronolgy*, p. 430.

5 約值當時的五十美分。

6 Regina Marie Holland SL, typed recollections January 29, 1948, pp. 10-12. 史黛拉後來在一封信裡描述了一些漢陽的便利設施：把水杯放到井裡就可以舀飲用水、晚上有兩個小時的電、用廚房的鐵鍋燒水洗澡，水裡的油可以滋潤皮膚。

7 安托內雅的母親古特雷斯（Gutterres）夫人和兩個女兒在七月十八日為她舉行了送別茶會。

8 當時，柯尼利婭修女住在密蘇里州堪薩斯城，是聖路易聖庇護（St. Pius）小學的校長和修女會負責人。

9 *Chronology*, p. 432.

10 Typescript written by Clementia, p. 8：「聽北方來的人說，共軍沒收了所有的帳簿、手冊、留言簿、教會日誌等。」高爾文便建議她們銷毀所有這類的文件。

11 在一九九二年八月三日，柯尼利婭修女接受採訪時說：「一九四七年，我帶著八箱的兒童、高中讀物，一路到了加州。當發現碼頭工人罷工的時候，就將這些（書）打包在七磅半的包裹裡，後來這些書就送到被拘留的姐妹手中。」雖然柯尼利婭修女曾自願前往中國，但在這次的訪談裡也提到從接到任命那一刻，她就有直覺自己根本到不了中國。「上帝不會讓樂勒脫犯這樣的錯誤」，即把她這個小學校長派去負責高中的事務。需要指出的是，在這之前因為在中國的修女們覺得自己與美國的修女生活脫節，所以請求派一個熟悉當前變化的新人。

12 馬修修女告訴總會檔案管理員凱薩琳・米斯鮑爾（Katherine Misbauer）修女：「我和蘿絲・吉娜維芙回到美國，在總會見到愛德華達會長的時候，她說：

陸軍護士柯思科上尉和一名水手，以及來自肯塔基州的薩普（Sapp）先生。

17 *Chronology*, p. 416.

18 葛蕾絲修女最初在一九三四年被派往漢陽，一九三六年加入了上海樂勒脫的團隊。在一九四六年一月二十六日寫給愛德華達會長的信裡，她也提到被關押在一起的修女之間，普遍存在的一心一靈之精神。

十七　新的起點　一九四六年到一九四七年

1 Letter from 622/7 Avenue Joffre to Mother Mary Edwarda, Superior General, Nerinx PO, Ky.「現在，我們有三百多根金條，獲利頗豐。如果我們能花兩百左右買一處帶產權地契與合法註冊的房產，其餘部分還能繼續賺利息。等物資供應到位、勞動價格恢復正常，應有足夠的資金擴建。……為長遠利益，必須這樣做。上海教區是不會平白無故給我們任何房產的。」

2 Shanghai Annals, August 1, Russian Club; August 6, Intalian Embassy.

3 這五人分別為派翠西亞修女、初學生貝茜・林、瑪麗・鄭、貝麗莎・佩雷拉、伊麗莎白・達卡奈。另一封七月二十七日的信，還提到有另外三名學生：露西安娜・方（Lucianna Fang）、瑪麗・法蘭西絲・萬（Mary Frances Ouan），兩人是丹佛樂勒脫高原學院的學生；瓊安・露西・吳（Joan Lucy Wou）則是聖路易威伯斯特大學的學生。

4 「繼續在聖心會待下去太不像話了。目前，上海房租和押金幾近天價。租房子基本上將耗盡現有的資本，使我們所剩無幾。此外，掌管教區財務的維迪爾神父拒絕給我們任何房產……我跟主教要了三十根金條，總計一萬八千美元左右，用來擴建校舍。維迪爾神父對此極為不滿。好在主教已經批准了，並且我有憑證在手。」

5 Letter date Feb. 11, 1947 to Sister Matilda Barrett, archivist. LMA.

6 Fitzgerald, Father Dan, Unpublished typescript: One Man's Story, written in 1952. Given to the author at Neagh, Ireland, on Oct. 19, 2001.

7 直到戰爭讓繡花堂的成品無法再運往海外為止，超過二十年的時間裡，「整理室」都是由派翠西亞來負責，她會在這裡把關最後成品的品質。如今繡花堂功成身退，加上自身的疲憊，派翠西亞希望能回去美國（最後她在一九四六年六月離開中國）。

8 Gutterres, p.65.

9 一九五二年，克萊門蒂婭和茱斯塔離開漢陽前，為了不落到政府人員手中，銷毀了所有文件。這份文件大概也在那時付之一炬。。

10 Letter to Mother Edwarda from Justa at Wen Teh Middle School, Hanyang, Hupeh, China, January 6, 1948.

11 一九三七年時，高爾文送彼得・張和沈士賢神父到羅馬去完成他們的學業。

3 *Chronology*, p.412.

4 From a telephone interview with Elizabeth Dacanay SL on August 11, 2005, after the 60th anniversary of the bombing of Hiroshima and Nagasaki. 伊麗莎白・達卡奈成為樂勒脫修女時，取了會名為瑪麗・科羅妮塔（Mary Coronita）。但是在第二屆梵蒂岡會議後，恢復使用洗禮名。

5 Sister Antonella Marie's letter to Mother Edwarda Ashe, dated September 24, 1945.

6 瑪麗・珍提到對日本長崎、廣島兩座城市的轟炸時，寫道：「那些可怕的原子彈」。

7 OUR CHINA-BRIEF STATISTICS, p.7, undated typescript. LMA.

8 *Chronoloogy*, p. 414.

9 喬瑟拉修女拿到登船證的同時，還收到了一筆五美元的「慰問金」。

10 一輛掃雷車在長江口的最後一個島上撞上地雷，被炸成兩半，兩名美國人、四個日本人和兩個印度人受傷。

11 「一天晚飯後，我們還在餐廳裡聊天。兩個國軍士兵進來說，他們是護船的，因為我們離土匪活動頻繁的搶劫區很近。他們在餐桌上架起兩挺機關槍，然後開始裝子彈。槍只比那兩個士兵稍微短那麼一點。感對我們來說，感覺他們和那兩挺機關槍比土匪還危險。」

12 在一九四七年，高爾文回憶道：「我們沒錢修築防空洞，因此沒有任何保護。警報一響，我們就鎖上大門，跑到漢陽周邊的田野裡去躲避。後來，當飛機在空中交戰，我們認為留在室內是安全的。這個時候，我們跟天主教徒和異教徒一起躲在教堂裡。整整一年都是這樣，每天晚上幾乎也都是如此。」（Columban Fathers Omaha Archives. CFOA）

13 「我怕晚上會有狗來，即使不把這個孩子吃了，也會嚇到她。我把脖子上的掛繩扯斷，將護身吊墜戴在她脖子上祈求聖母保佑她。那天晚上，我沒有勇氣爬上乾淨溫暖的床，一直站在窗前，望著那個山洞的方向，想著我的小瑪麗。」

14 Letter dated August 24, 1945 from 622 Avenue Joffre, Shanghai. To Mother Edwarda Ashe.

15 「他是最忠於我的人之一。為了救他，我願意為上帝做任何事情。」作為愛爾蘭公民，霍根需要赴美簽證，高爾文盡了一切努力為他申請旅遊簽證。高爾文聯絡了奧馬哈的康納利（Connelly）神父，懇求他聯繫巴爾的摩的主教，請他想辦法將霍根神父送到美國。

16 《上海日誌》記錄的訪客有：沃恩（Warne）先生、葛蕾絲修女當水手的堂兄弟、耶柔米・瑪麗（Jerome Marie）的侄子、兩名飛行員、美國海軍的懷特（F.P.White）先生、合眾通訊社（United Press）的美國人比爾・麥克杜格爾（Bill McDougall）、伊利諾伊州羅克福德（Rockford）的唐納・摩根・舒馬特（Donald Morgan Shumate）、聖路易的迪・伯克曼（Dee Boeckmann）小姐、

十五　上海集中營、武漢轟炸
一九四三年到一九四五年

1 出自尼古拉修女在返回美國之後所寫的記述。

2 Letter dated May 21, 1943, p.3. 尼古拉在閘北待了六週，之後在五月三十日被移送到聖心修女會。

3 Gutterres, Loretto Education in China, p. 124. 聖心修女會大院裡有震旦文理女子學院、一所中國學校（小學到中學），以及一所外語學校。

4 四月十四日的《上海日誌》：「孩子們不想回家；她們覺得能表達出對我們的感謝最好的方式，就是幫忙做一些事情。」

5 樂勒脫修女會的全名為「十字架下的樂勒脫修女會」，是為了紀念痛苦聖母所受其中之一苦，即瑪麗亞目睹耶穌死在十字架上。

6 此處和以下段落內容皆來自：April 19-21, 1943, entries. SA, LMA.

7 當時收到身分證的十二人有：內瑞克斯・瑪麗・卡爾、佛羅倫丁・格林威爾、蕾吉娜・瑪麗・荷蘭、蘿絲・吉娜維芙・霍華德、西緬・科洛特、瑪麗・珍・麥克唐納、瑪麗・史蒂芬・努爾、多洛雷塔・瑪麗・歐康納、克萊門蒂婭・羅格納、約瑟拉・西蒙斯、葛蕾絲・克萊爾・尚利和史黛拉・湯普金斯。另外還有三個人：前一陣子就到達的尼古拉・艾金，尚在醫院裡的莫琳・歐康諾和葡萄牙公民安托內亞・瑪麗・古特拉斯。她在處理完所有學校收尾事宜後，也來到集中營與大家待在一起。在集中營的樂勒脫修女總共有十五人。

8 Interview with Antomella Marie Gutterres on April 30, 1993.

9 同樣上過喬瑟拉修女英語課的克莉斯蒂娜・陳（hristina Cheng），於二〇〇五年六月在樂勒脫總會的一場訪談裡證實了這件事情。

10 Peggy (Cecily) Jones, "I Left My Heart in Shanghai, *The Web*, Webster College 1945.

11 Letter, April 20, 1943 written by Bishop Galvin, LMA.

12 Sister Ida Sala, *History of Our Canossian Missions China 1968-1952,* p. 312.

13 關於嘉諾撒仁愛會遭到徹底摧毀的詳細故事，請見：Sister Ida Sala, *History of Our Canossian Missions China 1968-1952,* Chapter Fifteen,"TheTragic Events 1944-45," pp.311-325.

14 Galvin, undated letter, p. 4.

15 *Hanyang Annals*, Dec. 20-21,1944.

16 *Hanyang Annals*, Dec. 20-21,1944.

十六　又一個過渡時期　一九四五年到一九四六年

1 Immanuel C. U. Hsu., *The Rise of Modern China*, p.609.

2 *Chronology*, pp. 410-412.

11 《漢陽日誌》一九四二年六月四日裡寫道：「這裡所有的人都為她們的離去而心碎。」

12 根據史黛拉後來在她五月二十四日信中的附註：「一共有八十名乘客，包括我們兩人，每個人都心碎不已。」

13 史黛拉在六月九日的附註：「我們的好朋友哈克（Huch/Huck）先生通知我們……日本人想知道原因（為什麼修女想待在漢陽），我們必須寫下來。於是我們寫了：『我們是在聖父教皇的期盼下來到中國，除非有他的命令，我們不願離開中國。』日本人不敢得罪聖父。」

14 Regina Marie Holland SL, "Diary of Years' Internment."

15 這兩位澳洲神父在上海進入集中營，一直待到一九四五年，之後就返回漢陽。

16 沃德隆一九四六年一月二十八日發自漢陽的信（信件原件收藏在內布拉斯加的高隆龐神父檔案館〔Columban Fathers' Archives〕）：「日軍當局，特別是憲兵，教育水平有限，只講日語，不會任何其他語言。他們搞不懂上學時候學的大英帝國一部分，怎麼會在戰爭期間變成了一個獨立自主的國家。另外一個難處是由於大多數情況下需要通過中國人翻譯來對談，而中國人翻譯對當前歷史的了解，甚至少於他們的日軍主子。還有難上加難的是，英國政府在漢口的代理是個喜愛說三道四、好管閒事的瑞士人。」

17 Waldron letter, p. 2.

18 Excerpt from a report signed by Sister Mary Jane, mailed from Shanghai for the Louisville Record on November 5, 1945. LMA.

19 *Shanghai Annals*, December 4, 1942.

20 Letter dated November 4, 1942, LMA.

21 Nicholas Egging, "Memoires of a Captive," dated April 3, 1954.

22 茱斯塔在一九四三年二月十九日寫道：「回到家得知一隻狗進了雞舍，咬死幾隻母雞，其他的雞飛走了。但相比在漢口看到的事情，這不過是小事一樁。」

23 Egging, p. 4-5.

24 摘錄自一封一九四三年五月二十一日的信，裡面敘述了尼古拉在上海大學囚禁五週的經歷。

25 Nicholas' letter May 21.修女人數：瑪麗亞方濟各傳教會八名；聖文森保羅仁愛會七名；昂熱聖母修女會（Sistersof Notre Dame des Anges）四名；奧登堡方濟各傳教會四名；樂勒脫修女一名；兩名外籍宣教員赫克爾斯（Heckles）小姐和霍特克（Hoetker）小姐。「我們住在一個大房間裡。」

潛艇又向郵輪發射了一顆魚雷。船長拉了三次笛以示告別，隨後火焰騰空而起，我們親眼目睹了這艘美麗的郵輪慢慢沒入大海的整個過程……在波濤洶湧的大海中我們頓感無助。」前方出現了一艘船，船員們花了兩個小時才把救生艇划到那艘船前面。眾人起初並不知道是不是德國軍艦來抓俘虜，直到軍艦上的人自報是英國人，才放下心中的大石頭。她們於十二月十八日到達蘇格蘭，搭巴士到格拉斯哥。「到了中央大飯店（Grand Central Hotel）我們才得以梳洗。」之後，她們乘船從蘇格蘭到愛爾蘭，最後在十二月二十日晚上八點到達克萊爾郡。

10 五月二十三日，華盛頓特區的國家天主教福利會議呼籲美國政府進行干預，但遭到拒絕。

11 這封史黛拉致克里斯托福修女的信寫於一九四一年十二月二日。此信的副本上有打字機的紀錄：「信中包含漢陽修女的財務報告。信封背面的郵戳顯示：上海，一九四一年十二月十一日。另有蓋章顯示：信件到莫斯科時已有損毀，還有郵政人員用鉛筆寫上的名字。最後，郵戳顯示一九四三年二月七日到達紐約。」這封信到達肯塔基樂勒脫總會的日期是一九四三年二月十日。

12 Regina Marie Holland SL, “Diary of Years’ Internment,” dated August 28, 1945, Sacred Heart Convent, 622 Avenue Joffre, Shanghai, China.「大家都以為日軍會限制我們的行動，因為我們是美國人。但是他們需要應付的事情太多了，暫時還顧不上我們。學校正常運行到一九四三年四月。」

十四　驅逐出境　一九四二年到一九四三年

1 愛德華達會長在一九四一年十一月十三日曾寫信詢問史黛拉，依撒伯會不會考慮加入聖瑪麗修女會。任何一個漢陽修女都會毫不猶豫地回答「不會」，當一名樂勒脫修女當然要比聖瑪麗修女的「面子」大得多。無法得知愛德華達會長為什麼會提出這個問題。

2 Letter to Mother Edwarda Ashe dated May 24, 1942, LMA.

3 信件的日期是一九四五年八月二十七日。

4 Hanyang Annals, March 17, 1942, LMA.

5 十年前，桑德斯神父曾被共產黨抓去當人質。保羅・沃德隆（Paul Waldron）在一九四六年一月二十八日的信裡，提到桑德斯神父又在新堤被日軍逮捕。

6 由於無法寄出成品，她們只好在十二月下旬關閉了繡花堂。

7 史黛拉這封信直到一九四五年九月才到達肯塔基。

8 *Hanyang Annals*, April 27 and May 10, 1942.

9 Postscripts in Sister Stella's handwriting, added to her May 24 letter (see Note 7), dated June 15, Shanghai.

10 Handwritten postscript to letter referred to in Note 10 supplies these quoted details.

陽市場。別的什麼都沒有，只能買日本商品。可憐的漢陽幾千年如一日。在這裡，你幾乎感受不出來不久前發生過戰爭。」

12 El Paso Interview, 1955, p 2, LMA

13 她們的教規特別允許騎馬，這樣才能到鄉下任何地方去幫助神父。

14 El Paso Interview, p. 3-4.

15 Handwritten letter from Sister Clementia, dated Aug.10,1939.

16 莫琳乘「柯立芝總統」號（USS President Coolidge）從舊金山出發。從一九三八年初到一九三九年上半年在美國期間，她攜帶上海惠濟良主教、漢陽高爾文主教和奧莉薇特會長的推薦信到布魯克林、波士頓、密爾瓦基、堪薩斯、聖路易、加爾維斯敦（Galveston）等地募款。所到之處收穫頗豐。還用一個洋娃娃在抽獎時獲得一千兩百美元……在各地樂勒脫修女會幫助下，當神父在教堂宣布募捐時，莫琳和兩位修女夥伴瑪麗・艾塞爾・達利（Mary Ethel Daly，在美國西南部時）、瑪拉西・蒂爾南（Malacy Tiernan，在美國北部時）手捧募捐籃接受捐贈。一九三八年九月從漢口返美的李奧納達修女則在一九三九年一月陪同莫琳到密爾瓦基募捐。

17 Letter from Galvin to Mother General, dated July 22, 1939.

18 她們的名字分別是德雷莎、莫妮卡、艾格妮絲、法蘭西絲、高隆龐、安潔拉、瑪格麗特、瑪麗・實倫、瑪麗・約翰、瑪麗・約瑟夫、瑪麗・彼得，以及瑪麗・莫德琳修女。

19 Typescript "Memorable Day," p. 3, written by Sister Clementia.

十三　日軍擴張　一九四〇年到一九四一年

1 Letter dated February 24, 1941. HA, LMA.

2 *Shanghai Annals*, 1940, p.4, LMA.

3 這是瑪麗・珍在一九四〇年一月十八日寫給奧莉薇特會長的信。信裡還寫道：「我把這封信準備好了，要是坎普曼（Kampman）先生來看我們，就可以裝進他口袋裡帶走了。」肯塔基總會於三月六日收到此信。

4 Letter dated May 10, 1940. 沒有證據表明瑪麗・珍的信得到了回應。

5 Letter to Mother Olivette in Kentucky, dated June 2, delivered July 1.

6 兩個多月後，八月十九日和二十日，日軍轟炸了重慶，造成重大破壞。

7 這封信的標題是「在漢的樂勒脫」。信裡還提到：「江上幾乎沒有船，有的話也都是「日光」（尼古拉用來指日本）的船。而且由於似乎總是有許多人在等候船隻，我們的姊妹們將不得不耐心等待。」

8 Summarized from *Chronology*, p. 386.

9 Letter dated December 24, 1940. 一九四一年三月，瑪麗・珍收到派翠克・莫洛尼修女一九四〇年十二月二十四日寫的信：「第一次爆炸發生五十分鐘以後，

丸」號出發前往西雅圖，最後於十月十六日抵達。

18 Letter dated Oct. 6 Justa to Mother Linus.

19 十月二十二日的《漢陽日誌》：「政府給每個苦力大約四美元，每輛馬車和車夫大約十美元來運送難民。」*Hanyang Annals,* October 22. LMA.

20 尼古拉修女十二月六日寫給上海修女的信裡說：「他們（日軍）幾乎每天都來。他們一來，中國修女就到教堂裡去。任何時候都是由我們兩個會見他們，然後就帶他們上樓到教堂去。士兵看到修女們在祈禱就會離開。」（很可能是因為士兵看不見她們的臉，以為都是美國修女。）

21 *The Rise of Modern China,* p 584.

十二　淪陷區的生活　一九三九年

1 Mary Jane to Olivette, dated Feb. 20, 1938. LMA.

2 Gutterres, *Loretto Education in China,* p 99. 在一九三三年到一九五一年期間，上海樂勒脫學校有包括歐洲和蘇聯的難民在內的三十七種國籍的學生，其中，人數最多的是英國、葡萄牙和中國。

3 瑪麗·珍於十月十六日在寶慶路十號寄給奧莉薇特會長的信中寫道：「戰爭使我們歪打正著找到這個好地方。之前在虹口區修建學校的計畫原本只是暫且擱置，準備等待時機成熟再重新啟動。現在可以放棄了。……虹口已經變成了工廠區，煤煙和肥皂廠、油廠的氣味令人難以忍受。」

4 由葛蕾絲修女來幫助貝莎制定課程計畫；瑪麗·珍則每週兩次指導她教學的方法。

5 O'Brien Report, 1940, p13. 由於委員會計畫繼續運作，高爾文請歐卡羅爾神父接替他在委員會裡的職位。

6 茱斯塔一九三八年二月寫給會長的信裡說，主教「向姐妹們提出各個方面的問題，例如：是否應該允許本土修女看管教堂、照料神父的衣服、監督神父的廚房？」（樂勒脫修女沒有承擔過這些任務，所以她們說高爾文應該問一問武漢的另外兩個本土修女會是怎樣處理，以及這樣做的利弊。）

7 她們都穿著茱斯塔設計的簡樸灰色連衣裙，裙子下面則是典型的中式長褲。「她們用自己的手一針一線來縫製。打摺是我們為了避免熨燙的問題而想出來的點子。只要她們沿著打摺處來摺衣服，然後將衣服弄濕、放上重物，就可以把衣服壓平。」

8 Handwritten letter from St. Mary's novitiate, dated March 28, 1939, signed by both Sister Justa and Sister Clementia.

9 Letter dated March 31, 1939, reached Kentucky May 1.

10 Letter, dated April 16, 1939, Stella to Mother General.

11 茱斯塔在一九三九年四月二十二日的信中寫道：「日本商品幾乎淹沒了整個漢

14 Maureen O'Connell SL, "At the Foot of the Cross in China," p 10.

15 Letter written by Mother Ann Marita aboard the USS President Hoover bound for Manila, LMA.

16 Letter written by Mary Jane McDonald from *Maison Centrale* on August 22.

17 Letter dated Hanyang Sept. 12.

18 "Days of Danger," p 7-8.

19 From an undated typescript written by Sister Clementia Rogner.

20 Letter to Mother Olivette, dated February 28th, 1938.

21 Simon Winchester, *The River at the Center of the World*, p. 126.

十一　占領武漢　一九三八年

1 *The Rise of Modern China*, pp 584-85. 此外，還有日本北京設立的「臨時政府」，以及一九三八年三月二十八日在南京成立的「維新政府」。

2 Letter dated Jan. 28, 1938, to Joe O'Leary in Ireland, CFAN, Columbian Fathers Archives Navan.

3 Leonarda Redmond, "Days of Danger," p. 47 and p. 54.

4 "Han Yang Loretto – May 1938," typed, no signature. LMA.

5 "Days of Danger," pp. 5-7.

6 *Chronology*, p. 370.

7 兩人分別為漢口商會主席馬克爾（A.E. Marker）和怡和洋行經理杜普利（W.S. Dupree）。

8 Letter from Galvin at 46 Szeming St., Hankow, to Father Paddy O'Connor, NCWC, October 14, 1938.

9 *The Rise of Modern China,* p.588. 這次合作結盟最終沒有持續下去。

10 「條件施洗」（baptizing conditionally）是指為受重傷或垂死而無法說出他們是否願意受洗的人所進行的施洗。

11 Letter dated July 25, postmarked Hankow; then postmarked July 27, Victoria, Hong Kong; received at Nerinx, KY, August 17, 1938.

12 Nicholas Egging, "Memoires," p. 80, LMA.

13 "Days of Danger," p. 71.

14 Letter written August 12, mailed to Shanghai and then later forwarded to Kentucky August 18.

15 "Days of Danger," p. 74.

16 霍根神父說後來佛萊琳從軍了，一名中國軍官看上了牠，神父就把牠送給了那位軍官。

17 李奧納達從上海乘「上海丸」號到長崎，轉乘火車到神戶，之後搭乘「平安女會之前是鍵控計算機操作員。她對書法很感興趣，但缺乏家政的才能，不久之後她在其他方面的長才吸引了瑪麗・珍的注意。

6 高爾文在內布拉斯加州時去看望了茱斯塔的姐妹。在丹佛時則探望了西緬修女的母親和姐妹，以及克萊門蒂婭的母親。他寫給每個人的信裡都報告了她們的近況。

7 TWJWU, p. 11. 史泰博是在一九二一年成為神父，後來被派駐到漢陽，直到一九四六年才離開。歐科林斯神父在一九二四年於羅馬接受聖職後，就加入了聖高隆龐，同樣也在漢陽待到了一九四六年。

8 喬・霍根幫助高爾文和茱斯塔建立了聖瑪麗修女會；後來，他將聖母軍介紹到中國。

9 保羅・休斯一九三〇年到漢陽，後來與其他高隆龐神父一起被驅逐出境。

10 Letter dated Oct 1, 1935.

11 Letter dated October 4, 1936. LMA.

12 住在修女會對露西的病情毫無緩解。最後，茱斯塔不得不通知她的家人把她帶回去。

13 Letter dated Dec. 28 from Sister Simeon to Mother Olivette Norton.

14 Letter dated Dec. 28, from Sister Stella to Mother Olivette Norton.

十　中日衝突　一九三七年

1 *Chronology*, p. 334.

2 Letter dated Hanyang Feb. 15, 1937, LMA.

3 Letter dated Feb. 24. 1937. filed under Sisters of St. Mary, LMA.

4 沒有任何紀錄表示茱斯塔修女有要求克萊門蒂婭或其他人來當自己的助手。

5 三月十二日在《漢陽日誌》上未署名的留言：「他的想法倒是很棒！但是否可行？天曉得。」

6 這是茱斯塔關注日軍動向的第一個跡象。

7 Noted in the Hanyang Annals for March 15.

8 一九九三年夏天依撒伯在肯塔基時，作者就此事問過依撒伯修女。她說胡家人逼迫露西結婚，生了一個孩子，但是無法撫養他。露西後來自殺了。有人說，後來依撒伯「收養」過的一個男孩就是露西的孩子。對此，依撒伯從未證實。

9 From “China Memoires” handwritten account by Mother Linus, dated July 16, 1937.

10 她們參觀了漢陽著名的歸元寺，裡面供奉著五百尊表情和姿勢各異的羅漢。寺廟裡有兩百名僧侶過著嚴格自律的生活。

11 *Chronology*, p. 364.

12 Letter dated July 25, 1937 from Justa to Mother Olivette.

13 Except from a letter dated August 8, 1937.

9　克萊門蒂婭・羅格納自一九二六年以來就在德州艾爾帕索的一所小學任教。她是一九二二年一百名報名去漢陽的志願者之一，她還在新墨西哥州拉斯克魯塞斯（Las Cruces）任教過六年、亞利桑那州道格拉斯（Douglas）任教過兩年。她是個瘦瘦高高的人，行動起來活力十足，頗為健談。她可能是這幾個人中最興奮的一個。因為到漢陽來服務是她這十年來的渴望。

10　即便如此，學校還是迅速發展，學生人數很快就達到了一百八十人，導致學校不能來者必收。

11　*The Rise of Modern China.* p. 550.「一九三二年一月二十八日，日本人在上海開闢了第二條戰線，來轉移國際社會對滿洲的關注。在四個月的時間裡，日軍占領了上海和吳淞等地區。」

12　這位陸先生（譯註：原文為Mr. Lo Po，應該是筆誤，指的很可能應該是老上海慈善家陸伯鴻）被稱作是「上海的聖文森保羅」（St. Vincent de Paul of Shanghai），資助了許多天主教機構，後來當瑪麗・珍需要一筆錢來購買學校的地產時，就是這位陸先生借錢給她。

13　1933 Diary about Trip to China, Mother Oliventte Norton's file, LMA.

14　對瑪麗・珍來說，尼古拉和茱斯塔兩人都是移民，是任何計畫成為樂勒脫修女的年輕女性的榜樣：流利的英語是充分參與社群的必要條件。朵拉・艾金（Dora Egging），也就是後來的尼古拉修女，是從荷蘭來到美國。而茱斯塔則是來自波西米亞（現在的波士尼亞）。雖然時間相差數年，兩人先後在內布拉斯加州的大衛市（David City）的樂勒脫學校與克里斯皮娜・歐蘇利文（Crispina O'Sullivan）修女學習英語。這些都是發生在她們兩人決定加入樂勒脫社群之前的事情。

15　From a letter written by Justa to Mother Olivette, November 20, 1933.

九　過渡時期　一九三四年到一九三六年

1　樂勒脫修女會在美國辦的三所學校分別是：科羅拉多州丹佛市的聖瑪麗學院，密蘇里州聖路易斯市的樂勒脫學院和內瑞克斯女子高中。

2　TWJWU, p.147. 麥克高德里克出身於澳洲，在布里斯本接受教育，後來在奧地利的因斯布魯克（Innsbruck）被授予聖職。在一九二三年成為聖高隆龐的一員後，他立刻就來到了漢陽。一九二五年則調到上海，直接一九五一年返回澳洲為止。

3　Letter dated November 18, 1934. LMA.

4　*The Rise of Modern China,* p 559.「一九三四年十月十五日，長征正式展開，共計有八萬五千名士兵、一萬五千名政府與黨的官員，以及三十五名高階領導人的妻子。」

5　葛蕾絲修女在一八九三年出生於丹佛，一九二三年加入樂勒脫修女會。加入修是不說就斃了她。他們用左輪手槍抵著她的頭，但她還是不說。他們就把她和安娜帶走了。之後，他們把兩個穿著睡衣的女孩遊街示眾，宣布說如果沒人告訴他們神父在什麼地方，就殺了她們兩人。可是還是沒人站出來告訴他們……最後，他們就把兩個女孩帶走了。」沒有人知道她們的下落。COA.

7 桑德斯神父總共在中國待了二十五年，於一九五三年被驅逐出境，回到愛爾蘭。在他生命中的最後二十年，都在愛爾蘭威克洛郡馬科摩羅（Magheramore, County Wicklow）的高隆龐修女會擔任牧師。

8 Galvin to Omaha, August 29, 1931, COA.

9 "Natural Disasters," *Chronology*, p. 339.

10 Letter from Galvin to Omaha addressed to "Paddy" on August 29th, 1931, COA.

11 Sister Nicholas Egging's journal, LMA.

12 TWJWU, p, 118.

13 May 12, 1932, HA, LMA.

14 牯嶺飯店如今仍然在中國盧山自然保護區裡營運。

15 *Chronology*, July 15, 1931, p. 336，蔣中正發動了第三次剿共。

16 *Chronology*, February 18, 1932, p. 349.

17 Letter to Mother Olivette Norton, dated August 19, LMA.

18 Dated November 6, 1932, COA.

八　上海和漢陽　一九三三年到一九三四年

1 *Chronology*, p.344 . 南昌即為昆蘭神父被指派的地方。隨後在一九三四年，他被派遣到高隆龐最新在朝鮮創立的據點。

2 繡花堂的女孩和武漢地區其他學校的女孩有意願成為修女的要求，引發了關於是要在中國建立初學院，還是將望會生送往肯塔基初學院學習修道的討論，但問題仍然懸而未決。

3 在一月六日主顯節（Epiphany）之後不久，德雷莎・蔡就從四人小組中退出。

4 茱斯塔一定是猜到了瑪麗・珍不會再回到漢陽。瑪麗・珍離開漢陽前往上海的前幾天，茱斯塔寫信給奧莉薇特會長時表示，如果她自己將陪同四位修女來中國，那麼等到會長回去美國時，希望能帶著依撒伯、露西和瑪莎跟她一起去肯塔基。茱斯塔補充說：「她們已經接受了三年的培訓。」

5 依撒伯是黃家的長女，她有兩個姐妹，艾格尼絲和塞西莉亞（Cecilia），和一個名叫赫比（Herbie）的弟弟。依撒伯十二歲離開沙洋時，弟弟姐妹還很小。

6 多洛雷塔・瑪麗・歐康納曾在新墨西哥州、伊利諾伊州和加州洛杉磯任教。

7 喬瑟拉・西蒙斯在一八六四年位於科羅拉多州丹佛成立的聖瑪麗學院任教十年。

8 瑪麗・史蒂芬・努爾也是聖瑪麗學院教師。

Cahiracon, Ireeland, names the sisters: Mary Lelia, Mary Dolores, Mary Michael, Columba and Mary Patrick. CSAW. These accounts were copied by Elaine Marie Prevallet SL at Wicklow and are now filed under Columban Sisters LMA.

8 *Ordained 1924*, p 81.萊恩漢神父在一九二六年到一九三二年間待在中國，後來在美國、英國和愛爾蘭度過餘生。曾在銀溪（Silver Creek）的聖高隆龐教堂工作了將近二十年。是《天主教神學、哲學與現代科學之間的和諧》（*The Harmony between Catholic Theology, Philosophy and Modern Science*）一書的作者。

9 From the Columban Sisters Archives, County Wicklow. Letter written in Hanyang June 6, 1930.

10 TWJWU, p.57. 皮戈特神父是在一九二二年來到漢陽。第二次世界大戰爆發後，他在訪問愛爾蘭時作為隨軍神父加入了皇家空軍。一九四六年回到中國，前往湖州。馬奎爾神父在加入高隆龐之前，曾在利默里克（Limerick）的至聖救主會（Redemptorist）研究院學習，而後一九二二年到一九四六年都待在漢陽。德夫林神父則是一九二四年到一九三四年間都在漢陽。

11 但交換人質的請求被拒絕。

12 TWJWU, p 117. 麥克・歐科林斯神父（又名格里〔Gerry〕）一八九九年出生於墨爾本。在羅馬宣傳學院（Propaganda College）學習。一九二四年加入高隆龐，分配到漢陽。第二次世界大戰期間被日軍關在上海的外國人集中營，一九四六年回到漢陽，一九四九年返回澳洲。

13 Columban sisters' Hanyang Annals for 1930, p 6, SCA Wicklow.

14 Loretto Hanyang Annals November 25, 1930. LMA.

15 *The Red Laquered Gate,* p.272.

16 TWJWU, p 79. 雷納德神夫是一九二八年前往南昌的成員之一，在一九二八年七月二十九日，遭到中國土匪綁架並殺害，屍首分離。歐弗林神父則是一位才華橫溢的語言學家，他於一九二九年十月三十日在江西去世，死因不明。

七　武漢洪水　一九三一年到一九三二年

1 *The River at the Center of the World,* p. 146.

2 Letter to Mother Olivette Norton, LMA.

3 Edward Fischer, *Maybe A Second Spring,* p. 83.

4 Fischer, p. 84.

5 TWJWU, p. 28. 葬禮舉行的地點在南昌。

6 這兩個女孩是羅莎・于（Rosa Yu）和她的妹妹安娜（Anna）。在八月二十六日寫給歐德懷爾的信中，高爾文談到他後來聽村裡的人說：「羅莎急忙回家，但在路上遇到共產黨。他們懷疑她向神父通風報信，把她抓起來，審問她洋人在哪裡。她就是不說。於是，他們把她押回家，在她的母親和阿姨面前威脅要

五　漢陽　一九二九年

1 "The up and downs of Hanyang, an old city" from *Old Stories of Wuhan,* Wuhan Press, 2000, p 15. 武昌城牆則在一九二七年到一九二八年這段期間被拆除。

2 May 29, 1929, letter to Mother Olivette voicing her concerns.

3 這些絲線是一長束一長束在販售，沒有任何顏色。修女們很有系統地安排小染缸、刻度、尺寸、方向，並在成品上製作出許多精緻、多采多姿的色調。如果在染色過程中稍有偏差，尼古拉有一個消除的手續，能在不傷害到絲線的前提下，除去上面所有的顏色，好讓修女們能重新染成想要的顏色。From a typed page in the Hanyang files, not signed. LMA.

4 瑪麗・珍在這封信裡還說，她們決定為女孩們提供校服。買布料的錢總計一百五十美元，能為每個女孩製作兩套衣服。她希望新來的女孩可以繼續穿離校孩子的舊校服，這樣一套衣服可以穿好幾年。女孩們都很矮小，她們可以把自己的衣服穿在校服的裡面，如此一來校服便不會有太多磨損。許多女孩來的時候沒有多少衣服，而有些女孩則有比較好的家境條件。有了校服，差距就不會那麼明顯了。

5 西緬修女出生於奧勒岡州塞勒姆（Salem）。她曾在聖路易和洛杉磯的小學任教，是報名加入漢陽樂勒脫修女會的眾多志願者中的第一個。

六　湖北省　一九三〇年

1 From an account sent to Charicon by Sister Theophane, dated June 6, 1930. CSA Wicklow, Ireland.

2 "Those Who Journeyed With Us," p. 135. 歐卡羅來自萊特里姆郡（Leitrim），一九二三年分配到漢陽。一九三〇年的時候，他三十二歲。

3 John Cowhig, p 132. 科威格出生於愛爾蘭科克郡金塞爾鎮（Kinsale）。他一九二四年到一九三四年待在漢陽。一九三〇年他三十三歲。

4 TWJWU, p. 79. 法蘭克・麥克唐納，出生於格拉斯哥，父母是愛爾蘭人。麥克唐納在醫學院時的同學、小說家克羅寧（A. J. Cronin）就將小說《天路歷程》（*The Keys of the Kingdom*）獻給了他。法蘭克・麥克唐納一九二四年來到漢陽。一九三〇年，他三十五歲。

5 約翰・洛夫圖斯出生於梅奧郡（Mayo）。一九二六年到一九三五年都待在漢陽教區工作。Galvin's letter is from the Columban Archives Omaha, Nebraska.

6 TWJWU, p. 73. 派翠克・拉凡在一八九八年出生於愛爾蘭蒂珀雷里郡（Tipperary）。一九三四年在澳大利亞去世。

7 Typed script, p.2, dated Hanyang, June 6, 1930 and a handwritten copy dated, May 18, 1930. The account written by Sister Mary Dolores to Mother Mary Malachy in

8 *The Rise of Modern China* , pp. 527-58.「乘著勝利的浪頭，北伐軍在三月二十四日進攻南京，顯然國民黨高層在武漢和南京形成兩個權力中心，分裂迫在眉睫。」

9 Hanyang Annals, p. 171, written in longhand by Sister Maureen O'Connell, LMA.

10 HA, p. 173. 莫琳後來撤離到上海期間一直持續記錄日誌，她提到瑪麗・珍認為撤離意味著一敗塗地，甚至感到屈辱。

11 Letter written from *321 Rue Cardinal Mercier*, Shanghai, to Mother Clarasine in Kentucky, LMA.

12 *Chronology*, p. 312.

13 *The Rise of Modern China*, p. 538. 令人驚訝的是，蔣中正在這段期間持續宣稱他和莫斯科之間的友誼；他爭鬥的對象只有中國本地的共產黨人。

14 From the Columban archives in Omaha, Nebraska.

15 TWJWU, p 40. 瑞安神父在一九二二年來到漢陽。一九三七年三月因筋疲力盡倒在路邊而死。

16 *Chronology*, p. 314.

17 Letter written October 15, 1927, Father Edward Galvin to Dr. Michael O' Dwyer, CNA.

18 "Again to Loretto-by-the-Han," Far East Magazine, February 1928. File: Hanyang Vic I. CCB. Nebraska.

四　漢陽　一九二八年

1 *Chronology*, pp. 318-321. 補充一點，在一九二八年二月，農曆新年不久之後，武漢政府遭到解散，由南京國民政府接管。隨著國民政府在南京站穩腳步，蔣中正決定恢復北伐，打算拿下當時被軍閥所控制的北京。

2 樂勒脫修女會的一項傳統，就是將這個縮寫放在信件的抬頭。多年以來，修女們將這個傳統傳給了她們所有的學生。這個簡短的禱告跟修女會的全稱「十字架下的樂勒脫修女會」有很大的關係。所有從中國寄出的信件，不論是用手寫或是打字，開頭都會加上這個縮寫。學生們也會將這個縮寫，寫在學校指派作業的開頭。

3 *Old Stories of Wuhan*, Wuhan Press, 2000, p. 15.「在一九二八年，漢陽城牆完成其歷史上的使命，大部分都被拆掉了。只有西門和其兩側的城牆要到一九五〇年才完全拆除。」引自："The up and downs of Hanyang, an old city." Researched by Wang Shuo, graduate student in Beijing, 2004.

4 Letter dated April 11, 1928 from Mary Jane McDonald, LMA.

5 Notes taken by the author at Mt. St. Joseph Archives, Mt. St. Joseph, Ohio, on September 11, 1996.

13 Letter dated June 17, 1925.
14 Hanyang Annals, p.106, LMA.
15 Egging, Sister Nicholas's memoirs, pp. 23-9.

二　牯嶺與黃甲山　一九二六年

1 *Modern China: A Chronology from 1842 to the Present*, p 306.
2 瑪麗·珍的信中還提到「茱斯塔和莫琳週四就回到漢陽」。
3 Patrick Crowley csc, editor, "Those Who Journeyed With Us, 1918-2004," p 148. 昆蘭在一九二〇年到漢陽，一九三三年被分配到南昌。他於一九三四年去了韓國，後來成為北朝鮮的階下囚。直到一九五三年為止，眾人都以為他早已身亡。一九五五年，他被任命為主教。他在一九六五年梵蒂岡第二屆大公會議（Second Vatican Council）後，辭去了主教職務。
4 Nicholas Egging sl, handwritten journal, pp. 50-52.
5 Edward Fischer, *Maybe A Second Spring, The story of the Missionary Sisters of St. Columban* ,pp. 33-34.
6 *Chronology*, p 310.
7 *Chronology*, p 310.
8 Egging, pp. 55-56.

三　艱難前行　一九二七年

1 *Tortured China*, "Abend, Hallett," p. 11. 同樣請見同書："Nanking incident" on p. 45.
2 *Rise of Modern China*, p. 527. 後者積極執行史達林在一九二七年三月三日下達的命令，呼籲加強群眾運動、武裝工農、動員群眾攻擊和羞辱國民黨內蔣中正的右翼分子。
3 *The Santa Fe New Mexican*, front page.
4 TWJWU, p. 63. 派特·歐康諾和法蘭克·麥克唐納被共產黨領導的暴民毆打並受到死亡威脅，但幾天後就被釋放。
5 TWJWU, p. 18. 彼得·法倫神父在一九二三年來到中國。一九二九年，他從宋河寫信要求離開中國，因為「這裡的人對宗教太冷漠」。後來他請求去菲律賓，卻在那裡與另外三位高隆龐神父一起遇難，從未尋獲他們的屍體。據猜想，他們可能是遭到日軍殺害。
6 Letter to Father Cornelius Tierney at Silver Creek, NY, March 20, 1927. TWJWU, p. 28. 蒂爾尼神父在一九二〇年到一九二四年間曾待在漢陽，而後在一九二七年再度回到此地。
7 *Maybe a Second Spring*, p. 46. 愛爾蘭修女搬家的那天，跟樂勒脫修女們搬入她們在繡花堂旁的新家是同一天。

註釋

導言

1 了解有關天主教和基督教在中國的更多訊息，請參考：閻克嘉著《中國天主教》，以及羅曼洪著《基督教在中國》。兩本書都在二〇〇四年由中國洲際出版社出版。

一　到達武漢　一九二三年

1 Simon Winchester, *The River at the Center of the World*, p. 196.

2 Mary Jane McDonald's handwritten autobiography, p.20, Loretto Motherhouse Archives. Nerinx, Kentucky, hereafter referred to as LMA.

3 樂勒脫修女會是美國第一個未由國外贊助的天主教婦女宗教團體。當時的服裝是黑色嗶嘰布料長裙、斗篷和黑色帶白色漿過襯裡的頭紗。「長頭紗」是指在旅行中或上街時別在頭巾外面材質較薄的罩子。在中國，修女們不久便取消穿戴「長頭紗」，並且將長裙改短，以避免被街上的灰塵和垃圾弄髒。

4 漢口的租界區分別屬於日本、德國、法國、俄羅斯和英國。這些通商口岸是西方勢力分別在一八四〇年代的鴉片戰爭、一八六〇年代的第二次鴉片戰爭，和一九〇〇年的義和團事件中，從清朝政府手中取得的好處。

5 事實上「十字架下的樂勒脫修女會」是在一八一二年成立，比愛爾蘭的聖高隆龐教會和他們在中國建立的教區都還早了一百多年。

6 From a typed copy of a letter, dated Hanyang, January 28, 1922, from Galvin to E.J. McCarthy in Omaha. LMA.

7 高爾文創立的「美努斯中國傳教團」，因為以六百年前赴歐陸的愛爾蘭傳教士聖高隆龐（St. Columban）為其主保聖人和典範，後來定名為聖高隆龐外方傳教會，一九一八年得到教廷批准。

8 Letter signed "Edward J. Galvin" to Mother Clarasine Walsh, dated October 25th, 1922, St. Columban's Mission, Hanyang, Hupeh, China. LMA.

9 McDonald, handwritten autobiography, p. 21.

10 Immanuel C.Y. Hsu, *The Rise of Modern China*, summation, pp, 520-21.

11 Colin Mackerras, *Modern China: A Chronology 1842 to the Present*, p. 196.

12 Letter from Mary Jane McDonald, dated June 12, 1925, to Mother Clarasine.

國家圖書館出版品預行編目 (CIP) 資料

一段未知的旅程：從江淮水災到共產中國,樂勒脫修女眼中的動盪年代 / 派翠西亞.珍.馬尼恩(Patricia Jean Manion)著 ; 冉瑩譯. -- 初版. -- 新北市 : 臺灣商務印書館股份有限公司, 2023.03
面； 公分. -- (歷史.中國史)
譯自 : Venture into the unknown : Loretto in China 1923-1998
ISBN 978-957-05-3476-4(平裝)

1.CST: 樂勒脫修女會 2.CST: 天主教 3.CST: 傳教史 4.CST: 中國

248.89　　111021779

歷史・中國史

一段未知的旅程

從江淮水災到共產中國，樂勒脫修女眼中的動盪年代

Venture Into the Unknown: Loretto in China 1923-1998

作　　者：派翠西亞・珍・馬尼恩（Patricia Jean Manion）
譯　　者：冉　瑩
發 行 人：王春申
審書顧問：陳建守
總 編 輯：張曉蕊
責任編輯：徐　鉞
版　　權：翁靜如
封面設計：張　巖
版型設計：菩薩蠻

營　　業：王建棠
資訊行銷：劉艾琳、張家舜、謝宜華
出版發行：臺灣商務印書館股份有限公司
231023 新北市新店區民權路 108-3 號 5 樓（同門市地址）
電　　話：（02）8667-3712　傳真：（02）8667-3709
讀者服務專線：0800056196
郵　　撥：0000165-1
E-mail：ecptw@cptw.com.tw
網路書店網址：www.cptw.com.tw
Facebook：facebook.com.tw/ecptw

局版北市業字第 993 號
初　　版：2023 年 03 月
印 刷 廠：沈氏藝術印刷股份有限公司
定　　價：新台幣 570 元
法律顧問：何一芃律師事務所